Die politischen Systeme Skandinaviens

Sven Jochem

Die politischen Systeme Skandinaviens

 Springer VS

Sven Jochem
Konstanz, Deutschland

ISBN 978-3-531-17446-4   ISBN 978-3-531-93259-0 (eBook)
DOI 10.1007/978-3-531-93259-0

Die Deutsche Nationalbibliothek verzeichnet diese Publikation in der Deutschen Nationalbibliografie;
detaillierte bibliografische Daten sind im Internet über http://dnb.d-nb.de abrufbar.

Springer VS

Einbandentwurf: KünkelLopka GmbH, Heidelberg

Gedruckt auf säurefreiem und chlorfrei gebleichtem Papier

Springer VS ist eine Marke von Springer DE. Springer DE ist Teil der Fachverlagsgruppe Springer
Science+Business Media
www.springer-vs.de

Für Petra

Inhaltsverzeichnis

Tabellen- und Schaubildverzeichnis

Tabellen

Schaubilder

Vorwort

Zufälle prägen das Leben. Und ein Zufall stellt auch den Startschuss zu diesem Buch dar. In meiner Studienzeit an der Universität Heidelberg war der Kurs »Spanisch für Anfänger« hoffnungslos überbucht. Nach überstandenem großem Latinum wollte ich unbedingt eine weitere lebendige Sprache erlernen; und da der Schwedisch-Kurs noch kaum belegt war, begann auf diese Weise meine intensive Beschäftigung mit Schweden im Besonderen und mit Skandinavien im Allgemeinen. Aber was ist an den nordischen Ländern von besonderem Interesse?

Aus sozialwissenschaftlicher Perspektive ist der Norden ein faszinierendes Studienobjekt. Die Sozialpolitik des Nordens wird ebenso als modellhaft in der Literatur dargestellt wie die Machtfülle der nordischen Sozialdemokraten intensiv in der Literatur analysiert und diskutiert wird. Und immer wieder wird auch in anderen Zusammenhängen darauf verwiesen, dass der Norden »besonders« sei. Stets wird Finnland nach vergleichenden Evaluationen der Bildungspolitik bzw. der Bildungskompetenzen durch die PISA-Studien als das bildungspolitische »Wunderkind« Europas gelobt. Aber: Ist im Norden denn tatsächlich alles »besser«? Was macht die nordische Politik denn tatsächlich aus? Worauf gründet sich die Leistungskraft der nordischen Demokratien? Und macht es überhaupt Sinn, von *einem* »nordischen Modell« demokratischer Politik zu reden? Dies sind die leitenden Fragestellungen des vorliegenden Buches.

Das öffentliche Interesse am Norden deckt sich leider nur in geringem Ausmaße mit systematischen Analysen der nordischen Politik in deutscher Sprache. Bereits während meiner Zeit als wissenschaftlicher Assistent an den Universitäten Heidelberg und Konstanz reifte mein Entschluss, ein solches Buch anzufertigen. Auch in deutscher Sprache sollte eine aktuelle und vor allem systematische Einführung in Politik, Gesellschaft und Wirtschaft des Nordens vorhanden sein – sowohl für die wissenschaftliche Forschung und Lehre als auch für ein breiteres Publikum mit Interesse an nordischer Politik. Seither sorgten weitere Zufälle für Verzögerungen bei der Fertigstellung des Projektes. Daher danke ich Herrn Schindler und Frau Metzger vom VS Verlag für ihr Interesse an und ihre Geduld mit diesem Buch!

Mein besonderer Dank gilt den Studierenden der Universität Bern sowie der HU Berlin für ihre ersten intensiven Diskussionen zu den Vorarbeiten zu diesem Buch. Ebenso gilt mein Dank den Studierenden der Universitäten in Luzern, Konstanz, Bamberg, Bremen und Freiburg für Ihre engagierte Bereitschaft, aus unterschiedlichsten thematischen Perspektiven immer wieder auch den Blick in den Norden zu richten.

Mein weiterer Dank geht selbstverständlich an meine Kolleginnen und Kollegen an den bereits genannten Standorten meiner wissenschaftlichen Tätigkeiten. Dort wurde nicht nur meine materielle Subsistenz gesichert. Durch die zahlreichen Gespräche mit den Kolleginnen und Kollegen konnte – so hoffe ich – auch die Qualität des jetzt vorliegenden Buches gesteigert werden. Alle Mängel, Fehler und unverständlichen Ausführungen verbleiben selbstverständlich in meiner alleinigen Verantwortung. Für ihre vorzügliche Unterstützung in den unterschiedlichen Phasen dieses Buchprojektes möchte ich mich sehr herzlich bei meinen wissenschaftlichen Hilfskräften bedanken: Christian Hübner (Universität Bamberg), Harm Rademacker (Universität Bremen) sowie Lukas Becht (Universität Freiburg).

Letztlich möchte ich den Menschen danken, die jenseits des wissenschaftlichen Lebens zur Entstehung des Buches sehr viel beigetragen haben. Viele Freunde, Bekannte und Familienmitglieder haben mir in den unterschiedlichen Phasen der Entstehungsgeschichte des Buches den Rücken gestärkt. Besonders möchte ich Nico A. Siegel und Markus Freitag danken. Für »moral support« und alles andere! Ein weiterer und besonders herzlicher Dank geht an meine Mutter, die in all meinen Lebenslagen unbedingt an meiner Seite steht! Ebenso geht ein besonders herzlicher Dank an meine Töchter Hannah und Marie, dir mir auf vielfältige Weise Quelle der Lebensfreude sind. Mein innigster Dank geht allerdings an Petra. Ohne sie wäre dieses Buch nie vollendet worden. Ihr widme ich von ganzem Herzen dieses Buch! Für Petra also, sine qua non!

1 Einleitung

Für viele Beobachter geht von den nordischen Demokratien ein besonderer Reiz aus. Zahlreiche vergleichende Studien und Benchmarking-Berichte attestieren dem nordischen Raum eine besondere Stellung: Dort leben die glücklichsten Menschen, die Gleichheit zwischen den Geschlechtern ist sehr weit vorangeschritten, der Wohlfahrtsstaat vorbildlich ausgebaut und das Bildungsniveau außerordentlich gut. Es ließen sich noch weitere Beispiele solcher, für die nordischen Länder durchaus schmeichelhaften, Rankings aufführen. Ziel des vorliegenden Buches ist es, systematisch die Vorzüge aber auch die Schattenseiten der nordischen Politik zu analysieren.

Das vorliegende Buch informiert über die grundlegenden Züge der skandinavischen Demokratien einschließlich ihrer historischen Genese. Im Mittelpunkt stehen die demokratischen Institutionen und Formen, die in der englischsprachigen Fachliteratur mit dem Begriff »polity« umschrieben werden. Darüber hinaus werden die zentralen politischen Akteure sowie die Muster politischen Wettbewerbs analysiert (»politics«). Ein weiteres Augenmerk wird schließlich auf zentrale Politikfelder der nordischen Demokratien gelegt (»policies«): Die Sozial- und Bildungspolitik wird ebenso analysiert wie die Wirtschafts-, Steuer- und Beschäftigungspolitik. Der Blick richtet sich auch auf klassische Felder der Außenpolitik, insbesondere auf die nordische Politik der europäischen Integration. Damit wird ein weiter thematischer Bogen gespannt, der Formen, Prozesse und Inhalte nordischer Politik umfasst.

Skandinavien als Begriff beinhaltet die Region im Norden Europas, die sich einerseits aus den souveränen Nationalstaaten Dänemark, Finnland, Island, Norwegen und Schweden zusammensetzt, andererseits (und präziser) ergänzt werden sollte durch die autonomen Gebietskörperschaften Grönland, Åland sowie den Färöer Inseln. Enge und nicht immer konfliktfreie historische Verbindungen sowie die für die meisten Staaten und Gebiete ähnlichen sprachlichen Wurzeln lassen die Länder Skandinaviens für uns Mitteleuropäer oft als eine homogene Einheit erscheinen. Ohne Zweifel sind politische Ähnlichkeiten zwischen den nordischen Ländern nicht von der Hand zu weisen. Dies betrifft nicht nur die politischen Institutionen sondern auch die Inhalte der Politik jenseits parteipolitischer Differenzen. Allerdings lassen sich ebenso deutliche Unterschiede zwischen den nordischen Ländern und Regionen ausmachen. Allein ein oberflächlicher institutioneller Blick auf die finnische Republik mit traditionell Großen Koalitionen einerseits sowie das schwedische Königreich mit vorwiegenden Minderheitsregierungen andererseits macht deutlich, welche Vielfalt unter dem nur scheinbar homogenen Begriff des Nordens erkennbar ist.

Im Gegensatz zu anderen Einführungen in politische Systeme bestimmter Länder und Demokratien ist dieses Buch historisch *sowie* international vergleichend angelegt. In den jeweiligen Kapiteln werden die nordischen Länder in einem ersten Schritt aus international vergleichender Perspektive analysiert. Dieser Blick ermöglicht Aufschlüsse darüber, inwiefern sich eine nordische Länderfamilie von anderen Ländern und Länderfamilien abhebt

(Castles 1993). Der zweite Schritt ist dann der historischen Perspektive sowie tiefgehenden Analysen der nordischen Länder gewidmet. Dabei werden die demokratischen Spielregeln oder die Eigenheiten in bestimmten Politikfeldern in ihrer länderspezifischen Dynamik aufgezeigt. Somit lassen sich unter anderem auch kausale Rückschlüsse über die politischen Ursachen für die Dynamiken innerhalb der nordischen Demokratien ziehen.

Der Norden Europas hat in der letzten Zeit eine zunehmende Aufmerksamkeit in der wissenschaftlichen sowie nicht-wissenschaftlichen Öffentlichkeit erfahren. Nicht nur in Deutschland werden die Spitzenpositionen einiger nordischer Länder in den PISA-Studien mit Verwunderung und Respekt zur Kenntnis genommen. Auch auf anderen Gebieten dienen nordische Länder oft als Vorbilder und Modelle. Sei dies für die seit den 1990er Jahren forcierten sozialpolitischen Reformen, für die effektive Haushaltskonsolidierung und öffentliche Haushaltsführung oder für das weite Feld wirtschaftlicher Wettbewerbsfähigkeit. Skandinavien ist nicht mehr mit der romantisierenden Idylle zu verwechseln, die allzu oft in mitteleuropäischen Köpfen vorzufinden ist – und sich nicht unerheblich aus der Lektüre von Astrid Lindgrens Büchern speist. Es sind nicht nur weite unberührte Landstriche, eine intakte Natur und dörflich-urwüchsige Gemeinschaften, die den Norden prägen. Der Norden ist eine kulturell, gesellschaftlich sowie ökonomisch pulsierende Region. Hier befinden sich Zentren der europäischen IT-Industrie und sind konkurrenzfähige Unternehmen angesiedelt, die nicht nur in Europa sondern weltweit Märkte erobern.

Diesem gestiegenen Interesse an nordischer Politik steht ein eklatanter Mangel an systematischer deutschsprachiger Literatur gegenüber. Die von Olof Petersson (1989) verfasste deutschsprachige Einführung in die nordische Politik ist nicht nur einzigartig, sie ist mit dem Erscheinungsdatum von 1989 auch veraltet. Einzig in englischer Sprache existieren aktuelle Überblickswerke über die nordische Politik (Alestalo/Hort/Kuhnle 2009, Arter 2006, 2008; Heidar 2004, Hilson 2008, Kangas/Palme 2005a, Nordstrom 2000). Einige der englischsprachigen Werke konzentrieren sich jedoch mitunter auf nur ausgewählte nordische Länder. Finnland und Island kommen in diesen Studien leider oft zu kurz. Auch wenn in dieser Einführung zur nordischen Politik über Island immer noch nicht in dem ausführlichen Maße berichtet wird, wie über die anderen »klassischen« nordischen Länder, so soll doch auch die isländische Demokratie hier gebührend behandelt werden.

Im Zeitalter der Globalisierung und Entgrenzung, der zunehmenden europäischen Integration sowie der voranschreitenden Liberalisierung in Europa kommt die sozialstaatliche Sicherungspolitik weltweit immer stärker unter Reformdruck. Die aufs engste mit den internationalen Märkten verflochtenen Volkswirtschaften des Nordens haben es jedoch (zumindest auf den ersten Blick) geschafft, diese ökonomische Globalisierung und Entgrenzung mit einem sozialstaatlichen Modell zu vereinbaren, das umfassend und aktiv soziale Risiken der Menschen absichert, für eine vorzügliche Ausbildung der Menschen sorgt sowie innovative Potenziale frei setzt. Die nordischen Wohlfahrtsstaaten dienen somit auch als Modelle des „aktivierenden", „vorsorgenden" (Jochem 2011a) oder „helfenden" Wohlfahrtsstaates. Wie können diese Erfolge der nordischen Länder erklärt werden?

Diese Fragen werden in diesem Buch systematisch ausgebreitet und beantwortet. In einem ersten kürzeren Argumentationsschritt (Kapitel 2) werden die historischen Wurzeln der nordischen Länder (und autonomen Gebietskörperschaften) dargestellt. Von den ersten Besiedlungen des europäischen Nordens über die Zeit der Wikinger und ihrer Vormachtstellung in Europa bis hin zu den verschiedenen Etappen der Staatsgründungen, der europäischen Kriege des 17., 18. und 19. Jahrhunderts sowie den skandinavischen Erfahrungen während der beiden Weltkriege reicht hier das thematische Spektrum. Gleichzeitig wird in diesem Kapitel auch über die kulturellen Grundlagen des Nordens informiert, die lutherische Reformation mit ihren ideellen und politischen Konsequenzen sowie die in der Gesellschaft tief verankerten Demokratisierungsbewegungen sind als Beispiele zu nennen. Ein exkursives Unterkapitel ist der Geschichte und gegenwärtigen Stellung der Samen – dem nordischen Urvolk – in der skandinavischen Politik gewidmet.

In Kapitel 3 werden die nordischen Demokratien der Nachkriegszeit mit ihren jeweiligen Institutionen und formalisierten Regelsystemen dargestellt. Hier erfahren die Leserinnen und Leser Grundsätzliches zum Staatsaufbau, den nordischen Verfassungen, Regierungsformen, den genuinen Institutionen des Regierens (Parlamente und Regierungen) sowie zu den dominanten politischen Akteuren in der Parteien- sowie Verbändelandschaft.

Nach diesen historischen und politischen Grundlagen soll der Blick in Kapitel 4 auf die dynamische Ökonomie in Skandinavien gelenkt werden. Es ist übertrieben, die nordischen Länder als »europäische Tiger« zu bezeichnen. Dennoch sind die wirtschaftliche Dynamik, die Offenheit der nordischen Ökonomien sowie deren Innovationspotenzial aus international vergleichender Perspektive beachtlich. In diesem Kapitel werden die zentralen politischen Weichenstellungen erörtert, die zu diesem ökonomischen Erfolg beigetragen haben. Seit Beginn des 20. Jahrhunderts veränderten sich die nordischen Ökonomien in einem rasanten Tempo. Dieser Strukturwandel ist verbunden mit einer weitgehenden Einkommensgleichheit sowie einer hohen Integration der Bevölkerung in den Arbeitsmarkt. Heute ist Skandinavien eine der weltweit dominierenden Regionen im Bereich der informationstechnologisch untermauerten Dienstleistungsökonomien. Und gleichzeitig ist Skandinavien ein äußerst offener Wirtschaftsraum in einer zunehmend sich entgrenzenden und globalisierten Welt. Auf welche Gründe lässt sich diese Erfolgsgeschichte zurückführen?

Das zentrale »Rätsel« skandinavischer Politik liegt darin, dass diese dynamischen und nationale Grenzen überspannenden Ökonomien politisch vereinbar gemacht wurden (und werden) mit einer sozialen Sicherungs- und zukunftsorientierten Bildungspolitik, die auf dieser Welt in vielen Hinsichten eine Spitzenposition einnimmt. Anders als in den englischsprachigen Ländern des Westens wird wirtschaftliche Dynamik in Skandinavien nicht »erkauft« mit sozialer Ungleichheit, Armut und gesellschaftlicher Spaltung. Dieses »Rätsel« der nordischen Länder wird im fünften Kapitel eingehend thematisiert und auf verschiedene Erklärungen hin diskutiert. Dabei sollen jedoch auch die Schattenseiten der nordischen Sozialpolitiken nicht ausgespart werden.

Nach diesen innenpolitischen Perspektiven wird in Kapitel 6 die nordische Außenpolitik thematisiert. Hier werden die Differenzen zwischen den skandinavischen Ländern besonders deutlich. Vor allem die nordischen »Wege nach Europa« fallen unterschiedlich aus. Bis auf Island und Norwegen (sowie Grönland und die Färöer Inseln) sind zwar alle anderen Länder (sowie das autonome Åland) gegenwärtig Mitglied der Europäischen Union.[1]

---

[1] Åland ist als staatsrechtlicher Teil Finnlands der EU offiziell beigetreten. Es bestehen jedoch steuerrechtliche Ausnahmeregelungen. Im Verlauf der Finanzkrise wurde die isländische Demokratie in ihren Grundfesten erschüttert. Eine Folge der Krise ist der Mitgliedsantrag, den die im April 2009 neu gewählte Regierung bei der EU einreichte. Gegenwärtig laufen die Verhandlungen zwischen der EU und der isländischen Regierung. Es sind

Aber die Mitgliedsstaaten Dänemark, Schweden und Finnland unterscheiden sich in ihren integrationspolitischen Präferenzen und Strategien ebenfalls deutlich voneinander. Auf der einen Seite steht das »vorbildliche« Finnland, das tatkräftig die EU-Politik mitgestaltet, sich als »Musterknabe« der (monetären) Integration präsentiert und als einziges nordisches Land den Euro als Währung eingeführt hat. Auf der anderen Seite stehen die »widerspenstigen« oder »zögerlichen« Europäer Dänemarks und Schwedens, die weder die Wirtschafts- und Währungsunion umsetzen, noch sich als aktive Integrationsbefürworter auf der EU-Bühne hervortun. Dort gehen sie eher Kooperationen und strategische Schulterschlüsse mit den integrationsskeptischen Briten ein. Nicht nur, aber vor allem in außenpolitischer Sicht wird das bunte und vielschichtige Skandinavien sichtbar. Die historischen Pfade und die politischen sowie gesellschaftlichen Gründe für eine solchermaßen unterschiedliche Außen- und Europapolitik werden in diesem Kapitel aufgezeigt.

Das abschließende siebte Kapitel fasst nicht in einem klassischen Sinne die Ergebnisse und Thesen der einzelnen Kapitel zusammen. Es geht in diesem letzten Kapitel auch darum zu fragen, was wir in Kontinentaleuropa und insbesondere in Deutschland, in Österreich oder der Schweiz vom skandinavischen Modell lernen könnten. Bei aller Sympathie, die der Autor gegenüber den nordischen Ländern, ihren politischen Errungenschaften und Besonderheiten empfindet, dieses abschließende Kapitel hat eine eher skeptische Grundmelodie. Auch wenn die zeitgenössische Benchmarking-Industrie und die Suche nach so genannten »best-practice« Lösungen floriert, ein politisches Lernen von Skandinavien durch die unreflektierte Übernahme einzelner Politikinstrumente erscheint in den meisten Fällen zum Scheitern verurteilt zu sein. Zu unterschiedlich sind die historischen Erfahrungen, die gesellschaftlichen Ausgangslagen, die kulturellen Grundeinstellungen aber auch die politischen sowie normativen Zielvorstellungen. Dies soll nicht heißen, dass keine Anleihen an den nordischen Ländern möglich wären, allerdings sollten diese Anleihen dann in den deutschsprachigen Demokratien in aller Konsequenz zu Ende gedacht und politisch umfassend flankiert werden.

Wenn die deutschsprachigen Länder etwas von den skandinavischen Ländern lernen können (und dies politisch auch wollen), dann wäre dies am ehesten noch das Streben nach gesellschaftlichem Ausgleich und ökonomischer Öffnung, das Streben nach ökonomischer Dynamik sowie danach, keine Bürgerin und keinen Bürger in dieser Dynamik alleine zu lassen. Der einzelne Mensch zählt sehr viel in den kleinen Ländern des Nordens. Dies ist ein Erfolgsgeheimnis nordischer Wirtschafts-, Sozial- und Bildungspolitik. Diese Länder sind zu klein, als dass sie es sich leisten könnten, auch nur eine Schülerin oder einen Schüler, eine Arbeitskraft ohne Not auf dem Weg der wirtschaftlichen Effizienzsteigerung verlieren zu können. Die Stärkung, Aktivierung und Sicherung des Einzelnen unabhängig von Nationalität, Familienstand, Einkommen und sozialem Hintergrund könnte sich auch in Kontinentaleuropa und den deutschsprachigen Ländern als gewinnbringend erweisen, vor allem in einem Zeitalter höchst dynamischer Märkte und sich rasch verändernder gesellschaftlicher sowie kultureller Normen.

---

noch lange nicht alle innenpolitischen Hürden einer isländischen Mitgliedschaft in der EU aus dem Wege geräumt.

In diesem Buch werden die bisherigen Anmerkungen zu den nordischen Demokratien und ihren Leistungsprofilen aber auch kritisch relativiert. Politik und Geschichte dieser Region ist stets auch Gegenstand deutlicher Kritik gewesen. Die Rolle Schwedens im Zweiten Weltkrieg ist nur eines unter vielen historischen Beispielen. Ein anderes Beispiel ist die eugenische Politik der Zwangssterilisierung behinderter Menschen im Norden bis in die Nachkriegszeit (Broberg/Roll-Hansen 2005). Und auch die Gegenwart bietet zahlreiche Angriffsflächen für vehemente Kritik an der nordischen Politik. Die meisten Touristen werden die Alkoholpolitik insbesondere in Schweden und Norwegen nicht immer nur mit Freude bemerkt haben. Die staatliche Monopolisierung und restriktive Eingrenzung des Alkoholkonsums kann historisch erklärt und gesundheitspolitisch mit sehr guten Gründen legitimiert werden. Insgesamt erstaunt uns Mitteleuropäer allerdings diese staatlich verordnete Askese im Verbund mit einer beachtlich hohen bürokratischen Regulierungsdichte. Und so wundert es auch nicht, dass die nordischen Länder – und wie so oft ist Schweden hier als das klassische Beispiel zu nennen – bereits in den 1930er Jahren in die Nähe totalitärer Diktaturen gerückt wurden. Eine mitunter weit gehende staatliche Einschränkung individueller Freiheiten (nicht nur im Bereich des Alkoholkonsums) zugunsten kollektiver Ziele wurde bereits damals als staatliche Bevormundung gebrandmarkt. In diesem Buch sollen solch kritische Argumente nicht verschwiegen sondern vielmehr ausgewogen aufgenommen, in ihren historischen Kontext eingebettet und umfassend gewürdigt werden. Keineswegs hat die Politik in Skandinavien nur Vorteile und Sonnenseiten – man denke letztlich nur an die für uns Menschen in den deutschsprachigen Ländern atemberaubend hohen Steuersätze des Nordens.

Gleichwohl müssen an dieser Stelle bereits zwei Dinge deutlich gemacht werden. Zum einen ist das »nordische Modell der Politik« nicht nur bunter, vielschichtiger und ambivalenter, als es in der Öffentlichkeit gemeinhin wahrgenommen wird. Zum anderen sind die Grundpfeiler für eine vorbildliche Politik im Norden in weiten Teilen einer Auszehrung unterworfen. Auch in Skandinavien lässt die politische Gestaltungskraft dynamischer Marktprozesse ebenso nach wie in Kerneuropa. Wer also die nordische Politik als vorbildlich einstuft, sollte sich bewusst sein, dass dieses nordische Modell mit all seinen Vorzügen und vorbildlichen Eigenschaften in seinen Grundfesten einem Veränderungsprozess unterworfen ist. Das nordische Modell erreicht just in einer Zeit viel Aufmerksamkeit, in der die politischen Grundlagen für das Vorbildliche immer mehr schwinden. Für Urban Lundberg (2009: 28) sind daher die Versuche, das nordische Modell zu bewahren, vergleichbar mit dem aussichtslosen Kampf, Venedig vor dem Untergang zu bewahren: sie sind nobel, bewundernswert – und undankbar.

2   Skandinavische Wege in die Gegenwart

Skandinavien umfasst eine keineswegs kleine geographische Fläche, allerdings lebt hier nur weniger als ein halbes Prozent der Weltbevölkerung. Dünne Besiedlungsräume aber auch lebendige Metropolen wie Stockholm, Kopenhagen, Oslo oder Helsinki machen einen der spannenden Kontraste der nordischen Region aus.

2.1 Geographie, Religion, Kultur – eine kleine Regionalkunde

Für was steht der Begriff »Skandinavien« oder die Bezeichnung »Nordische Länder«? Tatsächlich existiert ein eng gefasster geographischer Begriff von »Skandinavien«, der sich auf die skandinavische Halbinsel fokussiert, auf der sich heute die Nationalstaaten Norwegen und Schweden befinden. Meistens wird im Sprachgebrauch aufgrund enger kultureller und sprachlicher Verbindungen noch Dänemark zu den skandinavischen Kernländern hinzugezählt. In der historischen Forschung werden diese drei heutigen Länder auch als »urbane nordische Kernländer« bezeichnet, anders als die eher ländlich strukturierten Staaten Island und Finnland. Allerdings wird eine solche enge Fassung des Begriffes vom »Norden« in der heutigen Zeit kaum mehr verwendet. Und auch die Unterscheidung in urbane »Kernländer« und nicht urbane »Randländer« ist kaum mehr anzutreffen. Die Begriffe »Skandinavien«

Schaubild 2.1:   Die geographische Lage Skandinaviens

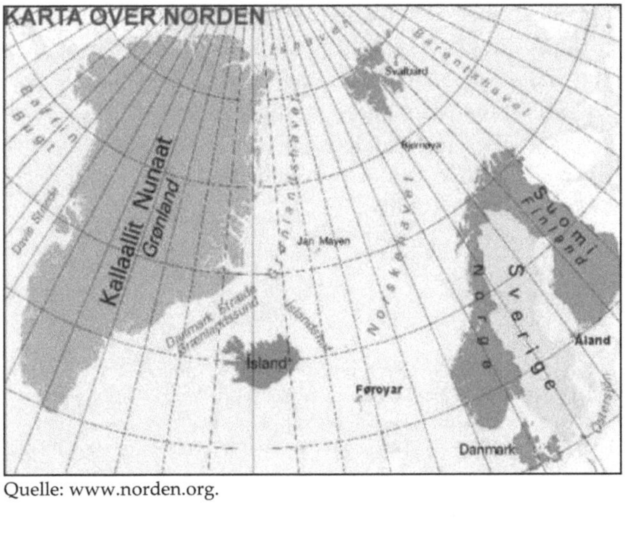

Quelle: www.norden.org.

oder die »Nordischen Länder« umfassen heute also meist ausnahmslos Dänemark, Norwegen, Schweden sowie Finnland und Island. Hinzu kommen noch – die in Mitteleuropa meist nicht wahrgenommenen – autonomen Gebiete Grönland, die Färöer Inseln sowie Åland.[2] Diese Territorialstaaten und autonomen Gebiete sind die Mitgliedsländer und -gebiete des Nordischen Rates, der sich als politisches und kulturelles Kooperationsorgan der skandinavischen oder nordischen Länder versteht.[3]

Die autonomen Gebiete sind ein Spezifikum des Nordens. *Grönland* ist geographisch betrachtet die größte Insel dieser Welt, allerdings äußerst dünn besiedelt. Auch wenn unsere Vorstellung dem widerspricht: Grönland wird in dänischer Sprache als Grønland, also »Grünes Land« bezeichnet. In der Sprache der Grönländer trägt diese riesige Insel den Namen »Kalaallit Nunaat«, was übersetzt »Land der Menschen« bedeutet. Auf über 2 Millionen Quadratkilometern Fläche leben etwas mehr als 56.000 Menschen, von denen die überwiegende Mehrzahl auf der Insel geboren wurde, wenngleich in letzten Jahren ein verstärkter Zuzug vor allem aus Dänemark zu verzeichnen ist. Ungefähr 80 Prozent der gesamten Fläche Grönlands befinden sich (noch) unter der arktischen Eisdecke. Geographisch wird Grönland der arktischen Region Nordamerikas zugeordnet; in der Tat grenzt es direkt an kanadisches Hoheitsgebiet, wie auf Schaubild 2.2 zu erkennen ist.

Staatsrechtlich gehört Grönland zum dänischen Königsreich. Seit 1979 wird Grönland eine weitreichende innenpolitische Autonomie eingeräumt. Und am 25. November 2008 wurde in einer Volksabstimmung die weitgehende Unabhängigkeit Grönlands von Dänemark entschieden, die seit dem 21. Juni 2009 in Kraft ist. Diese Unabhängigkeit impliziert eine eigene Regierung, ein eigenes Parlament (»Inatsisartut«) sowie ein eigenständisches politisches Leben. Einzig im Bereich der Außenpolitik wird Grönland (noch) von der dänischen Regierung vertreten. Aus diesem Grunde entsenden die Grönländer auch zwei Abgeordnete in das dänische Parlament. Im Bereich der Außenpolitik existieren jedoch grönländische Sonderwege. Seit 1985 ist Grönland kein Mitglied mehr in der EU, allerdings ist es formales Mitglied der NATO und pflegt sehr enge außenpolitische Kontakte zu den USA und Kanada. Die Frage der Autonomie gegenüber dem dänischen Königreich prägt weitgehend das innenpolitische Leben. Während die gegenwärtig zweitgrößte Partei Grönlands (»Siumut«), eine der Sozialdemokratie nahe stehende Partei, den rechtlichen Status quo akzeptiert und innerhalb des bestehenden Rahmens eine möglichst große Autonomie Grönlands anstrebt, verfolgt die »Inuit Ataqatigiit« als größte Partei im Parlament, die als Linkspartei zu klassifizieren wäre, die vollständige Loslösung vom dänischen Königreich und eine völkerrechtskonforme Unabhängigkeit Grönlands.[4]

---

[2]   Lediglich die Färöer Inseln sind für fußballinteressierte Menschen ein Begriff. Nicht selten kommen auch versierte europäische Nationalmannschaften bei Spielen gegen die Hobbyfußballer von der nordatlantischen Inselgruppe zwar nicht ins Stolpern aber doch an den Rand einer international beachteten fußballerischen Blamage.

[3]   Mehr Informationen zum Nordischen Rat sind im Internet erhältlich unter: www.norden.org. Vergleiche hierzu auch Kapitel 6.

[4]   Für weitere Informationen zu Grönland siehe die Internetseiten der Grönländischen Regierung (http://uk.nanoq.gl/) oder die Informationen, die das Außenministerium der dänischen Regierung bereit stellt (http://www.netpub likationer.dk/um/10180/pdf/web.pdf, letzter Zugriff am 8. Dezember 2010).

Schaubild 2.2: Grönland

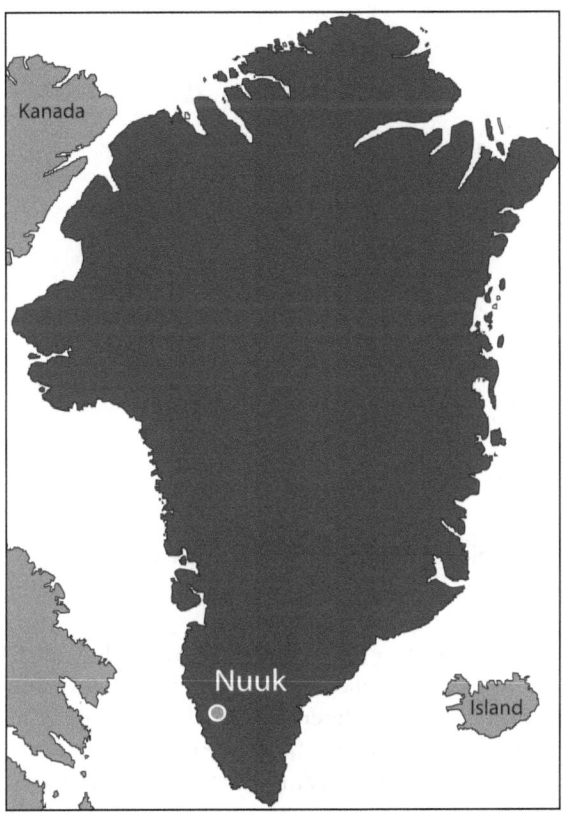

Die *Färöer Inseln* im Nordatlantik sind völkerrechtlich ebenfalls ein Teil des dänischen Königreiches. Ähnlich wie Grönland besitzen sie seit 1948 eine große innenpolitische Autonomie und entsenden zwei Abgeordnete in das dänische Parlament. Während Grönland den Austritt aus der Europäischen Gemeinschaft explizit vollzog, weigerte sich die Bevölkerung der Färöer Inseln in einem Referendum 1972 überhaupt erst beizutreten. Die ökonomisch fast ausschließlich auf den Fischfang ausgerichtete Inselgruppe umfasst eine Fläche von ca. 1.400 Quadratkilometern und wird von ungefähr 48.000 Menschen bewohnt. Das Parteiensystem des Parlaments (»Løgtingið«) umfasst gegenwärtig sechs Parteien. Unter der Führung des sozialdemokratischen Regierungschefs Jóannes Eidesgaard regiert seit 2008 eine Koalition aus Sozialdemokratischer Partei, der (konservativen) Volkspartei sowie der »Sambandsflokkurin«, einer pro-dänischen Partei, die Färöer Inseln. Mit der Europäischen Union besitzen die Färöer Inseln bilaterale Verträge, die Handel, Fischfang und weiterreichende Kooperationen regeln.[5]

---

[5] Zur weiteren Information über die Politik der Färöer Inseln ist die Homepage des Regierungschefs geeignet (www.tinganes.fo), auf der sich auch weiterführende Verweise befinden.

Schaubild 2.3:   Die Färöer Inseln

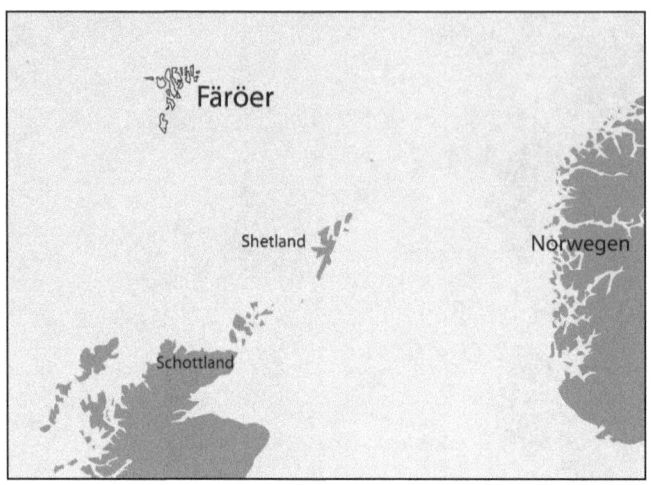

Åland schließlich stellt das dritte autonome Gebiet in Skandinavien dar. Diese Inselgruppe liegt am Eingang des Bottnischen Meerbusens und erstreckt sich bei ca. 25.000 Einwohnern auf eine Fläche von ungefähr 1.500 Quadratkilometern. Historisch und sprachlich – auf Åland wird schwedisch gesprochen – bestehen engste Verbindungen mit Schweden, allerdings war die Inselgruppe stets Teil der finnischen Republik. Bereits im Jahre 1856 wurde die Inselgruppe entmilitarisiert. Als im Jahr 1921 die Bewohner Ålands eine Aufnahme in das schwedische Königreich forderten, entschied der Völkerbund für einen staatsrechtlichen Status quo, räumte den Bewohnern der Inseln jedoch eine weitreichende innenpolitische Autonomie ein.

Schaubild 2.4:   Åland

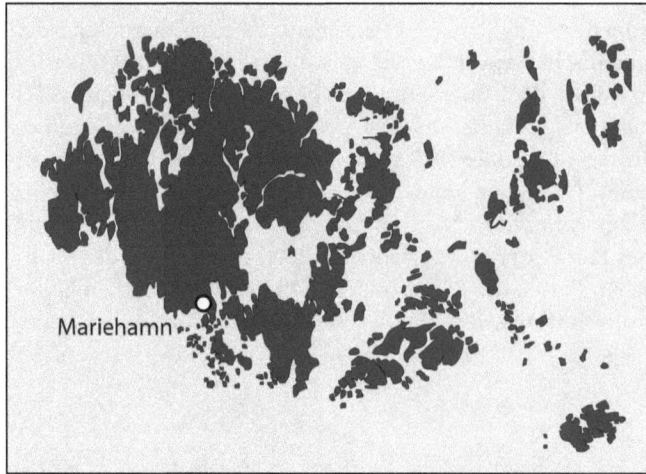

Der Präsident der finnischen Republik hat ein Veto-Recht, falls das åländische Parlament (»Lagting«) die Grenzen der innenpolitischen Autonomie überschreiten sollte. Von diesem Vetorecht wurde jedoch bislang äußerst selten Gebrauch gemacht. In den 1950er Jahren allerdings wies der finnische Präsident das Gesuchen des Lagting ab, eine Flagge einzusetzen, die der schwedischen Flagge zu ähnlich war. Das åländische Parlament lenkte schließlich in diesem symbolträchtigen Konflikt ein. Allerdings ist die Flagge Ålands immer noch der schwedischen sehr ähnlich. Das gelbe Kreuz auf blauem Grund wird für Åland lediglich durch ein rotes Kreuz ergänzt, welches in das gelbe Kreuz eingebettet ist.

Im Gegensatz zu Grönland und den Färöer Inseln wurde Åland mit Finnland Mitglied der Europäischen Union. Allerdings konnten steuerrechtliche Sonderregeln für diese Inselgruppe vertraglich festgehalten werden. Umgeben von den ausgewiesenen Hochsteuerländern Schweden und Finnland versucht die Regierung von Åland durch eine Niedrigsteuerpolitik neue Bewohner an die Inselgruppe zu binden. Gegenwärtig bestehen keine politischen Tendenzen, diese in Grenzen vorhandene Autonomie innerhalb der finnischen Republik zu verändern. Die meisten politischen Kräfte akzeptieren den völkerrechtlichen Status quo und sehen eine weitere Ausdehnung der Autonomie oder gar eine völkerrechtliche Selbstständigkeit als nicht notwendig oder erstrebenswert an.[6]

Auf die politischen, ökonomischen sowie gesellschaftlichen Prozesse innerhalb dieser drei autonomen Gebiete kann im Rahmen dieses Buches nicht weiter eingegangen werden. Allerdings gilt es bereits an dieser Stelle hervorzuheben, dass diese regionale Autonomie stark in der Geschichte und im skandinavischen Selbstverständnis verankert ist. Das Symbol der nordischen Kooperation, der nordischen Union, ist folgerichtig auch kein Schwan mit fünf Flügeln, wie es die Anzahl der souveränen Nationalstaaten in Skandinavien nahe legen würde. Vielmehr besitzt der nordische Schwan in seiner Symbolhaftigkeit acht Flügel, was auf den ersten Blick die besondere Rolle dieser autonomen Gebiete in der nordischen Politik anschaulich hervorhebt (vgl. Schaubild 2.5).

Schaubild 2.5:   Die acht Flügel des nordischen Schwans

Quelle: www.norden.org

Die restlichen fünf Flügel des nordischen Schwans stellen die drei Königreiche Dänemark, Norwegen und Schweden sowie die finnische und isländische Republik dar. Diese Länder bilden den thematischen Schwerpunkt des vorliegenden Buches. Zentrale geographische, kulturelle und landeskundliche Daten sind in Tabelle 2.1 aufgeführt. Die Entwicklung der Bevölkerungszahlen zeigt, dass in allen fünf Ländern die Bevölkerung in den letzten 50

---

[6]   Als Startseite zu weiteren Informationen über Åland ist im Internet die offizielle Seite der autonomen Region nützlich (http://www.aland.ax/).

Jahren angewachsen ist. Die Zahlen zeigen allerdings auch, mit welch bevölkerungsarmen »kleinen« Ländern wir es in Skandinavien zu tun haben. Gegenwärtig leben in Island ca. 300.000 Menschen – dies entspricht in etwa der Einwohnerzahl von Mannheim, liegt in etwa um 50.000 Einwohner unter der Einwohnerzahl des Kantons Luzern, aber immerhin auch um ca. 50.000 Einwohner über der zweitgrößten Stadt Österreichs, Graz.

Die ethnische Homogenität ist in Finnland am stärksten ausgeprägt. Allerdings ist der statistische Anteil von landesweit ungefähr 5 Prozent ausländischer Einwohner, wie sie für Schweden sowie Dänemark berichtet werden, in Relation zu setzen. Zum Vergleich: In Deutschland leben zurzeit ebenso wie in Österreich ca. 9 Prozent ausländische Mitbürger, für die Schweiz beträgt dieser Anteil gegenwärtig ungefähr 20 Prozent (von denen allerdings eine Mehrzahl deutscher Herkunft ist).

Ebenso sind in Tabelle 2.1 die Sprachen in den fünf nordischen Kernländern aufgeführt. Die Sprachverwandtschaft zwischen Dänemark, Norwegen und Schweden ist groß. Zumindest die geschriebene Sprache sollte gegenseitig verstanden werden. Anders verhält es sich mit dem Isländisch. Diese altnordische Sprache hat sich in den letzten 1000 Jahren nicht stark weiterentwickelt. Am ehesten ist Isländisch noch von den Bewohnern der Färöer Inseln zu verstehen. Die Dänen, Norweger und Schweden haben mit ihren weiterentwickelten nordischen Sprachen jedoch Verständnisprobleme. Einem gänzlich anderen Quelle entspringt die finnische Sprache, nämlich dem finno-ugrischen Sprachstamm. Die finnische Sprache wird von den nordischen Brüdern und Schwestern nicht verstanden (zumindest nicht ohne Sprachkurs). Während »Sonne« in schwedischer Sprache zum Beispiel »sol« heißt, erinnert nichts davon an das finnische Wort hierfür: »aurinko«.

In Tabelle 2.1 sind ferner die Grunddaten zu Christianisierung des Nordens aufgeführt. Die Christianisierung des Nordens datiert auf das 11. Jahrhundert, wenngleich wie in vielen anderen Dingen diese Entwicklung in Finnland später einsetzte. Allerdings sollte betont werden, dass diese Daten die *Anfänge* der Christianisierung darstellen. Insbesondere in Island sowie in den nördlichen Samengebieten erfuhr die missionarische Bewegung der römisch-katholischen Kirche immer wieder Rückschläge. Äußerst bedeutsam für den Norden war schließlich die Reformationsbewegung. Im 16. Jahrhundert eroberte der Protestantismus die gesamte nordische Region. Diese historische Weichenstellung kann in ihrer Bedeutung nicht hoch genug veranschlagt werden. Die Zurückdrängung der katholischen Kirche wirkt bis auf den heutigen Tag auf die nordischen Gesellschaften, ihre Wertemuster, die Struktur der Parteiensysteme, die wohlfahrtsstaatliche Politik sowie weite Teile der Rechtspolitik zurück.

Tabelle 2.1: Bevölkerung, Sprachen und Religionen in Skandinavien

	Bevölkerungsentwicklung in Millionen			Ausländische Einwohner (%)	Sprachen	Christianisierung	Reformation
	1900	1950	2000				
Dänemark	2,4	4,3	5,3	4,9	Dänisch	10. - 11. Jhd.	1536
Finnland	2,7	4,0	5,2	2,0	Finnisch (95%) Schwedisch (5%)	12. Jhd.	1527-1600
Island	0,1	0,1	0,3	3,5	Isländisch	11. Jhd.	1538
Norwegen	2,2	3,3	4,5	4,3	Norwegisch	11. Jhd.	1537
Schweden	5,1	7,0	8,9	5,3	Schwedisch	11. Jhd.	1527-1600

Quelle: Heidar (2004b: 11).

Island ist der kleinste souveräne Nationalstaat innerhalb der nordischen Länderfamilie. Auf einer Fläche von etwas über 100.000 Quadratkilometern leben ca. 300.000 Menschen. Die Hauptstadt Reykjavík stellt das pulsierende Zentrum dieser Insel im Nordatlantik dar. Mit etwas über 100.000 Einwohnern absorbiert sie ein Drittel der gesamten Einwohnerzahl der Republik. Die größte Vulkaninsel Europas ist historisch vor allem vom Fischfang geprägt. Obwohl heute nur noch ein Zehntel der Erwerbsbevölkerung in diesem Wirtschaftszweig arbeitet, sind Fragen der Fischfangregulierung auf dem Nordatlantik immer von höchster Bedeutung für die isländische Öffentlichkeit – und just dieser Problembereich war auch ein expliziter Grund für die bislang ablehnende Haltung der isländischen Politik gegenüber einer EU-Mitgliedschaft. Im Zusammenhang mit der ökonomischen und politischen Krise des Landes im Kielwasser der globalen Finanzkrise (vgl. Kapitel 4.4) hat sich diese Position jedoch grundlegend verändert. Im Sommer des Jahres 2010 begannen die Beitrittsverhandlungen Islands mit der EU – und nicht ohne Überraschung zählen auch Fragen des Fischfangs zu den strittigen Themen.

Island ist heute ein sehr beliebtes Ziel europäischer, amerikanischer sowie asiatischer Touristen. Immer mehr Reisende entdecken die karge Schönheit dieser Insel. Als weitere Besonderheit der isländischen Politik können die historisch engen Beziehungen zur USA angeführt werden. Im Zweiten Weltkrieg garantierten die USA die nationale Souveränität der isländischen Republik. Dies führte zur Errichtung einer großen Militärbasis auf der Insel bei Keflavík. Bis ins Jahr 2006 unterhielt die USA diese Militärbasis. Der Truppenabzug kam für die isländische Politik sehr überraschend. Als Land ohne eigene Militärstreitkraft vertraute es sich voll und ganz der amerikanischen Schutzmacht an. Zwar garantiert die USA auch weiterhin offiziell die Souveränität Islands, allerdings versucht die isländische Politik durch einen Ausbau so genannter Krisenreaktionskräfte diese sicherheitspolitische Lücke zu schließen. Gleichzeitig intensivierte Island die militärischen Kooperationen mit Dänemark und Norwegen. Es entbehrt allerdings nicht einer gewissen sicherheitspolitischen Ironie, dass sich die isländische Regierung im Frühjahr 2003, ohne über eigene militärische Streitkräfte zu verfügen, explizit der vom Präsidenten der USA George W. Bush initiierten »Koalition der Willigen« im Irakkrieg anschloss. Damit unterstützte die Regierung politisch und finanziell den Krieg im Irak, ohne aus naheliegenden Gründen Soldaten entsenden zu können.

Schaubild 2.6:   Island

Eine weitere Besonderheit Islands liegt in der energiepolitischen Autarkie. Island kann den Löwenanteil der Energie durch Wasserkraft und Erdwärme erzeugen. Diese beachtliche Unabhängigkeit der Insel von den Fluktuationen internationaler Erdölpreise hat es auch ermöglicht, dass erfolgreich energieintensive Industrie in Island angesiedelt werden konnte. Gegenwärtig verbraucht zum Beispiel die Aluminiumindustrie ungefähr 50 Prozent des gesamten Strombedarfs der Insel. Durch extrem niedrige Strompreise versucht die Politik diese Ansiedlungspolitik weiter zu forcieren. Allerdings mit der Konsequenz, dass vermehrt Wasserkraftwerke gebaut werden. Zudem leisten sich die Isländer auch weitere energiepolitische Sonderwege. So werden die meisten Straßen und Gehwege in Reykjavik mit Erdwärme beheizt – was in dieser nördlichen Region privates und öffentliches Schneeräumen weitgehend überflüssig macht.

Norwegen hat mit 4,5 Millionen Einwohnern annähernd so viele Einwohner wie Dänemark und Finnland. Einzig Schweden überragt in diesem Punkt mit fast 9 Millionen Einwohnern die anderen nordischen Länder bei weitem. Das Land im Norden der skandinavischen Halbinsel besticht durch seine natürlichen Gegensätze, die tiefen Fjorde ebenso wie die hohen Berge mit ihren alpinen Touristenzentren. Insgesamt ist das Klima durch den Einfluss des Golfstroms für die nördliche Lage relativ mild. Das Land ist dünn besiedelt, die größeren Städte befinden sich entlang der sehr langen Küste. Allein in Oslo leben über 500.000 Menschen. Städte mit einer Einwohnerzahl über 100.000 Menschen sind noch Bergen, Trondheim und Stavanger.

Schaubild 2.7:   Norwegen

Norwegisch ist die offizielle Sprache, allerdings gliedert sie sich in quasi zwei Formen: Während die überwiegende Mehrzahl der norwegischen Bevölkerung die so genannte »Bokmål« spricht, wird (seit 1885) als zweite Form der norwegischen Sprache offiziell auch das »Nynorsk« anerkannt, das sich im Wesentlichen aus Dialekten des Westens speist. Die Inselgruppe Svalbard im Nordatlantik gehört ebenfalls zum norwegischen Königreich. Im deutschen Sprachgebrauch hat es sich eingebürgert, diese Inselgruppe nach ihrer Hauptinsel als »Spitzbergen« zu bezeichnen. Berühmt wurden diese Inseln, die allesamt nördlich des Polarkreises liegen, durch die hohe Anzahl der dort lebenden Eisbären. Nach Schätzungen kommt auf jeden der ca. 2.800 Einwohner der Inselgruppe ein Eisbär. Die Bären sind der

Grund dafür, dass es auf Svalbard offiziell verboten ist, ohne Waffe Häuser und Siedlungen zu verlassen.

Wirtschaft und Politik Norwegens sind geprägt vom reichen Erdölvorkommen, das sich auf norwegischem Hoheitsgebiet befindet. Das nordische Land wird als der weltweit siebtgrößte Förderer von Erdöl in den Statistiken aufgeführt. Der größte Anteil des Erdöls wird exportiert, somit ist Norwegen auch einer der größten Erdölexporteure weltweit. Dieser Reichtum hat dem Land erstaunlichen Wohlstand beschert. Und dieser Wohlstand schützt das Land auch vor internationalen ökonomischen Wirtschaftsfluktuationen, die durch Preissteigerungen von Erdöl und Erdgas ausgelöst werden. Die Ölkrisen der 1970er und frühen 1980er Jahre zeigten bereits deutlich, dass Norwegen unter solchen Rahmenbedingungen immer dann (stark) profitiert, wenn die anderen Länder ökonomisch verlieren. Das »Manna aus der Nordsee« erleichtert also die Politik, birgt aber auch spezielle Gefahren, die in Kapitel 4 erörtert werden. Da auch in Norwegen die Erölvorkommen stetig zur Neige gehen, hat die norwegische Regierung 1990 einen »Erdölfonds« aufgelegt, der heute als »Pensionsfonds« bezeichnet wird. Bis zum Ende des Jahres 2005 wurden dort insgesamt 1.400 Milliarden Kronen angespart, was nach heutigem Wechselkurs 180 Milliarden Euro entspricht. Dieses immense Kapital wird ausschließlich im Ausland investiert, um die inländische Ökonomie nicht zu überhitzen. Es soll als Zukunftsvorsorge dienen – allerdings besteht just in dieser Frage gegenwärtig politischer Dissens. Insbesondere die jüngst deutlich erstarkte rechtspopulistische Fortschrittspartei (»Fremskrittspartiet«) möchte dieses Geld bereits jetzt für soziale Zwecke konsumieren.

Im Osten grenzt Norwegen an *Finnland*. Mit einer über 1.200 km langen Ostgrenze zu Russland befand sich Finnland seit dem Zweiten Weltkrieg als ein »Frontstaat« an der Grenze zwischen beiden globalen Machtblöcken. Die explizite Neutralität Finnlands, die intensiven Wirtschaftsbeziehungen sowie engen politischen Kontakte mit der UdSSR (aber auch der DDR) haben Finnland in der Außenpolitik zu einem Sonderfall nach dem Zweiten Weltkrieg werden lassen. Der Begriff der »Finnlandisierung« soll diese spezielle Außenpolitik in der Literatur zum Ausdruck bringen – allerdings wird dieser Begriff meist abwertend eingesetzt. Er bringt dann weniger die unbedingte Neutralität zum Ausdruck, sondern steht als Kernbegriff für eine eher vasallenhafte Unterordnung eines kleinen Landes unter die Doktrin eines mächtigen Nachbarn.

Der gebirgige Norden Finnlands ist vor allem für die Kinder von besonderem Interesse. Dort soll sich in der Nähe des Berges Korvatunturi die Heimat des Weihnachtsmannes befinden. Der Süden der Republik ist geprägt durch die malerische Schärenlandschaft, mit der in der Ostsee liegenden autonomen Inselgruppe Åland auf halbem Weg in Richtung Schweden. Im Osten des Landes befinden sich zudem die für ausländische wie einheimische Urlauber attraktiven Binnenseen, die sich weit verzweigt über die Landmasse verteilen und eine nahezu unerschöpfliche Vielfalt darbieten.

Schaubild 2.8: Finnland

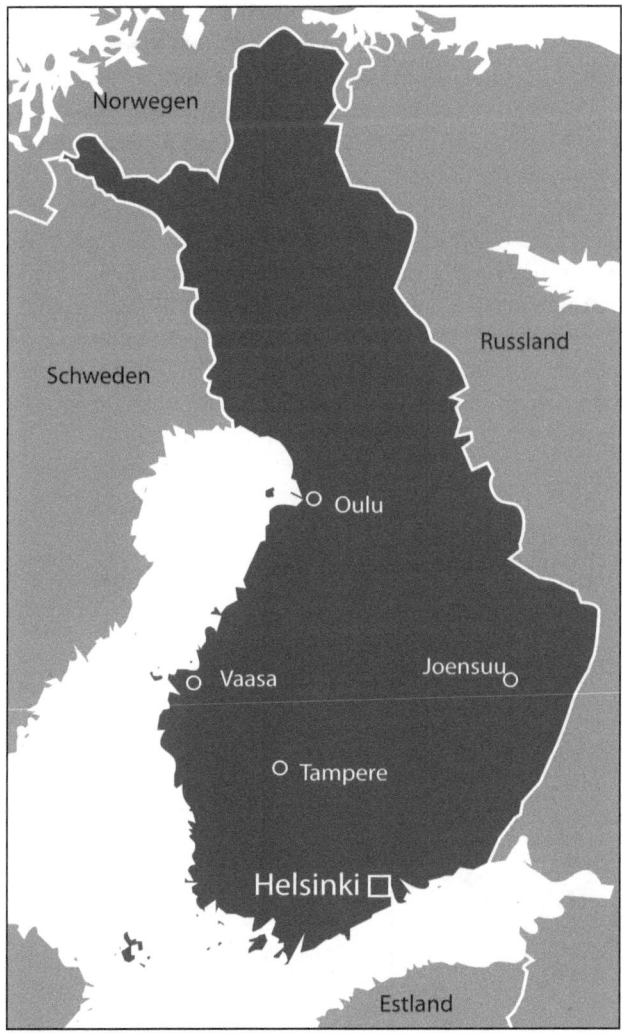

Finnland hatte in der Vergangenheit immer wieder mit Phasen der Landflucht zu kämpfen. Die Konzentration der Bevölkerung in den südlich gelegenen Städten ist ein Trend, der wohl auch durch politische Gegenmaßnahmen nicht aufzuhalten ist – geschweige dass der Trend umgekehrt werden könnte. Nicht zuletzt die für nordische Länder relativ hohe Arbeitslosigkeit über lange Jahre der Nachkriegszeit führte zu Wanderungsbewegungen in andere nordische Länder. Insbesondere Schweden galt lange Zeit als bevorzugtes Ziel für auswanderungswillige Finnen.

Im Süden Skandinaviens liegt schließlich *Dänemark* an der Nahtstelle zwischen Nord- und Kontinentaleuropa. Die vielen Inseln und Inselgruppen machen den Charakter Dänemarks aus, das mit seinen weitläufigen Küsten und Stränden ideale Ferienziele beherbergt. Die dänische Gesellschaft ist – ähnlich wie in den anderen nordischen Ländern – relativ homogen. Eine Besonderheit ist die deutschsprachige Minderheit (ca. 20.000 Menschen) im Süden des Landes, auf dem ehemaligen Gebiet Nordschleswig, das von 1864 bis 1920 zum deutschen Herrschaftsgebiet gehörte. Die Schleswigsche Partei (»Slesvigsk Parti«) stellt die politische Interessenvertretung dieser ethnischen Minderheit auf dänischem Boden dar. Bis 1964 konnte sie einen Abgeordneten in das dänische Parlament entsenden. Gegenwärtig kandidiert die Partei nicht mehr landesweit, obwohl sie von dem in Dänemark üblichen Reglement befreit ist, so viele befürwortende Unterschriften zu sammeln, wie durchschnittlich für einen Parlamentssitz an Stimmen notwendig sind. Diesen deutschstämmigen Menschen im Süden des dänischen Königreiches wird von der dänischen Politik eine weitgehende kulturelle Selbstbestimmung eingeräumt. Wie Norwegen besitzt Dänemark auch Erdöl- und Erdgasvorkommen, jedoch in deutlich kleinerem Ausmaß. Dies und eine seit den 1980er Jahren forcierte Förderung regenerativer Energien führen dazu, dass Dänemark bis zu 50 Prozent des gesamten Energiebedarfs gegenwärtig autonom decken kann.

Schaubild 2.9:   Dänemark

Schweden schließlich ist das bevölkerungsreichste Land der nordischen Region. Nicht selten werden die Schweden etwas reserviert von den nordischen Nachbarn beäugt; am augenscheinlichsten ist dies der Fall im internationalen Sport. Eishockeyspiele zwischen (zum Beispiel) Schweden und Finnland werden zu nationalen Ereignissen mit beachtlicher öffentlicher Resonanz und Empathie. Das Land erstreckt sich im Zentrum der skandinavischen

Halbinsel auf einer Länge von über 1.500 km entlang der Ostsee. Für Urlauber ist insbesondere der Süden des Landes ein gern aufgesuchtes Ziel. Im kargen und äußerst dünn besiedelten Norden fühlen sich hingegen vor allem jene Urlauber wohl, die Einsamkeit und Ruhe suchen – und sich nicht von beachtlichen Mückenschwärmen stören lassen.

Schaubild 2.10: Schweden

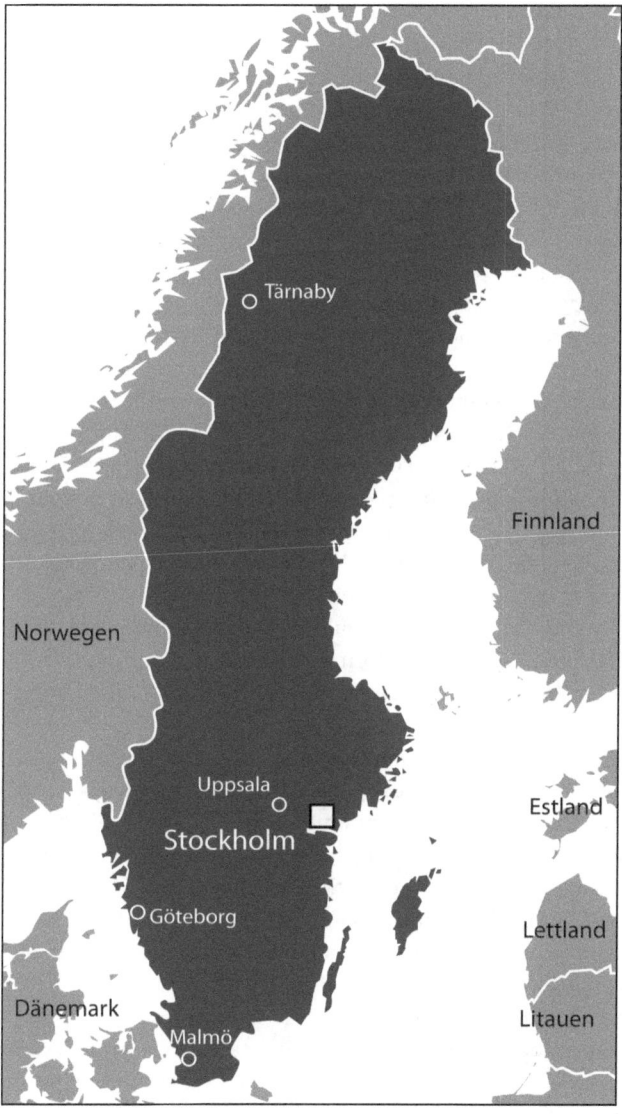

Die Bevölkerung spricht Schwedisch, wobei die größte nicht-schwedische Minderheit, die finnischen Immigranten (ca. 100.000 gebürtige Finnen leben gegenwärtig in Schweden), noch teilweise ihre Muttersprache im täglichen Leben verwendet. Die Wirtschaftszentren des Landes befinden sich im Süden. Insbesondere in der Metropole Stockholm und in den direkt angrenzenden Gebieten ist eine hochproduktive Dienstleistungsökonomie angesiedelt (hier dominiert in jüngster Vergangenheit der IT-Bereich). Im Norden des Landes befinden sich hingegen die alten industriellen Hochburgen des industriellen Zeitalters sowie die Bergwerke zur Gewinnung von Kohle (und seltener Silber). Im äußersten Norden Schwedens ist die alte Bergwerksstadt Kiruna Zentrum des gesellschaftlichen und politischen Lebens.

Als wohl bedeutsamste Zäsur der skandinavischen Geschichte kann die *Reformation* angesehen werden.[7] Die Schriften (und Aktivitäten) Martin Luthers wurden rasch von Reformatoren im Norden aufgenommen. Bereits 1527 erklärte der schwedische Reichstag die Loslösung von der römisch-katholischen Kirche, der offizielle Bruch mit Rom und die Konfiszierung der Kirchengüter zog sich bis ins Jahr 1530 hin. Da Finnland damals ein Teil des schwedischen Königreiches war, wurde die Reformation damit auch auf finnischem Boden durchgesetzt. Bereits 1528 wurde der Finne Martin Skytte ohne päpstliche Bestätigung zum Bischof von Turku geweiht. Die Reformation und Loslösung vom Papst in Rom war damit auch in Finnland vollzogen. In Dänemark erfolgten ähnliche Schritte im Jahre 1536 und in Norwegen 1537.

In Island war die Loslösung vom katholischen Glauben komplizierter und mit Konflikten behaftet. Gegen den Widerstand der Bischöfe Islands setzte der dänische König (Island war damals Teil des dänischen Reiches) auf die Umsetzung der Reformation und Loslösung von der katholische Kirche. Der vom dänischen König gesandte Bischof wurde von den Isländern jedoch gefangen genommen. Die beiden Bischöfe Islands (Oejmundr Pálsson und Jón Arason) riefen zum bewaffneten Widerstand auf. Im Jahr 1541 wurde Bischof Pálsson gefangen genommen und nach Dänemark verbracht. Dort verstarb er kurz darauf in Gefangenschaft. Jón Arason wurde ein paar Jahre später ebenfalls gefangen genommen und schließlich im Jahre 1550 hingerichtet. Die isländische Reformation stieß also auf deutlichen Widerstand. Im täglichen Glauben der Menschen wurde lange Zeit an katholischen Riten festgehalten.

Die lutherische Reformation setzte sich mit Ausnahme Islands zügig und ohne große gesellschaftliche Konflikte im Norden durch. Die protestantischen Kirchen wurden – und dies spielt eine bedeutsame Rolle – als Staatskirchen institutionalisiert. Der König als oberster weltlicher Herrscher war zugleich oberste Führungsperson der Kirche. Damit war in der frühen Neuzeit eine klare Arbeitsteilung verbunden. Die Kirche diente nicht nur der individuellen Seelsorge und kollektiven Erbauung sondern war zugleich erste karitative Organisation – wie in den katholischen Landen auch. Allerdings war die Verantwortung für die ersten Schritte der Armenfürsorge im Norden durch die Institution der Staatskirche von Beginn an unter politischer bzw. staatlicher Verantwortung. Die Pfarrer, die in der frühen Neuzeit in ihren Gemeinden eine – meist repressive – Armenpolitik betrieben, waren immer auch Bedienstete des Staates. Und letztlich erscheint es rein funktional betrachtet als logische Konsequenz, zunehmende karitative und sozialpolitische Aktivitäten nicht an gesellschaftliche Gruppen zu delegieren – wie im Mitteleuropa, wo das katholische Prinzip der

---

[7]   Die folgenden Passagen basieren vor allem auf Nordstrom (2000).

gesellschaftlichen Subsidiarität vorherrscht –, sondern weiterhin in staatlicher Verantwortung zu belassen. Damit wurde früh ein Entwicklungspfad im Norden eingeschlagen, der eben dem Staat eine eindeutig zentrale Rolle in sozialen Belangen zuwies. Bereits vor den in der Literatur als entscheidend diskutierten Weichenstellungen wohlfahrtsstaatlicher Entwicklung in den 1930er Jahren (vgl. Kapitel 5) war im Norden staatsrechtlich verankert, dass der Staat in sozialpolitischen Belangen eine zentrale Verantwortung zu tragen habe.

Die Reformation hatte noch eine weitere historische Weichenstellung bewirkt. Da die Kirche Teil des Staates war (und zum Teil noch ist), konnte eine offene und sich zuspitzende Opposition zwischen Kirche und Staat vermieden werden. Während in Bildungsfragen sowie sozialpolitischen Belangen die katholische Kirche des Kontinents lange auf ihre Autonomie gegenüber dem Staat pochte, verlief die weitere Entwicklung in Skandinavien ohne gravierende Konflikte. Wie in Kapitel 3.4 noch eingehender diskutiert wird, kam es damit nicht zu einer religiös fundierten Konfliktlinie im Norden, an der sich religiös fundierte Parteien bilden konnten. Insbesondere die christdemokratischen Parteien in Mitteleuropa (wie die CDU/CSU, die CVP oder die ÖVP) können ihre Entstehung sowie ihr Wachstum historisch betrachtet auf einen solchen Konflikt zurückführen.

Dies war in Skandinavien nicht der Fall. Religiös fundierte Parteien sind dort marginal in ihrer Bedeutung (mit der teilweisen Ausnahme Norwegens). In Skandinavien bildeten sich andere gesellschaftliche Konflikte im Laufe der Zeit heraus, die für Politik und Gesellschaft bis auf den heutigen Tag entscheidend sind. So vor allem der Gegensatz zwischen ländlicher Bevölkerung bzw. Bauern als Produzenten der Lebensmittel des täglichen Bedarfes auf der einen Seite und den Arbeitgebern im industriellen Sektor auf der anderen Seite. Zudem ist für den Norden ein gesellschaftlicher Konflikt überaus bedeutsam, der alle westeuropäischen Länder (mit einer gewissen Einschränkung für Island) bis auf den heutigen Tag prägt – der Konflikt zwischen Arbeit und Kapital. Aufgrund sonstiger fehlender Konfliktlinien ist vor allem der Konflikt zwischen Arbeit und Kapital für Dänemark, Norwegen und Schweden historisch sehr folgenreich gewesen.

Die Reformation mit der Errichtung von Staatkirchen ist fundamental für unser Verständnis nordischer Politik und Gesellschaft. Allerdings sollte bereits an dieser Stelle hervorgehoben werden, dass die Kirchen des Nordens (ebenso wie die Kirchen in Mitteleuropa) nicht die Säkularisierung der Gesellschaften verhindern konnten. Im Gegenteil wird den nordischen Gesellschaften in international vergleichenden Studien ein weltweit besonders hohes Maß an Säkularisierung zugesprochen. Hier sollen nicht die Daten ausgebreitet werden, die religiöse Wertemuster der Skandinavierinnen und Skandinavier im Laufe der vergangenen Dekaden beleuchten. Auf der Grundlage des skandinavischen Statistischen Jahrbuches reicht der Hinweis, dass die Nordeuropäer in den letzten Jahren verstärkt ihren protestantischen Kirchen den Rücken zuwandten. Am augenscheinlichsten ist dieser Trend in Schweden zu beobachten, wo zwar noch offiziell 77 Prozent der Bevölkerung in der lutherischen Kirche Mitglied sind, von diesen jedoch nur noch ca. 2 Prozent regelmäßig die Kirche aufsuchen. Just in diesem Land wurde zum Jahr 2000 als einzigem skandinavischem Land die historische Verbindung von Staat und Kirche aufgelöst. Gegenwärtig werden in Norwegen Überlegungen zu einer Neuordnung des Verhältnisses von Staat und Kirche angestellt.[8] Am anderen Ende der nordischen Skala befinden sich Island und Åland. Dort sind noch ca. 90 Prozent der Bevölkerung Mitglieder in den jeweiligen protestantischen Staatskirchen, wovon noch viele die Kirchen regelmäßig aufzusuchen (Norden 2006: 156).

Religiosität und insbesondere der lutherische Glaube sind eine gemeinsame kulturelle Wurzel des Nordens. Wie im Kapitel zur nordischen Sozialpolitik eingehender erörtert wird, ist der reformierte Glaube in Skandinavien mit dem ländlichen Sozialgefüge eine ganz besondere Einheit eingegangen. Die hohe Wertschätzung der Arbeit, die Notwendigkeit der Mithilfe aller in kleinen agrarischen Gemeinschaften, aber auch die frühe Emanzipation der Frau in der reformierten Kirche legten Grundsteine für den nordischen Individualismus, die Geschlechtergleichstellung sowie gemeinschaftliche Solidarität im Norden. Diese Wertemuster wirkten auch dann noch weiter, als sich die religiösen Bindekräfte abschwächten und sich die agrarischen Gesellschaften des Nordens im Verlaufe des frühen 20. Jahrhunderts rasant zu industriellen Gesellschaften wandelten.

Allerdings verschmolzen diese gemeinsamen religiösen Werte nicht zu einer die nationalen Grenzen überschreitenden »skandinavischen Bewegung«. Ähnlich wie in den deutschen Landen kam es auch im Norden zu nationalen Bewegungen. Vor allem Intellektuelle und das Bildungsbürgertum beförderten den Gedanken einer nationalen Einheit. Während in den deutschsprachigen Ländern diese Versuche einer gemeinsamen Nation zu Kriegen und politischen Wirren führten, ebbten im Norden solche Bestrebungen rasch ab. Insbesondere der Konflikt um Schleswig und Holstein zwischen 1848 und 1850 musste den Dänen schmerzhaft deutlich machen, dass es von den Ideen eines solidarischen Nordens ein weiter Weg zum solidarischen Handeln ist. Mit der unterlassenen Hilfeleistung in diesen Auseinandersetzungen war spätestens nach 1864 deutlich, dass der Norden zwar kulturell ähnlich, aber politisch nicht gemeinschaftlich geprägt ist. Die nationale Grenzen überwinden wollende Bewegung eines literarischen und intellektuellen »Skandinavismus« scheiterte an real- und machtpolitischen Disparitäten. Diese Erfahrungen und Enttäuschungen wurden nochmals im Zweiten Weltkrieg verstärkt. Erst in der Nachkriegszeit kam es zu verstärkten Kooperationsmustern zwischen den nordischen Ländern und autonomen Gebieten im Nordischen Rat – gleichwohl ohne Absicht, damit aktiv staatsrechtliche Integrationserfolge erzielen zu wollen.

Eine weitere Quelle nordischer Kultur kann in der lange Zeit stark ausgeprägten Homogenität der nordischen Gesellschaften gesehen werden. Im Gegensatz zur Entwicklung in den deutschsprachigen Ländern kam es im 19. und 20. Jahrhundert zu keinen großen Bevölkerungswanderungen in den Norden. Erst in jüngster Vergangenheit werden die nordischen Länder rapide bunter. Nicht zuletzt durch die zunehmende europäische Integration und eine Ausweitung der nordischen Immigrationspolitik kamen in den vergangenen Dekaden zunehmend Menschen anderer Herkunft in den Norden. Neue Kulturen, Religionen und Wertemuster mögen das heutige Skandinavien bereichern, gleichwohl werden sie auch von nicht wenigen Skandinaviern als Bedrohung angesehen. Die starken rechtspopulistischen Parteien in Dänemark und Norwegen fokussieren just dieses Thema im parteipoliti-

---

[8]   Aktuelle Informationen über den Fortgang der Beratungen können auf der Homepage der norwegischen Kirche abgerufen werden (http://www.kirken.no, letzter Zugriff am 2. Dezember 2010).

schen Wettstreit und können eine große Anzahl der Wählerinnen und Wähler von ihren politischen Zielen überzeugen (vgl. Kapitel 3.4).

Die nordische Kultur ist geprägt vom lutherischen Glauben und von den Werten der Solidarität, der Gleichheit aber auch des Individualismus, die aus der agrarisch geprägten Geschichte entstandenen sind. Eine rein kulturelle Betrachtung des Nordens ist jedoch unzureichend. Mitunter wird argumentiert, die Skandinavier seien kulturell anders als die Menschen in Mitteleuropa: solidarisch, zurückhaltend, schweigsam und höflich. Von daher sei es nicht verwunderlich, dass sie nach sozialem und gütlichem Einvernehmen trachten würden. Eine solche Betrachtungsweise übersieht, dass die nordische Geschichte auch zahllose Beispiele intensiver Konflikte bietet, die einer solchen kulturellen Sichtweise widersprechen.

Hier scheinen neueste sozialwissenschaftliche Erkenntnisse den kulturellen Raum des Nordens präziser zu erfassen. In der gegenwärtigen Sozialwissenschaft wird das sogenannte Konzept des »Sozialkapitals« intensiv erforscht.[9] Selten wird in den Sozialwissenschaften eine klare und für alle verbindliche Definition von zentralen wissenschaftlichen Konzepten erreicht. So ist auch der Kern des Sozialkaptialkonzeptes in der Literatur durchaus umstritten. Grundsätzlich kann jedoch resümiert werden, dass Sozialkapital ein soziales »Vermögen« bezeichnet, welche das gesellschaftliche Miteinander reguliert. In den meisten Studien werden die freiwilligen Tätigkeiten einer Bevölkerung, das Ausmaß sowie das Engagement in Vereinen sowie individuelle Einstellungen gegenüber fremden Mitmenschen als messbare Dimensionen dieses Konzeptes eingeführt.

Die nordischen Länder stechen in dieser Forschungstradition als »Rätsel« hervor. Wenn Sozialkapital freiwilliges Engagement sowie Vertrauen den Mitmenschen gegenüber zum Ausdruck bringt, dann könnte vermutet werden, dass im Norden zumindest das soziale Engagement in geringem Maße vorhanden sein müsste, da allgegenwärtige staatliche Einrichtungen freiwilliges soziales Handeln quasi überflüssig machen oder »vom Markt verdrängen« würden. Empirische Forschungen belegen hingegen genau das Gegenteil. Es kann kann gezeigt werden, dass die nordischen Länder in internationalen Vergleichsstudien durch ihre starken Zivilgesellschaften hervorstechen. Die Menschen dort engagieren sich überdurchschnittlich oft in Vereinen, Verbänden und sonstigen zivilgesellschaftlichen Einrichtungen (Rothstein/Stolle 2003, Fridberg/Kangas 2008).

Auch eine individuell-psychologische Komponente des Sozialkapitalkonzeptes belegt die Sonderstellung der nordischen Länder. Basierend auf (nahezu) weltweit durchgeführten Umfragen zu Werten und Normen können Wertemuster im täglichen Leben erfasst werden. In wenigen Regionen dieser Welt bringen die Menschen ihren (fremden) Mitmenschen so viel Vertrauen entgegen, wie im Norden. Auch ist dort die aktive Hilfsbereitschaft gegenüber den Menschen stärker vorhanden als zum Beispiel in Mittel- und vor allem Südeuropa.

---

[9]   Vergleiche hierzu grundlegend Putnam (2001) sowie Freitag (2006). Für die nordischen Länder höchst informativ ist das von Bo Rothstein und Dietlind Stolle herausgegeben Sonderheft der Scandinavian Political Studies zu diesem Thema; Rothstein/Stolle (2003).

Kurz: der Norden scheint sich tatsächlich vom Rest Europas deutlich zu unterscheiden, auch in kulturellen und sozialpsychologischen Aspekten.[10]

Insbesondere das relativ hohe Vertrauen der nordischen Menschen ihren Mitbürgern gegenüber stellt die Forschung vor ein Rätsel. Wie kann dies erklärt werden? Gesicherte Erkenntnisse liegen hierzu noch nicht vor. Die Forschung untersucht neben kulturellen Wurzeln auch die Wirkungsweise politischer Institutionen. So sei nicht die Größe des Staates für die Ausprägung des Sozialkapitals verantwortlich, sondern die Organisation des Staates. In universellen Wohlfahrtsstaaten, in denen nur selten Einkommensüberprüfungen stattfinden würden sowie in Ländern ohne Korruption und mit großer Rechtssicherheit sei die Wahrscheinlichkeit größer, dass sich Sozialkapital und also auch Vertrauen der Menschen in ihre Mitmenschen (und die öffentlichen Einrichtungen und Organe) entwickeln können.[11] Wie auch immer solche wissenschaftlichen Fragen beantwortet werden, wir können davon ausgehen, dass sich der Norden durch eine hohe zivilgesellschaftliche Organisationsdichte, durch solidarische Hilfsbereitschaft und ein großes Maß an mitmenschlichem Vertrauen vom Rest Europas deutlich abhebt.

2.2 Von der ersten Besiedlung über die Herrschaft der Wikinger bis zur Hanse

Der Forschungsstanz zur frühen Besiedelung Nordeuropas ist immer noch von mehreren offenen Fragen gekennzeichnet. Trotz großer Anstrengungen sind die genauen Wanderungsströme und Besiedlungsepochen nicht eindeutig geklärt. Es wird vermutet, dass nach der letzten Eiszeit Wanderungsbewegungen von Kontinentaleuropa in den Norden stattfanden. Norwegische Archäologen vermuten, dass ca. 10.000 bis 9.000 vor Christus erste Gemeinschaften die Westküste Norwegens besiedelten. Es ist ferner davon auszugehen, dass damals noch weite Teile Skandinaviens, mit Ausnahme eben der Westküste, mit einer Schicht Polareis bedeckt waren. Entsprechend den klimatischen Veränderungen wird weiter angenommen, dass gegen 6.000 vor Christus eine zweite Besiedlungswelle stattfand. Diesmal ausgehend vom späteren Deutschland über Dänemark bis nach Schweden, typischerweise erneut entlang den Küstenregionen.

Während diese Teile Skandinaviens von europäischen Vorfahren besiedelt wurden, so legen archäologische Zahnfunde die Vermutung nahe, dass Volksstämme aus dem Uralgebiet den Nordosten Europas und somit das spätere Finnland besiedelten. Möglicherweise liegt hierin die Ursache für die frühe Trennung zwischen den nordischen Ländern des Westens und des Ostens. Eine Trennung, die sich bis auf den heutigen Tag an höchst unterschiedlichen Sprachstämmen erkennen lässt.

Im Verlauf der klassischen Steinzeit machten die skandinavischen Ureinwohner viele Forschritte bei der Urbarmachung der kargen Böden und der landwirtschaftlichen Viehhal-

---

[10]   Neben dem Vertrauen sind die Skandinavier auch in anderen Bereichen »Weltspitze«. So zeigen regelmäßige Umfragen, dass sich die Dänen – schon seit Jahren – als das glücklichste Volk der Welt einstufen, gefolgt von den Schweden und Finnen. Die Gründe für diese nordische »Glückseligkeit« können hier nicht weiter erörtert werden.

[11]   So lauten die Hypothesen von Rothstein und Stolle (2003), vgl. auch Rothstein (1998, 2001, 2010).

tung. Wahrscheinlich durch weitere Wanderungsbewegungen gelangten verbesserte Methoden und Kenntnisse der frühen Agrarwirtschaft in den Norden und vereinigten sich dort mit der traditionell weit vorangeschrittenen Kunst der Holz- und Steinbearbeitung, wie sie insbesondere in Dänemark früh ausgebildet war. Dänische Äxte und Messer wurden bis in die Mittelmeerregionen als hochwertige und begehrte Güter gehandelt. Ein weiterer Modernisierungsschub ist mit der Weiterentwicklung des Schiffbaus verbunden. Die Entwicklung weg von einfachen Einbäumen und Kanus, die vorwiegend in Küstennähe Einsatz fanden, hin zu seefähigen Schiffen ermöglichten nach und nach den Aufbau enger Beziehungen über die Ostsee zu den heutigen baltischen Staaten.

Auch wenn keine exakten Zahlen zu nennen sind, so wird doch angenommen, dass sich ungefähr ab 500 vor Christus die nordischen Stämme von den germanischen Stämmen trennten. Dänemark war das damalige Zentrum des nordischen Besiedlungsraumes; die Stämme der Jütländer und Dänen vereinten sich ca. 700 vor Christus. Es wird ferner davon ausgegangen, dass sich um ca. 800 vor Christus ein nordischer Sprachstamm vom germanischen ausdifferenzierte.

Die Besiedlung Finnlands verlief nach einem anderen Muster. Leider ist auch hier noch nicht alles geklärt. Finnisch-Ugrianische Stämme, so viel kann als sicher gelten, wanderten von der Kaukasusregion in Richtung Norden. Dass ausgehend von einer ersten Etappe in den baltischen Ländern dann noch eine weitere Ausdehnung in den Norden erfolgte, lässt sich zum Beispiel an den vielen Lehnwörtern in der finnischen Sprache ablesen, die ursprünglich aus der litauischen Sprache stammen. Die Besiedlung Finnlands erfolgte deutlich später als die der restlichen skandinavischen Regionen. Erst nach Christi Geburt können Besiedlungsversuche archäologisch festgestellt werden. Und im Jahre 500 nach Christus gab es nachweislich erst drei kleinere Besiedlungsräume auf finnischem Boden.

Eine erste Hochphase nordischer Kultur kann in der *Wikingerzeit* ausgemacht werden, deren Blütezeit auf die Periode von 700 bis 1000 nach Christus terminiert wird.[12] Der Begriff der Wikinger lässt sich auf den altnorwegischen Begriff »vik« zurückführen, was soviel wie Bucht heißt. Tatsächlich siedelten die Wikinger selten direkt an den Küsten, sondern eher an der Küste nachgelagerten Buchten und Binnenseen mit direktem Zugang zum Meer. So heißt zum Beispiel die Hauptstadt Islands (»Reykjavík«) übersetzt »wolkige Bucht«. Die Wikinger stehen für eine erste nordische Expansionsphase. Mit der Erosion des Herrschaftsgefüges Karls des Großen auf dem Kontinent stießen die Wikinger kurzfristig bis nach Südeuropa und Russland vor. Dauerhafter waren ihre Eroberungen auf Island, England und in der Normandie. Das Bild der Wikinger wird in der populären Geschichtsschreibung und im Verständnis der meisten Mitteleuropäer von Darstellungen brutaler und blutrünstiger Piratenunternehmungen geprägt. Es wird dabei zu selten wahrgenommen, dass die Wikinger zwar durchaus schlagkräftige Krieger waren, aber keineswegs nur. Mit den Wikingern kam zum Beispiel die hohe Kunst des Schiffbaus nach Zentraleuropa. Und dass

---

[12] Als Literatur zu den nordischen Wikingern sei verwiesen auf Magnusson (2007). Im Internet bietet die Abteilung für mittelalterliche Geschichte der Universität Tübingen eine umfangreiche Linksammlung zu den Wikingern sowie anderen europäischen Regionen an (http://www.mittelalter.uni-tuebingen.de/?q=links/skandinavien-deutsch land-oesterreich-schweiz.htm, letzter Zugriff am 10.07.2011). An dieser Stelle sei nur vermerkt, dass unser Bild von den Wikingern auch äußerlich nicht zutrifft. Die realen Wikinger hatten zum Beispiel keine Helme mit Hörnern.

es die Wikinger waren, die vor Kolumbus erstmals den Weg nach Nordamerika besegelten, gilt in der heutigen Zeit als nahezu gesicherte Annahme in der Geschichtsschreibung.

Zudem wird den Wikingern zugesprochen, dass sie frühe Formen einer Demokratie eingeführt hätten. Diese Annahme ist jedoch zu differenzieren. Mit unseren heutigen Vorstellungen von Demokratie lassen sich diese frühe Formen der gemeinschaftlichen Entscheidung über öffentliche Angelegenheiten nicht fassen (Petersson 1989). Im Jahre 930 wurde zwar auf Island das erste »Urparlament« gegründet, der »Althing«. Grundsätzlich war die Teilnahme an diesen Treffen für alle frei, jedoch nicht für Frauen, Knechte und Sklaven. Tatsächlich dominierten die 39 Stammesgrößen (»godar«), die ihrerseits die freien Bauern vertraten. Jährlich trafen sich die Großen des isländischen Volkes für eine Woche unter freiem Himmel in Thingvellir, um Recht zu setzen, Gericht zu halten sowie allgemeine Angelegenheiten zu beratschlagen.

Es wurde von den Großen auf dem »Althing« erwartet, dass sie ihre Entscheidungen in öffentlicher Rede bekräftigten und mit Argumenten gegenüber anderen Repräsentanten und anderen Meinungen abwägten. Dieser Aspekt kann also durchaus eine sehr frühe Form der gemeinschaftlichen Beratschlagung öffentlicher Angelegenheiten verstanden werden, was jedoch noch weit entfernt ist von den Idealen einer parlamentarischen oder gar deliberativen Demokratie unter freien und vor allem gleichen Menschen. Interne Rivalitäten und die zunehmende Konzentration wirtschaftlicher Macht in immer weniger Händen führten zusehends zu Spannungen und letztlich zum Ende dieser ersten nordischen Frühform gemeinschaftlicher Beschlussfassung.

Die Wikinger siedelten entlang der Küstenregionen Dänemarks, Norwegens sowie Schwedens. Während sich die dänischen Wikinger vorwiegend auf Regionen des heutigen Englands und Frankreichs konzentrierten, richteten die norwegischen Wikinger ihren Expansionstrieb vorwiegend auf Schottland und Island. Die schwedischen Wikinger schließlich orientierten sich eher nach Osten, nach Finnland und Russland. Tatsächlich können die schwedischen Wikinger als wichtige Mitbegründer des russischen Reiches angesehen werden. Das schwedische Wort »rus« (»Ruderer«) diente dem russischen Reich als Wortstamm.

Die Hochphase der nordischen Wikinger endete mit der Christianisierung und den verstärkten Anstrengungen verschiedener mittelalterlicher Herrscher, ihre Herrschaftsbereiche durch veränderbares und gesetztes Recht abzusichern. Spätestens im Verlauf des 11. Jahrhunderts und nach der Niederlage von König Harald II in der Schlacht von Hastings wurden die Wikinger vom Kontinent und den britischen Inseln verdrängt. Zudem wandelte sich die Wahrnehmung der Wikinger in der damaligen Zeit deutlich. Weniger der Handel, den die Wikinger ja auch betrieben hatten, wurde von den Fürsten des damaligen Europas wahrgenommen, vielmehr wurde der Begriff des Wikingers immer stärker mit dem eines gnadenlosen Piraten gleichgesetzt, den es mit allen Mitteln zu bekämpfen galte.

Im Hoch- und Spätmittelalter wurden die nordischen Monarchien, Regionen und Städte in das Geflecht und die Aktivitäten der Hanse integriert. Die Nord- und Ostsee waren das Kerngebiet, um das herum sich sowohl die Kaufmannshanse als auch die Städtehanse herum organisierten.[13] Aufgrund vielfältiger Verbesserungen des Schiffbaus sowie neuen Kenntnissen der Navigation rückten erstmals die Städte und Regionen in Nordeuropa näher

---

[13]   Als Standardwerk zur Hanse gilt immer noch Dollinger (1998).

zueinander.[14] Ausgehend von Bestrebungen deutscher Kaufleute, ihre Handelsbeziehungen auszuweiten, kam es zu verschiedenen Privilegien, mit denen die Kaufleute von den Städten ausgestattet wurden. Gleichzeitig waren die Kaufleute bestrebt, nicht nur Handelsmöglichkeiten zu eröffnen, sondern vielmehr auch Schutz von den unterschiedlichsten Mächten des Mittelalters bei ihren Handelsaktivitäten zu erlangen.

In der Hochphase der Hanse von ca. 1250 bis 1400 nach Christus kam es zu einer intensiven Verflechtung der Handelsinteressen mit den damals vielschichtigen und zum Teil überlappenden Herrschaftsinteressen. Die Erweiterung der Handelsströme nach Osten und nach Russland führte immer wieder zu Konflikten. Als Drehscheibe des damaligen Osthandels wuchs Gotland und genauer Visby als zentraler Hafen dieser Insel heran. Die sogenannten »Gotlandfahrer« bezogen schwedische Mächte und Handelsleute immer stärker in die Politik und Handelsstrategien der Hanse ein. Der Aufstieg der Städte in den deutschen Landen führte zu einer gestiegenen Macht dieser Akteure. Diese Macht wurde insbesondere offenbar in den Städtebündnissen, mit denen diese Hansestädte sowohl die Privilegien ihrer Handelskaufleute in anderen Städten sichern, aber vor allem auch deren Schutz gewährleisten wollten.

Aus skandinavischer Perspektive kann zum einen betont werden, dass viele Städte des heutigen Nordens aktive (wenngleich nicht immer einfache) Mitglieder der Hanse waren. Neben dem erwähnten (um im Osthandel zentralen) Visby war auch Stockholm eine Hansestadt. Ein Kontor der Hanse bestand auch in Bergen (Norwegen), Turku (damals schwedisches Königreich, heute Finnland) und Kopenhagen. Zum anderen kann jedoch auch festgestellt werden, dass der Aufstieg der (vorwiegend) deutschen Städte mit ihren Expansionszielen von den nordischen Herrschern mit Skepsis gesehen wurde. Bekanntes Beispiel etwa sind die Konflikte des dänischen Königs Waldemar IV mit der Hanse. Der dänische König versuchte sein Reich auszudehnen und konnte Gotland erobern. Die Reaktion der Hanse war gespalten, einige Hansestädte, vor allem die sogenannten wendischen Hansestädte (Lübeck, Kiel, Wismar, Rostock, Stralsund) führten einen Krieg gegen Dänemark, in dem ihre Streitkräfte unterlagen. Allerdings war dieser Konflikt damit nicht beigelegt. Angeheizt wurde die Auseinandersetzung zwischen der Hanse und dem dänischen Königreich zudem durch die für die Hanse brisante Querung des Öresunds. Dort versuchte der dänische König mit Steuern und Zöllen den Handel der Hanse zu erschweren (bzw. an ihm zu verdienen).

Der Hansetag zu Köln führte zu einer breiten Koalition gegen den dänischen König. Auch der schwedische König Albrecht konnte für die Ziele der Hanse gewonnen werden. Nach einer Kriegserklärung zerstörten die Truppen der Hanse (und Schwedens) Kopenhagen und andere Gebiete Dänemarks. Waldemar IV konnte schließlich 1370 in Helsingborg besiegt werden. Damit erreichte die Hanse den Zenit ihrer Macht. Der dänische König musste im Frieden von Stralsund (1370) die Vormacht der Hanse im Norden anerkennen. Nicht nur wurde die Stellung Visbys (und Gotlands) wieder hergestellt. Auch die Besteuerungsbefugnisse am Öresund gingen auf die Hanse über (damit war der Handelsweg nach Norwegen abgesichert). Und letztlich musste Waldemar IV zugestehen, dass kein dänischer König ohne die Zustimmung der Hanse in Zukunft gewählt werden dürfe.

---

14 Tatsächlich kann die Zeit der Hanse als eine frühe Form der »Globalisierung« interpretiert werden. Zumindest überschritten Handelsströme und Kommunikationswege territoriale Grenzen und führten zu einer Regulation öffentlicher Angelegenheiten jenseits der gegebenen staatlichen Formen.

Die Piraterie auf der Ostsee zehrte in den folgenden Jahren an der Macht der Hanse. Hier kann nur die schillernde Figur des Klaus Störtebecker als ein Beispiel von vielen genannt werden. Es handelte sich damals nicht um »freie« Seeräuber. Störtebecker (und andere) standen in engen Verbindungen mit (und unter dem Schutz von) territorialen Herrschern wie zum Beispiel dem schwedischen König. Dieser wollte mit Hilfe von Störtebecker nicht nur den dänischen Rivalen drangsalieren, sondern auch die Machtstellung der Hanse herausfordern. Ähnliche Interessen verfolgte auch Herzog Albrecht von Holland, der im Jahr 1400 gar einen schriftlichen Vertrag zur Unterstützung der »Vitalienbrüder« verfasste.

Die Gründung und Arrondierung territorialer Mächte leitete damit auch den Untergang der Hanse ein. Nicht nur Holland, auch Dänemark und Schweden forcierten immer stärker ihre eigenen Staatsinteressen und versuchten die Macht der Hansestädte zurück zu drängen. Mit der Reformation und dem Dreißigjährigen Krieg wurde das Ende der Hanse besiegelt. Zugleich eröffnete der zunehmende Handel mit Amerika neue Handelswege – und ließ neue Seemächte in Europa entstehen. Für den Norden brachte die Zeit der Hanse einen intensivierten Kontakt mit anderen europäischen Kulturen, einen verstärkten Handel und für einige Kaufleute im Norden auch Wohlstand. Wichtig war jedoch die Hanse für den Norden im Prozess der Staatengründung. Letztlich setzten sich die Monarchen gegen eine »entgrenzte« Macht durch und verfolgten erfolgreich ihre territorialen Interessen. Im Norden begann damit die Zeit der nationalen Staatsgründungen.

2.3 Gründung der nordischen Nationalstaaten, Reformation und Demokratisierung

Bereits im Mittelalter entstanden die ersten nordischen Königreiche: Dänemark und Schweden bildeten früh die beiden Machtpole im Norden. Norwegen, das dritte mittelalterliche Königreich, geriet immer wieder unter fremde Herrschaft.[15] Durch die geschickte Machtpolitik der dänischen Königin Margarethe I, einer der schillerndsten weiblichen Figuren in der Geschichte, konnte 1381 die dänische Herrschaft über Norwegen in einer Union gesichert werden. In Norwegen wird die Union, die bis ins Jahr 1814 andauerte, als die »400 Jahre Nacht« (Henrik Ibsen) beschrieben – und betrauert. Schweden orientierte sich bereits im Hochmittelalter nach Osten und unternahm bereits im Jahr 1154 erste Eroberungszüge in das finnische Gebiet. Allerdings wurden diese finnischen Gebiete nicht wie Kolonien behandelt. Zumindest seit 1362 sind finnische Gesandte bei der Wahl des schwedischen Königs zugegen. Mit der Kalmarer Union, die von 1397 bis 1523 bestand, erstreckte sich dann tatsächlich unter dänischer Führung ein »skandinavisches Königreich« von Island über die nordischen Kernländer bis hin zur finnischen Ostgrenze.

Die Kalmarer Union wird mitunter als der historische Beginn einer nordischen Kooperation verklärt. Der schottische Politologe und Skandinavienexperte David Arter beton zu Recht: „the Kalmar Union was a glorious admixture of fact, fiction and fraction" (Arter 2008: 17). Tatsächlich war die innernordische Kooperation in der Kalmarer Union mehr Dichtung

---

15   Vgl. im Folgenden vor allem Nordstrom (2000).

als Wahrheit. Die Überdehnung des territorialen Staates – in der damaligen Zeit durchaus keine Besonderheit des Nordens – fusste auf wackeligem Fundament. Rasch entstanden verstärkte Feindseligkeit insbesondere zwischen Dänemark und Schweden. Immer wieder kam es zu gewalttätigen Auseinandersetzungen – wie zum Beispiel dem Blutbad unter schwedischen Adligen 1520 in Stockholm. Als dann noch interne Machtkämpfe im dänischen Reich ausbrachen, nutzte der spätere König Gustav Vasa die Gunst der Stunde. Nach anfangs erfolglosen Bemühungen konnte er schließlich in Mora[16] erste Gefolgsleute für einen schwedischen Aufstand gegen die dänische Herrschaft gewinnen. Von da an breitete sich der Befreiungskampf der Schweden rasch aus und bereits im Jahre 1527 wurde Gustav Vasa zum König von Schweden gekrönt – und mit ihm das Tor zur schwedischen Reformation aufgestoßen. Damit war die Kalmarer Union beendet und mit ihr die ersten (romantischen) Träume von einem gesamtnordischen Staat.

Von da an entwickelten sich die nordischen Monarchien auf getrennten Pfaden. Das schwedische Königreich stürzte sich im 17. Jahrhundert in eine Vielzahl von kontinentalen Kriegen, nicht wenige wurden mit Dänemark ausgefochten. Besonders die Expansion der Schweden nach Süden unter Gustav II. Adolf im Dreißigjährigen Krieg war Kennzeichen einer schwedischen Großmachtpolitik. Diese kriegerische Phase endete erst mit den Napoleonischen Kriegen, als Schweden 1809 Finnland an den russischen Zaren abtreten musste.

Zu Beginn des 19. Jahrhunderts waren die ehemaligen nordischen Großmächte – Dänemark und Schweden – nur noch »Randgrößen« im europäischen Machtspiel. Vor allem die Mächte Kontinentaleuropas diktierten die europäische Politik. Im Norden wurden die Neujustierungen der geopolitischen Einflusssphären akzeptiert, wie sie 1815 auf dem Wiener Kongress beschlossen wurden. Bis ins frühe 20. Jahrhundert durchliefen die nordischen Länder unterschiedliche Entwicklungen. Während die beiden ehemaligen »Großmächte« versuchten, die politische Ordnung im Inneren zu formen, strebte man in Norwegen, Finnland und Island immer noch nach nationaler Unabhängigkeit.

Der norwegische Sozialwissenschaftler Stein Rokkan hat in seiner Studie über die demokratischen Staatsgründungen in Europa vier entscheidende Stufen zur vollständigen nationalen Staatenbildung unterschieden (Rokkan 1999). Erstens wurde der politischen Opposition im entstehenden Staat Raum und Legitimität eingeräumt. Dies erforderte vor allem die Sicherung und Wahrung der Pressefreiheit. In einer zweiten Stufe galt es, der Bevölkerung Partizipationsrechte zuzugestehen. Hier waren allgemeine Wahlen das besondere Kriterium. In einem dritten Schritt macht Rokkan geltend, dass nicht nur die freie Wahl entscheidend gewesen sei. Das Wahlergebnis musste sich auch in der Repräsentation der Interessen im Parlament niederschlagen. Hier war also die Einführung des Verhältniswahlrechts von entscheidender Bedeutung. Letztlich hätten sich diese Wahlen und die (gerechte) Repräsentation der Bevölkerungsinteressen auch auf die Exekutive niederschlagen müssen. Hier ist die Durchsetzung des Parlamentarismus als Schwelle entscheidend, in dem die

---

[16]   Mora ist die Hauptstadt von Dalarna, einer Provinz in Mittelschweden. Die Legende besagt, dass Gustav Vasa nach erfolglosen Anwerbungsversuchen von Kämpfern der Stadt Mora den Rücken kehrte und Richtung norwegische Grenze flüchtete. Als die Adligen in Mora vom Blutbad in Stockholm Nachricht erhielten, sollen sie im Winter zwei der besten Skiläufer losgeschickt haben mit dem Ziel, Gustav Vasa zur Umkehr zu bewegen. In der Nähe von Sälen sollen sie ihn eingeholt und zur Rückkehr nach Mora bewogen haben. Dies ist der historische Hintergrund des ca. 90km langen Wasalaufs, welcher alljährlich im März von Sälen nach Mora stattfindet.

Regierung von der Macht des Parlaments abhängig ist. In Tabelle 2.2 werden die Jahreszahlen aufgeführt, in denen die nordischen Staaten diese jeweiligen Demokratisierungsschwellen passierten.

Tabelle 2.2: Demokratisierung und Staatsbildung in Skandinavien

	Legitimität: Pressefreiheit	Einbindung: Universelles Wahlrecht	Repräsentation: Proportionales Wahlrecht	Exekutive Macht: Parlamentarismus
Dänemark	1849	1915	1915	1901
Finnland	1917	1906	1906	1917
Island	1849	1915	1959 (1942)[1]	1904
Norwegen	1814	1913	1919	1884
Schweden	1809 (1766)	1921	1909	1917

Anmerkung: Die Jahreszahlen können je nach Quelleninterpretation schwanken. 1) Einige der Sitze im Althingi waren bereits seit 1942 dem proportionalen Wahlrecht unterworfen. Auf das gesamte Parlament wurde dies jedoch erst 1959 angewendet.
Quelle: Heidar (2004: 18).

Es gab auch vereinzelte Rückschläge in den einzelnen Demokratisierungetappen. Hier ist vor allem die vorübergehende Einschränkung der frühen Pressefreiheit in Schweden nach 1766 zu nennen. Letztlich wird aus den Jahreszahlen allerdings deutlich, dass die entscheidenden Schwellen in allen fünf Ländern in einem ähnlichen Zeitraum passiert wurden: in den Dekaden von ca. 1900 bis 1920. Mit der Ausnahme Islands – das immer noch um formale Unabhängigkeit von Dänemark kämpfte – waren damit die zentralen Etappen für demokratische und souveräne Nationalstaaten nach der Theorie und Typologie von Stein Rokkan passiert.

Der Erste Weltkrieg verursachte auf den ersten Blick nur geringe Kollateralschäden im Norden. Die nordischen Länder erklärten offiziell ihre Neutralität. Allerdings unterbrachen sie auch nicht ihre zum Teil sehr engen Wirtschaftsbeziehungen mit dem Deutschen Reich. So lieferte zum Beispiel Schweden weiterhin die kriegsnotwendigen Eisenerze nach Deutschland. Erst auf deutlichen Druck Frankreichs und Großbritanniens wurden diese Lieferungen eingeschränkt. Die Öffentlichkeit in Schweden und Norwegen äußerte durchaus Sympathien mit der deutschen Politik. So trat zum Beispiel der schwedische Entdecker Sven Hedin offen für eine schwedische Unterstützung Deutschlands im Ersten Weltkrieg ein. Was ihm in den Gesellschaften der Kriegsgegner Deutschlands heftige Antipathien und wissenschaftliche Nachteile einbrachte.

Allerdings wurde Finnland durch den Ausbruch der russischen Oktoberrevolution in einen blutigen Bürgerkrieg gestoßen. Finnische Politiker nutzten die Gunst der Stunde und deklarierten während der Unruhen in Moskau die nationale Souveränität Finnlands. Obwohl Lenin die finnische Unabhängigkeit – wie einige andere Länder Europas auch – offiziell anerkannte, kam es in der Folge zu einem blutigen Bürgerkrieg zwischen Anhängern der »Roten«, also den Kommunisten, und den »Weißen«, den finnischen Nationalisten. Der dreimonatige Bürgerkrieg forderte viele unmittelbare und mittelbare Opfer[17], letztlich konn-

---

[17]   Bei allen Vorbehalten gegenüber Zahlen über Kriegsopfern führt Alan Siaroff aus, dass in diesen drei Monaten in den direkten Kämpfen 6.794 Finnen ihr Leben lassen mussten. Er führt weiter aus, dass ca. 1.500 Menschen in der Zeit des »roten« Terrors im Winter 1917/18 getötet wurden, nach dem Sieg der Nationalisten starben dann im

ten die »Weißen« (mit Unterstützung übrigens der deutschen Armee) die Oberhand gewinnen. Der Weg war somit offen für eine nationale Verfassung. Ebenso wurde die Ostgrenze zu Russland in einem besonderen Friedensvertrag mit Russland explizit gesichert.

Die Zwischenkriegszeit war auch für den Norden eine politisch sehr entscheidende Phase. In Skandinavien steht diese Epoche für eine zum Teil dramatische Polarisierung des politischen Lebens. Zwar konnten faschistische Bewegungen wie in Deutschland oder Italien kaum nennenswert Rückhalt in der Bevölkerung finden. Hier ist einzig die finnische Lapua-Bewegung zu nennen. Obwohl sie nicht die Massen hinter sich vereinen konnte, entfaltete sie dennoch eine beträchtliche innenpolitische Wirkung. Gegen Ende der 1920er Jahre wurde auf ihren Druck hin die Kommunistische Partei Finnlands verboten. Nach einer Neugründung als »Vaterländische Volksbewegung« nahm diese Bewegung Teil an den Kriegsregierungen von 1941 bis 1943. Auf Druck der Sowjetunion wurde sie jedoch 1944 formal aufgelöst.

Allerdings zeigte sich in Finnland – wie in den anderen nordischen Ländern auch – dass diese faschistische Herausforderung der jungen Demokratien abgewehrt werden konnte (Siaroff 1999b). Insbesondere in Finnland kann das – nicht ungefährliche – agieren von Sozialdemokraten und Zentrumspolitikern als Grund dafür genannt werden, dass einer weiteren politischen Polarisierung Einhalt geboten wurde. So war der Kampf gegen die Kommunisten in Finnland zur damaligen Zeit durchaus populär. Allerdings wurden die Mittel der Lapua-Bewegung entschieden verurteilt. Und während die Lapua-Bewegung vor allem auf die wohlhabenden Bauern mit großen Gütern setzen konnte, rekrutierte die Bauernpartei ihren Rückhalt aus den zahlreichen Landwirten mit kleinen Höfen (und großen finanziellen Problemen). Nach einer äußerst instabilen Phase Mitte der 1930er Jahre kam es zu einer deutlichen Annäherung zwischen Sozialdemokratie und Zentrumspartei. Erst wurden Minderheitsregierungen der Bauernpartei von den Sozialdemokraten im Parlament unterstützt. Und 1937 war dann schließlich der Durchbruch erreicht und eine »rot-grüne« Koalition aus Bauernpartei, Sozialdemokraten und Liberaler Partei konnte gebildet werden. Dieses Koalitionsmuster war nicht nur stabil. Es beruhigte auch die innenpolitischen Spannungen und setzte eindeutig auf die rechtsstaatlichen und parlamentarischen Prinzipien der neuen Demokratie. Finnland konnte diese Übergangsphase der Demokratisierung aufgrund dieser breiten Koalition zwischen Bauern und Arbeitern letztlich meistern.

Die anderen nordischen Länder hatten nicht in dem Maße mit einer Polarisierung der Politik zu kämpfen. Einzig in Norwegen führte das rasche Erstarken der Kommunistischen Partei zu mehreren Abspaltungen von den Sozialdemokraten und in der Folge auch zu instabilen Regierungen sowie prekären Mehrheitsverhältnissen im Parlament. Allerdings kam es auch in Norwegen – ebenso wie in Dänemark und Schweden – zu solch »rot-grünen« Koalitionen zwischen den Bauern- und den aufstrebenden sozialdemokratischen

---

»weißen« Terror ungefähr 8.300 Menschen. Letztlich seien noch die ca. 9.000 (kommunistischen) Todesopfer hinzuzufügen, die in den Gefangenenlagern der Nationalisten noch lange nach dem Bürgerkrieg umkamen. Diese insgesamt ca. 26.000 Todesopfer deuten die Brutalität des finnischen Bürgerkrieges an und lassen den später friedlichen Übergang zur Demokratie in Finnland als bemerkenswert erscheinen. Vergleiche hierzu vor allem Siaroff (1999b).

Parteien.[18] Diese Koalitionen kühlten nicht nur die »politische Betriebstemperatur« ab. In diesen Krisenübereinkünften oder »Kuhhandeln« wurden zudem zentrale politische Ziele in Kompromissen festgeschrieben, welche die Sozialpolitik sowie die Wirtschaftspolitik der Nachkriegszeit entscheidend beeinflussten. Im Grunde kam es zu einem Interessenabgleich zwischen der agrarischen Bevölkerung – welche Subventionen für die von ihnen produzierten Güter erreichte – sowie der stetig zunehmenden Arbeiterschaft – welche durch Maßnahmen der Beschäftigungsförderung sowie der Arbeitsmarkt- und Sozialpolitik ihre Interessen befriedigt sah. Die nordischen Länder flankierten diese Pakte, indem sie ihre nationalen Währungen abwerteten, um so die Konkurrenzfähigkeit nationaler Güter auf den Weltmärkten zu befördern. Ein Mechanismus, der bis in die 1970er Jahre zum Kernbestandteil nordischer Geld- und Wirtschaftspolitik gehören sollte.

Diese nordische Demokratisierung wurde jäh durch den Zweiten Weltkrieg unterbrochen. Die von den Skandinaviern allesamt proklamierte Neutralität wurde mit Ausnahme von Schweden nicht geachtet. Island wurde von britischen und später US-amerikanischen Truppen besetzt, um einer möglichen Invasion der Insel durch die deutschen Truppen zuvorzukommen. Allerdings war dies nicht durchgängig eine »feindselige« Besetzung. Im Gegenteil konnte damit auch die Unabhängigkeit Islands (1944) machtpolitisch flankiert werden. Die Besatzung wirkt sich bis auf den heutigen Tag auf die engen Beziehungen Islands zu den USA aus. Gravierender waren die Folgen für Dänemark und Norwegen, die beide von deutschen Truppen okkupiert wurden. In Norwegen sympathisierte eine nicht unerhebliche Zahl der Bevölkerung mit den Nazis. Unter der Führung des norwegischen Nationalsozialisten Vidkun Quisling konnten die deutschen Besatzer quasi eine norwegisch-deutsche Regierung installieren. In dieser Zeit leitete der norwegische König Håkon VII. den norwegischen Widerstand zusammen mit der gewählten Regierung unter Johan Nygaardsvold; erst auf der ständigen Flucht in den unzugänglichen Regionen im norwegischen Norden, dann schließlich von London aus. Dieser entschiedene Widerstand des Königs verlieh ihm eine große Legitimation in der Nachkriegszeit und wird in Norwegen bis auf den heutigen Tag als Symbol dafür gedeutet, dass die Monarchie Norwegen und die norwegische Demokratie verteidigt hatte.

Die deutsche Okkupation Dänemarks verlief hingegen ohne größere offene Gegenwehr. Das dänische Königshaus blieb im Land und hoffte, zusammen mit der Regierung durch Verhandlungen den Status eines souveränen Staates zu verteidigen. Erst nach der Schlacht von Stalingrad nahm der offene Widerstand auch in Dänemark zu. Eine besondere Beachtung in der Literatur erfuhr die Rettungsaktion dänischer Juden, bei der ca. 7.000 Menschen über den Öresund nach Schweden in Sicherheit gebracht werden konnten. Letztlich ist aber diese Phase der Kollaboration der dänischen Politik mit dem deutschen Nazi-Regime in der dänischen Geschichtsschreibung sowie im dänischen Selbstverständnis umstritten.

Finnland wurde trotz eines Nichtangriffspaktes aus dem Jahre 1932 von der Sowjetunion 1939 angegriffen. Der sogenannte »Winterkrieg« führte 1940 zur Abtretung einiger finnischer Regionen an die Sowjetunion. Nach dem Überfall der deutschen Truppen auf Russ-

---

[18]   Diese Koalitionen werden eingehend behandelt und theoretisch gewürdigt von Esping-Andersen (1985). Seine Studie fokussiert leider nur Dänemark, Norwegen und Schweden.

land ließ sich die finnische Politik auf eine militärische Kooperation mit dem Dritten Reich ein. Deutsche Truppen unterstützten finnische Einheiten in dem sogenannten »Fortsetzungskrieg«. Ziel war es, die an die Sowjetunion abgetretenen Gebiete wieder zurück zu erobern. Erst im Herbst und Winter 1944/45 kämpften die finnischen Truppen gegen verbliebene deutsche Truppen im Norden Finnlands (»Lapplandkrieg«). Finnland wurde also zu einer aktiven Kriegsteilnahme durch die sowjetischen Angriffe genötigt. Größte Enttäuschung herrschte in der finnischen Politik darüber, dass sich die nordischen Nachbarländer unsolidarisch verhielten – sieht man von individuellen Einsätzen und humanitären Hilfsleistungen ab.

Schweden konnte als einziges Land die Besetzung durch deutsche oder alliierte Truppen verhindern. Die erste politische Zerreißprobe erfolgte nach dem sowjetischen Einmarsch in Finnland. Während weite Teile der Bevölkerung eine aktive Hilfe der schwedischen Armee einforderten, lehnte die Kriegsregierung dies ab. Lediglich finanzielle Hilfen und die »Erlaubnis« für ein schwedisches Freiwilligenheer sollten zur Unterstützung der finnischen Bevölkerung dienen. Nach der Besetzung Dänemarks sowie Norwegens geriet die schwedische Neutralitätspolitik weiter in Bedrängnis. Die schwedische Regierung genehmigte schließlich deutsche Zugtransporte über schwedisches Gebiet nach Norwegen. Im Laufe der Zeit wurden auf diesem Wege auch Soldaten und militärisches Material von Norwegen via Schweden nach Finnland transportiert. Und letztlich einigte sich die schwedische Regierung mit den Nationalsozialisten in Deutschland auf eine intensive wirtschaftliche Zusammenarbeit. Insbesondere die kriegsnotwendigen Eisenerze unterstützten – wie bereits im Ersten Weltkrieg – die deutsche Rüstungsmaschinerie. Schweden avancierte zu einem der wichtigsten Handelspartner des Dritten Reiches. Dies änderte sich mit der deutschen Niederlage in Stalingrad. Die ökonomisch wichtigen Lieferungen des Eisenerzes wurden eingeschränkt und alliierten Militärmaschinen erlaubt, schwedisches Hoheitsgebiet zu passieren. Erst in jüngster Vergangenheit wird in Schweden diese enge Verflechtung des neutralen Landes mit der Nazi-Diktatur kritisch in der Öffentlichkeit diskutiert. Die Neutralität und Vermeidung von Kriegshandlungen auf schwedischem Boden hatten keinen geringen Preis. Allerdings diente Schweden damit auch Widerständlern aus Europa als Fluchtziel – hier ist vor allem an Willy Brandt und Bruno Kreisky zu erinnern. Der spätere deutsche und der spätere österreichische Bundeskanzler lernten sich in ihrem Exil in Stockholm kennen.

Mit dem Ende des Zweiten Weltkrieges hatten alle fünf Länder unterschiedliche Lehren aus ihren Erfahrungen zu ziehen. Die folgenden thematischen Kapitel werden im Detail zeigen, welche außen- sowie innenpolitischen Schlussfolgerungen aus den Kriegsergebnissen in aktive Politik umgesetzt wurden. Gleichwohl kann an dieser Stelle festgehalten werden, dass die Demokratisierung des Nordens nicht durch die Kriegswirren unterminiert wurde, wenngleich die Situation in Finnland lange Zeit kritisch war. Mit dem Ende des Zweiten Weltkrieges genossen die nordischen Demokratien ihre volle Souveränität. Ökonomisch gehörten sie immer noch zu den »Armenhäusern« in Europa. Die nächsten Dekaden brachten dann rasch Wohlstand und soziale Errungenschaften für die nordische Bevölkerung. Darüber berichten die folgenden Kapitel im Detail. Bevor die Fundamente der nordischen Demokratien in Kapitel 3 vorgestellt werden, ist zuvor noch die politische Stellung Samen im Norden zu behandeln.

2.4 Das skandinavische Urvolk – die Samen

Die Samen sind die Ureinwohner Nordeuropas.[19] Gegenwärtig leben ca. 80.000 bis 90.000 Samen verstreut über mehrere Landesgrenzen in Schweden (20.000), Norwegen (50.000 bis 65.000), Finnland (8.000) sowie Russland (2.000).[20] Als Ureinwohner sehen sie sich selbst in der Tradition anderer Ureinwohner stehend, wie etwa der nordamerikanischen Indianer. Und sie fühlen sich kulturell, politisch und gesellschaftlich in den nordischen Gesellschaften an den Rand gedrängt. Mit der Bildung der nordischen Nationalstaaten und den durch die Reformation gestärkten Staatskirchen gerieten die Samen in ihrer Lebensweise erstmals in Bedrängnis. Während bereits Tacitus im Jahre 98 nach Christus die Samen schriftlich erwähnte, lebten sie bis ins Mittelalter in ihren kulturellen Formen nahezu unbehelligt von staatlichen Einflüssen. Bereits bei den Römern wurden die Samen als »rohes« oder natürliches Volk beschrieben. Dass sowohl Männer als auch Frauen jagen, wurde damals als eine große Besonderheit wahrgenommen.

Im ausgehenden Mittelalter wurden die Lebensräume der Samen erstmals merklich eingeschränkt. Die sich langsam herausbildenden staatlichen Instanzen und Verwaltungen versuchten mit aktiver Unterstützung der Kirchen die Samen in ihre Herrschaftssphären zu integrieren. Auf der einen Seite sollte dies durch eine Besteuerung geschehen, auf der anderen Seite durch die Missionarisierung und Errichtung von christlichen Kirchen. Insbesondere der Streit um die Besteuerung führte zu einer nicht seltenen Doppelbesteuerung, bei der Samen auf ihrer Wanderschaft durch bestimmte Regionen Steuern zum Beispiel an das schwedisch-finnische, dänisch-norwegische oder das russische Königreich gleichzeitig zu entrichten hatten. Erst im Jahre 1751 einigten sich die Königreiche Schweden-Finnland sowie Dänemark-Norwegen, auf eine Doppelbesteuerung gegenseitig zu verzichten. Zwischen Dänemark-Norwegen und dem russischen Königreich kam eine entsprechende Vereinbarung erst im Jahre 1809 zustande.

Im Kampf der sich bildenden Nationalstaaten um Land und Einfluss gerieten die Samen immer mehr zum machtpolitischen Spielball. Da die Samen als Nomaden stetig in Bewegung blieben, entzogen sie sich jedoch immer wieder dem Zugriff der staatlichen Stellen. Als Lösung dieses Problems sahen die Königreiche im Norden Europas eine verstärkte Besiedlung des Samengebietes an. Bereits 1695 verfügte der schwedische König, dass sesshafte Siedler im Norden eine 15-jährige Befreiung von den Steuern erhalten sollten sowie keinen Kriegsdienst zu leisten hätten. Insbesondere die letzte Zusage wog in der damaligen kriegerischen Zeit schwer. Die Siedlungsströme nach Norden führten in der Konsequenz zu Konflikten mit den Samen, da die einwandernden Bauern sesshaft waren und nach festen und garantierten Siedlungs- und Bewirtschaftungsräumen trachteten. Die Samen trieben mit ihren Rentierherden durchs Land, fischten an jedem See, den sie passierten und kümmerten sich wenig um solchermaßen sich neu ergebende Eigentumsverhältnisse. Es ist beachtlich,

---

[19]   In der deutschen Sprache ist immer noch der Begriff der »Lappen« für die samische Urbevölkerung im Umlauf. Diesen Begriff empfinden die Samen jedoch als nicht ihren kulturellen Wurzeln entsprechend und zum Teil als herabsetzend.

[20]   Die Literatur zu den Samen in Nordeuropa ist äußerst dünn. Für Interessierte bietet sich die Internetpräsentation des samischen Informationszentrums als Einstieg an (www.samer.se). Viele Informationen in diesem Abschnitt basieren auf dieser – in schwedischer und englischer Sprache publizierten – Internetseite.

dass aus den daraus entstehenden frühen Rechtsstreitigkeiten anfangs die Samen oft als Sieger hervorgingen. Die Verwaltungsgerichte im hohen Norden sahen ihre Gewohnheitsrechte als schwerwiegender an als die Eigentumsrechte der Siedler. Allerdings wurden nach und nach die Samen von den Gerichten zurückgewiesen und in andere noch nicht besiedelte Gebiete abgedrängt.

Mit der Auflösung der Unionskönigreiche stieg die Anzahl der nationalen Grenzen. Dies führte zu weiteren Problemen für die Samen, die nun eine Grenze zwischen Schweden und Finnland achten sollten, allerdings traditionell mit ihren Herden über dieses Gebiet zogen. Von politischer Seite wurde eine mehr oder weniger zwanghafte Umsiedlung der Samen in südlichere Gebiete vorangetrieben. Bereits vor der Industrialisierung im Norden waren die Samen gezwungen, ihre abgestammten Gebiete zu verlassen. Mit der Industrialisierung verschärfte sich dieser Trend in raschem Tempo und führte zu einer weiteren Entvölkerung des Nordens. Der Verlust der samischen Kultur im hohen Norden war der Preis einer solchen Be- und Umsiedlungspolitik.

Heute versuchen alle nordischen Regierungen, in denen Samen leben, die Lebensräume sowie die Kultur und politische Selbstbestimmung der Samen zu akzeptieren als auch in Maßen zu fördern. Die Samen in Schweden, Norwegen und Finnland konnten eigene politische Organe errichten, ihre Sprache in einigen Regionen und Kommunen des Nordens als offizielle Sprache wieder durchsetzen und ihre kulturelle Selbstbestimmung verteidigen. Zuerst ist eine solche politische Integration in Finnland nachzuweisen. Bereits 1973 wurde ein Samenparlament zugelassen, welches sich als Interessensvertretung sämtlicher samischer Bereiche gegenüber der finnischen Regierung verstand. Erst 1989 folgte die norwegische Regierung dem finnischen Beispiel, und nochmals vier Jahre später, im Jahr 1993, wurde ein Samenparlament für die »schwedischen« Samen eröffnet.

Allerdings sollte der Begriff der samischen »Parlamente« nicht falsch verstanden werden. Diese Parlamente sind keine autonomen Organe gemeinschaftlicher Selbstbestimmung. Eher kommt ihnen die Funktion eines kollektiven »Petitionsorgans« zu. Während in Finnland und Norwegen die kulturelle Autonomie – in vagen Worten – in der Verfassung festgehalten ist, fehlt ein solcher Eintrag in der schwedischen Verfassung. Die Samen in Schweden werfen der Regierung vor allem vor, dass sie immer noch nicht die ILO Konvention 169 aus dem Jahre 1991 ratifiziert hat, in welcher die Rechte der weltweiten Urbevölkerungen festgeschrieben sind und politisch eingefordert werden. Es muss jedoch dabei bedacht werden, dass bis zum Herbst 2007 lediglich 18 Länder weltweit diese Konvention ratifiziert haben, darunter allerdings Dänemark und Norwegen.

Insofern ist es eine beständige Aufgabe der samischen Interessenvertretung, in Zusammenarbeit mit den politischen Instanzen der jeweiligen Länder neu zu bestimmen, in welchen Punkten die ureigenen Interessen des samischen Volkes durch nationale Gesetzgebung tangiert werden. Die samischen Parlamente agieren also in einer verfassungsrechtlichen und juristischen Grauzone. Gleichwohl nehmen sie aktiv zu allen Themen Stellung, welche – in ihrer Auffassung – samische Interessen tangieren.

Es überrascht nicht, dass die Beziehungen zwischen den Samen, ihren gemeinschaftlichen Interessenvertretungen und den Organen der jeweiligen Staaten durch viele Konflikte geprägt sind. In einer ersten Phase – die sich lange bis in die 1970er Jahre zog – ging es in einem ersten Schritt darum, diese politischen Organe für die Samen zu erstreiten. Seit der

Etablierung der Samenparlamente liegt der Fokus nun auf der politischen Regulierung der Rentierzucht bzw. der Rentierwirtschaft im Norden, auf kultureller und sprachlicher Selbstbestimmung sowie auf allgemeinen landwirtschaftlichen sowie touristischen Aspekten des Lebens im hohen Norden. Vor allem die Rentierwirtschaft bietet ständigen Konfliktstoff. Hier wollen sich die Samen in allen drei nordischen Ländern nicht vorschreiben lassen, wie die Rentierhaltung zu erfolgen hat bzw. welche territorialen Grenzen dabei zu beachten sind. Besonders empfindlich reagieren die Samen gegen die Einschränkung ihrer Lebensräume durch industrielle Expansion. So drohte 2005 ein Konflikt in Finnland zu eskalieren, als sich die Samen gegen eine weitere Ausweitung des Holzeinschlages der finnischen Papierindustrie wehrten.

Über diese nationalen Interessenorgane existiert eine nichtstaatliche Zusammenarbeitsplattform der Samen in den drei nordischen Ländern sowie den russischen Samen. Der Samen-Rat[21] sieht sich als Organ, die Interessen aller Samen gemeinsam in politischen Debatten zu bündeln und einzubringen, wenngleich er aufgrund seiner Freiwilligkeit stets um Rückhalt kämpft. Dennoch bezieht er stets in Konflikten Stellung und sucht Kontakte auch zu internationalen Organisationen, wie der UNO oder auch prominenten Nichtregierungsorganisationen, etwa Greenpeace. Alle vier Jahre hält der Samen-Rat eine Tagung der Mitglieder ab, wobei die Stimmgewichtung mit 5 Stimmen für Norwegen, 4 Stimmen für Schweden und Finnland sowie 2 Stimmen für Russland gewichtet ist.

Letztlich ist hervorzuheben, dass sich die Position der Samen im Norden durch den Beitritt von Schweden und Finnland in die EU gestärkt hat. Den Beitrittsprotokollen wurden entsprechende Passagen zur Situation der samischen Urbevölkerung beigefügt, in denen sich die offizielle Politik verpflichtet, die Lebensweise, Kultur und Selbstbestimmung der Samen zu achten. Viele Samen sehen daher in den Gremien der EU eher Verbündete im Kampf um Selbstbestimmung, weniger eine Bürokratie in Brüssel, die ihren Interessen abträglich sein könnte.

Der Kampf um kulturelle und ökonomische Selbstbestimmung der Samen im Norden hat eine lange Geschichte. Und er ist keineswegs beigelegt. Mit den gemeinschaftlichen Einrichtungen und Organen wurden die Voraussetzungen geschaffen für eine verbesserte Wahrung samischer Interessen – wenngleich die nationale Politik immer noch als Einengung und Problem gesehen wird, ebenso wie die Ausweitung industrieller Produktionsmethoden in Land- und Forstwirtschaft. Insofern kämpfen die Samen auch heute noch für mehr als ihre Stellung als weitere touristische Attraktion im Norden. Es geht vielmehr um kulturelle, politische und ökonomische Autonomie jenseits der offiziellen, territorialstaatlich verankerten Politik.

---

[21]   In englischer Sprache steht die Internetseite mit weiteren Informationen unter <www.saamicouncil.net> zur Verfügung.

3 Die nordischen Demokratien

Die vergleichende politikwissenschaftliche Literatur weist die nordischen Demokratien oft als besonderen Typus demokratischer Politik aus: sie seien eine spezifische Ausdrucksform »konsensualer Demokratien« (vgl. Arter 2006, Lijphart 1999). Gesellschaftlicher und politischer Konsens sowie Pragmatismus im parteipolitischen Wettbewerb seien ebenso charakteristisch für die nordischen Demokratien, wie die Einbeziehung breiter gesellschaftlicher Interessen in den politischen Entscheidungsprozess. Dass in den meisten nordischen Ländern die Sozialdemokratie über die gesamte Nachkriegsperiode die dominante politische Kraft war bzw. noch ist, lässt viele Beobachter zudem argumentieren, dass Konsens, gesellschaftliche Inklusion und Pragmatismus zu einem großen Teil mit sozialdemokratischer Dominanz in Zusammenhang stünden.

In diesem Kapitel wird gezeigt, wie die zentralen politischen Spielregeln in den nordischen Demokratien beschaffen sind. Als These lässt sich *erstens* festhalten, dass konsensuale demokratische Spielregeln kaum auf die Macht der nordischen Sozialdemokratie zurückzuführen sind. *Zweitens* sind die konsensualen Spielregeln des demokratischen Interessenausgleiches in Skandinavien gegenwärtig deutlichen Veränderungen unterworfen, was in der Konsequenz den Wettbewerbscharakter der nordischen Demokratien zusehends stärkt. Die nordischen Demokratien sind gegenwärtig kaum mehr – wie zum Beispiel die schweizerische Demokratie – genuin konsensuale Demokratien, in denen breite politische Mehrheiten aufbauend auf einer breiten gesellschaftlichen Integration im Modus des »gütlichen Einvernehmens« Politik betreiben (vgl. hierzu ausführlich Arter 2006).

Im Folgenden werden zunächst die nordischen Demokratien aus einer international vergleichenden Perspektive analysiert. Was zeichnet die nordischen Demokratien im Vergleich mit anderen etablierten Demokratien aus? Gibt es so etwas wie eine spezifisch nordische Variante der Demokratie? Die weiteren Argumentationsschritte widmen sich den formalen Institutionen des Regierens in den präsidentiellen als auch parlamentarischen Systemen des Nordens. Hier werden die zentralen »Mechanismen« und »Spielregeln« des Regierens in Skandinavien erörtert. Abschließend widmet sich die Analyse den zentralen Akteure des demokratischen Prozesses: Die politischen Parteien sowie gesellschaftliche Interessenverbände. Ein Fazit zur »Güte« des demokratischen Regierens im Norden schließt dieses Kapitel ab.

3.1 Nordische Demokratien im Vergleich

Arend Lijphart, ein US-amerikanischer Politikwissenschaftler mit niederländischen Wurzeln, hat in seinen wegweisenden Studien zwei Demokratietypologien unterschieden

(Lijphart 1999): die Konsensus- und die Mehrheitsdemokratien.[22] Stellvertretend für den letzten Typus wird Großbritannien als Beispiel genannt. Dort regiert die parlamentarisch legitimierte Mehrheit, wobei es sich in der überwiegenden Anzahl der Fälle um Einparteienregierungen handelt. Das Mehrheitswahlrecht hält nicht nur die Anzahl der parlamentarischen Parteien in engen Grenzen, es erleichtert zudem die Mehrheitsfindung durch Wahlen. Der britischen Regierung stehen im zentralisierten Staat zudem keine oder nur wenige weitere Mitregenten zur Seite.

Dies ist anders im Falle der so genannten Konsensusdemokratien, für die als besondere Beispiele die Schweiz oder Belgien von Arend Lijphart genannt werden. Dort treffen wir vor allem Koalitionsregierungen an, was bereits in der Exekutive zu Verhandlungsnotwendigkeiten zwischen den Koalitionspartnern führt. Des Weiteren trifft die nationalstaatliche Exekutive auf Mitregenten, die sich aus dem Föderalismus ergeben. Oder die Verbände sind in einem solchen Maß in die Politikgestaltung integriert, dass auch deren Einfluss die Handlungsautonomie der nationalen Regierung einschränkt bzw. Verhandlungen über Politikreformen mit ihnen unerlässlich macht. Ebenso können sich Zwänge für Verhandlungslösungen aus mächtigen und unabhängigen staatlichen Organen ergeben, wie dies oberste Gerichtshöfe oder unabhängige Zentralbanken sein können.

Ein Vorzug der Lijphartschen Studien liegt darin, dass die institutionellen Anreize für Verhandlungen zwischen politischen Akteuren typologisch in zwei Dimensionen differenziert werden können. In einer ersten Dimension werden die Verhandlungsanreize nationaler Regierungen erfasst, die sich aus der Struktur des Wahlrechts, des Parteiensystems, der Anzahl der Regierungspartner, den Beziehungen zwischen Legislative und Exekutive sowie den Staat-Verbände Beziehungen ergeben. Die zweite Dimension erfasst hingegen engere staatliche Institutionen, wie die föderale Staatsorganisation oder die Macht unabhängiger staatlicher Instanzen, wie zum Beispiel nationaler Oberster Gerichtshöfe oder unabhängiger Zentralbanken. Damit lässt sich präzise zeigen, in welchen Bereichen Verhandlungsanreize in den demokratischen Prozess eingebaut sind.

Für die Schweiz ergeben sich zum Beispiel Verhandlungsimperative sowohl durch die breiten Koalitionsregierungen und die starke Aufsplitterung des Parteiensystems als auch durch den äußerst strikten föderalen Aufbau (sowie vor allem durch die direkte Demokratie, die allerdings bei Lijphart nicht systematisch erfasst wird). Für Großbritannien fehlen solche mächtige Institutionen sowohl in der ersten parteipolitisch geprägten Dimension als auch in der föderalen Dimension. Die Bundesrepublik Deutschland fällt in der Lijphartschen Typologie ebenfalls eindeutig unter die Konsensus- oder vielleicht besser: Verhandlungsdemokratien.[23] Der mächtige Bundesrat erzwingt intensive Verhandlungen, ebenso wie ausschließliche Koalitionsregierungen auf nationaler Ebene bereits innerhalb der Exekutive intensive Verhandlungen implizieren.

Für die skandinavischen Länder ist nun eine besondere Position in der Lijphartschen Typologie charakteristisch. Die Demokratien im Norden Europas sind alle in einem hohen

---

[22]   Die Literatur zu dieser Klassifizierung ist umfangreich. Eine systematische Würdigung dieser empirischen Demokratietheorie ist nachzulesen in Schmidt (2008), vgl. hierzu auch kritisch Ganghof (2010).

[23]   Der Begriff Konsensusdemokratie ist normativ aufgeladen. Im Grunde sind es Verhandlungen, die durch das institutionelle Gefüge einer Demokratie erzwungen werden, ohne das hierbei zwingend ein Konsens in allen politischen Streitfragen gegeben sein muss.

Maße institutionell zentralisiert. Es wird noch im Detail gezeigt, dass die Regionen dort zwar nicht unerhebliche Freiheiten in der Politikgestaltung besitzen. Aber auf den national-staatlichen Entscheidungsprozess üben sie ebenso wenig einen bedeutsamen Einfluss aus, wie Oberste Gerichtshöfe oder autonome Zentralbanken.[24] Institutionalisierte Gründe für die nordischen Exekutiven, mit anderen Akteuren Verhandlungen zu führen, sind hingegen im Parteiensystem, in den Beziehungen zwischen der Exekutive und Legislative sowie in der Struktur der Staat-Verbände-Beziehungen angelegt.

Erstens ergeben sich bedeutsame Anreize für politische Verhandlungen dadurch, dass zumindest in Dänemark, Norwegen und Schweden seit dem Ende des Zweiten Weltkrieges *Minderheitsregierungen* eher die Regel als die Ausnahme darstellen. Insofern sind Verhand-lungen der Exekutive mit Oppositionsparteien notwendig, sollen Gesetzesänderungen eine parlamentarische Mehrheit erlangen. Anders ist die Situation in Finnland (und zum Teil Island). In Finnland waren zumindest seit den 1960er Jahren Große Koalitionen durch ver-fassungsrechtlich vorgeschriebene qualifizierte Mehrheiten im Gesetzgebungsprozess die Regel. Minderheitsregierungen haben im Gegensatz zu Großen Koalitionen zwar bedeutsa-me strategische Freiheiten (Strøm 1990), aber sie müssen nichtsdestotrotz bei jeder Verände-rung des rechtlichen Status quo mit mindestens einer formalen Oppositionspartei verhan-deln. Bereits in der Exekutive und im Verhältnis zwischen Exekutive und Legislative impli-zieren damit sowohl die nordischen Minderheitsregierungen als auch die Großen Koalitio-nen in Finnland umfangreiche Verhandlungen – wenngleich, wie in diesem Kapitel noch ausgeführt werden wird, diese Verhandlungen unterschiedlichen Logiken folgen.

Zweitens werden die Verhandlungsanreize dadurch vermehrt, dass das Verhältnis-wahlrecht im Zusammenspiel mit der zunehmenden gesellschaftlichen Differenzierung sowie der voranschreitenden Entkoppelung der Bürger von den politischen Parteien (»Dea-lignment«) dazu führen, dass die *Anzahl der Parteien* insgesamt ansteigt – und damit auch die potenzielle Anzahl der möglichen Koalitions- bzw. Verhandlungspartner. Seit den 1970er Jahren nahm in Dänemark, Finnland und Norwegen die Zahl der Parteien deutlich zu. Am stabilsten erwies sich bislang das schwedische Parteiensystem, wenngleich auch hier in jüngster Zeit Erosionstendenzen des klassischen Fünf-Parteien Systems zu beobachten sind.

Drittens spielen die nordischen *Verbände* eine wichtige Rolle im Gesetzgebungsprozess. Sie sind – ebenso wie in der Bundesrepublik Deutschland, Österreich oder der Schweiz – in viele Verwaltungen des Staates integriert. Diese »Inkorporierung« führt für sie zwar zu keinen verfassungsrechtlich relevanten Vetopositionen in der Politikformulierung und -gestaltung. Aber dennoch räumt ihnen diese Stellung im Verwaltungsapparat sowie im politischen Entscheidungsprozess eine Position ein, an der vorbei politische Reformen nur schwerlich zu bewerkstelligen sind. Dies wird dadurch verstärkt, da wir in Skandinavien die mächtigsten Verbände der Welt finden – vor allem, wenn man die Gewerkschaften und Arbeitgeberverbände betrachtet, für die vergleichbare Daten vorliegen. Demokratie in

---

[24] Die Lijphartsche Typologien berücksichtigt nicht die Aspekte der Währungsunion in Europa. Zumindest für Finnland ist de jure mit der Europäischen Zentralbank eine unabhängige Zentralbank gegeben, die sich auf den nationalstaatlichen politischen Prozess auswirkt. Faktisch ergeben sich auch für die Nicht-Euro-Länder des Nor-dens geld- und währungspolitische Vorgaben, die den exekutiven Autonomiegrad bedeutsam einschränken. Vgl. hierzu die Ausführungen in Kapitel 4.

Skandinavien ist also eine »organisierte Demokratie« (Olsen 1983), in welcher den Interessenverbänden auf unterschiedlichen Wegen Einfluss in den politischen Verhandlungen zukommt.

Die nordischen Demokratien können insofern als »halbierte« Konsensus- oder Verhandlungsdemokratien bezeichnet werden (vgl. Arter 2006). Die Notwendigkeit der Konsensfindung beschränkt sich auf das Parteiensystem oder umschreibt den notwendigen Interessenausgleich zwischen Koalitionspartnern, zwischen einer Minderheitsregierung und Oppositionsparteien oder zwischen Regierungen und gesellschaftlichen Verbänden. Akteure der regionalen Gebietskörperschaften oder andere verfassungsrechtlich verankerte »Mitregenten« besitzen hingegen keine oder nur gering institutionalisierte Mitgestaltungsrechte im politischen Entscheidungsprozess. Diese besondere Stellung der nordischen Länder führt dazu, dass etwaigen Reformprozessen langwierige Verhandlungen vor allem im Parlament oder in eingesetzten Kommissionen mit Verbandsbeteiligung vorgeschaltet sind. Ist der parlamentarische Konsens gefunden, dann können in den zentralisierten Demokratien Nordeuropas Reformen in der Regel effizient und ohne weitere Reibungsverluste umgesetzt werden.

Schaubild 3.1:   Konsensus- und Verhandlungsdemokratien im Vergleich (nach Lijphart)

		Dimension des Parteienwettbewerbes	
		Verhandlungen	**Wettbewerb**
	Unitarisch / Geschlossen	Unitarische Demokratien mit Verhandlungsnotwendigkeiten *(Skandinavien)*	»Westminster« - Modell *(UK, Neuseeland)*
Staatlicher Institutionenaufbau			
	Föderal / Fragmentiert	Klassische Konsensus-demokratien *(Schweiz, Deutschland)*	Föderale Demokratien mit parteipolitischem Wettbewerb *(USA, Kanada, Australien)*

Anmerkung: In diesem Schaubild sind nur die beispielhaften Länder der Lijphartschen Demokratietypologien aufgeführt. Grenzfälle wie Japan, Frankreich oder Irland werden nicht berücksichtigt. Insofern handelt es sich bei dieser Darstellung um eine typologische Zuspitzung der empirischen Arbeiten von Arend Lijphart.
Quelle: Lijphart (1999) mit eigenen Anpassungen.

Selbstverständlich erfassen die Lijphartschen Typologien nur die gröbsten Züge demokratischer Institutionen. Es kann mit Recht kritisiert werden, dass andere wichtige Aspekte demokratischer Politik bei diesen Typologien ausgeblendet werden. Weder wird die Rolle der Medien erfasst, noch die in den vergangenen Dekaden zugenommene Bedeutung europäischer Institutionen[25] oder direktdemokratischer Abstimmungen in Skandinavien.[26] Die empirischen Einstufungen sind schließlich auch abhängig von historischen Trends. Die parteipolitische Auffächerung in den nordischen Parlamenten veränderte sich in den vergangenen Dekaden ebenso wie die verbandliche Integration in den politischen Willensbildungsprozess. Dennoch: Mit diesen Einstufungen lassen sich die Besonderheiten demokratischer Politik in international vergleichender Perspektive auf einen ersten Blick erfassen (vgl. Schaubild 3.1).

Jenseits demokratietheoretischer Modelle lässt sich die Vielfalt notwendiger demokratischer Verhandlungen durch die Heuristik der *Verhandlungsdemokratie* erfassen. In Schaubild 3.2 sind die »drei Gesichter der Verhandlungsdemokratie« (Czada 2003) aufgeführt. Es wird ersichtlich, dass sich sehr viele institutionell angelegte »Zwänge« oder Anreize für Verhandlungen im demokratischen Prozess ergeben. Die nordischen Länder sind bei der konstitutionellen Politikverflechtung mehr oder wenig stark eingebunden in die europäische Politik. Allerdings fehlt dort eine föderale Verhandlungsebene. Bei der Konzertierung, das heißt den Verhandlungen zwischen Staat und Verbänden sind die nordischen Länder allerdings (traditionell) stark auf Verhandlungen angewiesen. Und beim Parteienwettbewerb ist anzuführen, dass hier die institutionellen Rahmenbedingungen für die nordischen Länder unterschiedlich sind. Hier erstreckt sich die Spannbreite von den Großen Koalitionen in Finnland bis zu den Minderheitsregierungen, wie sie in Schweden, Norwegen oder Dänemark oft vorkommen. Mit anderen Worten: Inwiefern demokratische Politik beschaffen ist, und welche Hürden im Gesetzgebungsprozess zu nehmen sind, dies wird durch das Zusammenspiel dieser drei Pole moderner Verhandlungsdemokratien auch in Skandinavien beeinflusst.

Es existieren neben diesen typologischen Verortungen zum »Wesen« unterschiedlicher Demokratieformen auch systematische Vergleichsstudien, welche intendieren, die *Qualität* unterschiedlicher Demokratien vergleichend zu erfassen und zu messen. Die Nichtregierungsorganisation »Freedom House« analysiert seit längerer Zeit die Entwicklung der Demokratien auf dieser Welt und stellt jährliche Vergleichsanalysen an.[27] In einem komplexen Analyserahmen wird die Entwicklung der politischen und bürgerlichen Freiheiten erfasst. Das Ranking-Verfahren ist zwar eher darauf ausgerichtet, Transformationsländer auf ihrem Weg hin zur Demokratie zu erfassen. Dennoch werden auch die etablierten Demokratien in die Messungen mit einbezogen. Und hierbei sind die Ergebnisse für die nordischen Länder beeindruckend. Nimmt man die Erfassung politischer Rechte sowie zivilgesellschaftlicher

---

[25]   Die Lijphartsche Typologie fußt noch vollständig auf einer Vorstellung territorialstaatlicher Autonomie. Diese Annahme ist nicht nur durch die europäische Integration obsolet, sondern auch durch die weltweit zunehmende Entgrenzung von politischen Prozessen.

[26]   An dieser Stelle soll nicht auf die konzeptionelle Kritik eingegangen werden. Grundsätzlich kommt es bei Lijphart zu einer Anhäufung von bestimmten Variablen, die sich zum Teil in ihrer angenommenen Wirkung überdecken. So ist die Addition von Variablen des Wahlrechts und Variablen, die die Anzahl der effektiven Parteien in den Parlamenten erfassen, konzeptionell verwirrend. Zu diesen konzeptionellen Kritikpunkten und einem Versuch der konzeptionellen Verfeinerung und theoretischen Zuspitzung vergleich die Studie von Ganghof (2010) mit weiteren Verweisen.

[27]   Auf der Homepage <www.freedomhouse.org> ist das methodische Vorgehen ebenso nachzulesen wie die Ergebnisse der weltweiten Analysen. Bei diesem Verfahren wird eine Vielzahl von Einzelindikatoren berücksichtigt, unter denen unter anderem auch die Pressefreiheit, das Ausmaß der Repräsentation der Frauen in der Politik sowie ökonomische und zivilgesellschaftliche Freiheiten erfasst und vergleichend kodiert werden.

Freiheiten nach der Methodik von »Freedom House« zur Kenntnis, dann erreichen die nordischen Länder in den letzten Jahren fast ausschließlich stets die höchste Punktzahl. Dies ist
nicht automatisch für alle etablierten Demokratien der Fall, so sind die Werte für Italien,
Frankreich, Griechenland und vor allem Japan deutlich niedriger. In dieser Perspektive
verwirklichen die nordischen Demokratien also nahezu perfekt politische als auch zivilgesellschaftliche Freiheiten.

Schaubild 3.2:   Drei Gesichter der Verhandlungsdemokratie

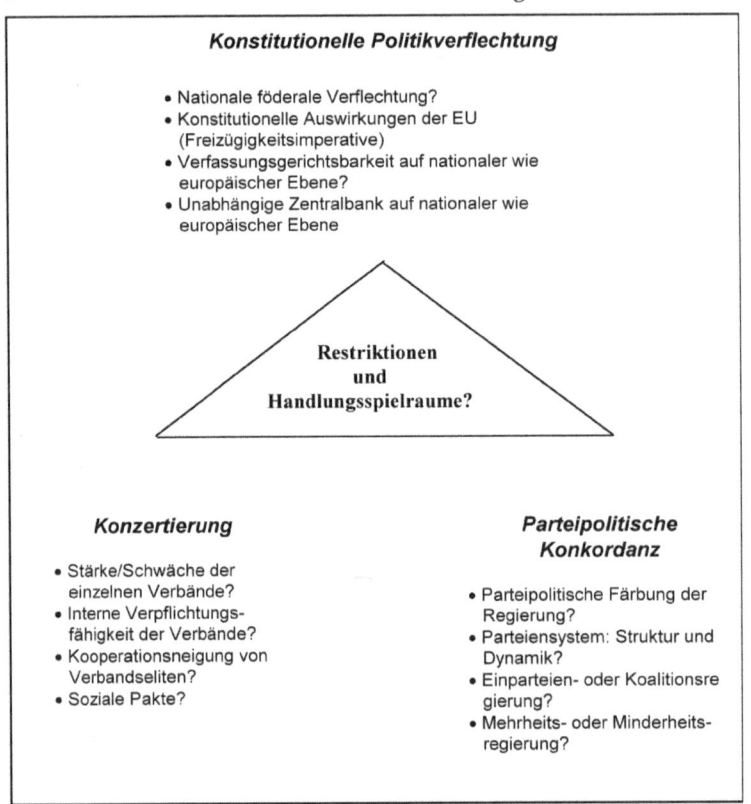

Aufbauend auf Czada (2000, 2003a,b), vgl. auch Jochem/Siegel (2003)

Jüngst hat die US-amerikanische Zeitschrift »The Economist« eine noch stärker differenzie-
rende Analyse der weltweiten Demokratien vorgelegt.[28] Die Wissenschaftler des dieser
Zeitschrift angelagerten »Think Tanks« analysieren den politischen Pluralismus und das
Vorhandensein freier Wahlen, die korruptionsfreie Funktionsweise nationaler Regierungen,
das Ausmaß der politischen Partizipation, die Ausprägung der politischen Kultur sowie die
Wahrung liberaler Grundrechte. Mit diesem Analyseraster kommen sie zum Schluss, dass
die »besten« Demokratien im Norden Europas beheimatet seien. Von den 167 analysierten

---

[28]   The Economist Intelligence Unit, 2008 (erhältlich unter: http://graphics.eiu.com/PDF/Democracy%20Index%2020
       08.pdf, letzter Zugriff am 2.12.2010).

Demokratien befinden sich Schweden, Norwegen und Island auf den ersten drei Plätzen, gefolgt von den Niederlanden. Die Plätze 5 und 6 gehen dann in dieser Reihenfolge an Dänemark und Finnland. Die Schweiz rangiert auf Platz 8, Deutschland auf Rang 13 und Österreich auf Rang 14.

Ähnliche Studien werden von der Bertelsmann Stiftung vorgelegt. In dem dort systematisch vergleichend erhobenen »*Sustainable Governance*« Indikator werden 30 entwickelte Demokratien nach der Güte ihrer Demokratie, den sozio-ökonomischen Grundlagen, der wirtschaftlichen Leistungsfähigkeit, den sozialpolitischen Leistungen, den sicherheits- und integrationspolitischen Profilen sowie dem Profil der ökologischen Nachhaltigkeit des Regierens verglichen. Im jüngsten Bericht aus dem Jahr 2009, der die »Güte« des Regierens in den Jahren 2005 bis Anfang 2007 erfasst, belegen die nordischen Länder ebenfalls die Spitzenpositionen. Norwegen, Finnland und Schweden belegen die ersten drei Plätze, Dänemark Platz 6 und Island Platz 9. Die Rangplätze für die deutschsprachigen Demokratien sind Platz 7 für die Schweiz, Platz 10 für Deutschland sowie Platz 14 für Österreich.[29]

Der Sinn solcher Ranglisten kann mit guten Argumenten kritisiert werden. Zu viele empirische Stolpersteine aber auch analytisch-konzeptionelle Probleme stehen den Versuchen entgegen, die demokratische »Qualität« metrisch zu vermessen. Bei allen methodischen Mängeln zeigen diese Analysen aber, dass den nordischen Ländern in vielen vergleichenden Studien, in unterschiedlichen Analyseperspektiven und beruhend auf unterschiedlichen Quellen eine sehr hohe Demokratiequalität attestiert wird. Diese Rankings und die Studien von Arend Lijphart legen die Vermutung nahe, dass die nordischen Demokratien durchaus als *ein Modell* zu betrachten wären. Ein Demokratiemodell, welches zudem noch sehr leistungsfähig und vorbildlich zu sein scheint. Ob diese Vermutung zutrifft, kann jedoch nur abschließend beantwortet werden, wenn neben einer vergleichenden Fernsicht auch die Nahsicht auf die spezifischen Institutionen und Prozesse der jeweiligen nordischen Demokratien eingenommen wird.

3.2 Präsidentielle Regierungssysteme

Eine der traditionsreichsten Differenzierungen politischer Systeme ist die Unterscheidung zwischen präsidentiellen und parlamentarischen Regierungssystemen. In Anlehnung an die Arbeiten von Winfried Steffani (1983) ist – neben vielen anderen Kriterien – das zentrale Unterscheidungskriterium die Frage, welches Organ die Abberufung der nationalen Regierung veranlassen kann – der Präsident oder das Parlament? In der Verfassungs*wirklichkeit* sind diese – und alternative Unterscheidungskriterien – allerdings oft weit weniger eindeutig zu fassen. So besteht in der Literatur zwar kein Dissens darüber, Finnland und Island den präsidentiellen Regierungssystemen zuzuordnen, allerdings wird in den nächsten Kapiteln dargestellt, dass beide Länder keine rein präsidentiellen Regierungssysteme vorweisen, und durch die Entwicklungen der vergangenen Jahre verschob sich zudem die Logik des

---

[29] Die Indikatoren sowie weitere Materialen zur Methodik sowie zu einzelnen Länderanalysen sind abrufbar unter: http://www.sgi-network.org/index.php?page=index&index=status, letzter Zugriff am 2.12.2010).

politischen Entscheidungsprozesses immer stärker hin zu parlamentarischen Prinzipien mit zunehmendem parteipolitischen Wettbewerb.

3.2.1 Finnland

Finnland ist das nordische Land mit der wechselhaftesten politischen Geschichte. Die Wirren des Bürgerkriegs hielten die Form der finnischen Demokratie lange Zeit in der Schwebe. Erst mit der Niederlage der »roten« Truppen und der »Befreiung« Finnlands wurde die Staatenbildung vorangetrieben.[30] Die deutsch-orientierten Monarchisten in Helsinki arbeiteten darauf hin, eine Monarchie unter dem deutschen Prinzen Karl-Friedrich von Hessen zu errichten. Tatsächlich wurde er im Oktober 1918 zum finnischen König gewählt. Die Novemberrevolution sowie die Niederlage des Deutschen Reiches im Ersten Weltkrieg machten jedoch einen Deutschen auf dem finnischen Thron unhaltbar. So gaben die finnischen Monarchisten ihren Plan einer finnischen Monarchie auf. Da jedoch eine neue Verfassung im Parlament (»Eduskunta«) eine 5/6 Mehrheit benötigte, waren politische Kompromisse zwischen den Lagern notwendig, sollte die schwelende Verfassungskrise gelöst werden. Während die linken Parteien ein starkes Parlament befürworteten, setzten sich die konservativen und monarchistischen Kräfte für einen starken Präsidenten ein. So ist es unter anderem zu erklären, dass die finnische Republik von ihren zentralen politischen Institutionen her betrachtet eine duale Verfassung aufweist, in der präsidentielle und parlamentarische Eigenschaften in einem eigentümlichen Mix existieren. Die unterschiedlichen Verfassungsdokumente wiesen dem Präsidenten allerdings eine mächtige Rolle zu – zumindest bis zur Verfassungsreform im Jahre 2000, bei der die unterschiedlichen Verfassungstexte vereint sowie die Rolle des finnischen Präsidenten deutlich eingeschränkt wurde.

Während die isländischen Präsidenten nach dem Zweiten Weltkrieg rasch das Primat des Parlamentes im politischen Prozess akzeptierten, war dies in Finnland nicht der Fall. Insbesondere Urho Kekkonen, Präsident von 1956 bis 1982 (vgl. Tabelle 3.1), dominierte im Zeitalter des Kalten Krieges mit seiner mächtigen Präsidentschaft die finnische Außen- sowie Innenpolitik. Historisch betrachtet war die Dominanz des finnischen Präsidenten nicht zwingend. So wurde die Politik in der finnischen Republik von 1919 bis 1946 durch eine faktische Dominanz des Parlamentes geprägt. Nach dem Zweiten Weltkrieg befand sich Finnland allerdings in einer prekären weltpolitischen Lage. Als unmittelbares Nachbarland zur Sowjetunion sollte unter allen Umständen die Neutralität gewahrt bleiben, um nicht zwischen den beiden globalen Machtblöcken zerrieben zu werden. In dieser Phase wurde ein mächtiger Präsident als Garant für eine solche Neutralität angesehen. Kekkonen und bereits Paasikivi füllten diese mächtige Rolle in der finnischen Politik charismatisch aus. Die alte Verfassung ermöglichte den Präsidenten innenpolitisch ein Vetorecht gegen Regierung und Parlament. Und beide Präsidenten machten unmissverständlich klar, dass sie sich dieses Instrumentes auch bedienen würden. In dieser Zeit waren die finnischen Regierungen oft von kurzer Dauer (vgl. unten Tabelle 3.2), insbesondere Kekkonen löste wiederholt Parlament oder Regierungen auf. Die starke Rolle des Präsidenten, so lautet der Tenor in der

---

[30] Grundlegend zum politischen System Finnlands sind immer noch die Studien von Arter (1987), Nousiainen (1971, 2001) sowie Jungar (2002), vgl. auch zum aktuellen Zustand des politischen Systems in Finnland Auffermann (2009) sowie die regelmäßigen Länderberichte im Datenhandbuch des European Journal of Political Research.

Literatur, diente auch als Stabilitätsfaktor für das gesamte politische System in dieser politisch prekären Lage.

Tabelle 3.1: Finnlands Präsidenten

Präsident / Präsidentin	Präsidentschaft	Partei
K.J. Ståhlberg	1919 - 1925	Jungfinnen
Lauri Dristian Relander	1925 - 1931	KESK
Pehr Evind Svinhufvud	1931 - 1937	KOK
Kyösti Kallio	1937 - 1940	KESK
Risto Ryti	1940 - 1944	Nationalliberale Partei
C.G. Mannerheim	1944 - 1946	Parteilos
Juho Kusti Paasikivi	1946 - 1956	KOK
Urho Kekkonen	1956 - 1982	KESK
Mauno Koivisto	1982 - 1994	SDP
Martti Ahtisaari	1994 - 2000	SDP
Tarja Halonen	2000-	SDP

Quelle: http://www.presidentti.fi/public/default.aspx?nodeid=41447&contentlan=2&culture=en-US (letzter Zugriff am 12. November 2010)
Anmerkungen: Bei der sich als »Jungfinnen« bezeichnenden Partei handelt es sich um eine liberale Absplitterung von der konservativ-nationalen Finnischen Partei (»Altfinnen«), SDP = Sosialdemokraattinen Puolue/Sozialdemokratische Partei; KESK = Suomen Keskusta/Zentrumspartei; KOK = Kansallinen Kokoomus/Nationale Sammlungspartei.

Eine wichtige politische Zäsur ereignete sich 1982. Mit der Wahl des sozialdemokratischen Mauno Koivisto zum Präsidenten veränderte sich die Logik des finnischen Regierungssystems. Koivisto übte seine Rolle als Staatspräsident zurückhaltender aus als seine Vorgänger. Insbesondere bediente er sich nicht mehr des ihm faktisch zur Verfügung stehenden Instrumentes, Regierung und Parlament aufzulösen. Koivisto war es auch, der erste Anstöße für eine Verfassungsreform sowie eine Einschränkung präsidentieller Machtbefugnisse gab. Die »Parlamentarisierung« der finnischen Politik nahm mit Koivisto ihren Anfang.

Diese Entwicklung wurde auch von den nachfolgenden Präsidenten nicht in Frage gestellt. Der außenpolitisch versierte Martti Ahtisaari wurde 1994 erstmals direkt vom Volk gewählt. Zuvor wurde die Präsidentenwahl von (301) Wählmännern und -frauen indirekt durchgeführt. Allerdings wurde dieser Wahlmodus nach dem Zweiten Weltkrieg oft modifiziert und mitunter auch ausgesetzt. Mit der Einführung der Direktwahl nach 1994 wurde zudem die maximale Amtszeit des Präsidenten auf eine zweimalige Präsidentschaft von jeweils sechsjähriger Dauer festgesetzt. Ahtisaari nutzte in seiner Amtszeit außenpolitische Freiräume für Missionen in die internationale Politik, ließ jedoch die Regierung an der Gestaltung der Richtlinien aktiv teilhaben. Dies verlief nicht immer ohne Konflikte. So war lange Zeit zwischen dem Präsidenten und dem Regierungschef strittig, wer die in den 1990er Jahren stattfindenden Beratungen mit der Europäischen Union führen solle. War die EU-Integrationspolitik genuine Außenpolitik – und damit in der Kerndomäne des Präsidenten angesiedelt? Oder handelte es sich um Innenpolitik, was die Regierung als Akteurin auf der europäischen Bühne ins Recht gesetzt hätte? Dieser Konflikt schwelt bis zum heutigen Tag fort und führt mitunter dazu, dass in der finnischen Delegation hart darüber gerungen wird, wer an den Treffen der europäischen Räte mitwirken darf. Letztlich entscheidend ist jedoch, dass Ahtisaari die (zurückhaltende) Politik seines Vorgängers entschieden fortführte und die Verfassungsreform im Jahre 2000 weiter vorantrieb.

Mit Tarja Halonen wurde die erste Frau in der finnischen Geschichte in das höchste Amt des Staates gewählt. Ihr Charisma einer sozialpolitisch engagierten und bürgernahen Politikerin sicherte ihr seit Amtsantritt Rückhalt in der Bevölkerung. Allerdings wird seitens der Bevölkerung auch kritisch gesehen, dass Halonen nach der Verfassungsreform im Jahre 2000 interessiert daran ist, die historische Machtfülle des Präsidentenamtes gegen den Verfassungstext zu verteidigen. Dies führt immer wieder zu Konflikten mit der Regierung.

Die Verfassungsreform aus dem Jahr 2000 hat nicht nur die verschiedenen Verfassungstexte in einem »Grundgesetz« vereint.[31] Die Reform hat zudem die Rolle des Präsidenten neu justiert und die »Parlamentarisierung« Finnlands rechtlich zementiert. Die neue Verfassung gliedert sich – wie in Deutschland – in einen allgemeinen Teil der Grundrechte sowie einem staatsorganischen Teil, in welchem die die Funktionsweise der Staatsorgane sowie die grundlegenden politischen Spielregeln festgelegt sind. Als neue Schwerpunkte der finnischen Verfassungen können folgende Punkte festgehalten werden:

Erstens wurde in vielen Belangen die Position des Präsidenten geschwächt. Während die Präsidentin oder der Präsident gemäß der alten Verfassung ein blockierendes Veto im Gesetzgebungsprozess geltend machen konnte, steht ihr oder ihm heute nur noch ein aufschiebendes Vetorecht zu. *Zweitens* ist zwar die Außenpolitik weiterhin Kerndomäne des Präsidentenamtes. Allerdings wird in der neuen Verfassung erstmals festgeschrieben, dass internationale Verträge vom Parlament gebilligt werden müssen. In der Außenpolitik kann der Präsident also nicht mehr am Parlament vorbei regieren. Hierbei ist auch zu erwähnen, dass die EU-Politik explizit und eng an das Parlament geknüpft wurde. Im so genannten »Großen Rat« (»Suuri Valiokunta«), einem parlamentarischen Ausschuss, ist die Regierung verpflichtet, vor Tagungen des Europäischen Rates die Parlamentarier umfassend und rechtzeitig über Belange der Europapolitik zu informieren. *Drittens* – und mit entscheidender Wirkung – kann der Präsident unter der neuen Verfassung nicht mehr das Parlament auflösen oder die Regierung entlassen. In der Verfassung wird explizit festgehalten, dass der Präsident die vom Parlament gewählten Minister und Ministerpräsidenten nur noch ernennt. Damit hat sich das politische System Finnlands hinsichtlich der zentralen politischen Spielregeln deutlich verändert. Die »Parlamentarisierung« Finnlands erfuhr durch die Verfassungsreform eine wichtige Kodifizierung.

Das finnische *Parlament* (»*Eduskunta*«) ging 1906 aus einem Vierkammernparlament hervor und hat seither nur eine Kammer mit 200 Abgeordneten.[32] Im Parlament arbeiten verschiedene Ausschüsse am Gesetzgebungsverfahren mit. Insbesondere der »Große Rat« nimmt eine wichtige Funktion hierbei ein. Seit Gründung der Eduskunta diente dieser Ausschuss quasi als zweite Kammer, in der alle Gesetzesentwürfe nochmals geprüft werden. Heute besitzt dieser Ausschuss insbesondere in der EU Politik Finnlands eine zentrale Bedeutung.

Die 200 Mitglieder des finnischen Parlamentes werden in geheimer und direkter Wahl nach dem Verhältniswahlrecht gewählt. Der parlamentarische Vertreter Ålands wird hingegen nach dem Mehrheitswahlrecht ermittelt. Bis 1955 erstreckte sich die Legislaturperiode

---

[31]   Der aktuelle Verfassungstext ist in deutscher Sprache abrufbar unter: <http://www.om.fi/21910.htm> (eine Seite des finnischen Justizministeriums) (letzter Zugriff am 11.12.2010).

[32]   Vergleiche für aktuelle sowie historische Informationen die Homepage des finnischen Parlamentes: www.eduskunta.fi (letzter Zugriff am 11.12.2010).

auf drei Jahre, seither – sofern das Parlament nicht vorzeitig aufgelöst wird – auf vier Jahre. Per Gesetz ist der dritte Sonntag im März als Wahltag festgelegt. Eine nationale Sperrklausel ist nicht vorhanden, was auch kleinen Parteien und Parteibündnissen Chancen bietet, im Parlament vertreten zu sein.

Mit der Verfassungsreform aus dem Jahr 2000 wurde nicht nur das Parlament sondern auch die nationale Regierung im politischen Prozess gestärkt. Vor dieser Reform war die Position der Regierung äußerst schwach. Hierfür war *erstens* die bereits erwähnte dominante Stellung des finnischen Präsidenten verantwortlich. Der schottische Politologe und Finnlandexperte David Arter hat die Macht der Regierung vor der Verfassungsreform folgendermaßen zugespitzt: „the foremost duty of the government is to execute presidential decisions" (Arter 1987: 50). Finnische Regierungen waren also lange Zeit bloße Vollzugsorgane des Präsidenten. *Zweitens* weist Finnland ein stark ausgeprägtes Mehrparteiensystem auf, was Koalitionsbildungen erschwerte und weiterhin erschwert.

Drittens schließlich existierten in der alten Verfassung zahlreiche Klauseln, die in bestimmten Sachthemen qualifizierte Mehrheiten (in der Regel 2/3 der Sitze) einforderten. Dies kann als Erbe der frühen nationalen Unabhängigkeit angesehen werden. Als Gegengewicht gegen Zentralisierungsbemühungen des russischen Zaren wurden solch hohe Hürden in die Gesetzgebung eingebaut, um die Freiheiten der finnischen Bevölkerung zu schützen. In vielen ökonomisch und steuerpolitisch relevanten Belangen führte dies zur finnischen Besonderheit, dass breite parlamentarische Mehrheiten für die Gesetzgebung unerlässlich waren. In der Konsequenz führte dies schließlich dazu, dass die finnischen Parteien zu Verhandlungen über Partei- und Blockgrenzen gezwungen wurden. Nicht zuletzt das jährliche Budget erforderte eine solche qualifizierte Mehrheit und nicht selten waren die Budgetverhandlungen in Finnland langwierig.

Der Trend hin zu offiziellen Großen Koalitionen setzte allerdings erst seit den 1960er Jahren ein (vgl. Tabelle 3.2). Mit der einsetzenden Schwächung des Präsidenten nach 1982 wurden dann verstärkt offizielle Große Koalitionen zur Absicherung parlamentarischer Mehrheiten eingegangen. Nach dem Zweiten Weltkrieg (und generell seit der nationalen Unabhängigkeit seit 1919) waren hingegen, ähnlich wie in den anderen nordischen Ländern, Minderheitsregierungen die Regel.[33] Zu dieser Zeit waren die Regierungen instabil und der Gesetzgebungsprozess geprägt von vielen Unwägbarkeiten, die zudem durch die Zerfaserung des Parteiensystems weiter zugespitzt wurden. Damals wurden in Finnland mitunter auch »Notstands-« oder »Übergangsregierungen« vom Präsidenten eingesetzt, um parlamentarische Blockadesituationen aufzulösen.

Die finnische Regierungsgeschichte weist folgende Besonderheiten auf. *Erstens* handelt es sich in den allermeisten Jahren der Nachkriegsgeschichte um Koalitionsregierungen. Seit den 1970er Jahren zumeist um Große Koalitionen, die bis zu 70% der Sitze auf sich vereinigten. Eine besondere Stellung nehmen *zweitens* die finnischen Kommunisten und späteren Linkssozialisten ein. Während in den anderen nordischen Ländern diese Parteien meist nur in der Opposition waren oder als (mehr oder wenig passive) Mehrheitsbeschaffer für sozialdemokratische Minderheitsregierungen dienten (wie zum Beispiel in Schweden), hatten

---

[33] Vergleiche zu den historischen Aspekten finnischer Regierungstätigkeiten Arter (1997), sowie Nousiainen (1971).

Tabelle 3.2:   Regierungen in Finnland seit 1960

Premierminister	Parteipolitische Regie-rungszusammensetzung	Zeitraum (Monat/Jahr)	Prozentualer Sitzanteil der Regierungs-Parteien	Prozentualer Sitzanteil der stärksten Opposi-tionspartei
Sukselainen IV (KESK)	KESK; SFP	01/59 - 04/61	31,0	25,0
Sukselainen V (KESK)	KESK	05/61 - 06/61	24,0	25,0
Luukka (KESK)	KESK	07/61	24,0	25,0
Miettunen (KESK)	KESK	08/61 - 02/62	24,0	25,0
Karjalainen I (KESK)	KESK; LIB; SFP; KOK, TPSL	03/62 - 09/63	57,0	23,5
Karjalainen II (KESK)	KESK; LIB; SFP; KOK	10/63 - 12/63	56,0	23,5
Lehto (Palo)	Palo Kab.	01/64 - 08/64		
Virolainen (KESK)	KESK; KOK; LIB; SFP	09/64 - 03/66	56,0	23,5
Paasio I (SDP)	SDP; KESK; Volk.dem.; TPSL	04/66 - 02/68	76,0	13,0
Koivisto I (SDP)	SDP; KESK; Volk.dem.; TPSL; SFP	03/68 - 04/70	82,0	13,0
Aura I (LIB)	SDP; KESK; KOK; LIB; SFP	05/70 - 06/70	72,5	18,0
Karjalainen IV (KESK)	KESK;SDP; Volk.dem; LIB; SFP	07/70 - 03/71	72,0	18,5
Karjalainen V (KESK)	KESK; SDP; LIB; SFP	04/71 - 10/71	54,0	18,0
Aura II (LIB)	SDP; KOK; KESK; LIB;	11/71 - 01/72	66,5	18,0
Paasio II (SDP)	SDP	02/72 - 08/72	27,5	18,5
Sorsa I (SDP)	SDP; KESK; SFP; LIB	09/72 - 05/75	53,5	18,5
Liinamaa (SDP)	SDP; KESK; KOK; SFP; LIB	06/75 - 09/75	70,5	17,5
Miettunen I (KESK)	SDP; Volk.dem.; KESK; SFP; LIB	10/75 - 09/76	76,0	17,5
Miettunen II (KESK)	KESK; SFP; LIB	10/76 - 04/77	29,0	27,0
Sorsa II (SDP)	SDP; KESK; LIB; SFP; Volk.dem.	05/77 - 02/79	76,0	17,5
Sorsa III (SDP)	SDP; KESK; LIB; Volk.dem.	03/79 - 04/79	71,0	17,5
Koivisto II (SDP)	SDP; KESK; SFP; Volk.dem	05/79 - 01/82	66,5	23,5
Sorsa IV (SDP)	SDP; KESK; SFP; Volk.dem.	02/82 - 12/82	66,5	23,5
Sorsa V (SDP)	SDP; KESK; SFP	01/83 - 03/83	49,0	23,5
Sorsa VI (SDP)	SDP; KESK; SFP; SMP	04/83 - 03/87	61,5	22,0
Holkeri (KOK)	KOK; SDP; SFP; SMP	04/87 - 03/91	65,5	20,0
Aho I (KESK)	KESK; KOK; SFP; SKL	04/91 - 06/94	57,5	24,0
Aho II (KESK)	KESK; KOK; SFP	07/94 - 03/95	53,5	24,0
Lipponen I (SDP)	SDP, KOK, SFP, VIHR, VAS	04/95 - 03/99	72,5	22,0
Lipponen II (SDP)	SDP,. KOK, SFP, VIHR, VAS	04/99 - 04/02	70,0	24,0
Lipponen III (SDP)	SDP, KOK, SFP, VAS	05/02 - 03/03	64,5	24,0
Jäätteenmäki (KESK)	KESK, SDP, SFP	04/03 - 06/03	58,5	20,0
Vanhanen I (KESK)	KESK, SDP, SFP	07/03 - 04/07	58,5	20,0
Vanhanen II (KESK)	KESK, KOK, VIHR, SFP	05/07 - 06/10	58,4	22,5
Kiviniemi (KESK)	KESK, KOK, VIHR, SFP	07/10 - 05/11	58,4	22,5
Katainen (KOK)	KOK, SDP, VAS, VIHR, SFP, KD	06/11 -	62,5	19,5

Abkürzungen der Parteien: Palo = Parteiloser Minister bzw. sogenanntes Expertenkabinett.; Volk.dem. = Volksdemokraten; SDP = Sosialdemokraattinen Puolue / Sozialdemokratische Partei; KESK = Suomen Keskusta / Zentrumspartei; LIB = Liberaalinen Kansanpuolue LKP / Liberale Volkspartei; SFP = Svenska Folkpartiet / Schwedische Volkspartei; KOK = Kansallinen Kokoomus / Nationale Sammlungspartei; TPSL = Työväen ja Pienvilijelijäin Sosialdemokraattinen Liitto / Bund der Arbeiter und Kleinbauern; SMP = Suomen Maaseudun Puolue / Finnische Landvolk Partei; SKL = Suomen Kritillinen Liitto / Christlicher Bund; VAS = Vasemmisto Liitto / Linksallianz; VIHR = Vihreä Liitto / Grüne Allianz, KD = Suomen Kristillisdemokraatit / Christdemokraten.
Quellen: Auffermann (2009); <www.government.fi>; <www.parties-and-elections.de>.

sie in Finnland einen größeren politischen Einfluss auf Regierungsebene. *Drittens* ist die Zahl der Regierungen sehr hoch. Die kurzen Amtszeiten finnischer Regierungen können historisch auf das duale Verfassungssystem, die ehemals mächtige Rolle des Präsidenten sowie die Unwägbarkeiten von Koalitionsregierungen mit mehreren Partnern zurückgeführt werden. *Viertens* ist zu notieren, dass noch vor der rot-grünen Regierungszeit in Deutschland die finnischen Grünen den Sprung in die nationale Regierung schafften. Allerdings wirkte die Frage des weiteren Ausbaus der Kernenergie als Konfliktherd in der zweiten Regierung Lipponen. Der Entschluss, die Kernenergie weiter auszubauen, führte schließlich zum Rückzug der Grünen aus der Regierung. *Fünftes* dominieren drei Parteien die Regierungsgeschäfte der finnischen Nachkriegszeit: Die Zentrumspartei, die Sozialdemokraten sowie die liberale Partei der schwedischsprachigen Minderheit in Schweden, die »Svenska Folkpartiet« (SFP). Diese Parteien sind in der Mehrzahl der nationalen Regierungen vertreten. Erst in jüngster Vergangenheit (nach 1987) konnte die Konservative Partei Finnlands erstmals in der Nachkriegszeit in eine nationale Regierung einziehen und auch in diesem Jahr erstmals in der Nachkriegsgeschichte den Regierungschef stellen. Die gegenwärtige Regierung wird nach langer Zeit erneut von einem konservativen Regierungschef geleitet, von Jyrki Katainen.

Die Regierung Holkeri führte zu einer politischen Zäsur: trotz sozialdemokratischer Beteiligung wurden viele Liberalisierungen und liberale Reformen durchgeführt. Wichtiger jedoch war der Umstand, dass zum ersten Mal in der finnischen Geschichte die Zentrumspartei nicht in der Regierung vertreten war. In der Opposition erstarkte die ehemalige Bauernpartei rasch, konnte bei den nationalen Wahlen 1991 die Mehrheit der Sitze im Parlament erreichen und mit Esko Aho den Regierungschef stellen. Diesmal blieben die Sozialdemokraten in der Opposition. Das war zwar keine historische Novität, allerdings zumindest ein eher seltener Vorgang in der finnischen Regierungsgeschichte. Die Regierung Aho zeichnet verantwortlich für die größte Reform der finnischen Nachkriegsgeschichte, die Mitgliedschaft der Republik in der Europäischen Union (vgl. Kapitel 6.2).

Die lange Phase sozialdemokratischer Regierungen unter Paavo Lipponen stand anschließend vor allem unter dem Zeichen sozialpolitischer Reformen. Die bunte parteipolitische Zusammensetzung dieser Regierungen über das gesamte Spektrum der finnischen Parteienlandschaft hinweg führte zur Bezeichnung einer »Regenbogenkoalition« (Jungar 2002), wenngleich es im Jahr 2002 aufgrund der Auseinandersetzung über die Frage der Kernkraft zum Ausscheiden der Grünen Partei kam.

Die erste Frau an der Spitze der Zentrumspartei, Anneli Jäätteenmäki, wurde nach ihrem Wahlsieg 2003 auch erste Regierungschefin Finnlands. Ihre Koalition aus Zentrumspartei, Sozialdemokraten sowie der Schwedischen Volkspartei umfasste die klassischen Regierungsparteien Finnlands und konnte mit 53,8% der Stimmen eine knappe Mehrheit erlangen. Nach nur kurzer Amtszeit musste Anneli Jäätteenmäki jedoch zurücktreten. Es wurde bekannt, dass sie geheime Informationen über die Kontakte zwischen der finnischen Regierung Lipponen und US-Präsident George W. Bush im Wahlkampf verwendet hatte. Sie unterstellte ihrem sozialdemokratischen Konkurrenten beim Kampf um die Regierungsverantwortung, dass er die USA im Irakkrieg unterstützen wolle, was als eklatanter Bruch mit der Doktrin der finnischen Neutralität gedeutet wurde.

Dieser Skandal in der Sommerzeit 2003, diese »Mittsommer-Bombe« (Arter 2006: 217-237), führte zu fatalen Konsequenzen für den finnischen Parteienwettbewerb. Die Zentrumspartei war in der Nachkriegsgeschichte mit der Sozialdemokratie ein »natürlicher« Anker der Regierungsbildung. Dieser Skandal wurde genährt vom unbedingten Willen der Zentrumspartei (bzw. von Anneli Jäätteenmäki), wieder in die Regierungsverantwortung zu gelangen, sowie die Sozialdemokratie als stärkste politische Kraft im finnischen Parlament abzulösen. Dies gelang der Zentrumspartei zwar, allerdings belastete diese Art des Vertrauensbruchs die Zusammenarbeit zwischen beiden Parteien nachhaltig.

Nach dem Rücktritt von Jäätteenmäki wurde der stellvertretende Vorsitzende der Zentrumspartei (und Politikwissenschaftler) Matti Vanhanen neuer Ministerpräsident.[34] Unter Vanhanen konnte die Zentrumspartei ihre dominante Position im finnischen Parteiensystem festigen. Nach dem Wahlsieg im März 2007 bildete Vanhanen eine Koalition ohne die Sozialdemokratische Partei, hier zeigte der »Mittsommer-Skandal« aus dem Jahr 2003 und die verschlechterten Beziehungen zwischen Zentrumspartei und der Sozialdemokratie seine unmittelbare Wirkung. Diese Koalition umfasste neben der Zentrumspartei die konservative Allianz, die Grüne Partei sowie die liberale Schwedische Volkspartei und repräsentierte 58,4% der parlamentarischen Sitze.

Die Breite der Vanhanen-Koalitionen ist beachtlich. Neben einer konservativen Partei sind nicht nur mit der liberalen Partei sowie der Zentrumspartei zwei Parteien der Mitte vertreten sondern erneut die finnischen Grünen. Die Politik der Vanhanen II Regierung kann als genuin liberal bezeichnet werden. Die Konsolidierung der öffentlichen Haushalte und die Rückführung der Rolle des Staates (auch im Bereich der sozialen Humandienstleistungen) standen auf der politischen Tagesordnung. Die Grüne Partei war mit ihrem Bestreben einer ökologischen Reformpolitik kaum erfolgreich. Aus Perspektive der Frauenbewegung ist jedoch zu verzeichnen, dass diese bürgerliche Koalition im Kabinett aus bis zu 60 Prozent Frauen bestand. Für die publizierte Öffentlichkeit war jedoch weniger die politische Reformagenda wichtig als vielmehr private Sexskandale des Regierungschefs und seines Außenministers sowie ein für die finnischen Verhältnisse erschütternder Parteienfinanzierungsskandal. Die Medien berichteten seit 2008 intensiv über zweifelhafte Finanzierungspraktiken insbesondere der Zentrumspartei. Gemeinnützige Vereine hätten – nachdem sie von staatlichen Transferzahlungen profitierten – Wahlkämpfe von Abgeordneten der Zentrumspartei mit finanziert. Diese illegale Finanzierungspraxis führte schließlich zum Rücktritt des Regierungschefs – wenngleich offiziell gesundheitliche Gründe angegeben wurden – und der Übertragung der Regierungsleitung auf die Vorsitzende der Zentrumspartei, Marvi Kiviniemi.

Am 17. April 2011 wurde ein neues Parlament gewählt. Eindeutige Gewinnerin der Wahl ist die rechtspopulistische Partei der »wahren Finnen« (»Perussuomalaiset«, PS) unter der Führung des charismatischen Vorsitzenden Timo Soini. Dieser Blitzstart der neuen Rechtspopulisten zeigt, dass auch in Finnland, ebenso wie in Dänemark, Norwegen und Schweden, der Rechtspopulismus deutlich an Zulauf gewinnt. Die Partei konnte ihren Stimmenanteil von 4,1 Prozent im Jahr 2007 auf nun 19 Prozent ausweiten und stellt damit

---

[34] Matti Vanhanen ist Sohn von Tatu Vanhanen, der sich in der empirischen Demokratieforschung mit seinen Beiträgen einen bedeutenden Namen gemacht hat (Vanhanen 2000, 2003).

nach der Konservativen Partei sowie den Sozialdemokraten die drittstärkste Fraktion in der Eduskunta. Diese Verschiebung in der politischen Landschaft Finnlands deutete sich bereits in der Europawahl 2009 an und konnte in den der Wahl vorangehenden Wahlumfragen bereits antizipiert werden.[35]

Eindeutige Verliererin der Wahl ist die Zentrumspartei, die von 23,1 Prozent der Stimmen auf nunmehr nur 15,8 Prozent der Stimmen absackte. Die Regierungsbildung erwies sich als langwierig und problematisch. Der designierte konservative Regierungschef Jyrki Katainen war bestrebt, die Rechtspopulisten in die Regierungsverantwortung einzubinden. Die strittigen Fragen einer finnischen Unterstützung der Krisenpakete für Portugal und Griechenland (im Zusammenhang mit der Währungskrise in Europa) führten jedoch zu einem abrupten Rückzug der »Wahren Finnen« aus den Regierungsverhandlungen. Die finnischen Rechtspopulisten verfolgen eine vehement anti-europäische Politik im Parteienwettbewerb (vgl. Kapitel 3.4). Nach langwierigen Koalitionsverhandlungen konnte Katainen schließlich eine Große Koalition aus nahezu allen Fraktionen des Parlamentes bilden; lediglich die Zentrumspartei sowie die »Wahren Finnen« stellen gegenwärtig die Opposition.

Das politische System Finnlands hat sich in den vergangenen Dekaden gewandelt. Die »Parlamentarisierung« der finnischen Politik wurde mit der Verfassungsreform aus dem Jahre 2000 auch in Rechtsform festgeschrieben. Zentrale Machtbefugnisse des Präsidentenamtes wurden aufgehoben; allerdings schwelt ein stetiger Konflikt zwischen der sozialdemokratischen Präsidentin Halonen und den vorwiegend bürgerlichen Regierungen über die Aufteilung der Kompetenzen. Eine erneute Verfassungsrevision soll in naher Zukunft die Aufgabenverteilung zwischen Präsidentin und Regierung präziser justieren.

Mit dem Wegfall qualitativer Mehrheitsanforderungen im finnischen Gesetzgebungsprozess hat sich der Wettbewerbscharakter der finnischen Innenpolitik verstärkt. Offizielle Große Koalitionen werden nicht mehr in dem Maße angestrebt, wie dies früher der Fall war. Allerdings ist die Koalitionsfähigkeit der finnischen Parteien (und deren strategischer Pragmatismus) außerordentlich groß, dies kann nicht zuletzt an der gegenwärtigen Großen Koalition abgelesen werden.[36] Der finnische Parteienwettbewerb erstreckt sich also immer noch über die klassischen politischen Lagergrenzen hinweg. Letztlich ist auch in Finnland der Rechtspopulismus auf dem Vormarsch. Inwiefern dies die Logik des Parteienwettbewerbs verändern wird, wird sich in den kommenden Monaten und Jahren zeigen.

3.2.2 Island

Die isländische Verfassung ähnelt aufgrund historischer Verbindungen in vielen Punkten der dänischen Verfassung.[37] Mit der nationalen Unabhängigkeit und dem Ausscheiden aus dem dänischen Königreich (1944) wurde der isländische Präsident quasi als Ersatz für den

---

[35] Vergleiche die Umfragewerte (in Finnisch) unter: http://www.yle.fi/puoluekannatusmittari (letzter Zugriff am 15.12.2010).

[36] Eine Übersicht über die Programme der finnischen Parteien ist im Internet – leider nur in Finnisch – abrufbar unter: <http://www.fsd.uta.fi/pohtiva/index> (letzter Zugriff am 11.12.2010).

[37] Die Verfassung Islands ist in englischer Sprache im Internet unter http://www.government.is/constitution/ abrufbar, in deutscher Sprache unter http://www.verfassungen.de/is/islv44-i.htm einsehbar (letzter Zugriff am 11.12.2010).

dänischen König in die Verfassung aufgenommen. Insofern verfügt er über vielfältige Kompetenzen, mittels denen er zusammen mit dem Parlament die Gesetzgebung vollzieht. Er ist allein für die Regierungsbildung verantwortlich und weist nach dem Verfassungstext den Ministern der nationalen Regierung ihre Aufgaben zu (Artikel 15 der isländischen Verfassung).

In der Realität haben die isländischen Präsidenten den Verfassungstext teilweise ignoriert und eine davon abweichende Verfassungswirklichkeit ins Leben gerufen. Zwar ist der isländische Präsident im Prozess der Regierungsbildung involviert, allerdings weniger als »Königsmacher« sondern vielmehr als »Moderator«. Ihm obliegt de jure die Macht, einzelne Minister zu berufen und abzuberufen sowie das nationale Parlament aufzulösen. Damit nimmt der vom Volk gewählte Präsident laut Verfassung eine zentrale Stellung im politischen System ein. Aber in der Verfassungswirklichkeit zeigt sich, dass die maßgeblichen politischen Verhandlungen im Parlament stattfinden und sich die isländischen Präsidenten diesen Ergebnissen fügen. Tatsächlich wird Island in der Literatur aufgrund seiner effektiven Verfassungswirklichkeit meist als »semi-präsidentielle« Demokratie bezeichnet. Arend Lijphart kommt in diesem Punkt zu dem Ergebnis, dass das formal präsidentielle Regierungssystem Islands eigentlich (ähnlich wie in Österreich, Irland oder Portugal nach 1982) weitestgehend wie ein parlamentarisches System funktioniere (Lijphart 1999: 121).

Der isländische Präsident ist in seiner realen Funktion auf Repräsentation ausgerichtet. Allerdings ist er oder sie auch eine zentrale Person im öffentlichen Leben und kann – ähnlich wie in Deutschland und Österreich – aufgrund seiner Wortmeldungen die politische Debatte prägen. Welche Symbolkraft diesem Amt innewohnt, offenbarte sich nach 1980, als Vigdís Finnbogadóttir (wenn auch knapp) zur ersten Präsidentin dieser Welt gewählt wurde (vgl. Tabelle 3.3). Ihre Amtszeit lenkte die internationale Aufmerksamkeit auf die Insel im Nordpazifik und Vigdís Finnbogadóttir konnte das Amt so geschickt mit Leben füllen, dass sie vier Jahre später mit fast 95% der Stimmen im Amt bestätigt wurde. Insgesamt amtierte sie 16 Jahre als Präsidentin der isländischen Republik, dies ist die längste Amtsperiode in der isländischen Nachkriegsgeschichte.

Tabelle 3.3: Die Präsidenten Islands

Name	Amtszeit
Sveinn Björnsson	1944 -1952
Ásgeir Ásgeirsson	1952 -1968
Kristján Eldjárn	1968 -1980
Vigdís Finnbogadóttir	1980 -1996
Ólafur Ragnar Grímsson	1996 -

Quelle: http://www.iceland.is/government-and-politics/Government/OfficeofthePresident/ (letzter Zugriff am 15. Dezember 2010)

Das Zentrum der Macht stellt in Island das Parlament und die aus ihr hervorgehende Exekutive dar. Der »Alþingi« (Althingi)[38] ist eines der ältesten Parlamente der Welt, es wurde bereits im Jahre 930 gegründet und erlebte eine nahezu ununterbrochene historische Kontinuität – war allerdings in den frühen Jahren kein demokratisches Parlament nach heutigem

---

[38]   Vergleiche die Homepage des isländischen Parlamentes (<http://www.althingi.is/vefur/upplens.html>, letzter Zugriff am 11.12.2010) sowie Eythorsson/Jahn (2009).

Verständnis. Das dänische Königtum schaffte den Althingi im Jahre 1800 ab, musste ihn jedoch 1845 auf Druck des isländischen Volkes wieder zulassen. Allerdings besaß das Parlament danach einzig eine beratende Funktion und verfügte über keine effizienten Machtmittel gegenüber Regierung und dänischen König.

Erst im Jahre 1874 erlangte das Parlament erste gesetzgebende Funktionen. Der dänische König räumte eine gemeinsame Gesetzgebung zwischen Krone und Althingi in den rein auf isländische Belange ausgerichteten Gesetzgebungsverfahren ein. Mit der von der dänischen Krone im Jahre 1903 (in Grenzen) zugestandenen isländischen Autonomie erfuhr das isländische Parlament eine weitere deutliche Aufwertung. Im Jahre 1915 wurde das allgemeine Wahlrecht gleichzeitig für Männer und Frauen eingeführt, im Jahre 1922 wählten die Isländer die erste Frau in das nationale Parlament. Mit der nationalen Unabhängigkeit (am 17. Juni 1944) wurde das Parlament schließlich das faktische Zentrum der isländischen Politik. Graduell wurde das Wahlalter auf heute 18 Jahre abgesenkt. Die letzte große Parlamentsreform fand im Jahr 1991 statt. Island folgte hierbei dem dänischen und schwedischen Beispiel und vereinigte beide Kammern des Parlamentes. Diese formale Trennung des Parlamentes diente historisch betrachtet als Vorkehrung gegen »unüberlegte« Gesetzgebungsinitiativen der »breiten Masse«, bei der in einer zweiten Kammer vor allem Juristen und andere Experten über die Qualität der Gesetzgebung wachen sollten. Im Laufe der parlamentarischen Professionalisierung und Spezialisierung wurde diese Trennung – ähnlich wie in Schweden und Norwegen – als anachronistisch wahrgenommen. Heute sitzen im unikameralen isländischen Parlament 63 Abgeordnete, die in einem vierjährigen Rhythmus in freier, gleicher und geheimer Wahl gewählt werden. Es existiert keine Sperrklausel im proportionalen Wahlrecht Islands.

Die zweite Zentrale des isländischen Staates ist die nationale Regierung. Entgegen dem skandinavischen Trend sind Minderheitsregierungen in Island (ebenso wie in Finnland nach 1960) die Ausnahme. Die liberale Selbständigkeitspartei, die sozialdemokratische Partei sowie die Fortschrittspartei als Partei der nichtchristlichen Mitte dominieren die Koalitionsregierungen der Nachkriegszeit (vgl. Tabelle 3.4). Einzelne Minister bzw. die gesamte Regierung sind vom Vertrauen der Mehrheit im Parlament abhängig – und nicht vom isländischen Präsidenten. Misstrauensvoten kommen jedoch in der isländischen Geschichte selten vor. Dies hängt damit zusammen, dass in Krisensituationen, in denen die parlamentarische Mehrheit der Regierung gefährdet ist, die Exekutive (formal der Präsident) das Recht hat, das Parlament aufzulösen und Neuwahlen einzuberufen. Dies erklärt die (ebenso wie in Dänemark und Finnland) große Anzahl von Regierungen in der isländischen Nachkriegszeit.

Im Gesetzgebungsprozess liegt die Initiative bei der Regierung. Das in 12 Ausschüsse gegliederte Parlament behandelt Gesetzesinitiativen in drei Lesungen; die Rechtskräftigkeit wird dann vom Präsidenten der Republik verkündet. Zwar liegen nach Verfassung die außenpolitischen Vertragskompetenzen einzig beim Präsidenten, in der Realität wird die Außenpolitik allerdings von der Regierung betrieben.

Tabelle 3.4: Regierungen in Island seit 1960

Premierminister	Parteipolitische Regierungs- Zusammensetzung	Zeitraum (Monat/Jahr)	Prozentualer Sitzanteil der Regierungsparteien	Prozentualer Sitzanteil der stärksten Oppositionspartei
Thors IV (SSF)	SSF, AF	12/59 – 11/63	55,0	28,3
Benediktsson I (SSF)	SSF, AF	12/63 – 05/67	53,3	31,7
Benediktsson II (SSF)	SSF, AF	06/67 – 07/70	53,3	30,0
Hafstein (SSF)	SSF, AF	08/70 – 06/71	53,3	30,0
Johannesson I (FSF)	FSF, AB, SF	07/71 – 08/74	53,3	36,7
Hallgrimsson (SSF)	SSF, FSF	09/74 – 08/78	70,0	18,3
Johannesson II (FSF)	FSF, AB, AF	09/78 – 10/79	66,7	33,3
Gröndal (AF)	AF	11/79 – 01/80	16,7	35,0
Thoroddsen (FSF)	SSF, FSF, AB	02/80 – 05/83	53,3	28,3
Hermannsson I (FSF)	SSF, FSF	05/83 – 07/87	68,3	16,7
Palsson (SSF)	SSF, FSF, AF	07/87 – 09/88	65,1	15,9
Hermannsson II (FSF)	FSF, AB, AF, BP (ab 89)	09/88 – 04/91	50,8 (ab 89: 61,9)	28,6
Oddsson I (SSF)	SSF, AF	04/91 – 04/95	57,1	20,6
Oddsson II (SSF)	SSF, FSF	04/95 – 05/99	63,5	14,3
Oddsson III (SSF)	SSF, FSF	05/99 – 05/03	60,3	27,0
Oddsson IV (SSF)	SSF, FSF	05/03 – 09/04	54,0	31,7
Asgrimsson (FSF)	SSF, FSF	09/04 – 06/06	54,0	31,7
Haarde I (SSF)	SSF, FSF	06/06 – 05/07	54,0	31,7
Haarde II (SSF)	SSF, S	05/07 – 02/09	68,3	14,3
Sigurdardottir I (S)	SA, VG	02/09 – 04/09	42,9	39,7
Sigurdardottir II (S)	SA, VG	05/09 –	54,0	25,4

Anmerkungen: SSF = (konservative) Unabhängigkeitspartei (»Sjálfstæðisflokkurinn«), FSF = Fortschrittspartei (nicht-christliche Mitte) (»Framsóknarflokkurinn«), AF = Volkspartei (Sozialdemokraten), AB = Volksallianz, (Linkssozialisten), SF = Liberale Linke (Sozialdemokraten), SA = Sozialdemokratische Allianz (Zusammenschluss von vier Mitte-Links Parteien) (»Samfylkingin«), VG = Links-Grüne Bewegung (»Vinstrihreyfingin - Grænt framboð«).
Quellen: Eythorsson/Jahn (2009), eigene Zusammenstellung auf der Grundlage der Datenhandbücher des European Journal of Political Research sowie <www.parties-and-elections.de>.

Etwaige Verfassungsänderungen sind mit einer unbedingten Neuwahl des Parlamentes verbunden. Wenn die absolute Mehrheit im Parlament eine Verfassungsänderung verabschiedet, wird das Parlament sofort aufgelöst und Neuwahlen einberufen. Bestätigt das neu gewählte Parlament den Beschluss des Vorgängerparlamentes, dann ist die Verfassungsänderung angenommen und wird vom Präsidenten mit Rechtskraft versehen. Verfassungsänderungen in Bezug auf die isländische Staatskirche bedürfen eines Referendums. Ebenso soll das Volk direkt abstimmen, wenn der Präsident sich weigern sollte, Gesetzesvorlagen des Parlamentes zu verabschieden oder wenn der Präsident vom Parlament abgesetzt werden soll. Diese Fälle sind bislang noch nicht eingetreten. Einzig die Loslösung vom dänischen Königreich wurde 1944 mithilfe eines landesweiten Referendums herbeigeführt.

Die Verwaltungsstruktur in Island ist stärker zentralisiert als in den anderen nordischen Demokratien. Unterhalb der zentralstaatlichen Ebene sind lediglich kommunale Verwaltungseinheiten eingerichtet, eine mittlere Ebene fehlt (auch aufgrund der geringen Größe der Inselrepublik). Aufgrund der zum Teil sehr kleinen Kommunen in Island übernimmt der Staat die meisten Verwaltungsaufgaben – mitunter in Kooperation mit den Kommunen. Reine kommunale Verwaltungsaufgaben und Gestaltungsfreiheiten sind in Island also weniger stark ausgeprägt als in den restlichen skandinavischen Ländern.

Die Nachkriegsgeschichte Islands wird insgesamt von der Hegemonie der Unabhängigkeitspartei Islands charakterisiert. Diese liberal-konservative Partei war nicht nur mit fast ohne Ausnahmen seit 1960 in den Regierungen vertreten. Zudem war sie auch bis in die jüngste Zeit die dominante Partei im isländischen Parteiensystem. Die Sozialdemokraten, sonst in den nordischen Ländern stets bedeutsame politische Akteure, konnten in Island nie die Hegemonie der Unabhängigkeitspartei sowie der in jüngerer Vergangenheit dominanten Fortschrittspartei der bürgerlichen Mitte herausfordern. Erst mit den politischen Erschütterungen im Zusammenhang mit der globalen Finanzkrise gelang es der isländischen Sozialdemokratie (in Koalition mit der Grünen Partei) die Regierungsgeschäfte zu übernehmen und erstmals seit 1979 wieder die Ministerpräsidentin zu stellen.[39]

Die beherrschende Persönlichkeit der isländischen Politik seit den frühen 1990er Jahren ist David Oddsson von der Unabhängigkeitspartei. Der langjährige Regierungschef Islands ist verantwortlich für die weitreichende Liberalsierung der isländischen Ökonomie sowie die rasante Expansion des isländischen Bankensektors. Nach Beendigung seiner aktiven politischen Karriere wurde er im Jahr 2005 zum Vorsitzenden der isländischen Zentralbank ernannt. Ihm persönlich (und der Unabhängigkeitspartei) wurde nach dem Platzen der isländischen Spekulationsblase die Schuld an der gegenwärtigen Misere zugeschrieben. Tatsächlich konnte die isländische Zentralbank spätestens seit 2006 kaum mehr die Geschäfte der stark expandierenden Geschäftsbanken kontrollieren. Und auch nach dem Ausbruch der isländischen Bankenkrise war es Oddsson, der als Vorsitzender der Zentralbank lange Zeit versuchte, die Misere in der Öffentlichkeit zu verharmlosen bzw. zu vertuschen.

Die Finanzkrise mündete in eine isländische »Revolution«. Bereits in der Vorweihnachtszeit 2008 kam es zu Protestkundgebungen, vor allem in der Hauptstadt Reykjavik. Die sogenannte Revolution der »Kochtöpfe und Pfannen« (mit denen die Protestierenden ihrem Unmut lautstark Gehör verschafften) verfolgte als Ziel die Abdankung der Regierung aus Unabhängigkeitspartei sowie sozialdemokratischer Partei sowie den Rücktritt von Oddsson als Zentralbankchef. Jedoch zögerten die Regierungsparteien, die Verantwortung für die Bankenkrise zu übernehmen. Nach dem Jahreswechsel 2008/2009 eskalierte die – für isländische Verhältnisse – Gewalt[40] und die sozialdemokratische Regierungspartei kündigte die Zusammenarbeit mit der Unabhängigkeitspartei auf. Mit parlamentarischer Unterstützung durch die liberale Fortschrittspartei konnte eine sozialdemokratisch-grüne Minderheitsregierung die Amtsgeschäfte übernehmen. Die neue Regierung kündigte auf dem schnellsten Wege Neuwahlen an, eine Fortführung der Verhandlungen mit dem IWF (die von der Unabhängigkeitspartei ausgesetzt worden waren), stärkere sozialpolitische Anstrengungen für die von der Finanzkrise betroffenen Menschen sowie einen raschen Mitgliedsantrag an die Europäische Union.

Die Wahl am 25. April 2009 bestätigte die bisherige Minderheitsregierung und verschaffte ihr eine knappe parlamentarische Mehrheit. Neu im Parlament vertreten ist die Partei der »Bürgerbewegung«, die sich aus den Protestierenden der »Kochtöpfe- und Pfan-

---

[39] Die beiden bisherigen sozialdemokratischen Ministerpräsidenten der isländischen Geschichte, Emil Jonsson sowie Benedikt Gröndal, führten die Amtsgeschäfte jeweils nur für knapp ein Jahr (1958-1959 bzw. 1979-1980). Dies zeugt von der relativen Schwäche der isländischen Sozialdemokratie.

[40] Die »Gewaltanwendungen« hielten sich in Grenzen. Zwar wurden teilweise massive Wurfgeschosse von den Protestierenden auf das isländische Parlament geworfen. Allerdings wird als einziger »Personenschaden« ein Schneeballwurf auf den Ministerpräsident Haarde in den Chroniken verzeichnet (vgl. Hardarson/Kristinsson 2010: 1012). Die Polizei setzte zwar Tränengas gegen die Demonstranten ein, blieb insgesamt allerdings betont passiv.

nen-Revolution« speist. Damit sind im isländischen Parlament auch die Parteien in der Mehrheit, die sich explizit für eine Mitgliedschaft Islands in der EU aussprechen. Das Mitgliedsverfahren wurde eröffnet, allerdings dauern die Verhandlungen zum Sommer des Jahres 2011 noch an. Island ist ein Beispiel hierfür, wie die globale Finanzkrise die Spielregeln des politischen Wettbewerbs veränderte. Zum einen scheint die hegemoniale Partei der Nachkriegszeit (Unabhängigkeitspartei) vorläufig diskreditiert zu sein. Zum anderen konnte mit ca. 7 Prozent der Stimmen eine neue Partei in das isländische Parlament gewählt werden. Und letztlich stellt der Antrag Islands auf Mitgliedschaft in der EU eine historische Zäsur der Inselrepublik im Nordatlantik dar.[41] Wenngleich die politischen Hürden bei den Verhandlungen (noch) hoch und die Sympathien der isländischen Bevölkerung für eine EU-Mitgliedschaft (noch) eher unterkühlt sind. Über diesen epochalen Schritt in der isländischen Geschichte soll in einem Referendum entschieden werden.

3.3 Parlamentarische Regierungssysteme

Neben den präsidentiellen (oder besser: semi-präsidentiellen) Republiken Island und Finnland machen die parlamentarischen Monarchien Dänemark, Norwegen und Schweden den zweiten Teil der nordischen Länderfamilie aus. Die dänischen, norwegischen und schwedischen Monarchen (sowie ihre Familien) erleben in den jeweiligen Ländern eine meist große Wertschätzung, wenngleich auch diese im Laufe der Jahre ihre Höhen und Tiefen durchlief.[42]

Tabelle 3.5: Die skandinavischen Könige und Königinnen nach 1900

Dänemark	**Norwegen**	**Schweden**
Christian IX (1863-1906)	Oskar II (1872-1905)	Oskar II (1872-1907)
Friedrich VIII (1906-1912)	Haakon VII (1905-1957)	Gustav V (1907-1950)
Christian X (1912-1947)	Olav V (1957-1991)	Gustav VI Adolf (1950-1973)
Friedrich IX (1947-1972)	Harald V (seit 1991)	Carl VI Gustaf (seit 1973)
Margrethe II (seit 1972)		

Quelle: Eigene Zusammenstellung.

---

[41] Eine durch die Finanzkrise ausgelöste Zäsur der besonderen Art ereignete sich in der Hauptstadt Reykjavik. Dort konnte eine bunte und lose organisierte Partei die politische Führung in der Hauptstadt – und also für die meisten Isländer – übernehmen, die sich hauptsächlich aus Laien, Popmusikern und anderen Personen »des täglichen Lebens« zusammensetzt. Ihre teilweise dadaistischen Forderungen im Wahlkampf (so zum Beispiel einen Eisbären für den Zoo, aktienotierte Kindergärten oder ein drogenfreies Parlament) hinderten sie nicht am Einzug ins Rathaus.

[42] Auch die nordischen Königshäuser sind mitunter Fokus gravierender »Skandale«, die von den Boulevardpressen ergiebig ausgeschlachtet werden. In jüngster Geschichte sei auf das Vorleben der norwegischen Prinzessin Mette-Marit Tjessem Høiby sowie das Privatleben des schwedischen Königs Carl VI Gustav verwiesen. Solche »Anlässe« haben zweifelsohne einen negativen Einfluss auf das Ansehen der Königshäuser, wenngleich bislang in den nordischen Ländern (noch) keine ernsthaften Bestrebungen zu erkennen sind, die Monarchien in Republiken umzuwandeln. Als besonders emotional und volksverbunden reagierte das norwegische Königshaus auf das Attentat in Oslo sowie das Massaker auf der Insel Utøya, als König und Königin nicht nur unmittelbar den Angehörigen Trost zusprachen, sondern beide auch in der zentralen Trauerfeier ihren Tränen freien Lauf ließen.

Die Könige und Königinnen (vgl. Tabelle 3.5) nehmen in den drei nordischen Monarchien rein repräsentative Funktionen wahr. Zwar sind sie mitunter befugt, an den Kabinettssitzungen der nationalen Regierungen teilzunehmen. Auch besteht in allen nordischen Monarchien die Pflicht des Parlamentes und vor allem der Regierung, die Königshäuser über die aktuellen Amtsgeschäfte zu informieren. Allerdings zeichnen sich die nordischen Monarchien vor allem dadurch aus, dass sie nach dem Zweiten Weltkrieg rasch eine Entpolitisierung ihrer Funktion akzeptierten, sich in der jüngeren Geschichte als erste Repräsentanten ihrer Nation (vor allem in Norwegen) bewährten und – was keineswegs selbstverständlich ist – die sozialdemokratischen Regierungspolitiken der Nachkriegszeit nicht durch öffentliche Kritik unterminierten, sondern neutral begleiteten.

3.3.1   Dänemark

Die dänische Monarchie war (neben Schweden) die zweite hegemoniale Macht im Norden. Auf den ersten Blick besticht das dänische politische System durch seine historische Kontinuität. Mit der 1848er Revolution wurde eine konstitutionelle Monarchie errichtet, in welcher der Monarch zwar noch beachtliche Kompetenzen besaß, er jedoch mit einem aus zwei Kammern bestehenden Parlament kooperieren musste. Im 20. Jahrhundert setzte sich die verfassungsrechtliche Traditionslinie ohne größere Zäsuren weiter fort. Nur drei offizielle Verfassungsänderungen (1915, 1920 sowie 1953) entwickelten die verfassungsrechtlichen Traditionen Dänemarks weiter. Mit der letzten Verfassungsrevision wurden die beiden parlamentarischen Kammern zu einer Kammer mit 179 Parlamentsmitgliedern zusammengefasst.[43]

Diese Verfassung ist bis auf den heutigen Tag ohne Änderungen gültig. Eine wichtige Innovation der Verfassungsrevision von 1953 war die Einführung direktdemokratischer Elemente. Als Barriere gegen eine von einigen Kritikern befürchtete ungehinderte parlamentarische Mehrheitsherrschaft wurde festgelegt, dass ein Drittel der Parlamentsmitglieder umstrittene Gesetzesentwürfe des Parlamentes einem Referendum unterwerfen kann. Zwar sind bestimmte politische Bereiche einem solchen Verfahren per Definitionem entzogen, zum Beispiel Haushalts- oder Steuergesetze. Aber dennoch stellt diese direktdemokratische Partizipationsmöglichkeit eine hervorstechende Besonderheit der dänischen Politik dar. Hinter der Schweiz, Italien und Irland kann sich Dänemark auf dem vierten Platz einer europäischen Rangliste direktdemokratischer Abstimmungen in der Nachkriegszeit behaupten.[44]

Allerdings ist – in Abgrenzung etwa zur schweizerischen Demokratie – hervorzuheben, dass es in Dänemark keine Möglichkeit einer Volksinitiative gibt. Hier werden die Volksabstimmungen ausschließlich vom Parlament bzw. der Regierung angestoßen. In der jüngsten Zeit dominieren europapolitische Themen die nationalen Referenden. Die letzten Volksabstimmungen hatten mehrheitlich europapolitische Positionierungen des dänischen

---

[43]   Vergleiche hierzu die deutsche Übersetzung der dänischen Verfassung (1953) auf der Homepage: http://www.verfassungen.eu/dk/ (letzter Zugriff am 15. Dezember 2010).

[44]   Vergleiche hierzu die Übersicht in Schmidt (2006: 360). Eine aktuelle international vergleichende Datenbank ist im Internet abrufbar unter: http://www.c2d.ch/index.php (Centre for Research on Direct Democracy) (letzter Zugriff am 15. Dezember 2010).

Königreiches zum Gegenstand; die jüngste Volksabstimmung widmete sich allerdings der Frage der königlichen Thronfolge (vgl. Tabelle 3.6).

Von besonderer Bedeutung waren die beiden Volksabstimmungen zum Maastrichter Vertrag. Während sich in einem ersten Referendum (Juni 1992) eine knappe Mehrheit des dänischen Volkes gegen die Annahme dieses Vertragswerkes aussprach (52,1% Nein-Stimmen), konnte nach den Zugeständnissen in den Vereinbarungen von Edinburgh im Mai 1993 eine deutliche Mehrheit der Bevölkerung diesem Vertragswerk in einem zweiten Anlauf zustimmen (knapp 58% Ja-Stimmen). Und während sich eine relative Mehrheit für die Anerkennung des Amsterdamer Vertrages im Jahre 1998 aussprach, scheiterte die Einführung des Euro in Dänemark im September 2000 ebenfalls mit einer knappen Mehrheit für die Euro-Gegner (vgl. Kapitel 6.3).

Tabelle 3.6: Direktdemokratische Abstimmungen in Dänemark

Datum	Gegenstand	Ergebnis (Ja/Nein in Prozent)	Konsequenz
14.12.1916	Verkauf der Westindischen Inseln	64,4 / 35,6	Verkauf der Westindischen Inseln an die USA
06.09.1920	Verfassungsänderung	47,5 / 1,5	Annahme der Verfassungsänderung
23.05.1939	Verfassungsänderung	44,5 / 3,9	Keine Verfassungsänderung
28.05.1953	Verfassungsänderung	45,8 / 12,3	Verfassungsänderung
28.05.1953	Änderung Mindestalter Wahlberechtigung (23 Jahre / 21 Jahre)	30,0 / 25,0	Altersgrenze blieb bei 23 Jahren
30.05.1961	Änderung Mindestalter Wahlberechtigung auf 21 Jahre	20,3 / 16,6	Absenkung des Wahlalters auf 21 Jahre
25.06.1963	Verschiedene Landrechtsreformen	38,6 / 61,4	Landrecht wurde beibehalten
24.06.1969	Änderung Mindestalter Wahlberechtigung auf 18 Jahre	13,6 / 49,8	Altersgrenze blieb bei 21 Jahren
21.09.1971	Änderung Mindestalter Wahlberechtigung auf 20 Jahre	47,4 / 36,5	Absenkung des Wahlalters auf 20 Jahre
02.10.1972	Beitritt zur EG / EU	56,7 / 32,9	Beitritt zur EG / EU per 1. Januar 1973
18.09.1978	Änderung Mindestalter Wahlberechtigung auf 18 Jahre	34,2 / 29,0	Absenkung des Wahlalters auf 18 Jahre
27.02.1986	Beitritt Dänemarks zur Einheitlichen Europäischen Akte	42,0 / 32,7	Beitritt Dänemarks zur Einheitlichen Europäischen Akte
02.06.1992	Anerkennung des Maastrichtvertrages	40,5 / 41,7	Keine Anerkennung des Maastrichtvertrages in Dänemark
18.05.1993	Anerkennung des Maastrichtvertrages mit Ergänzungen der Abkommen von Edinburgh	48,6 / 37,0	Dänemark erkennt den ergänzten Maastrichtvertrag an
28.05.1998	EU Vertrag von Amsterdam (Erweiterung)	41,2 / 33,6	Anerkennung des Amsterdamer Vertrages durch Dänemark
28.09.2000	Teilnahme am Euro	40,5 / 46,1	Keine Einführung der Gemeinschaftswährung in Dänemark
07.06.2009	Geschlechtsneutrale Thronfolge	45,1 / 7,8	Geschlechtsneutrale Thronfolge eingeführt

Quellen: Folketinget (2009): Folkeafstemninger (<http://valg.im.dk/Valg/~/media/Filer-valg-dk/Valg/Folkeafstemninger/folkeafstemninger.ashx>, letzter Zugriff am 15. Dezember 2010), Centre for Research on Direct Democracy, Online-Datenbank zu Dänemark (<http://www.c2d.ch/index.php>, letzter Zugriff am 15. Dezember 2010).

Die Regierung wird zwar vom König oder der Königin ernannt. Ihre Existenz ist jedoch einzig vom Rückhalt im Parlament abhängig. Das Prinzip des *negativen Parlamentarismus* in Dänemark besagt, dass ein Minister bzw. die Regierung dann zurücktreten muss, wenn eine absolute Mehrheit des Parlamentes dies fordert (Misstrauensvotum); Enthaltungen bei diesen Abstimmungen sichern den Machterhalt der Regierung. Sie kann allerdings auch durch die Einberufung von Neuwahlen einen solchen Schritt des Parlamentes antizipieren. Zudem ist festgeschrieben, dass zum einen der Monarch nicht aktiv (und mit politischen Absichten) in den Prozess der Regierungsbildung intervenieren darf. Dies ist die Aufgabe der politischen Parteien und ihrer Führungen. Zum anderen ist festgelegt, dass die Regierung keine aktive Mehrheit von Ja-Stimmen im Parlament hinter sich vereinigen muss, sondern auch durch Enthaltungen oder Absenzen geduldet werden kann. Diese Klausel, das Prinzip des negativen Parlamentarismus, ermöglichte die lange Tradition von Minderheitsregierungen in der dänischen Geschichte sowie die hohe Anzahl der Parlamentsauflösungen und vorzeitigen Neuwahlen (vgl. Tabelle 3.7).

Tabelle 3.7: Regierungen in Dänemark seit 1960

Premierminister	Parteipolitische Regierungs- Zusammensetzung	Zeitraum (Monat/Jahr)	Prozentualer Sitzanteil der Regierungsparteien	Prozentualer Sitzanteil der stärksten Oppositionspartei
Kampmann I (SD)	SD, RV, RF	03/60 - 11/60	53,1	21,7
Kampmann II (SD)	SD, RV	12/60 - 08/62	49,7	21,7
Krag I (SD)	SD, RV	09/62 - 09/64	49,7	21,7
Krag II (SD)	SD	10/64 - 11/66	43,4	21,7
Krag III (SD)	SD	12/66 - 01/68	39,4	20,0
Baunsgaard (RV)	RV, V, KF	02/68 - 09/71	56,0	35,4
Krag IV (SD)	SD	10/71 - 09/72	40,0	17,7
Jørgensen I (SD)	SD	10/72 - 12/73	40,0	17,7
Hartling (V)	V	01/74 - 01/75	12,6	26,3
Jørgensen II (SD)	SD	02/75 - 02/77	30,3	24,0
Jørgensen III (SD)	SD	03/77 - 08/78	37,1	14,9
Jørgensen IV (SD)	SD, V	09/78 - 10/79	49,1	14,9
Jørgensen V (SD)	SD	11/79 - 11/81	38,9	12,6
Jørgensen VI (SD)	SD	12/81 - 09/82	33,7	14,9
Schlüter I (KF)	KF, V, CD, KRF	10/82 - 01/84	37,7	33,7
Schlüter II (KF)	KF, V, CD, KRF	02/84 - 09/87	44,0	32,0
Schlüter III (KF)	KF, V, CD, KRF	10/87 - 05/88	40,0	30,9
Schlüter IV (KF)	KF, V, RV	06/88 - 12/90	38,3	31,4
Schlüter V (KF)	KF, V	01/91 - 01/93	33,7	39,4
P.N. Rasmussen I (SD)	SD, CD, RV, KRF	02/93 - 09/94	50,9	17,1
P.N. Rasmussen II (SD)	SD, CD, RV	10/94 - 12/96	42,9	24,0
P.N. Rasmussen III (SD)	SD, RV	01/97 - 03/98	40,0	24,0
P.N. Rasmussen IV (SD)	SD, RV	04/98 – 11/01	40,0	24,0
A.F. Rasmussen I (V)	V, KF	12/01 – 02/05	41,1	29,7
A.F. Rasmussen II (V)	V, KF	03/05 – 11/07	40,0	26,9
A.F. Rasmussen III (V)	V, KF	11/07 – 04/09	36,6	25,7
L. L. Rasmussen (V)	V, KF	04/09 –	36,6	25,7

Abkürzungen der Parteien: SD = Socialdemokratiet/Sozialdemokratische Partei; V = Venstre / Liberale Partei; KF = Konservative Folkeparti/Konservative Volkspartei; RV = Radikale Venstre/Radikal - Liberale Partei; RF = Denmarks Retsforbund/Dänische Rechtspartei; CD = Centrum - Demokraterne/Zentrumsdemokraten; KRF = Kristelig Folkeparti/Christliche Volkspartei.

Quellen: Eigene Zusammenstellung nach den Angaben der Regierungskanzlei des dänischen Ministerpräsidenten (http://www.stm.dk/_a_1620.html, letzter Zugriff am 15. Dezember 2010) sowie Nannestad (2009).

Aus Tabelle 3.7 wird ersichtlich, wie stark Minderheitsregierungen die jüngste dänische Geschichte bestimmt haben. Zwar konnte zuletzt (und kurzfristig) 1993/94 die Regierung unter Führung des Sozialdemokraten Poul Nyrup Rasmussen eine hauchdünne parlamentarische Mehrheit erreichen. Aber dies ist seit den 1960er Jahren (und für die gesamte dänische Nachkriegsgeschichte) eher die Ausnahme als die Regel. Die jüngsten Regierungen unter Führung der liberalen Politiker Anders Fogh Rasmussen bzw. Lars Løkke Rasmussen setzen sich aus der Liberalen Partei (»Venstre«) sowie der Konservativen Partei (»Konservative Folkeparti«) zusammen und arbeiten ohne parlamentarische Mehrheit. Sie werden vor allem von der rechtspopulistischen Dänischen Volkspartei (»Dansk Folkeparti«) gestützt – der Nachfolgepartei der sogenannten Fortschrittspartei (»Fremskridtspartiet«) –, was sich in der Gestaltung der jüngeren Sozial-, Rechts- und Einwanderungspolitik Dänemarks deutlich niederschlägt – und in der Konsequenz zu Irritationen in den nordischen Nachbarländern sowie europaweit führt.

Als historische Zäsur der dänischen Nachkriegsgeschichte kann die nationale Parlamentswahl aus dem Jahr 1973 ausgemacht werden. Mit dieser »Erdrutschwahl« erhöhte sich die Anzahl der im Parlament vertretenen Parteien schlagartig von fünf auf zehn – eine schlagartige Zersplitterung des parlamentarischen Parteiensystems, wie es sonst kaum in Europa zu beobachten ist. Die niedrige Sperrklausel von 2 Prozent ermöglicht auch relativ kleinen Parteien und Gruppierungen den raschen Einzug in das nationale Parlament. Während die Minderheitsregierungen vor diesem Zeitpunkt in der Regel feste (inoffizielle) Koalitionspartner besaßen, führte die parlamentarische Zersplitterung dazu, dass die Aufgabe der Mehrheitsbeschaffung für die dänischen Regierungen auf der einen Seite einfacher wurde: Sie konnte aus dem größeren Parteienspektrum durch Verhandlungen die parlamentarische Mehrheit sichern. Auf der anderen Seite wurde diese Aufgabe für die Regierung unkalkulierbar, da viele der neuen Parteien als Kooperationspartner doch eher unstet und erratisch auftraten. Die 1970er Jahre sind daher vielfach von extrem unsicheren parlamentarischen Mehrheiten und instabilen, zuweilen sehr kurzlebigen Regierungen geprägt. Dies traf zusammen mit den Erdölkrisen, die als externe ökonomische Herausforderungen die ökonomische und wohlfahrtsstaatliche Reformpolitik in ganz Europa mit neuen Problemen konfrontierte. In dieser Zeit erlebte Dänemark eine erstmalig feststellbare Verschlechterung der ökonomischen Leistungskraft. Das heutige Vorzeigemodell Europas hatte damals – ebenso wie Großbritannien – mit immensen ökonomischen Problemen und ansteigender Massenarbeitslosigkeit zu kämpfen (vgl. Jochem 1998).

Erst die Regierungen unter dem konservativen Regierungschef Poul Schlüter änderten diese Situation des Parteienwettbewerbs und des Regierens in der Minderheit nach 1982. Während zeitgleich die schwedischen Sozialdemokraten einen »Dritten Weg« in der Regierungspolitik proklamierten und in der Bundesrepublik Deutschland Bundeskanzler Helmut Kohl eine »geistig-moralische Wende« forderte, kam die neue bürgerliche Minderheitsregierung in Dänemark mit dem Versprechen an die Macht, eine »bürgerliche Revolution« zu verfolgen. Über die inhaltlichen Reformen, die aus diesem Versprechen resultieren, informieren die folgenden Kapitel. An dieser Stelle ist jedoch hervorzuheben, dass die Ära Poul Schlüter den Mechanismus des Regierens im dänischen Minderheitsparlamentarismus nachhaltig veränderte: Während zuvor eine stabile Unterstützung durch Oppositionsparteien von den Minderheitsregierungen angestrebt wurde und – im Falle eines Misserfolges –

die Regierungen wiederholt Neuwahlen anberaumten, verließen sich die Regierungen Schlüter auf risikoreiche, aber flexible Formen des Regierens mit unterschiedlichen Partnern. So stützte sich die bürgerliche Regierung in Fragen der Außenpolitik gerne (aber nicht ausschließlich) auf eine Kooperation mit der größten Oppositionspartei, den Sozialdemokraten. In Bereichen der Innen- und Finanzpolitik wurden oft (aber ebenfalls nicht ausschließlich) Mehrheiten mit einer weiteren Liberalen Partei (»Radikal Venstre«) sowie der rechtspopulistischen Fortschrittspartei gesucht. Insbesondere die Zusammenarbeit mit den Rechtspopulisten kann als Tabubruch der damaligen Zeit angesehen werden, der nicht unerhebliche Kritik an der Regierung Schlüter provozierte.

Aber die bürgerliche Regierung brachte auch eine neue »Gelassenheit« in den dänischen Minderheitsparlamentarismus ein. Während zuvor parlamentarische Niederlagen schnell zu Fragen des parlamentarischen Rückhalts stilisiert wurden und nicht selten Neuwahlen nach sich zogen, lernte die dänische Politik unter Poul Schlüter mit parlamentarischen Niederlagen zu leben. In den insgesamt 11 Regierungsjahren mussten die bürgerlichen Regierungen 108 Abstimmungsniederlagen hinnehmen, ohne jedoch aus diesem Grunde einen Rücktritt oder Neuwahlen politisch ins Kalkül zu ziehen. Dies hatte zur Folge, dass Initiativen der Opposition mitunter gegen den Willen der Minderheitsregierung vom Parlament verabschiedet wurden und Einzug in die Gesetzestexte erhielten (vgl. Damgaard 1992, Eysell 1996).

Mit dieser bürgerlichen Regierung war noch eine weitere Innovation der dänischen Regierungspraxis verknüpft. Während in Skandinavien und insbesondere in Dänemark das Regieren traditionell eng auf die Kooperation und Integration gesellschaftlicher Verbände angelegt war (und teilweise noch ist), brach Poul Schlüter auch mit dieser dänischen Regierungspraxis. Der auf gesellschaftlichen Ausgleich ausgerichtete Korporatismus dänischer Regierungspraxis wich einem »shut-up« Stil in der Politikentwicklung, bei dem die Regierung ohne Konsultation der Verbände die Richtlinien der Politik durchsetzte und sich gegen Kritik verwahrte (Blom-Hansen 2001). Es verwundert vor diesem Hintergrund nicht, dass die 1980er Jahre in Dänemark von starken Protesten (vor allem der mächtigen dänischen Gewerkschaften) geprägt waren. Aber ebenso kann in den folgenden Kapiteln auch gezeigt werden, dass diese Jahre des Konfliktes auch den Weg bereiteten für eine ökonomische und finanzielle Konsolidierung des dänischen Wohlfahrtsstaates – und der Geburt des in Europa hoch angesehenen dänischen Modells der »Flexicurity« (Jochem 2003b).

Die Ernte der bürgerlichen Reformpolitik wurde allerdings von der Sozialdemokratie eingefahren. Unter der Regierungszeit von Poul Nyrup Rasmussen (von 1993 bis 2001) erlangte Dänemark langsam aber stetig die Rolle als europäisches Reformmodell. Die breiten Koalitionen über politische Lagergrenzen hinweg befriedeten die politisch aufgeladenen Prozesse der Entscheidungsfindung. Statt Wettbewerb wurde wieder verstärkt Kooperation gesucht – allerdings hatten sich auch in Dänemark die Verbindungen zwischen Sozialdemokratie und Gewerkschaftsbewegung deutlich abgeschwächt. Die stetig abnehmende parlamentarische Unterstützung der vier Regierungen unter Poul Nyrup Rasmussen kann zudem als Indiz dafür gelesen werden, dass trotz des Versuchs einer konsensorientierten Politik der dänischen Sozialdemokraten die zentralen politischen Streitpunkte nicht entscheidend geklärt werden konnten. In der Tat spitzte sich bereits in der sozialdemokratisch dominierten Regierungszeit der 1990er Jahre der Parteienwettbewerb in Dänemark erneut zu.

In der Regierungsära des liberalen Anders Fogh Rasmussen kam es zu einer beachtlichen Polarisierung der dänischen Politik. Die faktische Integration der rechtspopulistischen Partei in die Regierungsarbeit erzeugte immense Spannungen. Nichtsdestotrotz ist die parlamentarische Basis der Dänischen Volkspartei, der früheren Fortschrittspartei, ungebrochen. Mit der Wahl im Jahre 2005 konnten die Rechtspopulisten die Konservative Partei sogar erstmals überflügeln. Sie stellten mit 24 Parlamentariern die drittgrößte Fraktion im dänischen Folketing – eine Machtposition, die diese Partei bis ins Jahr 2011 einnimmt.

Es zeigt sich, dass die Regierungspraxis in Dänemark Schwankungen unterliegt. Gegenwärtig stehen alle Zeichen auf einen zunehmenden parteipolitischen Wettbewerb zwischen den politischen Lagern, bei dem sich jedoch – anders als in der bisherigen dänischen Geschichte – nicht die liberalen Mitteparteien als »Zünglein an der Waage« oder – wie es in der Fachsprache lautet – »pivotal parties« exponieren können. Diese Rolle kommt gegenwärtig den Rechtspopulisten in Dänemark zu. Gleichsam kann die links-grüne sozialistische Volkspartei verstärkt in der Wählergunst zunehmen. In dieser Partei fanden mehrere Umorganisationen statt, welche die Entscheidungsfindung beschleunigen und zentralisieren sollten. In jüngster Zeit unterstützte die Partei zudem viele Gesetzgebungsverfahren, die auf eine breite parlamentarische Mehrheit von der Regierung gestellt wurden (z.B. in den Bereichen der Haushalts-, Steuer-, Verteidigungs- oder Verkehrspolitik). Insgesamt strebt diese Partei verstärkt in die politische Mitte und scheint ihre Kooperationsfähigkeit (auch über Lagergrenzen hinaus) unter Beweis stellen zu wollen. Insofern nimmt auch die Geschlossenheit der ansonsten zersplitterten und segmentierten Opposition in Dänemark zu. Zentraler politischer Brennpunkt der Gegenwart ist in Dänemark jedoch die Flüchtlings- bzw. die Immigrationspolitik sowie die Rolle und Strategie Dänemarks in der EU und weltweit. Im Jahr 2011 finden Parlamentswahlen statt und deren Ergebnis wird stark über die Fortentwicklung des dänischen Parteienwettbewerbs entscheiden.

Die dänische Form des Regierens impliziert, dass die »Opposition« einen bedeutsamen Einfluss nehmen kann, wie dies in allen Ländern mit Minderheitsregierungen der Fall ist.[45] Tatsächlich ist das dänische Parlament ein reines Arbeitsparlament mit einer festen Struktur und Tradition. Die Ausschussarbeit allein eröffnete stets den oppositionellen Fraktionen Mitwirkungsrechte, die über die Kontrollmöglichkeiten im Plenum hinausgehen. Durch die Tradition der Minderheitsregierungen, aber auch durch die seit 1973 zu beobachtende Zerfaserung des dänischen Parteiensystems, sind Verhandlungen zwischen der Regierung und oppositionellen Fraktionen vielschichtiger, unkalkulierbarer und zahlreicher geworden. Die formale Opposition kann dies in großem Ausmaße für sich nutzen. So prägte die sozialdemokratische »Opposition« in der Ära Schlüter zentrale Aspekte dänischer Außenpolitik. Und gegenwärtig kann die rechtspopulistische Dänische Volkspartei als offizielle Oppositionspartei ebenso ihre programmatischen Marken im Bereich der Rechts-, Sozial- und Immigrationspolitik hinterlassen.[46] Insofern trifft die These des schottischen Politikwissen-

---

[45] Der klassische Beitrag zu den Formen, Vorzügen und Nachteilen von Minderheitsregierungen stammt von Strøm (1990).

[46] Die dänische Wirtschaft ist durch die globale Finanzkrise nach 2007 hart getroffen worden. Die dänische Mitte-Rechts-Regierung hat ein ambitioniertes Reformprogramm aufgelegt. Zur parlamentarischen Absicherung dieses Reformprogramms wurden explizite Absprachen mit der Dänischen Volkspartei geschlossen, die im Internet ab-

schaftlers David Arter zu, dass von »der« Opposition in Dänemark nur schwerlich die Rede sein kann. Zu wechselhaft und verschwommen sind die Grenzen zwischen Regierung und Opposition – insbesondere nach 1982 – in Dänemark (Arter 2006, 2008).

3.3.2 Norwegen

Das norwegische Königreich war von 1536 bis 1814 Teil des dänischen Königreiches. Im Frieden von Kiel (1814) wurde beschlossen, dass Schweden Finnland an das russische Zarenreich abtreten müsse, dafür aber mit Norwegen »kompensiert« werde. Dieses raue »Kompensationsgeschäft« internationaler Machtpolitik ging jedoch nicht reibungslos vonstatten. Durch eine rasch einberufene verfassungsgebende Versammlung konnte sich Norwegen am 17. Mai 1814 in einer völkerrechtlichen »Schwebephase« eine Verfassung geben, welche die innere Souveränität Norwegens auch in der Unionszeit mit dem schwedischen Königsreich garantieren sollte. Damit war Norwegen das erste Land im Norden – und in Westeuropa –, das sich eine geschriebene Verfassung gab. Damals wurde in der Verfassung der Terminus einer »eingeschränkten« Monarchie verwendet. In den folgenden Dekaden kam es dann zu einer Vielzahl von Verfassungsänderungen, die allesamt die Merkmale einer konstitutionellen Monarchie revidierten und zu einem reinen parlamentarischen System führten, in dem das Parlament im Zentrum der politischen Macht steht, das Königshaus lediglich repräsentative Aufgaben ausübt.

Verfassungsänderungen müssen in Norwegen hohe Hürden überwinden. Bei einer Anwesenheit von zwei Dritteln der Parlamentsmitglieder muss ein Quorum von mindestens zwei Dritteln der anwesenden Mitglieder für die anvisierte Verfassungsänderung stimmen. Zudem wird von der Verfassung eingefordert, dass erst das nächste Parlament diese Verfassungsänderung schlussendlich gutheißen kann. Damit wird – anders als in Island – zwar nicht die Auflösung des Parlamentes unmittelbar veranlasst (und damit die Möglichkeit für ein implizites Volksbegehren durch die Parlamentswahl ermöglicht), allerdings wird die Verfassungsänderung zeitlich so gestreckt, dass zwischen der Initiative einer Verfassungsänderung und ihrer letztendlichen Verabschiedung dem Volk durch das Instrument der Parlamentswahl die Möglichkeit gegeben wird, sich gegen diesen Schritt mit dem Stimmzettel auszusprechen.

Zentrale Gewalten des norwegischen Regierungssystems sind das Parlament (»Storinget«), der König sowie die Oberste Gerichtsbarkeit mit einem Verfassungsgericht (»Norges Høyesterett«). In der Verfassung werden direktdemokratische Mechanismen nicht erwähnt. Es sind jedoch fakultative und konsultative Referenden auf Initiative des Parlamentes möglich. Bis zum heutigen Tag erfolgten sechs Referenden, die allesamt die politische Geschichte des Landes prägten. Die wichtigste Abstimmung erfolgte im Jahr 1905 und brachte mit einem Ergebnis von 99,9% Ja-Stimmen die friedliche Auflösung der Union mit dem schwedischen Reich mit sich. Im gleichen Jahr wurde – mit einer weniger deutlichen Mehrheit von ca. 79% Ja-Stimmen – die Anerkennung des Königs in Norwegen von der Bevölkerung bestätigt. Schließlich wurde im Jahr 1919 die Beibehaltung des strikten Alkoholverbotes be-

---

rufbar sind (in dänischer Sprache) (http://www.stm.dk/multimedia/Aftale_om_genopretning_af_dansk_oekonomi _web.pdf, letzter Zugriff am 15. Dezember 2010). Vgl. auch Kapitel 4.5 für weitere Details.

fürwortet (61,6% Ja-Stimmen), allerdings bereits sieben Jahre später wieder von 55,8% der Bevölkerung auf direktdemokratischem Wege rückgängig gemacht.

Die beiden jüngsten Referenden hatten Themen der norwegischen Integration in Europa zum Gegenstand – und verliefen beide negativ. Exakt 77,6 Prozent der norwegischen Bevölkerung lehnten 1972 den Beitritt des Landes zur EG ab. Und knapp 52 Prozent der Bevölkerung sprachen sich 1994 gegen eine Integration Norwegens in die Europäische Union aus. Beide Volksabstimmungen erschütterten die politische Landschaft Norwegens und stellten die großen Parteien vor immense Zerreißproben (vgl. hierzu ausführlicher Kapitel 6.3).

Das norwegische Parlament bestand bis ins Jahr 2009 aus einem »qualifizierten« unikameralen System. Ohne Anwendung einer Sperrklausel – es existiert eine solche 4 Prozent-Hürde lediglich für die Berechnung von Ausgleichsmandaten – werden auch heute noch 169 Abgeordnete in das Parlament gewählt, und auch heute noch kann das Parlament nicht aufgelöst werden – eine Besonderheit Norwegens im internationalen Vergleich. Das bis 2009 wirksame »qualifizierte« unikameralen Parlament bestand allerdings im Gegensatz zu heute aus zwei Versammlungen. Die norwegischen Verfassungsväter waren bestrebt, eine Art Oberhaus in das nationale Parlament zu integrieren, welches die Verfassungsmäßigkeit der Gesetzesinitiativen prüfen sollte. Nach der allgemeinen Wahl zum »Stortinget« bestellten die Abgeordneten aus ihrer Mitte ein Viertel der Mitglieder proportional zum sogenannten »Lagting«. Der verbleibende Rest des Parlaments bildete die zweite Kammer, den »Odelsting«, welcher allein befugt war, Gesetzesinitiativen in den Prozess der parlamentarischen Beschlussfassung einzuspeisen. Der »Lagting« diente also als quasi erste Kammer. Erst wenn beide Kammern der Reform zustimmten, galt das Gesetz als vom Parlament verabschiedet. Hätte der »Lagting« einer Reform nicht zugestimmt, dann hätte ein solches Veto durch eine gemeinsame Sitzung des vereinigten »Storting« mit einem Zweidrittelbeschluss aufgehoben werden können.[47]

Da jedoch beide Kammern auf einer gemeinsamen parlamentarischen Mehrheit beruhten und der »Lagting« proportional zu den Mehrheitsverhältnissen bestückt wurde, existierten praktisch keine Vetos dieser Kammer. Mit der Reform aus dem Jahr 2007 wurde diese Differenzierung des Storting mit großer Mehrheit beseitigt. Seit den Parlamentswahlen im Jahre 2009 existiert also, wie in den anderen nordischen Ländern, ein unikamerales Parlament in Norwegen. Der formale Gesetzgebungsweg wurde insofern verändert, als nun zwei Lesungen vorgesehen sind. Werden in der zweiten Lesung Veränderungen der Gesetzesinitiative vom Parlament beschlossen, wird eine abschließende dritte Lesung erforderlich.

In der norwegischen Nachkriegszeit dominieren parlamentarische Minderheitsregierungen (vgl. Tabelle 3.7). Ähnlich wie in Dänemark und Schweden übertrafen nur wenige Regierungen der jüngsten Vergangenheit die 50 Prozentmarke in der parlamentarischen Sitzverteilung. Seit dem Zweiten Weltkrieg dominierten bis ca. Mitte der 1960er Jahre die norwegischen Sozialdemokraten die Regierungsgeschäfte. Der sozialdemokratische Parteivorsitzende Einar Gerhardsen prägte hierbei als langjähriger Regierungschef die norwegische Nachkriegsgeschichte auf besondere Weise. Auf sein Bestreben hin gab Norwegen unmittelbar nach dem Zweiten Weltkrieg seine Neutralität auf und wurde Mitglied der

---

[47]   Diese und die folgenden Ausführen basieren vor allem auf Aalberg (2010), Arter (2008), Damgaard (1992), Jochem (1998), Olsen (1983), Strøm/Svåsand (1997), Strøm/Narud/Valen (2005), Østerud/Selle (2006).

NATO (vgl. Kapitel 6). Bemerkenswert an dieser Phase der norwegischen Regierungsgeschichte ist zudem, dass die Sozialdemokraten von 1945 bis 1961 allein die parlamentarische Mehrheit erringen konnten. Danach waren die Sozialdemokraten gezwungen, inoffizielle Partner zur Sicherung parlamentarischer Mehrheiten zu gewinnen.

Seit Mitte der 1960er Jahre erodierte nicht nur die sozialdemokratische Machtbasis. Die bürgerlichen Parteien verstärkten zusehends ihre parteipolitische Zusammenarbeit und konnten 1963 erstmals – wenngleich auch für nur sehr kurze Zeit – die sozialdemokratische Hegemonie durchbrechen. Mit den Regierungen unter der Führung des Zentrumspolitikers Kåre Willoch konnten zu Beginn der 1980er Jahre erstmals rein bürgerliche Koalitionen die norwegische Regierungsarbeit übernehmen. Ähnlich wie in Dänemark oder der Bundesrepublik Deutschland waren also auch in Norwegen die frühen 1980er Jahre die Jahre eines bürgerlichen Aufbruchs. Obwohl die bürgerliche Regierungszeit in den 1980er Jahren in Norwegen nicht so lange währte wie in Dänemark, setzten die Willoch-Regierungen neue Maßstäbe in der Innenpolitik.

Tabelle 3.8: Regierungen in Norwegen seit 1960

Premierminister bzw. Premierministerin	Parteipolitische Regierungs- zusammensetzung	Zeitraum (Monat/Jahr)	Prozentualer Sitzan- teil der Regierungs- Parteien	Prozentualer Sitzan- teil der stärksten Oppositionspartei
Gerhardsen V (DNA)	DANN	10/57 - 11/61	52,0	19,3
Gerhardsen VI (DNA)	DANN	12/61 - 08/63	49,3	19,3
Lyng (H)	H; SP; V; KRF	09/63	49,3	49,3
Gerhardsen VII (DNA)	DNA	10/63 - 09/65	49,3	19,3
Borten I (SP)	SP; H; V; KRF	10/65 - 09/69	53,3	45,3
Borten II (SP)	SP; H; V; KRF	10/69 - 02/71	50,7	49,3
Bratelli I (DNA)	DNA	03/71 - 09/72	49,3	19,3
Korvald (KRF)	KRF; SP; V	10/72 - 09/73	31,3	49,3
Bratelli II (DNA)	DNA	10/73 - 12/75	40,0	18,7
Nordli I (DNA)	DNA	01/76 - 09/77	40,0	18,7
Nordli II (DNA)	DNA	10/77 - 01/81	49,0	26,5
Brundtland I (DNA)	DNA	02/81 - 09/81	49,0	26,5
Willoch I (H)	H	10/81 - 05/83	34,8	41,9
Willoch II (H)	H; KRF; SP	06/83 - 09/85	51,6	41,9
Willoch III (H)	H; KRF; SP	10/85 - 04/86	40,1	45,2
Brundtland II (DNA)	DNA	05/86 - 09/89	45,2	31,8
Syse (H)	H; KRF; SP	10/89 - 10/90	37,6	38,2
Brundtland III (DNA)	DNA	11/90 - 08/93	38,2	22,4
Brundtland IV (DNA)	DNA	09/93 - 10/96	40,6	19,4
Jagland (DNA)	DNA	11/96 - 10/97	40,6	19,4
Bondevik I (KRF)	KRF, SP, V	11/97 - 03/00	25,5	39,4
Stoltenberg I (DNA)	DNA	04/00 - 10/01	39,4	15,2
Bondevik II (KRF)	KRF, V, H	11/01 - 10/05	37,6	26,1
Stoltenberg II (DNA)	DNA, SV, SP	10/05 – 09/09	51,5	22,5
Stoltenberg III (DNA)	DNA, SV, SP	10/09 –	50,9	24,2

Abkürzungen der Parteien: DNA = Det Norske Arbeiderparti / Norwegische Arbeiterpartei; SP = Senterpartiet / Zentrumspartei; H = Høyre / Konservative Partei; KRF = Kristelig Folkeparti / Christliche Volkspartei; V = Venstre / Liberale Partei; SV = Socialistisk Venstreparti / Linkssozialisten.
Quelle: Groß/Rotholz (2009), Informationen der norwegischen Regierung (in Norwegisch) (<http://www.stm.dk/_a_1620.html>, letzter Zugriff am 15. Dezember 2010), <www.parties-and-elections.de>.

Anders als die anderen europäischen Ländern wurde die norwegische Ökonomie nicht negativ von den Ölpreiskrisen der 1970er und frühen 1980er Jahre in Mitleidenschaft gezogen – im Gegenteil profitierte der Erdölexporteur Norwegen von den Preissteigerungen auf den internationalen Erdölmärkten (Mjøset 1989). Im Bereich der Geld- und Finanzpolitik brachen diese bürgerlichen Regierungen jedoch mit der sozialdemokratischen Tradition und näherten sich dem in Kontinentaleuropa dominanten Muster einer stabilitätsorientierten Geld- und Währungspolitik an. Die Deregulierung der norwegischen Finanzmärkte fällt zum Beispiel ebenso in diesen Zeitraum wie gravierende Veränderungen in der Lohn- und Arbeitsmarktpolitik (vgl. Kapitel 4 und 5).

Mit Gro Harlem Brundtland konnte 1986 die norwegische Sozialdemokratie wieder die Ministerpräsidentin stellen. Die Ärztin Brundtland war bereits im Jahr 1981 für kurze Zeit erste Ministerpräsidentin in der norwegischen Geschichte geworden. In den 1980er und vor allem 1990er Jahren legte sie dann den Grundstein für ihre innen- als auch außenpolitische Popularität. Innenpolitisch forcierte sie zum einen die Frauenpartizipation in der norwegischen Politik. Ihre Kabinette waren erstmals streng an einem Gender-Proporz orientiert. Aber sie verfolgte auch die (allerdings umstrittene) politische Ambition, Norwegen auf eine Mitgliedschaft in den Europäischen Gemeinschaften vorzubereiten. Das in Norwegen umkämpfte Referendum aus dem Jahre 1994 endete für sie mit einer persönlichen Niederlage (vgl. Kapitel 6.3).

Mit der Ablehnung einer vertieften europäischen Integration Norwegens sah Brundtland eine ihrer zentralen politischen Lebensaufgaben zerstört. Zwar akzeptierte sie in offiziellen Reden den für sie negativen Ausgang des Referendums. Allerdings war es für die meisten Beobachter keine Überraschung, dass Gro Harlem Brundtland 1996 die Amtsgeschäfte niederlegte und ihre politische Karriere auf der internationalen Bühne weiterverfolgte. Bereits 1987 erreichte sie weltweites Aufsehen als Vorsitzende der »World Commission of Environment and Development« der Vereinten Nationen. Der Abschlußbericht, der sogenannte »Brundtland Report«, kritisierte aus ökologischer Perspektive erstmals mit deutlichen Worten die ökonomische Entwicklung. In diesem Bericht wurde insbesondere für die entwickelten Regionen der Welt ein umweltpolitisches und also auch ökonomisches Umdenken eingefordert. Im Jahr 1998 wurde sie dann schließlich zur Generaldirektorin der Weltgesundheitsorganisation gewählt und nach Beendigung ihrer dortigen Amtszeit im Jahre 2003 mit einer Vielzahl nationaler sowie internationaler Preise für ihr politisches Wirken ausgezeichnet.

Im Verlauf der Ära Brundtland begann sich bereits die norwegische Parteienlandschaft zu diversifizieren. Ähnlich wie in Dänemark – wenngleich nicht in solch einem Ausmaße – brachte auch in Norwegen die Wahl von 1973 eine deutliche Zunahme der parlamentarischen Parteien mit sich (statt fünf waren acht Parteien im Parlament vertreten). In Norwegen wird für die Mehrzahl der Parlamentssitze keine Sperrklausel angewendet, allerdings existiert eine 4-Prozent Hürde für die Vergabe von 19 regional definierten Ausgleichsmandaten. Aus der Perspektive des Parteienwettbewerbs waren die späten 1980er Jahre bedeutsam. Die Sozialdemokraten erlitten 1989 eine deutliche Wahlniederlage, wohingegen sich die Konservative Partei als stärkste Kraft im bürgerlichen Lager durchsetzte. Neu und für die Logik des norwegischen Parteiensystems entscheidend war der damalige Stimmenzuwachs für die rechtspopulistische Fortschrittspartei. Mit 13 Prozent der Stimmen und 22 der damals insgesamt 165 Sitze (heute sind 169 Abgeordnete im Parlament vertreten) katapultierte sich diese Partei schlagartig unter die Großen im bürgerlichen Lager. Gleichzeitig erstarkten die Linkssozialisten (10 Prozent der Stimmen und 17 Sitze). Gegen Ende der 1980er Jahre polarisierte sich die Parteienlandschaft Norwegens demnach zusehends. Nicht wenig trugen die europapolitischen Debatten in Norwegen hierzu bei.

Damit wurde die Aufgabe der Regierungsbildung noch komplizierter. Dies erfuhren nicht nur Gro Harlem Brundtland und die norwegische Sozialdemokratie. Auch im bürgerlichen Lager herrschte eine lange und konfliktbehaftete Debatte darüber, wie mit den Parteien am Rande des Parteienspektrums zu verfahren sei. Eine wichtige Wegscheide des Parteienwettbewerbs und der norwegischen Regierungsgeschichte ergab sich schließlich im Jahre 1997 mit der ersten Regierung Bondevik. Der christdemokratische Regierungschef formierte eine Koalition mit der Zentrumspartei und der liberalen »Venstre«. Die Konservative Partei Norwegens wurde nicht in die Koalition aufgenommen – zu zahlreich waren die programmatischen Differenzen. Allerdings war damit die parlamentarische Machtbasis auch für norwegische Verhältnisse sehr dünn. Gerade einmal 25 Prozent der Sitze konnte die Koalitionsregierung auf sich vereinigen. Die größte Oppositionspartei, die norwegischen Sozialdemokraten, verfügten alleine über ca. 39 Prozent der Sitze. Auch mit den Stimmen der Konservativen Partei hätte die Regierung keine parlamentarische Mehrheit erreicht.

Als Konsequenz blieb der ersten Regierung Bondevik nur die politische Kooperation mit dem »linken Lager«, also vor allem mit der Sozialdemokratie. In der Tat strebte der Christdemokrat Bondevik in den meisten Fällen die Kooperation über die politischen Lagergrenzen hinweg an. Oder es blieb Bondevik die zweite Alternative, eine parteipolitische Kooperation mit den Rechtspopulisten. Die Fortschrittspartei wurde 1997 nach den Sozialdemokraten zweitstärkste Fraktion im norwegischen Parlament. In wenigen – aber entscheidenden Fällen – stützte sich die bürgerliche Minderheitsregierung auf die Stimmen der Rechtspopulisten. Der Rücktritt der Regierung erfolgte schließlich aufgrund eines erfolgreichen Misstrauensvotums, bei dem energie- und umweltpolitische Differenzen entscheidend waren.

Die Regierungsbildung in Norwegen ist eine komplizierte und riskante politische Aufgabe. Dies musste auch der Sozialdemokrat Jens Stoltenberg erfahren. Er übernahm im Jahr 2000 als Nachfolger von Kjell Magne Bondevik mit einer Minderheitsregierung die Amtsgeschäfte. Die Wahl von 2001 wurde zum Desaster für die norwegische Sozialdemokratie, in der vor allem die Steuerpolitik und die Qualität des norwegischen Bildungssystems die dominierenden Themen waren. Mit ca. 24 Prozent der Stimmen erfuhr die Sozialdemokratie das schlechteste Wahlergebnis seit 1924.[48] Gleichzeitig verloren die Parteien der Mitte an Unterstützung. Die Gewinner der Wahl waren die Konservative Partei, die Fortschrittspartei sowie die Linkssozialisten. Während die Konservative Partei ihren Stimmenanteil auf über 20 Prozent deutlich ausbauen konnte, stabilisierte sich die Fortschrittspartei bei ca. 15 Prozent. Die Linkssozialisten verdoppelten ihren Stimmanteil auf ca. 12 Prozent.

Kjell Magne Bondevik wurde im Wahlkampf als designierter Regierungschef hoch gehandelt. Allerdings war die Regierungsbildung unter diesen veränderten Mehrheitsverhältnissen schwierig. Eine reine Mitteregierung hatte eine zu geringe parlamentarische Basis und eine Koalition mit der Sozialdemokratie wurde rasch als illusionär verworfen. Die Kon-

---

[48] Einen Tag nach der norwegischen Wahl fanden die terroristischen Angriffe auf New York stattfanden. Die Nachwahldiskussion sowie die politischen Verhandlungen fanden also im Schatten dieses welthistorischen Ereignisses statt.

servative Partei als stärkste bürgerliche Kraft strebte den Posten des Regierungschefs an. Allerdings widersetzten sich in dieser Frage die Parteien der Mitte. Nachdem erste Sondierungsgespräche scheiterten, suchte die Konservative Partei öffentlich den Kontakt zur Fortschrittspartei. Eine konservative Minderheitsregierung wollten die Rechtspopulisten allerdings im Parlament nicht unterstützen. Nach dieser Verhandlungsniederlage akzeptierte die Konservative Partei die Forderungen der Mitteparteien, und es kam zu einer bürgerlichen Koalition unter Einschluss der Konservativen Partei, die zwar stärkste Partei war, aber nicht den Ministerpräsidenten stellte. Die Zentrumspartei beteiligte sich nicht an dieser Koalition. Damit zerbrach auch die klassische Zusammenarbeit der kleineren Mitteparteien im norwegischen Parteienwettbewerb.

Die Regierung firmierte unter dem Namen der »Zusammenarbeitsregierung«. Allerdings erwies sie sich als schwach. Bereits bei den Verhandlungen zum ersten Budget offenbarte sich die Abhängigkeit der Regierung von der Fortschrittspartei. Obwohl die Fortschrittspartei mit internen Machtkämpfen und Skandalen zu kämpfen hatte, war sie dennoch das »Zünglein an der Waage« im norwegischen Parlament. Nachdem Verhandlungen mit den Rechtspopulisten gescheitert waren, setzte die Regierung das Budget mit einem Vertrauensvotum durch – das erste Mal in der norwegischen Geschichte, dass ein nationaler Haushalt mit diesem parlamentarischen Mittel verabschiedet werden musste.

Der Premierminister Kjell Magne Bondevik konnte die fragile bürgerliche Koalition bis zu den Wahlen im Jahre 2005 zusammenhalten. Allerdings um Preis, dass die Fortschrittspartei immer stärkeren Einfluss auf die Politikgestaltung nehmen konnte. Der Wahlkampf im Jahre 2005 stand damit unter neuen Vorzeichen: Die Zentrumspartei hatte sich mehr und mehr von den bürgerlichen Parteien abgewandt, die eine Kooperation mit den Rechtspopulisten akzeptierten. In der Folge kam es zu Annäherungen an die Sozialdemokraten. Just die Sozialdemokraten waren allerdings seit 2001 deutlich nach links gewandert. Nach vielen Konflikten mit der norwegischen Gewerkschaftsbewegung versuchte die Parteispitze, die Gewerkschaften wieder stärker in die Partei zu integrieren. Viele Politikforderungen der Gewerkschaften wurden schließlich ins sozialdemokratische Wahlprogramm aufgenommen.

Im bürgerlichen Lager lehnte Kjell Magne Bondevik eine formale Kooperation mit der Fortschrittspartei ab – und diese reagierte mit der Aussage, dass sie keine weitere bürgerliche Minderheitsregierung mehr unterstützen wolle. Diese Dynamik führte zu dem für die norwegische Regierungsgeschichte besonderen Ergebnis, dass nach Jahren der Polarisierung eine Regierung eingesetzt werden konnte, die eine Koalition zwischen dem linken Lager und der Mitte darstellt. Erstmals in der norwegischen Geschichte sind zudem die Linkssozialisten (offiziell) in der Regierung vertreten, und erstmals muss die Sozialdemokratie in einer formalen Koalition die Amtsgeschäfte führen. Und schließlich ist bemerkenswert, dass nach langer Zeit eine norwegische Regierung wieder über eine (wenn auch knappe) parlamentarische Mehrheit verfügt. Die »rot-grüne« Regierung aus Sozialdemokratie, Linkssozialisten und Zentrumspartei ist ein Novum – und war nicht zuletzt für die schwedischen Sozialdemokraten Vorbild für eine neue Form der politischen Zusammenarbeit (Allern/ Aylott, 2009).

Allerdings ist dieser »Linksruck« verbunden mit einer erneuten Stärkung der Fortschrittspartei. Ihre Strategie wird vom Wahlvolk anscheinend goutiert. Mit über 22 Prozent der Stimmen ist sie jetzt stärkste bürgerliche Kraft – und die Parteivorsitzende Siv Jensen

fordert wiederholt und selbstbewusst den Posten des Regierungschefs für die Fortschrittspartei in einer bürgerlichen Koalition, welche die Links-Mitte Koalition unter Jens Stoltenberg ablösen soll.

Die erste Legislaturperiode der »rot-grünen« Koalition war voller Spannungen. Zwar
konnten – mitunter auch unter Einschluss der Oppositionsparteien – wichtige Reformen
vom Parlament verabschiedet werden.[49] Allerdings eskalierten im Jahr 2008 die koalitionsin-
ternen Krisen. Die internen Konflikte drehten sich um Themen wie die Eheschließung
gleichgeschlechtlicher Paare (mit Adoptionsrechten und verbesserten Möglichkeiten der
künstlichen Befruchtung), die Einwanderungs- und Asylpolitik sowie die Dienstleistungs-
freiheiten der EU, welche die Freizügigkeit von Arbeitskräften auch für das Nicht-EU-Land
Norwegen implizieren. Aufgrund dieser internen Konflikte und des sinkenden Rückhalts
der Koalition in der Bevölkerung deutete vieles auf einen Machtwechsel bei der nächsten
Parlamentswahl im Jahr 2009 hin – allerdings stützten unvorhersehbare internationale Entwicklungen die »rot-grüne« Koalition.

Der Wahlkampf 2009 stand im Schatten der globalen Finanzkrise. Auf der einen Seite
wurden die Krisenmaßnahmen der norwegischen »rot-grünen« Regierung kaum kritisiert.
Auf der anderen Seite profitierte die norwegische Sozialdemokratie von der souveränen
Krisenpolitik, vertreten von Jens Stoltenberg. Während die sozialdemokratische Partei im
Herbst 2008, also ungefähr ein Jahr vor dem Wahltermin, in den Meinungsumfragen auf
Werte um die 25 Prozent absackte, betrugen damals die Werte für die rechtspopulistische
Fortschrittspartei ca. 35 Prozent. Dieses Klima veränderte sich rapide mit dem sozialdemo-
kratischen Krisenmanagement. Und während lange Zeit Themen der Integration in den
Meinungsumfragen als sehr bedeutsam angegeben wurden, nahmen im Verlauf des Wahl-
kampfes immer stärker Themen der Wirtschaft und der Sozialpolitik an Bedeutung zu.
Letztlich wurde erstmals seit 1969 eine Mehrheitskoalition in Norwegen an der Wahlurne
(wenn auch knapp) bestätigt. Die beiden kleinen Regierungsparteien verloren leicht (Zentrumspartei) sowie deutlich (Linkssozialisten). Die Sozialdemokratie allerdings baute ihren
Stimmenanteil wieder (leicht) auf 35,4 Prozent aus. Mit den veränderten Mehrheitsverhältnissen wurde auch im Kabinett die Position der norwegischen Sozialdemokratie deutlich
gestärkt (vgl. Aalberg 2010).

Die »rot-grüne« Regierung profitierte nicht nur von der Finanzkrise. Auch die Struktur
und Dynamik des norwegischen Parteienwettbewerbs war für eine Wiederwahl förderlich.
Im Gegensatz zur Situation in Schweden ist das bürgerliche Parteienlager zutiefst gespalten.
Die konservative Partei regte – nach schwedischem Vorbild – eine stärkere Zusammenarbeit
im bürgerlichen Lager an. Allerdings widersetzten sich die liberale als auch die christdemokratische Partei einer engeren Zusammenarbeit mit der rechtspopulistischen Fortschrittspartei. Während die liberale Partei eine Koalition mit der Fortschrittspartei explizit im Wahlkampf ausschloss, versicherte die Fortschrittspartei, dass sie eine offizielle Beteiligung in
einer bürgerlichen Koalition anstrebe und nicht als Stützpartei zur Verfügung stehe. Unter

---

[49]   Bedeutsam ist die Reform der norwegischen Staatskirche. Zwar wird am legalen Status quo einer Staatskirche
       festgehalten, allerdings erhält die Kirche weitgehende Freiheitsgrade, verbunden allerdings mit der Forderung
       des Gesetzgebers, die Staatskirche habe sich in ihrem internen Aufbau zu demokratisieren. Diese bedeutsame Re-
       form wurde von allen Parteien im norwegischen Parlament mitgetragen, auch von der Fortschrittspartei.

diesen Umständen konnte keine bürgerliche »Allianz« als mächtige Herausforderin der norwegischen Sozialdemokratie entstehen.

Die »rot-grüne« Koalition in Norwegen ist Ergebnis der parteilichen Kooperation über die Lagergrenzen hinweg. Diese Zusammenarbeit verläuft keinesfalls reibungslos, allerdings profitiert sie von der globalen Finanzkrise – bzw. der »rot-grünen« Krisenpolitik – sowie den programmatischen Differenzen im bürgerlichen Lager. Die Fortschrittspartei als stärkste bürgerliche Partei wird (noch) nicht als koalitionsfähig angesehen. Dies konserviert der dominanten – aber keineswegs mehr hegemonialen – Sozialdemokratie in Norwegen die Position einer »natürlichen« Regierungspartei. Allerdings wird sie kaum mehr darauf hoffen können, bei der nächsten Parlamentswahl von einer erneuten globalen Krise profitieren zu können.[50]

3.3.3 Schweden

Schweden ist das am besten erforschte Land innerhalb der nordischen Staatenfamilie. Politik und Wirtschaft Schwedens werden dabei in nicht wenigen Forschungsbeiträgen als paradigmatisch für den gesamten Norden angesehen – dies kann jedoch als eine gewagte Vereinfachung der nordischen Verhältnisse angesehen werden. Eine aktuelle und eigenständige Einführung in das politische System Schwedens in deutscher Sprache existiert leider nicht.[51]

Die politische Verfassung Schwedens wird hauptsächlich in vier Dokumenten fixiert. Die sogenannte Regierungsform (»regeringsformen«) datiert aus dem Jahre 1974 und beinhaltet die zentralen politischen Institutionen und Regeln. In dem aus dem Jahre 1810 stammenden Thronfolgegesetz (»sucessionsordningen«) werden Belange der Königsfolge reguliert. Die Pressefreiheitsverordnung (»tryckfrihetsförordninge«», 1766/1949) sowie das Gesetz zur freien Meinungsäußerung (»yttrandefrihetsförordningen«, 1991) regeln hingegen die entsprechenden Grundrechte und Grundfreiheiten des demokratischen Prozesses. Ergänzt werden diese zentralen Dokumente mit Verfassungsrang von der Rechtsordnung des Reichstages (»Riksdagsordningen«) aus dem Jahre 1974. Diese Verfassungstexte basieren auf einem ursprünglichen Verfassungstext aus dem Jahr 1809. Die damalige Verfassungskrise (und militärische Niederlagen) führten dazu, dass König Gustav IV Adolf erstmals in seiner absolutistischen Machtfülle eingeschränkt wurde.

Das Machtzentrum Schwedens liegt im Reichstag sowie der aus ihm hervorgehenden Regierung. Als Staatsoberhaupt wird in der Verfassung zwar ausgeführt, dass ein König (oder eine Königin) erste Person im Staate sei, allerdings wird ebenso betont, dass die Monarchie über keinerlei politische Macht verfüge. Weder ist im Kriegsfalle der Monarch als oberster Befehlshaber vorgesehen, noch hat der König irgendwelche Rechte auf Information

---

[50] Inwiefern das Attentat in Oslo sowie das Massaker auf der Insel Utøya die Dynamik des norwegischen Parteienwettbewerbs beeinflussen wird, kann zum Zeitpunkt der Drucklegung dieses Buches nicht abgesehen werden.

[51] Als Beispiele für solche Übersichten über das politische System Schwedens könnten die Beiträge von Henningsen (1986) sowie Hedborg und Meidner (1984) gelten. Beide sind jedoch veraltet und tatsächlich kann hier im deutschsprachigen Raum eine beträchtliche Forschungslücke ausgemacht werden, die in Ansätzen gefüllt wird von dem kurzen Beitrag, den Detlef Jahn (2009) in dem Nachschlagewerk zu den politischen Systemen Westeuropas beigesteuert hat, welches von Wolfgang Ismayr herausgegeben wird – und auf welches bereits mehrmals verwiesen wurde (vgl. Ismayr 2009). Für weitere Literatur sei unter anderem verwiesen auf Bergman (2004), Heclo/Madsen (1987), Jochem (2010b, 2011b), Korpi (1978), Lane (1995), Lindvall/Rothstein (2006), Milner (1989).

durch die Regierung bzw. Teilnahme an Kabinettssitzungen. Das schwedische Königshaus ist somit explizit auf rein repräsentative Aufgaben beschränkt.

Das schwedische Parlament (»Riksdag«) besteht sei 1971 aus einer Kammer. Die (seit 1976) 349 Abgeordneten werden in allgemeinen Wahlen bestimmt, wobei landesweit eine 4 Prozent Sperrklausel existiert. Seit 1994 wurde die Legislaturperiode von drei auf vier Jahre ausgeweitet. Hierfür war der breite politische Konsens maßgebend, dass drei Jahre zu wenig Zeit seien, um der Regierung Gestaltungschancen zu eröffnen, bevor der erneute Wahlkampf ein zielgerichtetes Regieren erschwert. Der schwedische Reichstag kann als dezidiertes Arbeitsparlament verstanden werden. Eine Vielzahl von Ausschüssen strukturiert den Gesetzgebungsprozess. In diesen Ausschüssen werden mitunter Sachkompromisse verfolgt, die unter den Bedingungen von Minderheitsregierungen das Regieren erst ermöglichen. Ebenso auffallend ist die hohe Fraktionsdisziplin bei allen im »Riksdag« vertretenen politischen Parteien.

Die schwedischen Regierungen sind einzig vom Vertrauen und der politischen Unterstützung des Reichstages abhängig. Das Prinzip des negativen Parlamentarismus impliziert in Schweden (ebenso wie in Dänemark und Norwegen), dass der Regierungschef nicht eine absolute Mehrheit für sich im Parlament erlangen muss. Es darf nur nicht die Mehrheit gegen ihn oder sie stimmen. Nach erfolgreicher Wahl bestimmt der Ministerpräsident seine Kabinettsmitglieder ohne erneute Bestätigung durch das Parlament.

Die Legislaturperiode ist gesetzlich festgelegt. Nach einem vierjährigen Turnus wird stets am dritten Sonntag im September gewählt. Zwar ist – anders als in Norwegen – in Schweden die Auflösung des Parlamentes von der Verfassung her vorgesehen, allerdings würde dies den gesetzlich fixierten Wahlturnus nichts verändern. Dies macht erklärbar, dass es nur 1958 einmalig in der schwedischen Geschichte zu einer Parlamentsauflösung kam. Das Parlament kann mit Misstrauensvoten den Ministerpräsident sowie einzelne Mitglieder des Kabinetts zum Rücktritt drängen. Allerdings ist hierbei analog zum Prinzip des negativen Parlamentarismus auch eine absolute Mehrheit der Parlamentsmitglieder notwendig. Bislang kam es zu vier Vertrauensvoten, von denen jedoch keines die Regierung stürzen konnte. Die Vertrauensfrage des Ministerpräsidenten an das Parlament ist ebenfalls vorgesehen, wird allerdings äußerst selten von den Regierungen durchgeführt (zuletzt im Jahr 1990 von Ingvar Carlsson, was zum kurzzeitigen Rücktritt seiner Regierung führte).

Wie in den Nachbarländern dominieren Minderheitsregierungen die schwedische Nachkriegsgeschichte (vgl. Tabelle 3.9). Wird der zeitliche Rahmen auf die gesamte Nachkriegszeit ausgeweitet, dann waren 69 Prozent aller schwedischen Regierungen in parlamentarischer Minderheitsposition.[52] Die Regierungsgeschichte nach dem Zweiten Weltkrieg wird eindeutig von der sozialdemokratischen Partei Schwedens dominiert. Und sie wird bestimmt von national wie auch international bedeutenden Persönlichkeiten. Der Sozialdemokrat Tage Erlander leitete als Ministerpräsident von 1946 bis 1969 die schwedische Politik, wenngleich meistens ohne parlamentarische Mehrheit. In seiner Ära kam es zu den grundlegenden Weichenstellungen nach dem Zweiten Weltkrieg. Bis zum fundamentalen Konflikt um die Rentenpolitik im Jahr 1959 dominierte unter Tage Erlander eine parlamen-

---

[52]   Vgl. Christiansen/Damgaard (2008), die Durchschnittswerte für Dänemark betragen 87 Prozent, für Norwegen 68 Prozent, für Finnland 28 Prozent und für Island schließlich 8 Prozent.

tarische Kooperation der Sozialdemokratie mit der Bauernpartei, die sich 1958 in Zentrumspartei umbenannte. Zwischen diesen beiden Parteien kam es zu vielfältigen sogenannten
»rot-grünen« Kompromissen.

Auf Tage Erlander folgte der international höchst angesehene Sozialdemokrat Sven O-
lof Palme als schwedischer Ministerpräsident. Seine erste Regierungszeit bis 1976 war gekennzeichnet von ökonomischen Krisen und dem Wandel des schwedischen Parteienwettbewerbs. Die schwedische Sozialdemokratie setzte nach dem programmatischen Bruch mit
der Zentrumspartei auf eine Kooperation mit der Liberalen Partei oder den Kommunisten
und späteren Linkssozialisten (Svensson 1994). Die ökonomischen Krisen der frühen 1970er
Jahre trafen das Land hart, wenngleich das politische Krisenmanagement noch durchaus
gute Ergebnisse zeitigte. Hierfür kann insbesondere die sozialpartnerschaftliche Tradition
als Grund angeführt werden (Scharpf 1987).

Tabelle 3.9:   Regierungen in Schweden seit 1960

Premierminister	Regierungs- zusammensetzung	Zeitraum (Monat/Jahr)	Prozentualer Sitzan- teil der Regierungs- parteien	Prozentualer Sitzan- teil der stärksten Oppositionspartei
Erlander VII (SAP)	SAP	06/58 - 09/60	48,1	19,5
Erlander VIII (SAP)	SAP	10/60 - 09/64	49,1	17,2
Erlander IX (SAP)	SAP	10/64 - 09/68	48,5	18,0
Erlander X (SAP)	SAP	10/68 - 09/69	53,6	15,9
Palme I (SAP)	SAP	10/69 - 09/70	53,6	15,9
Palme II (SAP)	SAP	10/70 - 09/73	46,6	20,3
Palme III (SAP)	SAP	10/73 - 09/76	44,6	25,7
Fälldin I (C)	C; FP; M	10/76 - 09/78	51,6	43,5
Ullsten (FP)	FP	10/78 - 09/79	11,2	43,5
Fälldin II (C)	C; FP; M	10/79 - 04/81	50,1	44,1
Fälldin III (C)	C; FP	05/81 - 09/82	29,2	44,1
Palme IV (SAP)	SAP	10/82 - 09/85	47,6	24,6
Palme V (SAP)	SAP	10/85 - 02/86	45,6	21,8
Carlsson I (SAP)	SAP	03/86 - 09/88	45,6	21,8
Carlsson II (SAP)	SAP	10/88 - 09/91	44,7	18,9
Bildt (M)	M; FP; C; KDS	10/91 - 09/94	48,7	39,5
Carlsson III (SAP)	SAP	10/94 - 03/96	46,1	22,9
Persson I (SAP)	SAP	04/96 - 09/98	46,1	22,9
Persson II (SAP)	SAP	10/98 – 09/02	37,5	23,5
Persson III (SAP)	SAP	10/02 – 09/06	41,3	15,8
Reinfeldt I (M)	M, C, KDS, FP	10/06 – 09/10	51,0	37,2
Reinfeldt II (M)	M, C, KDS, FP	10/10 –	49,6	32,1

Abkürzungen der Parteien: SAP = Socialdemokratiska Arbetarepartiet / Sozialdemokratische Arbeiterpartei; C = Center-
partiet / Zentrumspartei; FP = Folkpartiet / Liberale Volkspartei; M = Moderaterna / Konservative Partei; KDS = Kristen
Demokratisk Samling / Christdemokraten
Quelle: Jahn (2009) sowie eigene Berechnung: <www.regeringen.se>, <www.parties-and-elections.de>.

Ein historisches Unikum ereignete sich von 1973 bis 1976. Im sogenannten »Lotterieparla-
ment« entfielen exakt 175 Sitze auf den linken sowie den bürgerlichen Block. Die sozialdemokratische Minderheitsregierung unter Sven Olof Palme war zwar bestrebt, über die
Blockgrenzen Kooperationen zu führen. In vielen Fällen war dies jedoch nicht möglich –
und Gesetzesänderungen wurden schließlich per Losentscheid gefällt. Diese Erfahrung
führte nach 1976 zur Reduktion der Parlamentssitze auf die Zahl von 349 Sitzen.

Der erste bürgerliche Regierungschef der Nachkriegszeit war der Zentrumspolitiker Thorbjörn Fälldin. Mit ihm begann allerdings eine Phase instabiler bürgerlicher Minderheitsregierungen, die bis zum erneuten Wahlsieg von Sven Olof Palme im Jahr 1982 dauern sollte. Zwar stellte die Regierung Fälldin I noch die parlamentarische Mehrheit. Aber die programmatischen Differenzen im bürgerlichen Block stellten eine permanente Zerreißprobe dar. Dies kann als ein Spezifikum des schwedischen (und teilweise nordischen) Parteiensystems angesehen werden: Das bürgerliche Lager ist bzw. war programmatisch so gespalten, dass selten effiziente bürgerliche Kooperationen stattfanden.[53] Insofern war es auch nicht überraschend, dass die Regierung nach nur zwei Jahren zerbrach und von einer Minderheitsregierung abgelöst wurde, die lediglich aus der Liberalen Partei bestand – und mit nur ca. 11 Prozent eine wohl historisch betrachtet extrem geringe parlamentarische Machtposition innehatte.

Die bürgerlichen Koalitionen der 1970er Jahre brachen noch nicht mit dem sozialdemokratischen Politikprofil. Allerdings führte die bürgerliche Regierungszeit vor dem Hintergrund der ökonomischen Krisen dazu, dass sich die öffentlichen Haushalte zusehends verschuldeten. Nach dem Ende der sechsjährigen und ereignisreichen bürgerlichen Regierungsphase hatten sich zentrale Indikatoren des schwedischen Modells deutlich verschlechtert: Das Haushaltsdefizit, die offene Arbeitslosigkeit und andere Indikatoren wären hier beispielhaft zu nennen (vgl. die Ausführungen in Kapitel 4 und 5). Die erste bürgerliche Regierungsphase nach dem Zweiten Weltkrieg brachte also ein eher unbefriedigendes ökonomisches Krisenmanagement mit sich.

Mit dem Regierungswechsel von 1982 kam die Sozialdemokratie wieder in die Schaltzentralen der Macht. Und zugleich wurde ein historisches Projekt der schwedischen Sozialdemokratie lanciert: Es sollte der wirtschafts- und haushaltspolitische Weg zwischen zwei Extremen gefunden (und gegangen) werden: Die Sozialdemokratie wollte nicht auf den rigorosen Spar- und Stabilitätskurs einschwenken, wie ihn die konservativen Regierungen in Großbritannien oder den USA beschritten hatten. Allerdings wollte die Regierung unter Sven Olof Palme auch nicht den Kurs einschlagen, den die französischen Sozialisten (kurzfristig) beschritten, nämlich einer defizitfinanzierten Neubelebung der Ökonomie in keynesianischer Manier. Der »dritte Weg« der schwedischen Sozialdemokratie sollte solide öffentliche Finanzen mit Vollbeschäftigung und wirtschaftlicher Prosperität kombinieren (Feldt 1991, Pontusson 1992a,b).

Eröffnet wurde diese Strategie allerdings mit einem höchst umstrittenen Schritt: Der überraschenden Abwertung der schwedischen Krone um ca. 16 Prozent. Dies erhöhte die internationale Wettbewerbsfähigkeit Schwedens schlagartig, brachte allerdings politische Folgeprobleme mit sich. Insbesondere die Gewerkschaften versuchten den Kaufkraftverlust durch deutliche Lohnforderungen zu kompensieren. Dies erhöhte nicht nur die Konflikte in den Arbeitsbeziehungen, sondern führte neben anderen Konflikten auch zum »Krieg der Rosen«, der gegen Ende der 1980er Jahre zwischen beiden Zweigen der schwedischen Arbeiterbewegung entflammte. Insbesondere der damalige Finanzminister Kjell-Olof Feldt forderte die Gewerkschaften zu mehr Rücksicht in gesamtwirtschaftlicher Perspektive auf –

---

[53] Vergleiche hierzu die klassischen Studien von Castles (1978) sowie Möller (1986).

und lancierte gleichzeitig Reformen des Sozialstaates, die von den Gewerkschaften als »neo-liberal« empfunden und abgelehnt wurden.

Überschattet wurden die 1980er Jahre in besonderer Weise vom tödlichen Attentat auf Sven Olof Palme. Am 28. Februar 1986 wurde er nach einem gemeinsamen Kinobesuch mit seiner Frau auf offener Straße in der Stockholmer Innenstadt erschossen. Als Regierungschef verzichtete Palme oft auf Polizeischutz, was ihm zum Verhängnis wurde. Die Ermittlungen zu diesem Mord sind bis auf den heutigen Tag noch nicht endgültig abgeschlossen. Eine Fülle von Verdächtigungen wurde in unterschiedlichste Richtungen geäußert, allerdings ohne eine heiße Spur zum möglichen Täter oder dem möglichen Täterkreis aufzudecken. Die eher unprofessionelle Ermittlungsarbeit der schwedischen Polizei sowie Kompetenz-streitigkeiten zwischen der Polizei und dem schwedischen Verfassungsschutz (»Säpo«) sorgten für eine öffentliche Kritik an den schwedischen Sicherheitsorganen. Ingvar Carlsson folgte Sven Olof Palme als sozialdemokratischer Ministerpräsident. Die Sicherheit der schwedischen Politiker ist jedoch seit dem Attentat auf Palme und erneut nach dem Attentat auf die schwedische Außenministerin Anna Lindh im Jahre 2003 ein stetig brisantes innen-politisches Thema in Schweden.

Ingvar Carlsson agierte als Regierungschef auf einem innenpolitisch unsicheren Boden. Die Differenzen zwischen Gewerkschaftsbewegung und sozialdemokratischer Partei spitz-ten sich zusehends zu. Zudem erodierte die Machtbasis der Partei, als sich 1988 mit der Grünen Partei eine weitere Konkurrenz im linken Lager etablieren konnte. Allerdings war die ökonomische Leistung der Regierung auf den ersten Blick vorzüglich. Vollbeschäftigung und erstaunliche Wachstumsraten konnten seit Mitte der 1980er erzielt werden. Allerdings war die ökonomische Dynamik durch die Deregulierung der Kapitalmärkte im Zusammen-hang mit einer sehr großzügigen Kreditpolitik der Zentralbank sowie der Privatbanken angeschoben worden, was in der Folge zu einer ökonomischen Überhitzung führte.

Ingvar Carlsson reagierte (spät) mit einem ökonomischen Notprogramm. Die sozial-demokratische Regierung legte (1989/90) per Gesetz einen Lohnstopp fest und schränkte das Streikrecht ein, um damit die Lohnsteigerungen und die Inflation in den Griff zu bekom-men. Den heftigen Protest sowohl von links als auch von rechts beantwortete Ingvar Carls-son mit der Vertrauensfrage. Das negative Votum bewog ihn zum Rücktritt. Da jedoch keine bürgerliche Regierung gebildet werden konnte, führte Ingvar Carlsson nach kurzer Zeit die Amtsgeschäfte weiter – allerdings ohne den in der Kritik stehenden Finanzminister Kjell-Olof Feldt.

Nach diesen Turbulenzen konnte 1991 die Konservative Partei einen Wahlsieg errei-chen und unter der Führung von Carl Bildt eine bürgerliche Minderheitskoalition aus kon-servativer Partei, liberaler Partei, Zentrumspartei sowie christdemokratischer Partei bilden. Anders als in Dänemark und Norwegen kam es bis dato in Schweden zu keiner erfolgrei-chen Gründung einer rechtspopulistischen Partei. Bei der Wahl von 1991 gelangte jedoch just eine solche Partei (»NyDemokrati«, »Neue Demokratie«) mit 26 Sitzen in den Reichstag. Sie erwies sich als entscheidende Partei im schwedischen Parteienwettbewerb, da kein poli-tischer Block ohne sie die parlamentarische Mehrheit erreichen konnte. Die weitreichenden Reformambitionen der bürgerlichen Koalition unter konservativer Führung scheiterten an dieser machtpolitischen Pattsituation. Während die Konservative Partei einer engen Kooperation mit den Sozialdemokraten eher ablehnend gegenüber stand, vermieden es vor allem die Mitteparteien, mit den Rechtspopulisten zu kooperieren.

Die Regierungsära von Carl Bildt ist dennoch durch bedeutsame Pakte mit den Sozialdemokraten geprägt worden. Unter dem Eindruck der schweren ökonomischen Krise zu Beginn der 1990er Jahre wurden Kompromisse auch über die Lagergrenzen hinweg widerwillig als nationale Notwendigkeit angesehen. Allerdings kam es mit dem Abklingen der Krise auch zu deutlichen Annäherungsversuchen der konservativen Parteiführung an die Rechtspopulisten. Der Parteienwettbewerb polarisierte sich somit zusehends zwischen beiden politischen Blöcken.

Nach dreijähriger bürgerlicher Regierungszeit begann eine insgesamt 12 jährige sozialdemokratische Regierungsphase. Ingvar Carlsson errang mit der Sozialdemokratie den Wahlsieg im Jahr 1994, machte jedoch rasch den Weg frei für den Parteinachwuchs. Der bisherige Finanzminister Göran Persson übernahm die Regierungsgeschäfte, nachdem er sich durch eine harte aber effiziente Konsolidierungspolitik innerparteilich als auch in der Wahlbevölkerung Respekt erarbeitet hatte. Die Ära Persson war bestimmt von einer stringent fortgeführten Blockpolitik. Während die sozialdemokratische Minderheitsregierung unter Ingvar Carlsson noch eine punktuelle politische Zusammenarbeit mit den Parteien der Mitte anstrebte – die allerdings selten erfolgreich verlief –, schwenkte Göran Persson rasch auf eine ausschließliche Kooperation mit der Linkspartei sowie der Grünen Partei um. Die Grüne Partei war nach dreijähriger Abwesenheit vom Reichstag 1994 wieder mit 18 Sitzen in den Reichstag eingezogen.

Für die Entwicklung des Parteienwettbewerbs war die Reichstagswahl im Jahre 2002 von weitreichender Bedeutung. Bereits 1998 konnte die Konservative Partei ihre dominante Position im bürgerlichen Lager mit ca. 22 Prozent der Stimmen verteidigen. Die Sozialdemokraten hingegen rutschten auf ein (damaliges) historisches Tief von 36,6 Prozent ab. Die rigorose Reformpolitik hatte noch keine sichtbaren Früchte getragen. Und vor dem Hintergrund der immensen finanziellen Bürden für die schwedische Bevölkerung kam die Konservative Partei mit ihren Forderungen nach Steuersenkungen in der Wahlbevölkerung gut an. Ende des Jahres 2001 gelangte die Konservative Partei in Meinungsumfragen schließlich auf über 25 Prozent. Die Zeit schien reif für einen Machtwechsel.[54]

Der Wahlkampf verlief für schwedische Verhältnisse sehr konfliktgeladen. Zentrale Aufmerksamkeit erreichte vor allem die Liberale Partei. Sie bediente sich rechtspopulistischer Töne und forderte eine verschärfte Einwanderungspolitik. Im Endeffekt zahlte sich dies aus. Mit 48 Sitzen konnte sie ihre parlamentarische Basis nahezu verdreifachen. Die Sozialdemokraten allerdings gewannen aus der Regierungsposition (erstmals seit 1968) wieder Stimmen hinzu. Diese Wahl kann als Wahl für die Person Göran Persson interpretiert werden. Sein Agieren während der schwedischen EU-Präsidentschaft sowie seine Reaktionen auf die Anschläge vom 11. September 2001 stärkten sein Ansehen als »Macher« und Krisenmanager. Zudem zahlte sich seine Strategie aus: Die Sozialdemokraten lehnten Steuersenkungen ab – und es wurden düstere Zukunftsprognosen für die schwedische Wohlfahrt skizziert, falls eine bürgerliche Regierung Steuersenkungen vollziehen würde.

---

[54] Vergleiche hierzu und zu den folgenden Ausführungen Jochem (2006, 2010b, 2011b) mit weiteren Literaturverweisen.

Die konservative Partei unter Bo Lundgren setzte ausschließlich auf das Thema der Steuersenkungen. Und die Partei wurde an der Wahlurne hierfür bestraft: Mit nur 15,3 Prozent der Stimmen blieb sie deutlich unter den Wahlprognosen. Die Machtverhältnisse zwischen den Blöcken veränderten sich nur unbedeutend, und das linke Lager erreichte einen Vorsprung von 33 Sitzen vor dem bürgerlichen Lager. Allerdings forderte die Grüne Partei eine offizielle Regierungsbeteiligung in einer Koalition. Die informelle Kooperation mit einer sozialdemokratischen Minderheitsregierung war ihr (erstmals in der schwedischen Geschichte) zu wenig. Göran Persson und die sozialdemokratische Partei lehnten dies ab, worauf die Grüne Partei Verhandlungen mit den Mitteparteien führte.

Zu Beginn der Plenarsitzungen am 30. September 2002 lancierte die Konservative Partei ein Misstrauensvotum gegen die noch im Amt befindliche sozialdemokratische Minderheitsregierung. Durch rasche Verhandlungen wurde die Partei der Grünen noch zum Einlenken bewegt; das Misstrauensvotum vom 3. Oktober 2002 wurde mit nur 17 Stimmen Mehrheit abgewiesen. Die Sozialdemokraten konnten erneut alleine regieren. Allerdings mussten sie Vertreter sowohl der Grünen als auch der Linkspartei aktiv in die Arbeit der schwedischen Staatskanzlei einbinden. Seit 2002 kam es quasi zu einer »halb-offiziellen« Koalition zwischen den Sozialdemokraten und den beiden kleinen Parteien im linken Lager. Göran Persson hätte aus Gründen der Machtarithmetik auf eine der beiden kleinen Parteien verzichten können. Allerdings setzte er bewusst und explizit auf eine Fortführung dieser klaren rot-grünen Kooperation (Allern/Aylott, 2009).

Die Wahl von 2002 veränderte den schwedischen Parteienwettbewerb nachhaltig. Innerhalb eines Jahres wurde die gesamte Führungsmannschaft der Konservativen Partei ausgewechselt. Mit Fredrik Reinfeldt wurde ein ehemals streng »neo-liberaler« Konservativer an die Parteispitze gewählt, der jedoch eine programmatische Kehre in der Konservativen Partei vollzog. Ähnlich wie in Großbritannien während der Regierungszeit von Tony Blair wurde die Konservative Partei in »Neue Konservative Partei« (»nya moderaterna«) umbenannt. In offiziellen Darstellungen profiliert sich diese neue konservative Partei auch als »neue Arbeiterpartei«. Oberste Priorität der Konservativen Partei ist es, bereits von einem sehr hohen Niveau der Arbeitsmarktintegration ausgehend, noch mehr Schweden in den Arbeitsmarkt zu integrieren – und so deren Abhängigkeit von staatlichen Transferleistungen zu reduzieren. Radikale Forderungen nach Steuersenkungen wurden aus den Programmen gestrichen, wenngleich sie als langfristige Orientierung für den Reformprozess nicht aufgegeben werden. Im Bereich der Sozialpolitik soll die Qualität verbessert und mehr Wahlfreiheit für die Bürger ermöglicht werden. Letztlich wird der (Sozial-)Staat als Bürde für die schwedische Ökonomie und die freie Entfaltung der Individuen angesehen. All diese Ziele sollten jedoch das Hauptziel der Konservativen Partei nicht unterminieren: Es gelte unter allen Bedingungen die Stabilität der öffentlichen Finanzen nicht zu gefährden. Hier hatte die Konservative Partei aus den Erfahrungen der 1970er Jahren und vor allem der frühen 1990er Jahren gelernt.

Wichtiger als der programmatische Wandel der Konservativen Partei war jedoch die Initiative von Fredrik Reinfeldt, die bürgerlichen Parteien strategisch zu vereinen. Im August 2004 forderte er im so genannten »Vaxholm-Brief« die Führungen der bürgerlichen Parteien zu einer stärkeren Zusammenarbeit auf. Es kam dann schließlich im Frühling 2005 zur Vereinbarung von Bankeryd, aus der heraus ein gemeinsames Wahlmanifest für alle bürgerlichen Parteien entstanden ist. Diese bürgerliche »Allianz für Schweden« hatte nur ein Ziel: den Regierungswechsel 2006. Die programmatische Neujustierung war für alle Parteien weitreichend: Die Liberale Partei verzichtete auf rechtspopulistische Profilierungen, die Christdemokraten mussten ihre familienpolitischen Vorstellungen zurückstellen, die Zentrumspartei schließlich verzichtete beim umstrittenen Thema der Kernenergie auf ein explizites Veto. Und die Konservative Partei entledigte sich ihrer Aversionen gegen den schwedischen Wohlfahrtsstaat. Fredrik Reinfeldt brachte es wie folgt auf den Punkt: „Was immer auch die Sozialdemokraten im Bereich der Wohlfahrt, der Schule und der Fürsorge vorschlagen, wir werden mehr vorschlagen".[55]

Mit einem knappen Vorsprung von 7 Sitzen konnte die »Allianz für Schweden« ihr oberstes Wahlziel erreichen: Die Abwahl der sozialdemokratischen Regierung unter Göran Persson und die Bildung einer Koalitionsregierung mit parlamentarischer Mehrheit. Dies war umso erstaunlicher, als alle ökonomischen Kennzahlen äußerst positiv waren. Schweden befand sich im Herbst 2006 in einer sehr soliden konjunkturellen Lage. Das Krisenmanagement der sozialdemokratischen Regierung im Gefolge der Tsunami-Katastrophe 2004/2005 war allerdings für die Abwahl ebenso ursächlich, wie eine mitunter überzogene Profilierung des sozialdemokratischen Kandidaten Göran Persson, der auch in seinem Privatleben durch luxuriösen Lebensstil viele Wähler der Arbeiterbewegung verprellte. Und letztlich verfehlte eine neue rechtspopulistische Partei, die Schwedendemokraten (»Sverigedemokraterna«), den Einzug in den Reichstag mit nur 2,9% der Stimmen deutlich. Damit kam es auch nicht zu einer parlamentarischen Pattsituation zwischen den Blöcken wie von 1991 bis 1994.

Die Regierungszeit der ersten Koalition Reinfeldt stand unter den Zeichen einer moderaten Absenkung der Steuerlast, forcierten Privatisierungen und einigen höchst umstrittenen Reformvorhaben im Bereich der Arbeitsmarkt- und Sozialpolitik (vgl. zu den Details Kapitel 4 und 5). Zwar konnte die bürgerliche Regierung durch die Einführung einer Form des »earned income tax credits« (»Jobbskatteavdrag«) argumentieren, Steuerentlastungen auch für die unteren Einkommensschichten durchzusetzen. Allerdings überwogen die Verteilungswirkungen zugunsten der oberen Einkommensschichten, wie die Regierung auch im Jahr 2009 offiziell einräumte.

Im oppositionellen Lager beförderte die schmerzhafte Niederlage der Sozialdemokraten ein weitreichendes Umdenken. Auf dem Parteitag der SAP im März 2007 wurde Mona Sahlin zur neuen Parteivorsitzenden gewählt. Sie versprach einen neuen Führungsstil in der Partei und eine stärkere Einbeziehung der Basis in zentralen politischen Streitfragen. Für viele Beobachter überraschend folgte sie dem Beispiel der konservativen Partei und eruierte die Möglichkeiten einer formalisierten politischen Zusammenarbeit mit der Grünen Partei. Als sich schließlich im Herbst 2008 die beiden Parteien offiziell zu einem rot-grünen Wahlbündnis zusammenschlossen, geriet die SAP aus den eigenen Reihen unter Druck, auch die Linkspartei in diese Zusammenarbeit mit zu integrieren.[56] Die Parteiführung sah viele For-

---

[55]   Das Zitat ist dem Beitrag von Rothstein (2006) entnommen.
[56]   Die SAP unter Mona Sahlin versuchte seit 2007 die Kontakte zu den beiden anderen Parteien des linken Lagers zu intensivieren. Auf einem Treffen in Bommersvik im Juni 2008 wurde erstmals über konkrete gemeinsame Projekte verhandelt. Damals schloss die Linkspartei viele Themen der Wirtschafts- und Finanzpolitik für sie als nicht tragbar aus. Am 8. Oktober wurde die Zusammenarbeit zwischen SAP und Grüner Partei offiziell beschlossen. Nach

derungen der Linkspartei, insbesondere in den Bereichen der Haushalts- und Außenpolitik, als nicht mit den Standpunkten der SAP vereinbar an. Gleichwohl beugte sie sich dem Druck der Mitglieder und insbesondere einiger Gewerkschaften und erweiterte das rot-grüne Wahlbündnis um die Linkspartei mit ihrem pazifistischen und kapitalismuskritischen Vorsitzenden Lars Ohly.

Die Reformpolitik der neuen Regierung eröffnete der (um Zusammenhalt ringenden) Opposition zahlreiche Ansatzpunkte für Kritik. Sie kreidete der bürgerlichen Allianz an, dass sie trotz rhetorischer Bemühungen einer „neuen Arbeiterpartei" alles tue, um das schwedische Modell in seinen Grundfesten zu erschüttern. In den Umfragen sanken die Werte für die bürgerliche Allianz rapide. Die vier bürgerlichen Koalitionsparteien stürzten in den Meinungsumfragen des Jahres 2007 regelrecht ab. Zu Beginn des Jahres 2008 lagen die rot-rot-grünen Oppositionsparteien mit ungefähr 20 Prozentpunkten Differenz vor der bürgerlichen Allianz. Die SAP erreichte wieder klassische Umfragewerte von über 45 Prozent der Wahlberechtigten. Dieser fulminante Vorsprung der Oppositionsparteien dauerte mit Schwankungen das gesamte Jahr 2008 an, sank jedoch seit Beginn des Jahres 2009 stetig.[57]

Gegen Ende des Jahres 2008 und im Verlauf des Jahres 2009 verlor die rot-rot-grüne Opposition schließlich ihren Kampf um die Macht. Zwei Ereignisse sind hierfür ursächlich. Zum einen verlief die Zusammenarbeit im rot-grünen Wahlbündnis keineswegs reibungslos. Zum anderen konnte die bürgerliche Allianz – und insbesondere der konservative Finanzminister *Anders Borg* – die globale Finanzkrise für ein die Wählerschaft offensichtlich überzeugendes Krisenmanagement nutzen.

Die »rot-rot-grüne« Zusammenarbeit verlief sehr zäh und offenbarte immer wieder thematische Differenzen. Insbesondere in den Bereichen der Haushalts- und Außenpolitik konnten in den publizierten Wahlplattformen stets nur die kleinsten gemeinsamen Nenner erreicht werden. Die Mitglieder der SAP waren zudem hinsichtlich der »rot-rot-grünen« Zusammenarbeit gespalten. Während die klassischen Sympathisanten der Arbeitergewerkschaften eine Annäherung von sozialdemokratischer Elite und Grüner Partei aufgrund des industriekritischen Tenors der Grünen Partei eher skeptisch sehen, sind insbesondere diejenigen Anhänger der SAP, die im öffentlichen Dienst oder in den industriefernen Dienstleistungen beschäftigt sind, eher kritisch gegenüber den Forderungen der Linkspartei eingestellt. Viele der Antipathien gegenüber der Linkspartei entluden sich zudem an der schillernden Persönlichkeit des Parteivorsitzenden Lars Ohly. Meinungsumfragen zufolge bewegte allein seine Person jeden dritten Wähler der SAP dazu, bei der Reichstagswahl 2010 das politische Lager zu wechseln.[58]

Ähnlich wie in Norwegen spielte auch in Schweden die globale Finanzkrise in die Hände der amtierenden Regierungskoalition. Die bürgerliche Allianz und insbesondere der

---

mehreren gescheiterten Versuchen einer engeren Zusammenarbeit wurde erst am 7. Dezember 2008 offiziell das rot-rot-grüne Bündnis und, im Falle eines Wahlsieges, eine rot-rot-grüne Koalition vereinbart. Insgesamt sechs Arbeitsgruppen sollten ein gemeinsames Wahlmanifest erarbeiten. Vgl. Miljöpartiet, De rödgröna är här (http://www.mp.se/templates/Mct_177.aspx?number=161161, letzter Zugriff am 10. November 2010).

57 Die Angaben beziehen sich auf Meinungsumfragen des Forschungsinstitutes synovate, (http://www.temo.se/Templates/Page____195.aspx, letzter Zugriff am 10. November 2010). Dort sind ebenfalls die Meinungsumfragen anderer Forschungsinstitute aufgelistet.

58 Carl Melin, Var tredje S-väljare bytte block på grund av Ohly, in: Dagens Nyhter vom 21. September 2010 (*Carl Melin* ist Geschäftsführer des Meinungsforschungsinstitutes United Minds, http://www.unitedminds.se).

konservative Finanzminister *Anders Borg* konnten diese Krise nutzen, um die Fähigkeiten der bürgerlichen Koalition beim ökonomischen Krisenmanagement unter Beweis zu stellen. Nach dem Ende des Zweiten Weltkrieges regierten bürgerliche Parteien stets in Zeiten ökonomischer Turbulenzen – und in der Vergangenheit bestachen sie keineswegs durch wirtschafts- oder haushaltspolitische Brillianz. Dies änderte sich im Zuge der globalen Finanzkrise nach 2007. Die Allianz reagierte anfangs eher zögerlich, allerdings ab Herbst 2008 mit Nachdruck (Jochem 2010c). Nach kompromisslosen Rettungsaktionen für die schwedische Finanzwirtschaft wurden mehrere konjunkturpolitische Maßnahmen in das Herbstbudget 2008 sowie das Frühjahrsbudget 2009 integriert.[59] Neben steuerpolitischen Erleichterungen transferierte die Regierung beträchtliche Geldmittel an die Kommunen, welche ohne Zielvorgaben über das Geld befinden können. Da die schwedischen Kommunen die Hauptträger des schwedischen Sozialstaates sind, sollte mit dieser Maßnahme die Beschäftigungslage in den staatlichen Sozialdienstleistungen stabilisiert werden. Zudem folgte die Allianz den Pfaden klassisch sozialdemokratischer Krisenpolitik: Eine direkte Subvention einzelner Wirtschaftszweige wurde vermieden,[60] gleichzeitig setzte die Allianz auf Maßnahmen der aktiven Arbeitsmarktpolitik sowie einer weiter forcierten Bildungspolitik.

Die Reichstagswahl bestätigte die amtierende bürgerliche Allianz im Amt. Gleichwohl verlor sie ihre parlamentarische Mehrheit, da erstmals die rechtspopulistischen Schwedendemokraten in das Parlament einziehen konnten. Da das Prinzip des negativen Parlamentarismus keine explizite Bestätigung der Regierung vorsieht – das Parlament mit absoluter Mehrheit die Regierung also abwählen müsste –, konnte die bürgerliche Koalition ohne Unterbrechung weiter regieren. Unmittelbar nach der Wahl versuchte der neue und alte Ministerpräsident Fredrik Reinfeldt, die Grüne Partei für eine offizielle Kooperation zu gewinnen (von einer Einbindung der Grünen Partei in die Koalition war nie die Rede). Dies wurde jedoch von der Grünen Partei zurückgewiesen.[61]

Ein erstes Beispiel für eine blockübergreifende Kooperation war der Beschluss zur Afghanistan-Politik. Am 1. November 2010 verständigte sich die Regierung mit der Grünen Partei sowie der SAP auf eine gemeinsame Politik, die feste Zeitpunkte für einen Rückzug der schwedischen Truppen aus Afghanistan nannte. Hierbei folgte die Regierung der Forderung der Opposition. Mit dieser Übereinkunft wird deutlich, dass die Regierung in ihrer Minderheitsposition eine pragmatische Zusammenarbeit anstrebt. Und in solch zentralen Fragen versucht sie, den parlamentarischen Rückhalt sehr breit zu gestalten, also auch die SAP einzubinden. Allerdings zeigen auch beide Oppositionsparteien, dass sie bereit sind, von ihren Maximalforderungen aus der Zeit der »rot-rot-grünen« Zusammenarbeit abzurü-

---

[59]   In Schweden ist der Budgetprozess so gegliedert, dass im Frühlingsbudget die großen Richtlinien der Haushaltspolitik für das kommende Jahr beschlossen werden. Im Herbstbudget bestehen hingegen Spielräume für Feinjustierungen und auch weitere Schwerpunktsetzungen. Vgl. http://www.regeringen.se/sb/d/2459, letzter Zugriff am 10. November 2010. Vgl. zur Finanzpolitik insgesamt die Evaluationen des unabhängigen Expertengremiums „Finanspolitiska Rådet" unter dem Vorsitz von Lars Calmfors. Die Berichte sind abrufbar unter: http://www.finans politiskaradet.se (letzter Zugriff am 23. November 2010).

[60]   Diese Politik war seitens der Opposition und der Gewerkschaften vor allem im Falle der schwedischen Automobilindustrie heftig umstritten. Diese Akteure forderten eine Politik wie in Deutschland zur Stärkung von Automobilherstellern wie Volvo oder Scania sowie deren Zulieferern.

[61]   Owe Nilsson / Peter Wallberg, Inget regeringssamarbeite med MP, in: Dagens Nyheter vom 27.02.2010.

cken. Nach diesem Kooperationsmuster werden sowohl die rechtspopulistischen Schwedendemokraten als auch die Linkspartei in zentralen politischen Entscheidungen isoliert.

Die jetzige Situation des Parteienwettbewerbs in Schweden weist der Grünen Partei die
Rolle als Zünglein an der Waage zu. Die Grüne Partei Schwedens hat eine zentripetale Ausrichtung im Parteienwettbewerb und kritisiert unter anderem die am industriellen Sektor
orientierte Politik der LO sowie weiter Teile der SAP. Zudem wird von ihr auch eine Rückführung des schwedischen Staates eingefordert. Insofern überrascht es nicht, dass Teile der
Anhänger dieser Partei einer Zusammenarbeit mit der Allianz nicht abgeneigt sind.[62] Die
Pause in der »rot-rot-grünen« Zusammenarbeit, wie sie unmittelbar nach der Wahlniederlage von der Parteivorsitzenden der Sozialdemokratie, Mona Sahlin, bekannt gegeben wurde,
eröffnet jetzt nicht nur der Regierung vielfältige Verhandlungsoptionen, sie eröffnet auch
der Grünen Partei eine Kooperation mit der Regierung, um erfolgreich „Policy-Seeking" zu
betreiben.

Die sozialdemokratische »Hochburg« in Europa löst sich zusehends auf. Frappierend
sind die Ähnlichkeiten zwischen dem norwegischen und schwedischen Parteienwettbewerb
– allerdings mit umgekehrten Vorzeichen. Während in Norwegen eine geschwächte Sozialdemokratie weiterhin die programmatische Uneinigkeit im bürgerlichen Lager ausnutzen
kann, versucht dies gegenwärtig eine programmatisch kohärente bürgerliche Allianz mit
den programmatisch gespaltenen Parteien des »rot-rot-grünen« Lagers in Schweden. Allerdings wird sich noch zeigen, inwiefern es der Allianz in Schweden gelingt, die Rechtspopulisten von den politischen Kernentscheidungen auszuschließen. Wenn die Schwedendemokraten sich als Mehrheitsbeschaffer profilieren können, dann könnte sich der Parteienwettbewerb erneut polarisieren. In diesem Falle könnte sich dann auch die schwedische Entwicklung des Parteienwettbewerbs der Entwicklung in Dänemark angleichen.

3.4 Wandel der Parteiensysteme – Diversifizierungen und Machtverschiebungen

Im Norden Europas prägten – wie in anderen europäischen Ländern – historische Konflikte
die Entstehung einzelner Parteien sowie die Struktur und Dynamik der jeweiligen Parteiensysteme.[63] Der US-Amerikaner Seymour Lipset sowie der Norweger Stein Rokkan führten in
den 1960er Jahren den Konfliktlinienansatz in die sozialwissenschaftliche Literatur ein, welcher bis auf den heutigen Tag von beachtlicher Relevanz für die Parteien- und Parteiensys-
temforschung ist.[64] Bedeutsame gesellschaftliche und politische Konflikte werden in dieser

---

[62]   21 Prozent der Wähler der Grünen Partei wünschen sich explizit eine Zusammenarbeit mit der Allianz. Vgl. Riks-
       dagsvalet 2010: Valu, Sveriges Television, Sören Holmberg, Per Näsman, Kent Wänström, (http://svt.se/content/1/
       c8/02/15/63/14/ValuResultat2010_100921.pdf, S. 8, letzter Zugriff am 20. Oktober 2010), S. 29.

[63]   In diesem Kapitel wird darauf verzichtet, die Wahlergebnisse für die einzelnen Länder im Detail zu berichten.
       Hierzu sei auf die von Wolfram Nordsieck betriebene Internetseite »www.parties-and-elections.de« verwiesen.
       Dort sind nicht nur die Wahlergebnisse für alle europäischen Länder der Nachkriegszeit aufgeführt sondern auch
       aktuelle Verweise zu den Internetseiten der jeweiligen Parteien. Eine andere Informationsquelle über Wahlergeb-
       nisse weltweit ist abrufbar unter: »www.electionressources.org«.

[64]   Vergleiche hierzu Lipset/Rokkan (1967) sowie Rokkan (1999).

Tradition als »Konfliktlinien« bezeichnet. Aufgrund solcher gesellschaftlicher Konflikte, wie zum Beispiel zwischen Arbeit und Kapital, würden sich entlang einer Konfliktlinie – so die Autoren in ihrer Argumentation – Parteien herauskristallisieren. Die Parteien würden ihre Entstehung diesem Konflikt verdanken und würden ferner enge Beziehungen (»alignment«) unterhalten mit denjenigen gesellschaftlichen Gruppen, die sie in diesem Konflikt vertreten, also ihrer Kernklientel. Eine bedeutsame Pointe der Studien von Lipset und Rokkan ist darin zu sehen, dass die Parteien auch dann weiter bestehen und weiterhin enge Beziehungen zu ihrer Kernwählerschaft aufrecht erhalten, wenn sich die gesellschaftlichen Konflikte entschärfen, abebben oder in ihrer Relevanz verändern. In der Konsequenz sprechen Lipset und Rokkan von einem »Einfrieren« der Parteiensysteme (Lipset/Rokkan 1967).

Nach Lipset und Rokkan prägen vor allem vier gesellschaftliche Konflikte die europäischen Parteiensysteme: *Erstens* kam es im Rahmen der nationalen Staatsgründung und insbesondere im Zusammenhang mit der Reformation zu Konflikten zwischen dominanter sowie peripherer Kultur, Religion und Sprache. Eine *zweite* Konfliktlinie entstand im weiteren Verlaufe nationaler Staatsgründungen. Sie kann als Konflikt zwischen Staat und Kirche in Bezug auf die Bildungsressourcen gelesen werden. Die *dritte* Konfliktlinie ist im Zeitalter der industriellen Revolution zu verorten und fokussiert die Auseinandersetzung zwischen dem primären (auf die Binnenwirtschaft orientierten) sowie dem sekundären (auf den Export orientierten) Sektor. Die *vierte* von den Autoren genannte Konfliktlinie schließlich entstand im Zusammenhang mit der weiter voranschreitenden Industrialisierung, der Organisation der Arbeiterbewegung sowie der kommunistischen Revolution in Russland. Hier ist der Gegensatz zwischen Arbeit und Kapital beziehungsweise die Art und Weise der Integration der Arbeiterbewegungen in den Staat Gegenstand der Auseinandersetzung. Jüngere Beiträge führen aus, dass diese vier Konfliktlinien noch zu ergänzen wären durch eine jüngere und somit *fünfte Konfliktlinie*: der postmateriellen Umdeutung zentraler Wertemuster. Verschiedene Autoren argumentieren, dass die Bildungsrevolution der 1970er Jahre sowie der damit einhergehende Wertewandel eine neue Konfliktlinie haben entstehen lassen, bei der ein Gegensatz zwischen materieller Sicherheit einerseits sowie individueller Selbstverwirklichung und Partizipation andererseits entstehe (vgl. Inglehart 1990, 1998; Inglehart/Wenzel 2005).

Im Laufe der nordischen Staatsbildungen etablierten sich zuerst die Konservativen und Liberalen Parteien. Den nordischen Konservativen Parteien war es jedoch im Gegensatz zur Conservative Party Großbritanniens nicht gelungen, in der Frühphase der Demokratisierung eine Brücke zwischen den städtischen und ländlichen Eliten zu schlagen. Dies trug mit dazu bei, dass die Konservativen Parteien Nordeuropas sich (bislang) nicht zu Massenparteien entwickeln konnten. Einzig die isländische Unabhängigkeitspartei konnte ein landesweites Bündnis und die Entwicklung hin zu einer konservativ-liberalen Massen- oder Volkspartei erreichen.

Die Liberalen Parteien waren maßgebliche Triebkräfte für die frühe Demokratisierung des Nordens. Ihr Einsatz für die Ausweitung des Wahlrechts, die Stärkung des Parlaments sowie das frühe Drängen auf die Einführung sozialer Sicherungsprogramme führte dazu, dass sie Ende des 19. Jahrhunderts als »Linksparteien« bezeichnet wurden (»*vänstern*«). Dieser Verweis findet sich zum Teil noch heute in ihren Namen, zum Beispiel existieren in Dänemark die liberalen Parteien »*Venstre*« bzw. »*Radikale Venstre*«. Entscheidend für die weitere Entwicklung Liberaler Parteien war der kulturelle und politische Gegensatz zwischen Stadt und Land. Einigen Liberalen Parteien gelang die Ausweitung auf das flache Land, und sie konnten Unterstützung der Bauern für ihre Partei gewinnen. Andere Liberale Parteien stützten sich hingegen in ihrer politischen Arbeit vor allem auf die städtischen Eliten. So liegt die (noch heute zu beobachtende) programmatische Differenz zwischen den dänischen Liberalen Parteien darin, dass die *Radikale Venstre* sich eher auf das städtische Wählerklientel konzentriert, wohingegen die *Venstre* eher mittelständische Landwirte zum Kernkreis ihrer Wähler und Parteimitglieder zählt.

Die Ausprägung der ersten beiden Konfliktlinien (dominante sowie periphere Kultur und der Konflikt Staat-Kirche) wurde im Norden durch die Reformation und die Entstehung der Staatskirchen geprägt. Mit Ausnahme Finnlands kam es zu keinen kulturellen, religiösen oder ethnischen Über- und Unterordnungen. Die schwedischsprachige »Svenska Folkepartiet« Finnlands ist Ergebnis einer kulturellen Konfliktlinie in Finnland, sie repräsentiert die schwedischsprachige Minderheit in diesem Land. Ferner wurde der Kampf um die Bildungsressourcen zwischen Staat und Kirche im Norden durch die Reformation früh entschieden. Mit Einführung der Staatskirchen lagen diese Ressourcen automatisch in den Händen des Staates. Dieser Konflikt, der für die christdemokratischen Parteien Mitteleuropas – und ihre Vorläufer – so bedeutsam war, fand im Norden nicht statt. Dies ist ein Grund, dass christdemokratische Parteien im Norden erst in jüngerer Zeit gegründet wurden, sich auf andere Entstehungsgründe beziehen und insgesamt nie wie in Kontinentaleuropa den Charakter von Volksparteien erreichen konnten (Veen 1994).

Die industrielle Revolution sowie der Gegensatz von Arbeit und Kapital prägten die nordischen Parteiensysteme maßgeblich. Gegen Ende des 19. und im frühen 20. Jahrhundert begann ein Konflikt zwischen Arbeitgebern in der sich zusehends industrialisierenden Wirtschaft und den agrarisch orientierten Arbeitgebern, sprich den Klein- und Großbauern. Die Frage von Schutzzöllen und der Schutz der Landwirtschaft vor der sich anbahnenden Öffnung der Märkte waren in den nordischen Ländern höchst umstritten. Als eine europäische Besonderheit der nordischen Länder gründeten sich entlang dieser Konfliktlinie (der dritten nach Lipset und Rokkan) dezidierte Bauernparteien, die für einen Schutz der Landwirtschaft gegenüber den »neuen Unternehmern« eintraten. Bauernparteien gründeten sich 1906 in Finnland, 1915 in Norwegen sowie 1921 in Schweden. Die dänische »Venstre« mutierte ab 1920 als liberale Partei mehr und mehr zu einer liberalen Bauernpartei, die ihre Machbasis im agrarischen Jütland hatte. In Island gründete sich die agrarische Fortschrittspartei 1916. Aufgrund der agrarischen Struktur Islands konnte sie in der Zwischenkriegszeit zur dominanten bürgerlichen Partei avancieren. Nach dem Zweiten Weltkrieg wurde sie jedoch von der liberal-konservativen Unabhängigkeitspartei aus dieser Position verdrängt.

Der schnell voranschreitende ökonomische Wandel ließ genuin agrarisch geprägte Bevölkerungsanteile im Norden stetig schrumpfen. Dies unterminierte die gesellschaftliche Basis für die nordischen Bauernparteien und zwang sie zu programmatischen Neuorientierungen. Die Bauernparteien Skandinaviens veränderten sich nach dem Zweiten Weltkrieg zu frühen ökologischen Parteien, die sich neben dem Naturschutz auch für die Dezentralisierung der nordischen Politik einsetzten. Die Namensänderung von Bauernparteien in (mehrheitlich) Zentrumsparteien sollte dies verdeutlichen und erfolgte weitgehend in den ersten beiden Dekaden nach dem Zweiten Weltkrieg – mit der Ausnahme von Island und Dänemark.[65]

Eine bis auf den heutigen Tag dominante Zentrumspartei existiert in Finnland (KESK). Ihre relative Stärke im finnischen Parlament ist auf folgende Gründe zurück zu führen. *Erstens* profitierte die Zentrumspartei von den Spaltungen und Rivalitäten im linken politischen Lagern, zwischen der sozialdemokratischen und relativ mächtigen kommunistischen Partei. *Zweitens* konnten sich die Führungsmitglieder der Zentrumspartei im Bürgerkrieg als vehemente Verfechter demokratischer Prinzipien profilieren. Und *drittens* führte die umsichtige (und glückliche) Regierungsphase unter dem finnischen Präsidenten Kekkonen dazu, dass der Zentrumspartei eine besondere Befähigung zugesprochen wurde, die brisante Machtbalance mit dem Kreml zu bewerkstelligen (vgl. Arter 2008: 79-80). All diese Gründe bewirkten, dass der Parteienwettbewerb in Finnland auf drei Säulen ruht (Sozialdemokratie, Zentrumspartei, Konservative Partei) und die Zentrumspartei nicht nur ähnlich stark wie ihre hauptsächlichen Konkurrenten ist, sondern sie sich über lange Jahre der Nachkriegszeit auch als »natürliche« Regierungspartei und dominante Partei der Mitte etablieren konnte.

Der Konflikt zwischen Arbeit und Kapital, die vierte Konfliktlinie nach Lipset und Rokkan, ließ die sozialdemokratischen und kommunistischen Parteien entstehen. Früh gründete sich 1871 in Dänemark die erste sozialdemokratische Partei auf nordischem Boden. Die anderen nordischen Länder folgten rasch nach (mit der Ausnahme Islands, wo die sozialdemokratische Partei erst 1916 gegründet wurde).[66] Die ökonomische Situation im Norden führte es mit sich, dass die Industrialisierung nicht nur in den Städten sondern auch in dünn besiedelten Gegenden Fuß fasste. Dieser Umstand erklärt auch, dass sich die nordischen Arbeiterparteien früh auf städtische *sowie* auf ländliche Arbeiter ausrichteten. Die sozialdemokratischen Parteien Skandinaviens konnten sich relativ früh erfolgreich in den nationalen Parlamenten etablieren. Durch politische Kooperationen mit den liberalen Parteien setzten sie sich für die Ausweitung des Wahlrechts ein und steigerten rasch ihre parlamentarischen Sitzanteile.

Die rasche Ausweitung der sozialdemokratischen Machtbasis in den nationalen Parlamenten kann nur im Zusammenhang mit der gleichzeitig rasch voranschreitenden Ausweitung der Arbeiterbewegungen insgesamt verstanden werden. Insbesondere die nordische Tradition der Volksbewegungen bot einen günstigen Nährboden für die aufkeimenden Arbeiterbewegungen. Hinzu kamen historische Weichenstellungen in der Organisation der Arbeitspolitik im Norden. Die Gewerkschaften wurden im Norden rasch in die entstehenden Institutionen der Arbeitslosenversicherungen integriert. Sie fungier(t)en als organisatorische Träger der freiwilligen Arbeitslosenversicherungen und profitier(t)en deutlich von einer solchermaßen institutionell verfestigten Absicherung ihrer Position in der Gesellschaft. Bis auf den heutigen Tag existieren solche sogenannten »Ghent-Systeme« noch in Dänemark, Finnland und Schweden. Aufbauend auf dieser breiten gesellschaftlichen Mobilisierung sind auch die historisch engen Verbindungen zwischen sozialdemokratischen Parteien und den Gewerkschaftsbewegungen der Arbeiter von Bedeutung für die Erklärung der starken Sozi-

---

[65] Die Namensänderungen fanden 1957 in Schweden, 1959 in Norwegen sowie 1965 in Finnland statt.

[66] Die weiteren sozialdemokratischen Parteien gründeten sich offiziell 1899 in Finnland, 1887 in Norwegen und 1889 in Schweden.

aldemokratien im Norden. Allerdings können spätestens seit den 1980er Jahren zunehmende Konflikte zwischen beiden Zweigen der Arbeiterbewegung ausgemacht werden.

Die kommunistische Revolution spaltete die Arbeiterbewegung in einen reformistischen und einen revolutionären Flügel. Die kommunistischen Absplitterungen der Arbeiterbewegung konnten in Dänemark und Schweden allerdings nie die dominante Position der sozialdemokratischen Parteien gefährden. In Norwegen allerdings erlangte der kommunistische Flügel innerhalb der Norwegischen Arbeiterpartei 1918 die Mehrheit; und die Partei schloss sich der kommunistischen Internationalen an. Bereits 1927 schwenkte die norwegische Arbeiterpartei allerdings wieder auf einen reformistisch-sozialdemokratischen Kurs um. Die 1923 gegründete moskautreue kommunistische Partei Norwegens konnte nie mehr als eine randständige Bedeutung im norwegischen Parteiensystem erlangen.

Turbulent verlief die Entwicklung der Arbeiterbewegung in Island. Dreimal wurden die – in skandinavischer Perspektive – eher schwachen Sozialdemokraten durch kommunistische Absplitterungen geschwächt (1930, 1937, 1950). Allesamt wurden durch außenpolitische Streitpunkte verursacht. Die kommunistischen Parteien Islands konnten allerdings nie eine besondere Bedeutung im isländischen Parteienwettbewerb gewinnen.

Die 1918 gegründete kommunistische Partei Finnlands wurde während der Wirren des Bürgerkriegs verboten, arbeitete jedoch im Untergrund weiter. Die stark polarisierten Auseinandersetzungen ließen eine militant antikommunistische *Lappo*-Bewegung entstehen, die faschistische Einschläge aufwies. Nach dem Zweiten Weltkrieg wurde die kommunistische Partei legalisiert, die parteipolitischen Ausläufer der *Lappo*-Bewegung hingegen verboten. Der von Kommunisten dominierte »Demokratische Bund für das finnische Volk« erreichte lange Zeit bis zu 20 Prozent der Wählerstimmen und war damit nahezu gleich stark wie die sozialdemokratische Partei Finnlands. Bis in die 1960er Jahre hinein blieben die Beziehungen zwischen beiden Parteien der Arbeiterbewegung frostig. In Finnland konnte im Gegensatz zu den anderen nordischen Ländern eine kommunistische Partei bedeutenden Rückhalt in der Wählergunst erlangen. Die prekäre Lage Finnlands an der Schnittstelle zwischen den Blöcken des Kalten Krieges sowie die besonderen Verhältnisse zur UdSSR eröffneten eigene Spielräume für den parteipolitisch organisierten Kommunismus in Finnland.

Im Zeitalter der »gefrorenen« Parteiensysteme dominierten im Norden die klassischen Fünf-Parteien-Systeme: Die Kommunisten und die Sozialdemokraten deckten den linken Flügel des Parteienspektrums ab, die Zentrumsparteien und die liberalen Parteien standen für die klassischen Parteien der Mitte, wohingegen die säkular konservativen Parteien auf der rechten Seite des Parteienspektrums zu verorten waren. Ergänzt wurde dies einzig in Norwegen durch eine frühe Gründung (1933) und Etablierung der norwegischen christdemokratischen Partei (Kristelig Folkeparti, KRF) als zusätzlicher Partei der Mitte (wenngleich auch sie einen nur geringen Rückhalt in der gesamten Wählerschaft erreichte und eher als eine regionale Partei im sogenannten »Bibelgürtel« des Südwestens angesehen werden kann) sowie der bereits erwähnten schwedischsprachigen »Svenska Folkepartiet« Finnlands, die als sozialliberale Partei zu klassifizieren ist.[67]

---

[67] Die christdemokratischen Parteien des Nordens gründeten sich im Weiteren im Jahre 1958 in Finnland, 1964 in Schweden sowie 1970 in Dänemark. In Island existiert keine religiös fundierte Partei. Die nordische Christdemokratie kann als eine eher randständige politische Bewegung bezeichnet werden. Nur in sehr seltenen Fällen schaffen diese Parteien mehr als 10 Prozent in nationalen Wahlen (Veen 1994). Gleichwohl kommen sie mitunter als Ju-

In Dänemark, Norwegen und Schweden waren die Sozialdemokraten die dominierenden Kräfte bis in die 1990er Jahre. Insbesondere in diesen Ländern waren die programmatischen Differenzen zwischen den bürgerlichen Parteien immens und eröffneten den dortigen sozialdemokratischen Regierungen Möglichkeiten, auch ohne parlamentarische Mehrheiten effektiv zu regieren. In Finnland dominierten hingegen über viele Jahre der Nachkriegszeit hinweg drei nahezu gleich starke Parteien die Dynamik des Parteiensystems: die kommunistische Partei, die Sozialdemokraten sowie die Zentrumspartei. Erst mit den 1970er Jahren wuchs die konservative Partei und die kommunistische Partei verlor an Rückhalt. Bis in die 1980er und 1990er Jahre hinein war die Zentrumspartei die quasi »natürliche« Regierungspartei Finnlands, wenngleich sie stets auf Koalitionen, sehr oft mit der sozialdemokratischen Partei, angewiesen war.

Die Entwicklung des isländischen Parteiensystems weicht vom Muster der nordischen Nachbarländer deutlich ab.[68] Dort dominierten lange Zeit die bürgerlichen Parteien den Parteienwettbewerb. Als stärkste Kraft konnte sich unmittelbar nach dem Zweiten Weltkrieg die konservativ-liberale Unabhängigkeitspartei mit bis zu 40 Prozent der Stimmen bei nationalen Wahlen durchsetzen. Diese Partei fokussiert sich auf Themen des Freihandels sowie eine sicherheits- als auch integrationspolitische Ausrichtung der Inselrepublik auf die NATO sowie die EU – ohne jedoch eine Mitgliedschaft in der EU anzustreben.[69] Die isländische Zentrumspartei der agrarischen Interessen (»Fortschrittspartei«), die zweite bürgerliche Kraft, erreichte in der Nachkriegszeit bis zu 28 Prozent der Stimmen bei nationalen Wahlen.[70] Sie verfolgt die Interessen der isländischen Landwirtschaft sowie der Fischereiwirtschaft und lehnt eine weitergehende Integration Islands in die europäischen Wirtschaftsräume tendenziell ab. Die isländische Arbeiterbewegung in ihrer sozialdemokratischen und kommunistischen Ausrichtung war in zwei nahezu gleich starke Blöcke gespalten, die in der Nachkriegszeit jeweils bis zu 20 Prozent der Stimmen erringen konnten. Allerdings zerfaserte das linke Spektrum immer weiter. Bezeichnend ist, dass sich in Island lange Zeit eine dezidierte Frauenpartei erfolgreich bei den Wahlen behaupten konnte.

Die Zersplitterung im linken Lager führte dazu, dass Mitte der 1990er Jahre Bemühungen von Parteienfusionen konkret wurden. Um die isländische Sozialdemokratie kam es zur Gründung der »Allianz« (»Samfylkingin, S«), in die weite Teile der Frauenpartei, der Linkspartei sowie der Sozialdemokratie im Jahr 2000 aufgingen, wobei seit 1999 bereits ein Wahlbündnis zwischen diesen Parteien existierte. Diese »sozialdemokratische« Allianz konnte bei den Wahlen rasch an Stimmen hinzugewinnen. Parteimitglieder, die sich der »Sozialdemokratisierung« ihrer Parteien widersetzten, organisierten sich parallel in der »Linken Bewegung – Grüne Liste« (»Vinstrihreyfingin – Grænt framboð, VG«, einer genuin ökologisch-sozialistisch-feministischen Sammlungsbewegung. Während die »sozialdemokrati-

niorpartner bürgerlicher Koalitionen in Regierungsverantwortung und können dann gewisse Akzente in moralischen Streitfragen sowie in der Familienpolitik setzen.

68 Vergleiche hierzu ausführlich Rubart (2004) sowie die einschlägigen Beiträge in Rubart (2010).

69 Insofern war die Programmatik der Unabhängigkeitspartei lange Zeit eher gespalten. Während sie auf der einen Seite stark für den Freihandel und die Öffnung internationaler Märkte plädierte, musste sie als isländische Volkspartei stark auf regionale und sektorale Interessen, insbesondere aus der Land- und Fischereiwirtschaft, Rücksicht nehmen.

70 Die isländische Fortschrittspartei sollte nicht verwechselt werden mit den dänischen und norwegischen Fortschrittsparteien, die beide genuin rechtspopulistische Parteien sind.

sche« Allianz bereits vor den Auswirkungen der Finanzkrise einen Beitritt Islands zur EU befürwortete, lehnt die »Linke Bewegung – Grüne Liste« einen solchen Integrationsschritt weiterhin mehrheitlich ab. Wie in Kapitel 3.2.2 bereits ausgeführt, beförderte die Finanzkrise vielschichtige Wandlungsprozesse in der isländischen Politik. Gegenwärtig sind die Parteien des linken Spektrums unter Führung der Allianz dominant und haben die Regierungsverantwortung inne. Ebenso steht ein rascher Beitritt Islands in die EU auf der Regierungsagenda ganz oben, wenngleich dieser Schritt noch die Hürde einer Volksabstimmung nehmen muss.

Das klassische nordische Parteiensystem mit seinen fünf Hauptakteuren – sowie deren unterschiedlichen Machtrelationen – hatte bis in die 1970er Jahre seine Hochphase. Die dänische »Erdrutschwahl« im Jahr 1973 beendete die Vorstellung von einem stabilen und »eingefrorenen« Parteiensystem im Norden schlagartig. Die traditionellen fünf Parteien konnten nur noch 63 Prozent der Stimmen auf sich vereinen und sechs neue Parteien schafften den Sprung in das dänische Parlament. Zwar blieb eine solche »Eruption« der Parteienlandschaft in den anderen nordischen Ländern (zumindest in diesem Ausmaße) bislang aus. Allerdings konnten auch in den anderen nordischen Ländern neue Parteien in den Parlamenten Fuß fassen und das klassische Fünf-Parteien-System des Nordens schrittweise untergraben. Im Folgenden sollen die wichtigsten Tendenzen in den Entwicklungen der nordischen Parteiensysteme erörtert werden: Der Einzug der Grünen Parteien sowie der Rechtspopulisten in die nordische Politik, und die sich auflösenden sozialdemokratischen Hochburgen Skandinaviens.

Grüne Parteien im Norden
Die historisch gewachsene Struktur der nordischen Parteiensysteme eröffnet Grünen Parteien schwere Startchancen. Zum einen gab es im linken Parteienspektrum bereits zwei Parteien, die kommunistischen und sozialdemokratischen Parteien. Nach dem Ende des Staatssozialismus und der Auflösung des staatssozialistischen Ostblocks veränderten sich die ehemals kommunistischen Parteien des Nordens schrittweise in linkssozialistische Parteien, die bemüht waren, postmaterielle Werte in ihre Programmatik zu integrieren. Hierbei verstärkten nicht wenige Linksparteien des Nordens ihre ökologische Ausrichtung. Zum anderen waren in der Mitte des Parteienspektrums mit den agrarischen Zentrumsparteien bereits bürgerliche Parteien vertreten, die ihrerseits das Thema Umweltschutz im politischen Wettbewerb vertraten und weiterhin vertreten (vgl. v.a. Arter 2008).

Trotz der ungünstigen Startchancen gründeten sich im Laufe der 1980er Jahre auch in Skandinavien Grüne Parteien (vgl. Tabelle 3.10). Eine Vorreiterrolle übernahm die Grüne Partei in Schweden, die sich bereits 1981 gründete. Grüne Parteien und Grüne Listen hatten jedoch Probleme, in die nationalen Parlamente gewählt zu werden. Während die früh gegründete schwedische Grüne Partei erst 1988 erstmals ins Parlament gewählt wurde, verlor sie diesen Status bereits wieder in der Legislaturperiode von 1991 bis 1994. Seitdem ist »Miljöpartiet de Gröna (MP)« allerdings stets in den Reichstag gewählt worden. In jüngster Vergangenheit konnten die schwedischen Grünen deutlich ihren Stimmenanteil ausweiten. Sie nehmen gegenwärtig eine zentrale Rolle im schwedischen Parteienwettbewerb ein, indem sie versuchen, sich als Partei der Mitte zwischen dem linken und dem »bürgerlichen« Block des schwedischen Parteienwettbewerbs zu positionieren.

Die finnischen Grünen gründeten sich als Partei erst im Jahre 1987, allerdings gelang es einer (lose organisierten) Vorgängerorganisation bereits 1983 ins nationale Parlament gewählt zu werden. An den finnischen Grünen (»Vihreä Liitto, VIHR«) ist bemerkenswert, dass sie frühzeitig Regierungsverantwortung übernehmen konnten (im April 1995), allerdings bislang noch nie mehr als 10 Prozent der Stimmen bei nationalen Wahlen erreichten. Ihr regionaler Schwerpunkt liegt in den größeren (Universitäts-)Städten und insbesondere in Helsinki, wo sie mitunter bis zu 20 Prozent der Stimmen bei kommunalen Wahlen auf sich vereinigt.

Die dänischen, norwegischen und isländischen Grünen Parteien können keine entsprechenden Erfolge aufweisen. In diesen Ländern kam es vor allem zu Zusammenschlüssen zwischen den »alten« Linksparteien und den neuen sozialen Bewegungen. Die »Ökologisierung« ehemals kommunistischer Parteien ist vor allem in Dänemark erfolgreich gewesen. Die »Socialistisk Folkeparti (SF)« kam in jüngsten Wahlen deutlich über die 10 Prozentmarke und rangiert gegenwärtig als viertstärkste Partei im dänischen Parlament. Dieser Erfolg erschwerte es einer genuin Grünen Partei im Parlament Fuß zu fassen. Die im Jahr 1989 gegründete rot-grüne Einheitsliste (»Enhedslisten – De Rød-Grønne (EL)« konnte erstmals 1994 den Sprung ins Parlament meistern; allerdings erreicht diese stark basisdemokratisch organisierte Partei kaum mehr als 3 bis 4 Prozent bei nationalen Wahlen.

Tabelle 3.10: Wahlerfolge Grüner und grün-sozialistischer Parteien in Skandinavien

	Dänemark	Finnland	Island	Norwegen	Schweden
	Socialistisk Folkeparti (SF)	Bihreä Liitto (VIHR)	Vinstrihreyfinging-Grænt frambod (VG)	Sosialistisk Venstreparti (SV)	Miljöpartiet de Gröna (MP)
	grün-sozialistische Partei	*Grüne Partei*	*grün-sozialistische Partei*	*grün-sozialistische Partei*	*Grüne Partei*
Gründung	1959	1988	1999	1957	1981
1. Einzug ins nationale Parlament	1960	1983	1999	1961	1988
Minimum / Jahr	3,9% / 1977	1,4% / 1983	8,8% / 2003	2,4% / 1961	4,5% / 1998
Maximum / Jahr	14,6% / 1987	8,5% / 2007	21,7% / 2009	12,5% / 2001	7,3% / 2010
Aktuell / letzte Wahl	13,0% / 2007	8,5% / 2007	21,7% / 2009	6,2% / 2009	7,3% / 2010

Quelle: <www.parties-and-elections.de> (letzter Zugriff am 15. Januar 2011) sowie die im Text aufgeführten Verweise.

In Norwegen gründete sich zwar bereits im Jahr 1988 eine Grüne Partei. Allerdings ist es ihr bislang nicht gelungen, in das nationale Parlament einzuziehen. Die »Miljøpartiet de grønne« konnte noch nie in ihrer Geschichte auch nur 1 Prozent aller Wählerstimmen auf sich vereinigen. Die sozialistische Linkspartei Norwegens (»Sosialistisk Venstreparti (SV« hat dieses Wählersegment erfolgreich absorbieren können. Diese Partei konnte vor allem von den umstrittenen EU-Referenden im Land profitieren. Und zudem kann die Partei seit Oktober 2005 mit der norwegischen Sozialdemokratie und der Zentrumspartei eine »rot-rot-grüne« Koalition bilden. Mit Kristin Halvorsen kam es nicht nur zur ersten weiblichen Finanzministerin in der norwegischen Geschichte, auch bedeutete dieser Erfolg den ersten wichtigen Ministerposten für die sozialistische Linkspartei in der Nachkriegszeit. Die SV steht für einen äußerst erfolgreichen Wandlungsprozess einer ehemals kommunistischen Partei hin zu einer genuin »rot-grünen« Partei. Unter diesen Umständen ist es für eine weitere, »neue« Grüne Partei fast unmöglich, im Parlament Fuß zu fassen.

Eine genuin Grüne Partei in Island konnte lange Zeit nicht ausgemacht werden. Allerdings kam es Ende der 1990er Jahre zu einem Zusammenschluss postmodern-ökologischer Bewegungen. Als sich die Linksparteien Islands in der »sozialdemokratischen« Allianz zusammenschlossen, wählten einige Aktivisten eine linkssozialistisch-ökologisch-feministische Alternative und gründeten »Vinstrihreyfingin – Grænt framboð (VG, links-grünes Bündnis)«. Diese grüne Partei beheimatet jetzt Mitglieder aus der ehemaligen Sozialdemokratie, der ehemaligen Linkspartei sowie der isländischen Frauenpartei. In Abgrenzung zur sozialdemokratischen Allianz (»Samfylkingin, S«) sollen in der links-grünen Bewegung ökologische, feministische und sozialistische Ziele gleichermaßen auf basisdemokratischem Wege verfolgt werden. Die Partei ist von ihren programmatischen Statuten für eine souveräne Außenpolitik Islands und tendenziell kritisch gegenüber einer Mitgliedschaft Islands in der EU eingestellt. Gegenwärtig stellt diese Bewegung die drittstärkste politische Partei im isländischen Parteiensystem und ist Juniorpartner in einer Koalition mit der sozialdemokratischen Allianz. In dieser verantwortungsvollen Position steht die Partei vor schwerwiegenden programmatischen Veränderungen, da als eine Folge der globalen Finanzkrise in Island eine Mitgliedschaft in der EU angestrebt wird.

Genuin Grüne Parteien müssen im Norden hohe Hürden nehmen, wollen sie die parlamentarische Repräsentation erreichen. Aufgrund der Struktur der nordischen Parteiensysteme ist der neu zu besetzende Raum eng und heftig umkämpft. Allerdings konnten sich neue Grüne Parteien in Schweden und Finnland erfolgreich im Parteienwettbewerb positionieren und auch Einfluss auf die Regierungspolitik ausüben. In Norwegen und Dänemark kam es hingegen zu einer »Ökologisierung« ehemals kommunistischer und linkssozialistischer Parteien – und in Island in jüngster Zeit zu einer Neugründung einer grünsozialistisch-feministischen Sammlungsbewegung. Trotz unterschiedlicher Gründungstermine und parteipolitischen Strategien sind die Grünen Parteien bzw. die links-grünen Parteien im Norden gegenwärtig ein fester Bestandteil des Parteienspektrums. Sie können durchaus als eine Manifestation einer »neuen Politik« interpretiert werden. Es soll hier nicht systematisch erörtert werden, ob Grüne Parteien (nicht nur des Nordens) als Beleg einer neuen Konfliktlinie zu deuten sind. Gleichwohl vertreten sie Ziele der neuen sozialen Bewegungen und postmaterialistische Wertvorstellungen. Aber wenn dies eine Manifestation einer neuen Konfliktlinie darstellen würde, dann hätte die postmaterielle Mobilisierung auch eine logische »Kehrseite«, einen programmatischen Gegenpol des Konfliktes: eine materialistische Renaissance, welche die Entstehung und den Erfolg rechtspopulistischer Parteien im Norden erklären könnte.

Rechtspopulistische Parteien im Norden

Rechtspopulistische Parteien entstanden im Norden ursprünglich als Reaktionen auf die ambitionierten nordischen Steuerpolitiken, also als Steuerprotestbewegungen.[71] Die dänische Fortschrittspartei (»Fremskridtspartiet, FRP«) wurde 1972 vom Rechtsanwalt für Steuerrecht[72] Mogens Glistrup gegründet und konnte in der »Erdrutschwahl« 1973 auf Anhieb 15,9 Prozent der Stimmen landesweit erreichen. In unmittelbarer Anlehnung an die dänische Entwicklung gründete der Norweger Anders Lange im Jahre 1973 ebenfalls eine rechtspopulistische Protestpartei, die spätere norwegische Fortschrittspartei.[73] In Schweden wurde eine erste rechtspopulistische Partei (»Ny Demokrati, NyD«) 1991 ins Parlament gewählt. Nach internen Führungsstreitigkeiten scheiterte die Partei jedoch in der Wahl 1994 an der 4 Prozent Hürde und löste sich anschließend rasch auf. In jüngster Zeit übernahmen die Schwedendemokraten (»Sverigedemokraterna, SD«) rechtspopulistische Themen und konnten bei der Wahl im Jahr 2010 mit 5,7 Prozent der Stimmen und insgesamt 20 Reichstagsmandaten in den Reichstag einziehen.

In Finnland gab es einen frühen Vorläufer rechtspopulistischer Programmatik bereits seit 1959 mit der sogenannten Landvolkpartei (»Maaseudun Puolue«). Diese Partei verblieb politisch bedeutungslos, erreichte jedoch in den 1970er und frühen 1980er Jahren bis zu 10 Prozent der Stimmen bei nationalen Wahlen. Die stark agrarisch geprägte Protestpartei entstand aus einer Abspaltung von der finnischen Zentrumspartei. Nachdem sie in den 1990er Jahren stetig an Rückhalt an der Bevölkerung einbüßte, wurde sie 1995 offiziell aufgelöst. In jüngster Zeit ist die Partei der »Wahren Finnen« (»Perussuomalaiset, PS«) bei den Wahlen erfolgreich. Trotz des überwältigenden Wahlerfolges der Wahren Finnen bei der Reichstagswahl 2011, in der sie mit 19 Prozent der Stimmen zur drittstärksten Fraktion aufstieg, scheiterte eine angestrebte Regierungsbeteiligung an der Frage der europäischen Stützungspakete in Gefolge der Finanzkrise.

Wie aus den Daten in Tabelle 3.11 zu ersehen ist, erfolgten die Gründungen der rechtspopulistischen Parteien im Norden zu unterschiedlichen Zeitpunkten. In jüngster Vergangenheit erstarkten die Fortschrittsparteien Dänemarks und Norwegens zusehends, und sie nehmen gegenwärtig in den jeweiligen Parteiensystemen eine kaum zu ignorierende Stellung ein. Insbesondere in Dänemark kann die Dänische Volkspartei seit einer Dekade als Mehrheitsbeschafferin einer bürgerlichen Minderheitskoalition Einfluss auf die Politikgestaltung ausüben. In Schweden sowie in Finnland sind jüngst nun ebenfalls rechtspopulistische Parteien im Parlament vertreten, wenngleich die Machtbasis in Schweden eher schwach ist. Einzig in Island ist bis in die Gegenwart keine rechtspopulistische Partei im nationalen Parlament vertreten.

---

[71] Vgl. insgesamt zu rechtspopulistischen Parteien in Skandinavien sowie im internationalen Vergleich: Kitschelt (1995), Rubart (2004, 2010), Rydgren (2008, 2009, 2010).

[72] Kritiker könnten ergänzen: „...für Steuerrecht und Steuerhinterziehung", da Mogens Glistrup offen das Recht zur systematischen Steuerhinterziehung propagierte.

[73] Ursprünglich hieß die Partei: »Anders Langes Partei für eine starke Rückführung der Steuern, Abgaben und staatlicher Interventionen«. Die Umbenennung in Fortschrittspartei erfolgte im Jahre 1977, nachdem der Parteiführer 1974 plötzlich verstarb. Die Frühphase der norwegischen Fortschrittspartei ist voller persönlicher Fehden um die Führung der Partei bzw. deren programmatischer Ausrichtung. Schließlich setzte sich Carl I. Hagen an der Parteispitze durch, er professionalisierte den Parteiaufbau und orientierte sich eng an der erfolgreichen dänischen Fortschrittspartei.

Die *Dänische Volkspartei* kann auf eine wechselhafte Geschichte verweisen. Während der Parteigründer Mogens Glistrup in den frühen 1980er Jahren wegen Steuerhinterziehung eine Gefängnisstrafe verbüßen musste, übernahm Pia Kjaersgaard seinen Parlamentssitz. Die Rivalität an der Spitze der Partei spitzte sich zwischen beiden Personen zusehends zu, Glistrup verließ daraufhin die Partei und gründete die »Partei der Wohlhabenden«, die jedoch rasch in der Bedeutungslosigkeit versank. Weitere Streitigkeiten in der Partei bewogen Pia Kjaersgaard schließlich 1995 ebenfalls dazu, die Fortschrittspartei zu verlassen und eine eigene Partei zu gründen, die »Dänische Volkspartei«.

Tabelle 3.11: Wahlerfolge rechtspopulistischer Parteien im Norden

	Dänemark Danks Folkeparti (DF)	**Finnland** Perussuomalaiset (PS)	**Norwegen** Fremskrittspartiet (FRP)	**Schweden** Sverigedemokraterna (SD)
Gründung	1972 / 1995	1959 / 1995	1973	1988
1. Einzug ins nationale Parlament	1973 / 1998	1962 / 1995	1973	2010
Minimum / Jahr	7,4% / 1998	1,0% / 1999	3,7% / 1985	5,7% / 2010
Maximum / Jahr	13,9% / 2007	4,1% / 2007	22,9% / 2009	5,7% / 2010
Aktuell /letzte Wahl	13,9% / 2007	4,1% / 2007	22,9% / 2009	5,7% / 2010

Anmerkungen: In Island existiert bislang noch keine genuin rechtspopulistische Partei, insofern wird in dieser Tabelle nicht auf Island eingegangen. In Dänemark werden die Gründungsdaten sowie der erste Einzug ins nationale Parlament sowohl für die Fortschrittspartei sowie für die Dänische Volkspartei angegeben, die Angaben für die Wahlergebnisse beziehen sich jedoch lediglich auf die Dänische Volkspartei. Ebenso beziehen sich die finnischen Wahlergebnisse in der Tabelle nur auf die Partei der Wahren Finnen, die Gründungsdaten beziehen sich hingegen auf die Landvolkpartei sowie die Partei der Wahren Finnen.
Quellen: www.parties-and-elections.de (mit den jeweiligen Internetlinks zu den Internetseiten der jeweiligen Parteien) sowie die im Text referierte Literatur.

Während die Fortschrittspartei immer noch genuin libertäre steuerpolitische Ziele und Politikvorstellungen verfolgte, setzte Kjaersgaard auf die Immigrationspolitik als programmatischen Schwerpunkt der neuen Partei. Bei der nationalen Wahl im Jahr 1998 konnte die neue Partei auf Anhieb 7,4 Prozent der Stimmen erlangen; die Fortschrittspartei sank in der Wählergunst auf 2,4 Prozent ab. In den nächsten Jahren – und nach erneuten personellen Turbulenzen innerhalb der Fortschrittspartei – löste die Dänische Volkspartei die Fortschrittspartei endgültig als rechtspopulistische Partei im dänischen Parteienspektrum ab. Durch die programmatische Neujustierung der Dänischen Volkspartei profiliert sich die Partei gegenwärtig als eine Anti-Immigrationspartei, die sich dem Schutz und der Verteidigung der »dänischen Werte« verschrieben hat.

Die Dänische Volkspartei konnte an Stimmen zulegen, allerdings hat sie bis auf den heutigen Tag noch nie den offiziellen Einzug in eine Regierung erreichen können. Dies soll jedoch nicht bedeuten, dass sie keinen Einfluss auf die Politikgestaltung hat. Seit 2001 stützen sich bürgerliche Minderheitskoalitionen, bestehend aus der liberalen »Venstre« und der Christdemokratischen Partei, mehr oder weniger intensiv auf die Dänische Volkspartei. Teilweise werden mit der offiziellen Oppositionspartei umfangreiche Politikdokumente abgefasst, die an Koalitionsvereinbarungen erinnern. So lancierte die Regierung zum Beispiel gemeinsam mit der Dänischen Volkspartei ein Strategiepapier zur ökonomischen Revitalisierung und zur haushaltspolitischen Konsolidierung im Zusammenhang mit der globalen Finanzkrise.[74] Dies zeigt beispielhaft, dass die rechtspopulistische Dänische Volkspartei in der letzten Dekade viele Aspekte der öffentlichen Politik aus der Opposition heraus mitbestimmen konnte. Sie hat in der Immigrations- und Sozialpolitik bereits deutliche Spuren hinterlassen.

Die *norwegische Fortschrittspartei* erlebte weniger dramatische Zäsuren und Brüche als ihre dänische Schwesterpartei, allerdings ist auch ihre Entwicklung nicht spannungsfrei verlaufen.[75] Und sie ist im Hinblick auf die gegenwärtige Wählergunst sogar erfolgreicher als ihre dänische Schwesterpartei. Die organisatorischen Turbulenzen der jungen norwegischen Fortschrittspartei konnten von ihrem Parteivorsitzenden Carl I. Hagen wider allen Erwartungen gemeistert werden. Sein Charisma und seine Führungsstärke prägten die Partei bis in die jüngste Vergangenheit. Ähnlich wie die Dänische Volkspartei verabschiedete sich die norwegische Fortschrittspartei schrittweise von libertären Programmvorstellungen insbesondere auf dem Gebiet der Steuerpolitik und profiliert sich durch eine vehement vorgetragene Anti-Immigrationspolitik. Ein genuin norwegisches Spannungsfeld ist die Erdölpolitik. In diesem Punkt plädiert die Partei dafür, den durch den Handel mit Rohöl entstandenen Reichtum – der in einem norwegischen Staatsfond gebündelt ist – stärker und schneller direkt (oder indirekt über sozialstaatliche Dienstleistungen) an die norwegische Bevölkerung zu verteilen – und gleichzeitig die norwegischen Steuersätze deutlich abzusenken.

Während die norwegische Fortschrittspartei an den Wahlurnen stetig zulegt, kann sie jedoch nicht wie ihre dänische Schwesterpartei die öffentliche Politik beeinflussen. Im Gegenteil stößt die Fortschrittspartei im bürgerlichen Lager, insbesondere bei der liberalen Partei sowie bei den Christdemokraten, auf Widerstand. In Norwegen ist das bürgerliche Lager in dieser Frage (noch) gespalten. Und die Parteien des linken Lagers – allen voran die norwegische Arbeiterpartei – können diese Pattsituation (noch) strategisch ausnützen.

Der *Rechtspopulismus in Schweden* ist in seiner Entwicklung gebremster und unsteter als dies in Dänemark und Norwegen der Fall ist. Mit der Neuen Demokratie zog 1991 erstmals eine rechtspopulistische Partei für nur kurze Zeit in den Reichstag ein. Die beiden Parteigründer, Ian Wachtmeister und Bert Karlsson gründeten die Partei spontan auf einem zufälligen Treffen auf einem Flughafen. Während die Partei sich als Steuerprotestpartei profilierte, positionierte sie sich auch dezidiert als »Anti-Establishment-Partei«. Gleichwohl war der Erfolg der schwedischen Rechtspopulisten von nur kurzer Dauer. Gerade eine Legislaturperiode lang konnte die Partei die damalige Pattsituation zwischen den politischen Lagern in Schweden ausnützen. Die bürgerliche Minderheitskoalition unter Carl Bild (1991-1994) setzte zwar in der damaligen Krisenpolitik vorwiegend auf eine Zusammenarbeit mit den oppositionellen Sozialdemokraten. Aber in einigen Punkten suchte er auch die Zusammen-

---

[74] Die dänische Mitte-Rechts-Regierung hat ein ambitioniertes Reformprogramm aufgelegt. Zur parlamentarischen Absicherung dieses Reformprogramms wurden explizite Absprachen mit der Dänischen Volkspartei geschlossen, die im Internet abrufbar sind (in dänischer Sprache) (<http://www.stm.dk/multimedia/Aftale_om_genopretning_af_dansk_oekonomi_web.pdf>, letzter Zugriff am 15. Dezember 2010). Vgl. auch Kapitel 4.5 für weitere Details.

[75] Es bleibt abzuwarten, inwiefern sich das Attentat von Oslo sowie das Massaker von Utøya auf die norwegische Fortschrittspartei auswirken werden. Der Attentäter, Anders Behring Breivik, war Mitglieder der Jungendorganisation der norwegischen Fortschrittspartei.

arbeit mit der NyD, so zum Beispiel in den höchst umstrittenen arbeitsmarktpolitischen Reformen gegen Ende der Legislaturperiode.

Nach der Auflösung der Neuen Demokratie fasste der Rechtspopulismus lange Zeit nicht mehr Fuß in der schwedischen Politik. Allerdings änderte sich dies seit den frühen 2000er Jahren, als die Schwedendemokraten auf lokaler und regionaler Ebene immer bessere Wahlergebnisse erreichen konnten. Die Schwedendemokraten entspringen mehreren parteilichen Fusionen und Neugründungen des rechten Lagers, von denen einzelne Quellen auch auf Gruppen aus dem militanten rechtsextremen Spektrum zurückgehen. Die Partei firmiert seit 1988 unter diesem Namen. Der jetzige Parteivorsitzende, Per Jimmie Åkesson, ist ehemaliges Mitglied der Konservativen Partei. Er war bestrebt, in seiner Amtsperiode rechtsextreme Tendenzen in der Partei zu unterbinden. Die Programmatik der Schwedendemokraten entspricht dem rechtspopulistischen Mainstream der nordischen Länder: Aus Furcht vor »Überfremdung« solle die Einwanderung eingeschränkt werden, sinkende Steuern sollten kombiniert werden mit steigenden sozialpolitischen Leistungen für die gebürtigen Schweden – und die Europäische Integration wird rundum abgelehnt (vgl. Bauer 2010).

Der *finnische Rechtspopulismus* besitzt die längste historische Verankerung. Im Gegensatz zu den nordischen Nachbarländern wird er allerdings gespeist aus den parteipolitischen Quellen der Zentrumspartei. Seit den 1960er Jahren war die Landvolkpartei bestrebt, den Unmut vor allem der Kleinbauern in den ländlichen Regionen des Landes zu mobilisieren. Ein ehemaliger Finanzminister der Zentrumspartei, Veikko Vennamo, organisierte diesen kleinbäuerlichen Protest zu Beginn der Bewegung sehr erfolgreich. Insofern war die Zielgruppe anders als in den nordischen Nachbarländern nicht die wohlhabende Schicht, sondern eher die »kleinen Leute auf dem Lande« (vgl. Rubart 1979). Die Partei erlebte ihre größten Erfolge in den 1970er und frühen 1980er Jahren. Allerdings nahm der elektorale Rückhalt stetig ab und führte schließlich zur Auflösung der Partei Mitte der 1990er Jahre.[76]

Der gegenwärtige Rechtspopulismus erfährt in Form der Partei der »Wahren Finnen« (»Perussuomalaiset, PS«) eine überwältigende Renaissance. Unter der Führung des charismatischen Timo Soini erlebt diese Partei einen raschen Zulauf an Wählern. Soini war zu Beginn der 1990er Jahre Generalsekretär der Landvolkpartei und begleitete den Übergang von der Landvolkpartei hin zur Partei der Wahren Finnen entscheidend mit. Das Programm dieser neuen rechtspopulistischen Partei ist dezidiert antieuropäisch, sehr kritisch gegenüber einer liberalen Einwanderungspolitik und immer noch sehr stark den Bedürfnissen der »kleinen Leute« auf dem Lande verpflichtet. Ein besonderes Bündnis ging die Partei bei der Europawahl 2009 mit der Christdemokratischen Partei Finnlands ein. Der beachtliche Erfolg von 14 Prozent brachten beiden Parteien jeweils einen Sitz im Europarlament ein, wobei Soini für die PS diesen Sitz einnimmt und sich dort durch seine integrationsskeptische Politik hervorhebt. Im April 2011 wurden die Wahren Finnen mit 19 Prozent der Stimmen in den Reichstag gewählt. In nur einem Jahr stiegen die nationalen Umfragewerte der Partei von ca. 6 Prozent (Frühjahr 2010) auf gegenwärtig 17 Prozent der Stimmen an (Februar 2011).[77] Nachdem eine Regierungsbeteiligung scheiterte, stiegen die Sympathiewerte für die

---

[76] Eine Übersicht über die Programme der Landvolkpartei ist im Internet – leider nur in Finnisch – abrufbar unter: http://www.fsd.uta.fi/pohtiva/index (letzter Zugriff am 11.12.2010).

[77] Die Entwicklung der Wahlumfragen ist im Internet (in Finnisch) abrufbar unter: http://yle.fi/puoluekannatus mittari/ (letzter Zugriff am 1. März 2011).

Partei weiter an. Ob sich jedoch diese Popularität der rechtspopulistischen Wahren Finnen beständig auf diesem hohen Niveau wird halten können, dies hängt ab von der Politik der Großen Koalition seit 2011 sowie den finnischen Reaktionen auf das Attentat und Massaker von Oslo und Utøya.

Wieso ist der Rechtspopulismus im Norden so erfolgreich? Eine gängige Erklärung des nordischen Rechtspopulismus greift auf die steuerpolitischen Regime des Nordens zurück. Die hier analysierten Entwicklungen zeigen allerdings, dass die rechtspopulistischen Parteien des Nordens früh ihre Programmatik des Steuerprotestes abschwächten – wenngleich nie aufgaben – und stärker das Thema der Immigration bzw. der Wahrung kultureller Traditionen fokussierten. Dies wird ergänzt durch die finnische Besonderheit eines genuin agrarisch geprägten Rechtspopulismus, der Ähnlichkeiten mit den Mobilisierungsstrategien der SVP in der Schweiz aufweist. Insofern geht die programmatische Breite des nordischen Rechtspopulismus über singulär-steuerbezogene Erklärungen hinaus.

Auch der hohe Anteil des nordischen Sozialkapitals (vgl. Kapitel 3.5) schützt nicht vor zunehmenden Rechtspopulismus. Jens Rydgren analysiert den Rechtspopulismus in Westeuropa und Skandinavien seit langer Zeit. Seine jüngsten Studien zeigen, dass auch das hohe Sozialkapital, das eigentlich für mehr Solidarität, Toleranz und Vertrauen auch in Fremde zeugen sollte, nicht davon abhält, rechtspopulistische Parteien zu wählen. Auch Menschen, die in gemeinnützigen Organisationen aktiv sind, wählen seinen Studien zufolge rechtspopulistisch (Rydgren 2009). Die nordischen Wähler rechtspopulistischer Parteien sind also kaum xenophobe, »rückwärtsgewandte« Leugner des zivilisatorischen Fortschritts. Rydgren betont in anderen Studien die Notwendigkeit auch organisatorischer Strategien. Die Kunst, organisatorisch im Parteienwettbewerb Nischen zu besetzen (Rydgren 2010), hängt nicht nur von charismatischen Mobilisierungs- und Organisationsfähigkeiten der Elite ab. Auch die Bedeutung der sogenannten issue-Mobilisierung ist hierbei von Bedeutung. Während in Schweden der sozioökonomische Konflikt nach Rydgren immer noch stark ausgeprägt sei – und den Parteienwettbewerb dominiere – sei dieser sozioökonomische Konflikt in Dänemark schwächer mobilisiert, mit der Konsequenz, dass kulturelle issues wie die Immigrationsfrage stärker den politischen Raum besetzen konnten.

Wenn rechtspopulistische Wähler auf kulturelle Themen stärker Bezug nehmen, dann widerspricht dies nicht der Auffassung, dass sie auch für materielle Sicherheit einstehen. Eine Konsequenz rechtspopulistischer Mobilisierung im Norden und deren sozialwissenschaftlicher Analyse ist die Erkenntnis, dass der moderne Rechtspopulismus genuin sozialpolitische Forderungen verfolgt – allerdings sollte eine solche Politik allein den Einheimischen zugute kommen. Eine solche Politik ist auch ein Indiz für einen schleichenden Wandel des nordischen Modells: vom solidarisch-universellen Wohlfahrtsstaat hin zu einem „welfare state »chauvinism«" (Alestalo/Hort/Kuhnle 2009).

Der Aufstieg rechtspopulistischer Parteien ist ein Faktum der jüngeren nordischen Politik. Die Entstehungssequenzen unterscheiden sich zwischen den einzelnen nordischen Ländern und auch der Erfolg an der Wahlurne ist unterschiedlich stark ausgeprägt. Allerdings macht die nordische Entwicklung zum einen deutlich, dass eine rechtspopulistische Politik auch als Reaktion auf die Durchsetzung »postmoderner Werte« und der Entgrenzung zu deuten ist. In diesen Parteien werden Menschen repräsentiert, die aus soziologischer Perspektive als »Globalisierungsverlierer« zu interpretieren wären: Männer mit geringem Bildungsniveau und geringentlohnter Beschäftigung aus dem privaten Sektor. Für dieses Wählerklientel scheint die Forderung nach Sicherheit, nationalstaatlicher Abschottung und kultureller Bewahrung überzeugend zu sein. Zum anderen zeigt die Entwicklung der rechtspopulistischen Parteien im Norden auch, dass sie auch aus der Opposition heraus die öffentliche Politik mitbestimmen können. Das Regieren im Minderheitsparlamentarismus kann zu Situationen führen, in denen bürgerliche Regierungen auf die Stimmen der Rechtspopulisten setzen – wie es in Dänemark seit ungefähr 10 Jahren zu beobachten ist. Neben den Grünen Parteien sind die Rechtspopulisten des Nordens die zweite Parteienfamilie, die mehr oder weniger deutlich ihren festen Platz in den nordischen Parteiensystemen erkämpft hat. Aus nordischer Perspektive liegt durchaus die Interpretation nahe, dass die Rechtspopulisten interpretiert werden können als ein den Grünen Parteien entgegengesetzter Pol einer postmaterialistischen Konfliktlinie (Kitschelt 1995).

Die sich auflösenden sozialdemokratischen Hochburgen im Norden
Sozialdemokratische Hochburgen sind vor allem im Norden Europas anzutreffen. Die sozialdemokratischen Parteien in Dänemark, Norwegen und Schweden waren so mächtig, dass sie über lange Jahre der Nachkriegszeit eine fast hegemoniale Position im Parteienwettbewerb einnehmen konnten. Die Sozialdemokratien in den anderen nordischen Ländern waren hingegen eher »durchschnittlich« stark. Nach den »goldenen Jahren« der Sozialdemokratie, in denen sie in vielen Ländern Europas die Regierungen stellte und die auch mit der Metapher einer Politik des »dritten Weges« umschrieben wurde (vgl. Giddens 1999, 2001; Cronin/Ross/Shoch 2011, Jochem 2010a), befindet sich die europäische Sozialdemokratie gegenwärtig in einer elektoralen Krise (vgl. Tabelle 3.12).

Die Verluste für die Sozialdemokraten bei nationalen Wahlen sind auch im Norden feststellbar. Nicht nur in Mitteleuropa schwindet die sozialdemokratische Machtbasis, auch der Norden büßt seinen Ruf als sozialdemokratische Hochburg zusehends ein. Besonders deutlich ist der Rückgang für die dänischen Sozialdemokraten ausgeprägt. Als Durchschnittswert der vergangen Dekade ist noch ein Wert von ca. 26 Prozent aufgeführt. Damit erlitt die Partei einen Rückgang in der Wählergunst im Vergleich zu den 1950er Jahren um ca. 33 Prozent. Einen ähnlich starken Rückgang musste die norwegische Sozialdemokratie (DAN) hinnehmen, wenngleich sie von einem höheren Niveau zu schrumpfen begann als ihre dänische Schwesterpartei. In dieser Betrachtungsweise erscheint der Rückgang der schwedischen Sozialdemokratie (SAP) mit »nur« 18 Prozent Rückgang an Wählerstimmen geradezu moderat. Mit der Reichstagswahl 2010 ist die SAP allerdings auch bei Werten von nur noch knapp über 30 Prozent der Wählerstimmen angelangt (vgl. Jochem 2011b).

Kaum eine sozialdemokratische Partei der westlichen Welt hat die nationale Politik so hegemonial dominieren können wie die *schwedische Sozialdemokratie* (SAP). Mit nur kurzen Unterbrechungen führte sie seit den 1930er Jahren die überwiegende Anzahl der (Minderheits-)Regierungen an und beförderte ihr „social democratic image of society" (Castles 1978). Mit der Reichstagswahl 2006 kam es zu einem Bruch dieser Hegemonie. Seither kann eine »Allianz für Schweden«, bestehend aus Konservativer Partei, liberaler Volkspartei, der Zentrumspartei sowie der jungen schwedischen Christdemokratie, als Regierungskoalition die politische Verantwortung übernehmen. In der Wahl im Jahr 2010 wurde die Koalition in ihrer Regierungsverantwortung bestätigt. Aufgrund des Einzuges der rechtspopulistischen

Schwedendemokraten ins Parlament verlor die Allianz jedoch die parlamentarische Mehrheit. Dennoch, sie sucht erfolgreich die politische Kooperation mit der Grünen Partei (und
isoliert hiermit die Schwedendemokraten) und kann so die politische Mitte erfolgreich verteidigen – eine Position, die eigentlich traditionell von der SAP eingenommen wurde.

Tabelle 3.12: Elektorale Performanz der europäischen Sozialdemokratie

	Sozialdemokratie / Labour mit historisch hohen elektoralen Erfolgen						
	1950-59	1960-69	1970-79	1980-89	1990-99	2000-09	Prozentuale Veränderung[1]
Österreich	43,3	43,3	40,0	45,4	37,3	33,7	-22,2
Dänemark	40,2	39,1	33,6	30,9	36,0	26,8	-33,3
Deutschland	30,3	39,4	44,2	39,4	36,9	31,9	+5,3
Norwegen	47,5	45,5	38,8	37,4	36,0	30,8	-35,2
Schweden	45,6	48,4	43,7	44,5	39,8	37,5	-17,9
UK	46,3	46,1	39,1	29,2	38,8	38,0	-17,9
Durchschnitt	42,2	43,6	41,6	37,8	37,5	33,1	-21,5

	Sozialdemokratie mit historisch niedrigen/mittelmäßigen elektoralen Erfolgen						
	1950-59	1960-69	1970-79	1980-89	1990-99	2000-09	Prozentuale Veränderung[1]
Belgien	35,9	31,0	26,6	28,0	23,3	24,6	-31,5
Finnland	25,3	23,4	24,5	25,4	24,4	23,0	-9,3
Frankreich	15,2	15,9	21,0	34,5	20,6	24,4	+160,5
Luxemburg	34,1	33,5	24,8	29,0	23,9	22,5	-34,0
Niederlande	30,7	25,8	28,6	31,0	26,5	21,2	-30,9
Schweiz	26,5	25,1	24,1	20,6	20,9	21,4	-19,2
Durchschnitt	30,5	27,8	25,7	26,8	23,8	22,5	-25,0[2]

	Sozialdemokratische Nachzügler						
	1950-59	1960-69	1970-79	1980-89	1990-99	2000-09	Prozentuale Veränderung[1]
Spanien			29,9	43,9	38,2	40,2	+34,4
Portugal			33,4	26,4	39,0	39,9	+19,5
Griechenland			19,5	43,4	42,3	41,6	+113,3
Durchschnitt			27,6	37,9	39,8	40,6	+55,7

Quelle: Moschonas (2011, im Erscheinen), teilweise erfolgten die Berechnungen der Wachstumsraten durch den Autor.
Italien wird aufgrund der eruptiven Veränderungen des Parteiensystems sowie der Auflösungsprozesse der klassischen italienischen Sozialdemokratie von der Analyse ausgeschlossen, um so eine historisch akkurate Vergleichsperspektive der elektoralen Dynamiken zu gewährleisten.
Anmerkungen: 1) Prozentuale Veränderung der Wahlergebnisse für die 1950er Jahren (bzw. für die Nachzügler die
1970er Jahre) in Relation zum Wahlergebnis in den 2000er Jahren. 2) Durchschnittswert berechnet ohne den offensicht-
lichen französischen Ausreißer.

Die Wahlniederlagen nach 2006 kamen für die SAP einem Schock gleich. Lange Zeit suchte
die SAP eine informelle Kooperation mit den Parteien des linken Lagers. Letztlich sicherten
die Linkssozialisten sowie die Grüne Partei die parlamentarische Mehrheit der SAP ab.
Zwischen 2002 und 2006 kam die SAP einer intensiveren Integration dieser beiden kleinen
Parteien insofern nach, als sie bis zu acht Vertreter dieser Parteien in die Arbeit der Regie-
rungszentrale sowie anderer zentraler Ministerien integrierte (Christiansen/Damgaard
2008). Diese intensivierte Zusammenarbeit im linken politischen Lager konnte die Wahlnie-

derlagen sowie den Verlust der Regierungsverantwortung für die SAP allerdings nicht verhindern.

Aus der Opposition heraus versuchte die SAP mit einer formalen Kooperationsstrategie im linken Lager wieder an die Regierung zu gelangen. Allerdings zeigte sich auch bei der Wahl 2010, dass die schwedische Wahlbevölkerung einer solchen Zusammenarbeit – insbesondere der Integration der Linkssozialisten in diese Kooperationsstrategie – sehr skeptisch gegenüber steht (Jochem 2011b). Erschwert wird diese Strategie der SAP durch eine strategisch kühne Kehre der Konservativen Partei: Sie wirbt seit 2003 für eine wohlfahrtsstaatliche Politik. Die Allianz sieht sich nicht der alleinigen Steuersenkung verpflichtet sondern der Verbesserung des schwedischen Wohlfahrtsstaates sowie der weiteren Integration der schwedischen Bevölkerung in den Arbeitsmarkt. Damit konnte die »neue Arbeiterpartei Schwedens«, wie sich die Konservative Partei selber bezeichnet, erfolgreich auf den ureigenen programmatischen Feldern der SAP punkten – und die Wahlbevölkerung überzeugen.

Die Wahlniederlagen der vergangenen Dekade stellen die SAP vor eine Zerreißprobe. Nach der Wahlniederlage von 2010 kündigte nach parteiinternen Streitigkeiten die Vorsitzende der SAP, Mona Sahlin, ihren Rücktritt von ihren politischen Ämtern an. Seither ist die SAP auf der Suche nach einer neuen Führungspersönlichkeit. Dabei zeigt sich, dass die SAP programmatisch auf »alten« Pfaden wandeln will: Eine Krisenkommission fordert eine stärkere Stellung des Staates im Wirtschaftsleben, stärkere Besteuerung zur Sicherung der wohlfahrtsstaatlichen Politik und eine rigorose Politik zur Herstellung der materiellen Gleichheit (SAP 2011). Allerdings regt sich hierbei ein Konflikt mit einem Flügel innerhalb der SAP, der bezweifelt, dass mit einer solchen »alten« Politik die Wählergunst wieder zu erlangen sei, vor allem da die Steuersenkungen der Allianz von der Wahlbevölkerung sehr positiv aufgenommen werden.

Die ehemals hegemoniale SAP ist erfolgreich von ihrer strategisch wichtigen Position in der Mitte des Parteienspektrums verdrängt worden. Ursächlich hierfür ist nicht nur die programmatische Ausrichtung der Partei in der vergangenen Dekade. Wichtiger ist die programmatische und strategische Veränderung im bürgerlichen Lagern. Durch eine verstärkte Kooperation im rechten Lager – trotz zahlreicher Konflikte – und der programmatischen Wende nach links hin zu pro-wohlfahrtsstaatlichen Themen kann die bürgerliche Allianz als kohäsiver Block die Regierungsverantwortung verteidigen. Die Stärke der bürgerlichen Allianz ist insofern die Schwäche der SAP – und umgekehrt. Es bleibt abzuwarten, inwiefern die Allianz in Minderheitsposition auf die Grüne Partei als Unterstützerin wird bauen können, und wie es ihr geling die Schwedendemokraten zu isolieren. Ebenso offen ist die Frage, ob es einer reformierten SAP gelingen kann, strategische Brücken (wieder) zu den bürgerlichen Mitteparteien zu schlagen.

Ein Gegenmodell zur schwedischen Entwicklung stellt die *norwegische Sozialdemokratie* dar (DNA). Zum einen sind die elektoralen Verluste der DNA in den vergangenen Dekaden gravierender als für die SAP. Zum anderen bietet der norwegische Parteienwettbewerb der DNA noch strategische Möglichkeiten, trotz erodierender Wahlunterstützung ihre Position in der Regierungsverantwortung zu verteidigen. Die norwegischen bürgerlichen Parteien sehen sich konfrontiert mit einer starken und selbstbewussten rechtspopulistischen Fortschrittspartei. In der zweiten Regierungszeit von Kjell Magne Bondevik (von der norwegischen Christdemokratie) (2001-2005) zeigte sich, dass die Minderheitsregierung von Christ-demokratie, Liberaler Partei und Konservativer Partei immer stärker abhängig wurde von der Fortschrittspartei. Dies weckte Unmut unter den bürgerlichen Parteien. Insbesondere die beiden Mitteparteien wollten eine formale Integration der Rechtspopulisten in die Re-gierungsverantwortung verhindern. Dies wurde von den Rechtspopulisten dahingehend beantwortet, dass sie sich im Vorfeld der Wahl 2005 weigerte, eine bürgerliche Minderheits-regierung erneut »nur« parlamentarisch zu unterstützen.

Ein Novum für die norwegische Sozialdemokratie besteht darin, dass sie in dieser Situa-tion eine formale Koalition anstrebte. Sie konnte die norwegische Zentrumspartei sowie die Linkssozialisten zu intensiven Sondierungsgesprächen für eine mögliche Koalition gewinnen. Dieser programmatische Suchprozess verlief nicht ohne Probleme, mündete jedoch in eine »rot-rot-grüne« Koalition, die seit 2005 eine knappe parlamentarische Mehrheit besitzt. Die Konflikte dieser Koalition waren zahlreich (Einwanderungspolitik, EU-Politik, Gleichstel-lungspolitik, und andere). Und so schien es vor der Wahl 2009 für die DNA aussichtslos, erneut ausreichend Stimmen für die Fortführung der Koalition zu gewinnen. Eine Mobilisie-rung der Wählerschaft zur Vermeidung einer rechtspopulistisch geführten bürgerlichen Koalition und die globale Finanzkrise verhalfen der DNA unter Jens Stoltenberg jedoch er-neut zu einer knappen Mehrheit und zur Fortführung einer »rot-rot-grünen« Koalition. Ge-rade das vehemente sozialdemokratische Krisenmanagement stärkte die Partei und führte nach dem katastrophal niedrigen Wahlergebnis von nur 24,3 Prozent im Jahre 2001 zu einem erneuten Anstieg des Wähleranteils auf 35,4 Prozent im Jahre 2009 (vgl. Aalberg 2010).

Die norwegische Sozialdemokratie regiert unter besonderen Vorzeichen. Der Erdöl-reichtum ermöglicht norwegischen Regierungen größere Freiheitsgrade in wohlfahrtsstaat-lichen Hinsichten als in den anderen OECD Staaten. Allerdings zeigt sich an diesem Bei-spiel, wie der Erfolg der Sozialdemokratie auch von den Dynamiken des Parteienwettbe-werbs beeinflusst wird. Die DNA kann erfolgreich gegen die rechtspopulistische Fort-schrittspartei mobilisieren und die Heterogenität im bürgerlichen Lager für sich strategisch ausnutzen. Anders als in Schweden kann die DNA in Norwegen ihre strategische Mitteposi-tion verteidigen und die programmatisch gespaltenen bürgerlichen Parteien gegeneinander ausspielen. Diese strategischen Handlungsoptionen in Verbindung mit dem sozialdemokra-tischen Krisenmanagement in Gefolge der globalen Finanzkrise führten dazu, dass die DNA nach einem historischen Tiefstand gegenwärtig wieder Wahlergebnisse deutlich jenseits der 30 Prozent Marke erlangen kann.

Die *dänische Sozialdemokratie* (SD) ist ein Beispiel für elektoralen Niedergang und den Verlust strategischer Freiheitsgrade im Parteienwettbewerb. Ähnlich wie in Norwegen musste die SD deutliche Verluste in der Wählergunst hinnehmen. Und sie musste diese Verluste von einem im skandinavischen Vergleich niedrigeren Ausgangsniveau als ihre Schwesternparteien in Norwegen oder Schweden verkraften. Während unter der sozialde-mokratisch dominierten Regierungszeit von Poul Nyrup Rasmussen (1993-2001) die Grund-lagen für das heute viel gelobte dänische Modell gelegt wurden, kamen seither die Sozial-demokraten in Dänemark nie mehr in offizielle Regierungsverantwortung. Seit Beginn des neuen Jahrhunderts verringert sich der Wahlerfolg stetig. Gegenwärtig – und vor der natio-nalen Parlamentswahl im Jahr 2011 – erreicht die SD nur noch 25,5 Prozent der Stimmen.

Die bürgerliche Regierungsära unter Anders Fogh Rasmussen (Liberale Partei) steht für eine beispiellose Polarisierung des Parteienwettbewerbs. Seit 2001 kann die rechtspopulistische Dänische Volkspartei immer stärker die Ausgestaltung der dänischen Politik mitbestimmen. Nach der Liberalen Partei ist die Dänische Volkspartei die zweitgrößte bürgerliche Partei und hat mit Pia Kærsgaard eine charismatische und streitlustige Parteivorsitzende, die immer stärker für ihre Partei eine führende Position in der dänischen Politik reklamiert.

Die dänischen Sozialdemokraten erlebten nach den Wahlniederlagen parteiinterne Krisen. Nach den verlorenen Wahlen von 2001 und 2005 kam es jeweils zu Veränderungen an der Parteispitze. Die dänische Sozialdemokratie suchte nicht nur personell sondern auch programmatisch einen neuen tragenden Grund. Seit 2005 führt Helle Thorning-Schmidt die SD. Auch nach relativen Verlusten für die Partei im Jahr 2007 behauptete sie die Parteiführung für sich. Ihr Ziel ist es – ähnlich wie in Norwegen – die Kritik an den Rechtspopulisten strategisch zu nutzen. Dabei setzt sie auf eine programmatische Ausrichtung der SD hin zu mehr Investitionen in den dänischen Wohlfahrtsstaat (mit der Ankündigung höherer Steuern) sowie einer umfassenden Gleichstellungspolitik. Im Wahlkampf des Jahres 2010/2011 verfolgt Thorning-Schmidt zudem eine explizite Koalitionsstrategie mit den Linkssozialisten – die ihrerseits einen beachtlichen Modernisierungsprozess durchlaufen – sowie der »sozialliberalen« Radikale Venstre. Aus beiden Parteien kamen eindeutige Signale für eine mögliche Koalition innerhalb des linken Lagers – die eventuell noch durch die Grüne Einheitsliste verstärkt werden könnte. Allerdings sind – anders als in Norwegen – die Zusammenarbeitspraktiken in Dänemark eher informeller Natur; es existieren keine formalen Zusammenarbeitsbeschlüsse bzw. formale gemeinsame Positionspapiere.

Dennoch scheint sich diese Strategie am Vorabend der Wahl für die Sozialdemokratie auszuzahlen. Nach aktuellen Wahlprognosen kann die SD kräftig zulegen. Dieser Partei werden Werte knapp über 30 Prozent vorhergesagt. Die Linkssozialisten würden auf knapp 15 Prozent der Stimmen sowie die sozialliberale Radikale Venstre auf knapp über 5 Prozent der Stimmen kommen. Bei einem solchen Ergebnis hätte eine »rot-rot-gelbe« Koalition in Dänemark die Mehrheit der Sitze sicher – vor allem wenn die Grüne Einheitsliste die Koalition stützen bzw. verstärken würde.[78] Dieser Stimmenzuwachs für die SD wird auch darauf zurück geführt, dass die dänischen Gewerkschaften deutlich die SD im Wahlkampf unterstützen. Unter den bürgerlichen Parteien muss vor allem die Partei des bisherigen Regierungschefs, die Liberale Partei (»Venstre«) mit deutlichen Wahlverlusten rechnen, ebenso wie die Konservative Partei. Die Wahlprognosen für die Dänische Volkspartei sehen sie bei ungefähr 12 Prozent der Stimmen, was ungefähr ihrem Anteil bei der Wahl 2007 entspräche.

Für die dänische Sozialdemokratie bedeutet dies, dass sie nach norwegischem Muster versucht, den bürgerlichen Block an der Frage des rechtspopulistischen Einflusses auf die staatliche Politik zu spalten. Dies und eine verstärkte Betonung genuin wohlfahrtsstaatlicher Politiken führen gegenwärtig zu einer erneuten Stärkung der dänischen Sozialdemokratie. Gleichwohl ist die dänische Kooperationslogik nicht so abgesichert, wie dies in Norwegen der Fall war – und in Schweden erfolglos angestrebt wurde. Aber die dänische Sozialdemo-

---

[78]   Zu den Prognosen vgl. <http://borsen.dk/nyheder/politik/artikel/1/200751/thorning_sender_blaa_blok_til_taelling. html> (Letzter Zugriff am 10. Februar 2011). Etwas niedrigere Werte berichtet das dänische Gallup Institut / TNS, vgl.: <http://www.gallup.dk/nyhedscenter/statistik/politisk-indeks.aspx> (Letzter Zugriff am 10. Februar 2011).

kratie versucht – den Umfragen zufolge erfolgreich – die Blocklogik des Parteienwettbewerbs aufzubrechen und sich wieder in der politischen Mitte zu positionieren.

Die *finnische Sozialdemokratie* (SDP) konnte nie eine so dominante Stellung im Parteienwettbewerb einnehmen wie in den drei anderen nordischen Hochburgen der Sozialdemokratie. Vor dem Hintergrund der traditionell geringeren Erfolge bleiben auch die Verluste der SDP in den vergangenen Dekaden eher gering. Gegenwärtig erlangt die SDP 19,1 Prozent der Stimmen, dies entspricht in etwa ihrem langjährigen Durchschnitt. Den größten Wahlerfolg konnte die Partei in der Nachkriegszeit mit 28,3 Prozent der Stimmen im Jahr 1995 für sich verbuchen. Die Hochphase sozialdemokratisch geführter Regierungen fällt in die 1980er Jahre. Und in den späten 1990er Jahren konnte unter der Führung von Paavo Lipponen die finnische Sozialdemokratie in blockübergreifenden Großen Koalitionen für acht Jahre die Regierungsgeschäfte maßgebend leiten.

Der finnische Parteienwettbewerb unterscheidet sich deutlich von demjenigen in den bisherigen sozialdemokratischen Hochburgen des Nordens. In Finnland sind blockübergreifende Große Koalitionen die Regel. Insofern kann die Sozialdemokratie auch nicht als führende Partei des linken Lagers oder als »natürliche« Regierungspartei der Mitte agieren. Die finnische Zentrumspartei übernahm für die meisten Jahre der Nachkriegsgeschichte diese strategisch wichtige Mitteposition im finnischen Parteienwettbewerb. Während lange Zeit jedoch Koalitionen zwischen der Zentrumspartei und der SDP Finnlands die Regel waren, änderte sich dies in den späten 1980er Jahren. In den frühen Jahren des neuen Jahrhunderts verschärfte sich jedoch der Wettbewerb zwischen der Zentrumspartei und der SDP. Insofern kämpft die SDP mit der Zentrumspartei um die Position einer »natürlichen« Regierungspartei, für die allerdings nicht nur Stimmenanteile von ca. 25 Prozent im Mehrparteienparlament Finnlands notwendig wären, sondern für die vor allem strategische Kooperationen entscheidend wären. Mit dem erneuten Erstarken der Konservativen Partei Finnlands bei der Reichstagswahl 2011 scheinen die ambitionierten Pläne der SDP vorerst gescheitert.

Die SDP leidet gegenwärtig unter einem Rechtsruck der öffentlichen Auseinandersetzung. In jüngster Vergangenheit kommen Themen wie die finnische Immigrationspolitik immer stärker in den Fokus der Debatte. Hiervon profitiert die rechtspopulistische Partei der Wahren Finnen – und die etablierten Parteien verlieren an Rückhalt. Die SDP reagiert auf diese Situation mit verstärkten Angriffen auf die Partei der Wahren Finnen und vielfältigen Kooperationssondierungen hin zu anderen großen Parteien des bürgerlichen Lagers. Es bleibt abzuwarten, inwiefern sich die SDP in der Großen Koalition wird profitieren können. In der Phase der Regierungsbildung spielte sie kurze Zeit mit einem Rückzug aus den Verhandlungen, als die Konservative Partei nicht auf drastische Steuersenkungen verzichten wollte. Die SDP setzte sich in diesem Punkt durch, allerdings bleibt das Thema der Steuerpolitik im finnischen Parteienwettbewerb äußerst virulent (vgl. Kapitel 4.3).

Insofern ist das Schicksal der finnischen Sozialdemokratie nicht nur abhängig von programmatischen oder personellen Entscheidungen. Gegenwärtig befindet sich das finnische Parteiensystem in einer Phase des Umbruchs. Und nicht nur die Sozialdemokratie ist negativ vom Erstarken der Rechtspopulisten betroffen. Inwiefern sich für die SDP allerdings eine »norwegische Lösung« auf diese Situation eröffnet – oder inwiefern sie das Schicksal der dänischen Sozialdemokratie der vergangenen Dekade erleiden muss –, dies hängt nicht zuletzt auch von den strategischen Entscheidungen der etablierten Parteien des bürgerlichen Lagers ab.

Die *isländische Sozialdemokratie* ist ebenfalls im nordischen Vergleich eher schwach. Lange Jahre der Nachkriegszeit dominierten bürgerliche Parteien den isländischen Parteienwettbewerb sowie die isländischen Regierungsgeschäfte. Für die isländische Sozialdemokratie kam es mit einer Neugründung Ende der 1990er Jahre zu einem Neustart. Damals schlossen sich Parteien des linken Spektrums in der »sozialdemokratischen Allianz« (»Samfylkingin, S«) zusammen. Diese Partei konnte rasch Stimmenanteile knapp um die 30 Prozent erreichen. Ihr programmatisches Profil ist eindeutig auf die Sicherung und den Ausbau des Wohlfahrtsstaates ausgerichtet, sowie auf eine rasche Integration Islands in die EU. Mit den Auswirkungen der globalen Finanzkrise in Island kommt auf die Sozialdemokratie eine immense Herausforderung zu. Gegenwärtig regiert sie mit ihrem Koalitionspartner – dem linkssozialistisch-ökologisch-feministischen Bündnis (»Vinstrihreyfingin – Grænt framboð, VG«) und ist bemüht, die Auswirkungen der Finanzkrise zu meistern und gleichzeitig die Integration Islands in die EU vorzubereiten. Aufgrund der Vielzahl der immensen Herausforderungen erscheint es fraglich, ob die neue sozialdemokratische Partei ihre relativen Wahlerfolge in naher Zukunft wird verteidigen können.

Die sozialdemokratischen Parteien des Nordens haben ihre hegemonialen Positionen weitgehend eingebüßt. In vielen Ländern sanken die Stimmenanteile (zeitweise) unter die kritische 30 Prozent Marke. Diese Entwicklung ist jedoch nicht allein einer programmatischen Erschöpfung zuzuschreiben. Vielmehr sind es auch die Restriktionen – und Optionen – des jeweiligen Parteienwettbewerbs, die über Wohl und Wehe der nordischen Sozialdemokratie entscheiden. Es zeigt sich, dass die Etablierung Grüner Parteien die sozialdemokratischen Wählerschichten ebenso binden wie dies durch die weitgehende Etablierung rechtspopulistischer Parteien im Norden der Fall ist. In dieser strategisch prekären Situation zeigt die norwegische Entwicklung eine erneute Stärkung der Sozialdemokratie, die auf dem Vermögen basiert, das bürgerliche Lager in der Frage des Rechtspopulismus zu spalten. Dies war lange Zeit der dänischen Sozialdemokratie nicht möglich – mit den Folgen drastischer Verluste bei den Wahlen. Die schwedische Sozialdemokratie sieht sich durch die kohärente bürgerliche Allianz eingeschränkt, die erfolgreich, wenngleich nicht beständig, mit der Grünen Partei eine blockübergreifende Politik betreibt. Und die Sozialdemokraten Finnlands stehen erst am Beginn des strategischen Lernprozesses unter den Rahmenbedingungen eines parteipolitischen Wettbewerbs mit starker rechtspopulistischer Partei.

Es zeigt sich letztlich in der Gesamtbetrachtung, dass sich die nordischen Parteiensysteme gegenwärtig in einem vielschichtigen Veränderungsprozess befinden. Das klassische Muster eines Fünf-Parteiensystems im Norden ist Geschichte (wenn es wie für Finnland überhaupt je zutraf). Die neuen Parteien verändern den Parteienwettbewerb, was nicht zuletzt für die nordischen Sozialdemokraten schmerzhafte Lernprozesse impliziert. Welche Konsequenzen diese neuen Muster des Parteienwettbewerbs auf die Ausgestaltung der öffentlichen Politik haben, wird in den folgenden Kapiteln eingehend analysiert. Zuvor werden jedoch andere wichtige Akteure der nordischen Demokratien analysiert: die gesellschaftlichen Verbände.

3.5 Staat und Verbände – Immer noch organisierte Demokratien im Norden?

Die nordischen Demokratien können als »organisierte Demokratien« bezeichnet werden. Darunter ist zu verstehen, dass in organisierten Demokratien politische Prozesse und Entscheidungen in intensive Verhandlungen mit umfassend organisierten Interessenverbänden eingebettet sind (Olsen 1983). Der formal-institutionelle Rahmen des politischen Prozesses ähnelt im Norden über weite Strecken eher dem britischen »Westminster-Modell« als den institutionell verflochtenen föderalen Systemen Deutschlands, der Schweiz oder der USA. Enge institutionalisierte Verbindungen zwischen staatlichen Akteuren und organisierten Verbänden haben aus verhandlungsdemokratischer Perspektive[79] das Potenzial, einen genuin mehrheitsdemokratischen Wettbewerb zwischen den Parteien einzuhegen. Der Korporatismus[80] in Skandinavien sorgt für vielfältige Verhandlungsprozesse im demokratischen Entscheidungsprozess. Die leitende Forschungsfrage im Folgenden lautet, inwiefern sich diese institutionalisierten Staat-Verbände Beziehungen im Norden gewandelt haben, welche Gründe hierfür genannt werden können – und welche Konsequenzen aus den Veränderungen zu erwarten sind.

Die Rolle von Interessengruppen (und Vereinen) in der Demokratie kann grundsätzlich – neben einer genuin organisationssoziologischen Perspektive – aus zwei Blickwinkeln analysiert werden: Zum einen nimmt die Organisationsfähigkeit und Organisationsdichte zeitgenössischer Demokratien in der Literatur zum *Sozialkapital* eine zentrale Bedeutung ein. Dort wird argumentiert, dass Gesellschaften, in welchen sich die Menschen zahlreich in Vereinen und Verbänden organisieren, mehr Sozialkapital, also vor allem mehr zwischenmenschliches Vertrauen aufweisen würden als andere Gesellschaften. Dieser »soziale Kitt« der Gesellschaften ermögliche eine besondere Leistungsfähigkeit der Demokratie sowie im Umkehrschluss eine hohe Legitimation demokratischer Formen und Prozesse.

Zum anderen spielen die Verbände in der *Policy-Forschung* eine zentrale Rolle. Dort kann zum Beispiel aus der Perspektive des Machtressourcenansatzes (Korpi 1978, 1983) heraus argumentiert werden, dass in Ländern mit starken Gewerkschaftsbewegungen auch bürgerliche Regierungen eine eher »sozialdemokratische« Politik betreiben würden. Oder es wird auf die Befunde der Korporatismusforschung verwiesen, in der aus einer genuin verhandlungsdemokratischen Perspektive den institutionalisierten Beziehungen zwischen Staat und Verbänden eine große Rolle bei der Ausgestaltung von Reformen zugesprochen wird (Jochem/Siegel 2003). In beiden Analyseperspektiven der international vergleichenden Policy-Forschung richtet sich das Erkenntnisinteresse somit auf *steuerungstheoretische Aspekte* moderner Demokratien.

Es war lange Zeit für die *Sozialkapitalforschung* ein Rätsel, dass den nordischen Gesellschaften ein sehr hohes Maß an Sozialkapital durch empirische Erhebungen attestiert wird.

---

[79] Vergleiche zum Konzept der Verhandlungsdemokratie die Ausführungen zu Beginn dieses Kapitels und insbesondere Schaubild 3.2).

[80] Unter Korporatismus kann eine besondere Form der organisierten Demokratie verstanden werden. In korporatistischen Staat-Verbände Beziehungen sind die Interaktionen zwischen Verbänden und staatlichen Stellen gut institutionalisiert, und die Verbände füllen eine prominente Funktion im Laufe der Politikformulierung, -entscheidung sowie -implementation aus (vgl. im Detail die weiteren Ausführungen im Verlaufe dieses Unterkapitels).

Die ursprüngliche Forschungshypothese lautete nicht selten, dass die umfassenden Sozialstaaten des Nordens (vgl. Kapitel 5) ein zivilgesellschaftliches Engagement obsolet machen
würden (vgl. Rothstein/Stolle 2003, Freitag 2006). Wenn politische Programme darauf ausgerichtet sind, die Menschen in ihren sozialen Risikolagen umfassend abzusichern, wozu
bedürfe es dann des freiwilligen Engagements in Vereinen und Vereinigungen? Und wenn
solch umfassende Sozialstaaten existieren, würde dies nicht in der Konsequenz bewirken,
dass die Menschen dort isoliert voneinander leben würden, jeder nur auf sich bedacht und
darauf, sein Einkommen und seine Transferleistungen vor den anderen zu beschützen und
zu verbergen?

Erste international vergleichende Erhebungen haben diese Forschungsvermutungen
widerlegt. Die nordischen Länder sind – insoweit sie von den international vergleichenden
Forschungen erfasst werden – durchaus allesamt in den Spitzenpositionen der Sozialkapitalforschung vertreten (vgl. Tabelle 3.13). Gleich, ob die pure Mitgliedschaft in Vereinigungen
abgefragt wird, die Aktivität in diesen Vereinigungen oder die Bereitschaft, diesen Vereinigungen Geld zu spenden – die nordischen Länder Dänemark, Norwegen und Schweden
sind bei all diesen Aspekten unter den ersten Rangplätzen im europäischen Vergleich vertreten. Einzig Finnland weicht von diesem »nordischen Muster« etwas ab. Dort sind tendenziell weniger Menschen Mitglied in Vereinigungen, sie engagieren sich seltener als ihre
nordischen Nachbarn in diesen Vereinigungen und sie sind sparsamer in ihrer Spendenbe-
reitschaft.

Dieses Muster des zivilgesellschaftlichen Engagements spiegelt sich im Vertrauen der
Menschen untereinander wider. Hier belegen alle vier nordischen Länder die Spitzenpositionen (für das Jahr 2002) hinsichtlich des Ausmaßes des »generalisierten Vertrauens«. In
dieser Variable werden Aspekte integriert, wie Menschen anderen Menschen vertrauen, wie
fair und wie hilfsbereit sie ihre Mitmenschen wahrnehmen. In diesen Erhebungen grenzt
sich der Norden deutlich von Süden Europas ab. Und die deutschsprachigen Gesellschaften
belegen durchweg Mittepositionen – wenngleich die Schweiz im Bereich des »generalisierten Vertrauens« tendenziell eher in einer Spitzenposition zu verorten ist.[81]

Wie lässt sich trotz umfassender Sozialpolitik dieser Sozialkapitalreichtum des Nordens erklären? Einer Vielzahl von Erklärungsmöglichkeiten wird in der einschlägigen Forschung systematisch nachgegangen, allerdings lässt sich bislang noch kein gesicherter Forschungsstand belegen. Ökonomische Indikatoren wie der Wohlstand der Gesellschaften
oder die relative Einkommensverteilung werden ebenso kontrovers diskutiert wie Aspekte
der Bildungs- und Sozialpolitik oder sozio-ökonomische, kulturelle und religiöse Aspekte.
In jüngster Zeit mehren sich jedoch die Argumente, dass just die Form der nordischen Sozialpolitik einen »virtuous circle« ermögliche, also eine *positive Verstärkung* des Sozialkapitals.
Entgegen der Anfangsvermutung, der zufolge ein umfassender Sozialstaat zivilgesellschaftliches Engagement und Vertrauen aufzehre, bewirke just die universalistische Ausformung
der Sozialpolitik eine Verstetigung und eine Verstärkung des Sozialkapitals (Rothstein 1998,
2001, 2010; Friedberg/Kangas 2008). Diese sozialpolitischen Effekte würden zusätzlich verstärkt durch qualitative Aspekte des Regierens. Die hohe Qualität der demokratischen Insti-

---

[81]   Leider lagen für die anderen Aspekte dieser Analyse des Sozialkapitals keine verlässlichen Daten für die Schweiz
       vor, vgl. Friedberg/Kangas (2008).

tutionen im Norden sei ebenso förderlich für die dortige hohe Ausprägung des Sozialkapitals (Rothstein/Samanni/Toerell 2010).[82]

Tabelle 3.13: Sozialkapital und freiwilliges Engagement im internationalen Vergleich

Generalisiertes Vertrauen		Mitgliedschaft in freiwilligen Organisationen		Freiwilliges Engagement		Spenden und Geldleistungen für freiwillige Organisationen	
Land	Wert	Land	Wert	Land	Wert	Land	Wert
Dänemark	6,81	Dänemark	92	Norwegen	37	Niederlande	44
Norwegen	6,53	Schweden	90	Schweden	35	Schweden	44
Finnland	6,34	Niederlande	84	Niederlande	29	Norwegen	41
Schweden	6,25	Norwegen	84	Dänemark	28	UK	40
Irland	5,80	Luxemburg	78	Deutschland	26	Österreich	38
Schweiz	5,72	Finnland	76	Belgien	23	Deutschland	34
Niederlande	5,72	Österreich	75	UK	23	Dänemark	34
UK	5,34	Belgien	71	Frankreich	19	Irland	32
Österreich	5,31	Deutschland	71	Irland	16	Belgien	26
Deutschland	5,10	UK	70	Luxemburg	15	Frankreich	23
Luxemburg	5,06	Irland	68	Österreich	14	Finnland	19
Belgien	4,96	Frankreich	50	Finnland	12	Luxemburg	19
Spanien	4,84	Spanien	36	Spanien	7	Portugal	16
Frankreich	4,81	Italien	35	Griechenland	6	Spanien	15
Portugal	4,43	Portugal	29	Portugal	6	Italien	12
Italien	4,40	Griechenland	25	Italien	5	Griechenland	9
Griechenland	3,45						

Anmerkungen: Die Analysen von Friedberg und Kangas beruhen auf dem European Social Survey (ESS) aus dem Jahr 2002. Die Variable »Generalisiertes Vertrauen« ist ein Durchschnittsindikator aus drei Fragen, die im ESS zur Auswahl standen und die Aspekte des Vertrauens, der Hilfsbereitschaft sowie der Fairness umfassen. Der Indikator erstreckt sich von 0 bis 10, wobei hohe Werte ein hohes Maß an generalisiertem Vertrauen ausdrücken. Die anderen Indikatoren sind Prozentangaben. Im EES wurde gefragt, ob die Befragten innerhalb der letzten 12 Monate Mitglied in einer freiwilligen Organisation waren, ob sie sich in den Organisationen freiwillig betätigt haben, oder ob sie diesen Organisationen Geld gespendet haben.
Quelle: Fridberg/Kangas (2008: 70, 71, 78).

Die Divergenzen der Sozialkapitalforschung können und sollen hier nicht aufgelöst werden. In diesem Zusammenhang ist vielmehr die Beobachtung von Bedeutung, dass den nordischen Gesellschaften durchweg ein sehr hohes Niveau unterschiedlicher Dimensionen von Sozialkapital bescheinigt wird. Die umfassenden Wohlfahrtsstaaten des Nordens zehren also keineswegs zivilgesellschaftliches Engagement aus. Im Gegenteil scheinen im Norden starker Staat und starke Gesellschaft Hand in Hand zu gehen. Welche politischen Faktoren hierfür im Detail verantwortlich zu machen sind, ist immer noch ein Desiderat der Forschung. Es sollte dabei nicht nur auf politische Quellen von Sozialkapital abgesehen werden. Die (noch weitgehende) religiöse und wertbasierte Homogenität des Nordens, die Traditionen kleiner agrarisch geprägter Gesellschaften, die zum Überleben auf zwischen-

---

[82]   Es können auch andere Aspekte demokratischer Formen in Zusammenhang mit dem Sozialkapital analysiert werden. So weißt Freitag (2006) vor dem Hintergrund seiner Analysen der schweizerischen Kantone darauf hin, dass die Intensität direktdemokratischer Praktiken förderlich für Sozialkapitalmehrung sei. Gleichwohl ist einzuwenden, dass direktdemokratische Praktiken im Norden – mit partieller Ausnahme Dänemarks – eher schwach ausgeprägt sind, dieser Aspekt demokratischen Regierens also schwerlich die hohen Werte des Sozialkapitals in den nordischen Ländern erklären kann.

menschliche Solidarität angewiesen waren, all diese kulturellen Erfahrungen mögen ebenfalls zur Erklärung der hier berichteten hohen Werte des Sozialkapitals im Norden beitragen (Jochem 2011d).

Während die Sozialkapitalforschung ihr Augenmerk auf die Vereinigungen einer Gesellschaft in demokratietheoretischer Absicht lenkt, spielen Verbände und Vereinigungen in der *Policy-Analyse* ebenfalls eine bedeutsame Rolle. Die demokratische Entscheidungsfindung sowie die staatliche Steuerung von Reformen hängen zu einem gewissen Teil von den im internationalen Vergleich unterschiedlich ausgeprägten Staat-Verbände Beziehungen ab. Mächtige Verbände können die politische Diskussion im Reformprozess beeinflussen. Und mitunter rekurrieren staatliche Stellen auf den Sachverstand und den Einfluss von Verbänden, wollen sie ihre Steuerungsziele erreichen. Im Folgenden werden die zentralen Verbände des Nordens vorgestellt sowie die Dynamiken der Staat-Verbände Beziehungen in jüngster Vergangenheit erörtert. In erster Hinsicht zeichnet sich der Norden durch die mächtigsten Verbände weltweit aus, in zweiter Hinsicht wird zu zeigen sein, wie – und warum – sich die korporatistischen Staat-Verbände Beziehungen gewandelt haben.

Die Organisation der Arbeitnehmer- und Arbeitgeberinteressen ist sehr bedeutsam für die Funktionsweise marktwirtschaftlicher Demokratien. In allen Ländern ist diese Konfliktlinie angelegt, in den meisten Ländern ist sie die dominante. Für diese gesellschaftlichen Organisationen liegen zudem die besten vergleichenden Daten vor. Wenngleich bereits an dieser Stelle betont werden muss, dass die Daten vor allem für die Gewerkschaften in guter Qualität vorliegen, sind die vergleichenden Daten zu den Arbeitgeberverbänden eher lückenhaft und mitunter in ihrer Qualität fragwürdig.

Der Norden ist die Hochburg moderner Arbeiterbewegungen. Dies lässt sich auch an den Organisationsgraden der Gewerkschaftsbewegungen in den OECD Ländern ablesen (vgl. Tabelle 3.14). Zum letzten verfügbaren Beobachtungszeitpunkt (2007/2008) waren in Island über 86 Prozent aller Arbeitnehmer in Gewerkschaften organisiert. Die Werte für Schweden (70,8), Finnland (70,3) und Dänemark (69,1) liegen deutlich unter dem außerordentlich hohen Wert für Island. Aber gleichwohl belegen diese Länder nach Island die weiteren oberen Rangplätze im internationalen Vergleich. Lediglich der Wert für die norwegischen Gewerkschaften (53,7) ist niedriger als für die anderen nordischen Länder. Aber der Wert ist dabei immer noch deutlich höher als die Werte, die für die restlichen OECD Länder ausgewiesen werden.

Im Norden befinden sich die mächtigsten Gewerkschaften der Welt, allerdings zehren sie von ihrer gewachsenen Stärke. Im historischen Vergleich wird deutlich, dass in allen nordischen Ländern – mit der Ausnahme Islands – die gewerkschaftlichen Organisationsgrade seit den 1990er Jahren oder spätestens seit Beginn des neuen Jahrtausends (so in Finnland) rückläufig sind. Hier folgen die nordischen Gewerkschaften von einem hohen Niveau aus einem internationalen Trend. In allen OECD Ländern organisieren sich seit den 1990er Jahren im Durchschnitt immer weniger Erwerbspersonen in den Gewerkschaften.

Tabelle 3.14: Gewerkschaftliche Organisationsgrade im internationalen Vergleich

	1970	1980	1990	2000	2007/08
Australien	44,2	48,7	40,0	24,7	18,5
Österreich	62,8	56,7	46,9	36,6	30,8
Belgien	42,1	54,1	53,9	49,5	52,9
Kanada	31,0	34,0	34,0	28,3	27,3
Dänemark	60,3	78,6	75,3	74,2	69,1
Finnland	51,3	69,4	72,5	75,0	70,3
Frankreich	21,7	18,3	10,3	8,1	7,6
Deutschland	32,0	34,9	31,2	24,6	19,9
Griechenland	-	-	34,1	26,5	24,5
Island	-	57,6	79,0	81,7	86,4
Irland	50,6	54,3	48,5	38,4	32,4
Italien	37,0	49,6	38,8	34,8	33,5
Japan	35,1	31,1	25,4	21,5	18,3
Luxemburg	46,8	50,8	46,4	42,5	38,7
Niederlande	36,5	34,8	24,3	22,9	19,3
Neuseeland	56,5	69,1	49,5	22,3	21,5
Norwegen	56,8	58,3	58,5	54,4	53,7
Portugal	-	54,8	28,0	21,6	20,8
Spanien	-	-	12,5	16,7	14,2
Schweden	67,7	78,0	80,0	79,1	70,8
Schweiz	28,9	27,7	22,7	20,8	18,7
UK	43,0	49,7	38,2	30,2	27,9
USA	27,4	22,1	15,5	12,8	11,6
Durchschnitt	43,8	49,2	42,0	36,8	34,3

Anmerkung: Der gewerkschaftliche Organisationsgrad gibt den prozentualen Anteil der Arbeitnehmer an, die in Gewerkschaften organisiert sind. Die Daten beruhen zum Teil auf Angaben der Gewerkschaftsbewegungen, zum Teil auf nationalen Umfragen.
Quelle: OECD Employment Database (<http://www.oecd.org/document/34/0,3343,en_2649_33927_40917154_1_1_1_1,00.html>, letzter Zugriff am 9. Dezember 2010).

Die gewerkschaftlichen Organisationsmuster folgen zudem einem Modernisierungstrend der nordischen Arbeitsmärkte. Die klassischen Akteure auf den nordischen Arbeitsmärkten waren die Dachverbände der genuinen Arbeitergewerkschaften. Deren relativer Anteil an der gesamten gewerkschaftlichen Organisationsmacht nimmt seit den 1970er Jahren stetig ab (vgl. Tabelle 3.15). Davon profitieren können die Gewerkschaftsdachverbände der Angestellten sowie der Akademiker, die im Gegenzug immer mehr Erwerbspersonen an ihre Organisationen binden können. Die politische Pointe dieser Entwicklung liegt darin, dass die wachsenden Gewerkschaftsbewegungen der Angestellten und Akademiker (»white collar unions«) eher lose Verbindungen zu den jeweiligen sozialdemokratischen Parteien unterhalten. Ein mächtiger Pfeiler der sozialdemokratischen Hegemonie bestand lange Jahre in den engen Beziehungen zwischen Sozialdemokratie und den mächtigen Dachverbänden der Arbeitergewerkschaften (»blue collar unions«). Insofern wird die Organisationsland-schaft im Norden nicht nur bunter und heterogener. Auch aus der Perspektive des Parteienwettbewerbs vermindern diese Entwicklungen die Machtressourcen sozialdemokratischer Parteien.

Tabelle 3.15: Gewerkschaftsdachverbände in Skandinavien

	Arbeiter-Gewerkschaften			Angestellten-gewerkschaften			Gewerkschaften der Akademiker			Sonstige		
Dänemark	**LO** Landsorganisation i Danmark			**FTF** Funktionærernes og Tjenstemændenes Fællesråd			**AC** Akademikernes Centralorganisation			**LH** Ledernes Hovedorganisation		
70/90/08	76,7	69,4	55,6	13,4	15,8	19,6	2,4	5,0	9,5	2,6	3,4	4,2
Finnland	**SAK** Suomen Ammattiliittojen Keskusjärjestö			**STTK** Toimihenkilökeskusjärjestö			**AKAVA** Akadeemisten Toimihenkilöiden Keskusjärjestö					
70/90/08	68,8	55,9	47,0	22,3	20,2	28,7	4,5	14,5	24,3			
Norwegen	**LO** Landsorganisasjonen i Norge			**Unio** Hovedorganisasjonen for universitets- og høyskole-utdannede			**Akademikerne**			**YS** Yrkesorganisasjonenes Sentralsforbund		
70/90/08	79,8	60,8	53,6	--	--	17,4	--	--	8,7	--	--	13,3
Schweden	**LO** Landsorganisationen i Sverige			**TCO** Tjänstemännens Central-organisation			**SACO** Sveriges akademikers centralorganisation					
70/90/08	66,2	59,6	43,5	28,3	32,3	35,4	4,5	7,7	17,7			

Anmerkungen: »70/90/08«, d.h. der relative Organisationsanteil des jeweiligen Gewerkschaftsdachverbandes zum ungefähren Zeitpunkt 1970, 1990 sowie 2008. Angaben zu den isländischen Gewerkschaften liegen leider nicht vor. In Norwegen kam es zu mehreren organisatorischen Neujustierungen. Aus diesem Grunde können die Organisationsgrade zum ungefähren Zeitpunkt 1970 und 1990 nicht für alle Organisationen angegeben werden.
Sonstige Gewerkschaftsdachverbände: LH (Dänemark): Umfasst Führungspersonal insbesondere in technischen Industriezweigen. YS (Norwegen): Ist eine Konkurrenzorganisation zur LO, allerdings mit stärkerer Ausrichtung auf Angestellte.
Quellen: Jochem (1998: 72), EIRO (2009: 14-17); die Internetseiten der jeweiligen Verbände (mit weiteren Informationen) sind abrufbar von den Länderübersichten, wie sie auf der Internetseite des European Industrial Relations Observatory angegeben sind (<http://www.eurofound.europa.eu/eiro/country_index.htm>, letzter Zugriff am 12.12.2010).

Eine Besonderheit des Nordens liegt in der intensiven Organisation von Akademikern. Historisch betrachtet umfassten diese Gewerkschaften die höheren Angestellten in dezidierten Leitungsfunktionen. Durch den Wandel der Arbeitsmärkte, den Ausbau des öffentlichen Sektors sowie der universitären Bildungsanstrengungen und die dezidierte parteipolitische Neutralität dieser Dachverbände konnten sie in den vergangenen Jahren einen stetigen Zufluss an Mitgliedern verzeichnen. Den mächtigeren Gegenpol zu den klassischen Arbeitergewerkschaften machen jedoch die Gewerkschaften für Angestellte aus, die eher die Angestellten in den unteren und mittleren Hierarchieebenen repräsentieren. Insbesondere in Schweden konnte die TCO in den vergangenen Jahren die hegemoniale Position der LO erfolgreich herausfordern. Wie die Dachverbände der Akademiker sind auch die Dachverbände der Angestellten explizit parteipolitisch neutral.

Aus der dreiteiligen Organisationslandschaft der nordischen Gewerkschaften ragen zwei nennenswerte Ausnahmen heraus. In Dänemark kann sich die LH mit einem überschaubaren Organisationsanteil unter den Dachverbänden etablieren. Die LH umfasst keine

einzelnen Mitgliedergewerkschaften, die organisierten Erwerbstätigen aus den vorwiegenden mittleren Schichten der Führungsetagen dänischer Firmen sind direkte Mitglieder in
der LH. Die LH grenzt sich auch dadurch von den anderen dänischen Gewerkschaften ab,
da sie für ihre Mitglieder ausschließlich professionalisiertes Personal anstellt – eine Gewerkschaft, die also nicht auf Ehrenamt und freiwillige Mitarbeit in der Gewerkschaftsbewegung
setzt.[83]

Eine weitere Ausnahme in der Organisationslandschaft stellt die norwegische YS dar.
Gegründet wurde die Gewerkschaft als offene Gewerkschaft, die über den gesamten Arbeitsmarkt Mitglieder rekrutieren wollte. Insofern kann sie als eine Konkurrentin der norwegischen LO bezeichnet werden. Faktisch konzentrieren sich die Mitglieder der YS auf
»white-collar« Erwerbspersonen, die in der mittleren Hierarchie der Firmen tätig sind. Der
1977 gegründete Dachverband deckt nicht unerhebliche Teile der Erwerbsbevölkerung ab,
ist parteipolitisch neutral und hat großen Rückhalt insbesondere im öffentlichen Sektor.
Insofern ist die YS auch faktisch eher als Konkurrenz zur norwegischen Unio zu sehen.[84]

In Norwegen kam es in jüngster Vergangenheit zu mehreren Neuorganisationen in der
Gewerkschaftsbewegung. Die Unio, die vorwiegend Angestellte rekrutiert, wurde erst 2001
gegründet und zielt vor allem auf die Angestellten im öffentlichen Sektor ab, so hat sie ihren
Schwerpunkt bei den norwegischen Lehrern, bei der Polizei sowie in sonstigen Erwerbstä-
tigkeiten des öffentlichen Dienstes (bis hin zum Militär). Aufgrund der organisatorischen
Veränderungen in Norwegen werden in Tabelle 3.15 auch nicht die relativen Organisations-
anteile von Unio, Akademikerne und YS aufgeführt. Die historischen Vorgängerorganisationen sind nicht eindeutig für den Analysezeitraum anzugeben.

Die Hauptakteure der nordischen Gewerkschaftsbewegungen sind immer noch die
Dachverbände der Arbeitergewerkschaften. Deren Macht schwindet zwar stetig (und besonders rasant in Schweden), sie repräsentieren aber immer noch bis zu ungefähr 50 Prozent
aller Gewerkschaftsmitglieder. Lange Zeit war deren parteipolitische Ausrichtung auf die
Sozialdemokratie unbestritten. In Dänemark, Norwegen und Schweden lockerten sich jedoch die organisatorischen Verbindungen zwischen Arbeitergewerkschaften und sozialdemokratischen Parteien seit den 1970er Jahren zusehends.

Ein mächtiges Verbindungsglied zwischen Parteien und Gewerkschaften bestand in
der Möglichkeit der lokalen Gewerkschaftsvereinigungen, kollektiv als Mitglieder der sozialdemokratischen Partei beizutreten (insofern nicht einzelne Gewerkschaftsmitglieder von
ihrem Anrecht auf ein persönliches Veto Gebrauch machten). In den späten 1980er Jahren
veränderten die sozialdemokratischen Parteien des Nordens nicht nur ihre programmatischen Ausrichtungen. Auch über diese organisatorische Verbindung zu den Gewerkschaften wurde kontrovers diskutiert. Den Auftakt zu einer organisatorischen Entflechtung
machte die schwedische SAP, die auf einem Kongress im Jahre 1987 entschloss, die Möglichkeit kollektiver Mitgliedschaften ab 1991 zu beenden. Dieser Entscheid kann als „turning
point in the history of the Scandinavian labour movements" angesehen werden (Allern/
Aylott/Juul 2007: 614). Die sozialdemokratische Partei Norwegens folgte dem schwedischen

---

[83]   Vgl. hierzu die Selbstdarstellung der LH unter: <http://www.lederne.dk/lho/Om+Lederne/omlederne.htm> (letzter
       Zugriff am 11.12.2010). Die Internetpräsenz ist leider nur in dänischer Sprache abrufbar.

[84]   Vgl. auch hier die Internetpräsenz der YS unter: <http://www.ys.no> (letzter Zugriff am 11.12.2010). Diese Seite ist
       leider nur in norwegischer Sprache abrufbar.

Vorbild einige Jahre später: seit 1997 ist auch dort die Möglichkeit der kollektiven Mitgliedschaft nicht mehr möglich. In Dänemark zog sich eine gleichartige Entwicklung bis ins Jahr 2002 hin.

Dieser organisatorische Entflechtungsprozess hatte unmittelbare Konsequenzen. Die sozialdemokratischen Parteien des Nordens verloren in deutlicher Anzahl Mitglieder. Die Gewerkschaften hingegen fühlten sich programmatisch freier und beweglicher, auch gegenüber sozialdemokratisch geführten Regierungen alternative Politikkonzepte offensiv in der Öffentlichkeit zu vertreten. Zudem zeigen unterschiedliche Wahlanalysen, dass die Wahlentscheidung der Mitglieder der Arbeitergewerkschaften zwar immer noch vorwiegend auf sozialdemokratische Parteien entfällt, allerdings zu einem rückläufigen Prozentsatz. Und letztlich führten die gelockerten Beziehungen zwischen Arbeitergewerkschaften und sozialdemokratischen Parteien auch zu unterschiedlich intensiven Politikkooperationen. Während in Norwegen und tendenziell auch in Schweden die Führungseliten sozialdemokratischer Parteien und der Arbeitergewerkschaften weiterhin enge Kontakte pflegen, so haben sich die Beziehungen zwischen dänischer LO und der SD weitgehend abgekühlt (vgl. Allern/Aylott/Juul 2007). Die beiden Zweige der nordischen Arbeiterbewegungen, Arbeitergewerkschaften und sozialdemokratische Parteien, sind also seit den 1990er Jahren nicht mehr in einem klassischen Sinne vereint.

Der »natürliche« Gegenpol der Gewerkschaften sind die *Arbeitgeberverbände*. Während für die nordischen Gewerkschaften die Aussage zutrifft, dass diese die mächtigsten Organisationen in der OECD-Welt sind, fehlen für die Arbeitgeberverbände vergleichbar zuverlässige Datenquellen (Jensen 2000, Kjellberg 2000). Gleichwohl lässt sich die These formulieren, dass die nordischen Arbeitgeberverbände ebenfalls mächtige Interessengruppen darstellen. In Tabelle 3.16 wird ein kursorischer Überblick über die Arbeitgeberverbände des Nordens im privaten Sektor präsentiert. Die Daten zum Organisationsgrad können jedoch allenfalls als grobe Annäherungen an die Organisationswirklichkeit interpretiert werden.

Tabelle 3.16: Arbeitgeberverbände in Skandinavien

	Dachverband	Gründungsdatum	~ Organisationsgrad (2010)
Dänemark	**DA**		
	Dansk Arbeijdsgiverforening	1896-98	51%
Finnland	**EK**		
	Elinkeinoelämän keskusliit-to	2005 (1907/1945)	72%
Norwegen	**NHO**		
	Næringslivets Hovedorgani-sasjon	1900	60%
Schweden	**SN**		
	Svenskt Näringsliv	2001 (1902)	80%

Anmerkungen: Der Organisationsgrad bezieht sich auf die Beschäftigten im privaten Sektor, die in den organisierten Firmen beschäftigt sind. Diese Kennzahl ist nicht identisch mit der Reichweite der nationalen Lohnabkommen. Die Daten entstammen den Angaben zu den jeweiligen Ländern, wie sie auf der Internetseite des European Industrial Relations Observatory aufgeführt sind (<http://www.eurofound.europa.eu/eiro/country_index.htm>, letzter Zugriff am 12.12.2010). Es handelt sich hierbei um ungefähre Angaben, die mit Vorsicht zu interpretieren sind. Beim Gründungsdatum sind in Klammern die Gründungsdaten der Vorgängerorganisationen aufgeführt. Daten für Island liegen leider nicht vor.
Quellen: EIRO (2010), Jochem (1998), Jensen (2000), Kjellberg (2000).

Die größte Aufmerksamkeit wird in der Literatur dem Dachverband der schwedischen Arbeitgeber (SN) gewidmet (vgl. de Geer 1992, Jensen 2000). Frühe vergleichende Studien haben die Vorläuferorganisation der SN, die Svenska Arbetsgivarföreningen (SAF), als einen der mächtigsten und einflussreichsten Arbeitgeberverbände weltweit eingestuft (van Waarden 1995). Der in hohem Maße zentralisierte Arbeitgeberdachverband besaß weitgehende Kompetenzen in den Lohnverhandlungen und konnte zentral über die Verwendung von Geldern aus dem Konfliktfonds verfügen (de Geer 1992). Nach mehreren gescheiterten Anläufen einer Fusion von SAF und der Handelsvereinigung der schwedischen Arbeitgeber in der Privatwirtschaft (»Industriförbundet«) wurde SN als ein neuer und gänzlich zentralisierter Arbeitgeberdachverband im Frühling 2001 gegründet.[85]

Aus skandinavischer Perspektive geschah diese Zentralisierung in Schweden relativ spät. Vorreiter einer organisatorischen Zuspitzung war der dänische Arbeitgeberdachverband, der bereits in den 1980er Jahren seine Organisation zentralisierte und durch Zusammenschlüsse der Mitgliedervereinigungen die Organisationsvielfalt ausdünnte. Zudem mussten die sektoralen Lohnabkommen von der Zentrale der DA förmlich gutgeheißen werden. Im Jahr 2004 allerdings schränkten die Mitgliederverbände von DA die mächtige Zentrale bedeutsam ein; der Dachverband musste auf ein Drittel des Jahresbudgets sowie auf lokale Niederlassungen verzichten. Damit wurden Kompetenzen innerhalb des Arbeitgeberlagers wieder deutlich zurück in die regionalen und sektoralen Verbände verschoben. In Finnland und Norwegen fanden die Zentralisierungstendenzen in den 1980er und 1990er Jahren erfolgreich statt. Gegenwärtig sind die Arbeitgeberdachverbände in Schweden, Finnland sowie Norwegen anders als in Dänemark sehr stark zentralisiert.

Die angeführten Organisationsgrade für die Arbeitgeberverbände sollten mit Umsicht interpretiert werden. So lassen sich in verschiedenen Quellen unterschiedliche Angaben hierzu ausfindig machen. Ein Bericht der Europäischen Union zum Stand der Arbeitsbeziehungen kommt zum Beispiel zu anderen Werten für die nordischen Länder (European Commission 2010). Dort wird der Organisationsgrad für die SN deutlich geringer eingestuft. Insgesamt rangieren nach diesen Daten die finnische EK im oberen Mittelfeld, die SN sowie die DA hingegen im Mittelfeld. Bei der Interpretation dieser relativ geringen Organisationsgrade ist jedoch zu berücksichtigen, dass in Skandinavien die abgeschlossenen Vereinbarungen zwischen Gewerkschaften und Arbeitgeberverbänden automatisch auf alle Firmen übertragen werden. Zudem sollten die großen öffentlichen Sektoren mit ihren tendenziell hohen Organisationsgraden ebenfalls mit berücksichtigt werden. Wie auch immer die unterschiedlichen Angaben interpretiert werden, an der faktischen Macht der nordischen Arbeitgeberverbände ist kaum zu zweifeln. Und mit der Ausnahme der jüngeren Entwicklungen in Dänemark sind die Arbeitgeberverbände im Norden schlagkräftige und zentralisierte Organisationen, die sehr prominent in der öffentlichen Debatte zu vernehmen sind.

Die Organisationslandschaft der Sozialpartner weißt im Norden unterschiedliche Tendenzen auf. Während auf der Seite der Gewerkschaften eine Diversifizierung der Dachverbände und eine Einschränkung der ehemals hegemonialen Position der Arbeitergewerkschaften zu konstatieren ist, haben die Arbeitgeber in der Privatwirtschaft ihre Dachverbän-

---

[85] Diese organisatorische Trennung entsprach der bundesdeutschen Organisation der Arbeitgeberinteressen in BDI sowie BDA.

de (mit der partiellen Ausnahme Dänemarks) im Laufe der letzten Dekaden deutlich zentralisiert. Jenseits der organisatorischen Dynamiken interessieren die Tendenzen der Staat-Verbände Beziehungen im Norden. Diese werden aus einer dezidierten Policy-Perspektive noch detailliert in Kapitel 4 und 5 Gegenstand der Analyse sein. Allerdings soll bereits an dieser Stelle in vergleichender Perspektive auf die groben Züge der jüngsten Veränderungen in den nordischen Staat-Verbände Beziehungen eingegangen werden.

Schaubild 3.3:   Staat-Verbände Interaktionsmuster

	Korporatismus		**Pluralismus**
Akteurskonstellation	tripartistisch / multilateral		bipartistisch
Reformperspektive	Politikfeldübergreifendes Problemlösen	Segmentiertes Problemlösen	Fragmentiertes Problemlösen
Interaktionsformen	Tendenz zur positiven Koordination	Tendenz zur negativen Koordination	Tendenz zur hierarchischen Steuerung und zum Mehrheitsentscheid
Begriff	Makrokonzertierung	Sektorale Konzertierung, Mesokonzertierung	Pressure Group Politics, Lobbying
Beispiele	Gegenwärtige Standortbündnisse in Europa	Konzertierte Lohnpolitik, Konzertierte Aktion im Gesundheitswesen (D)	Alle Politikbereiche möglich

Abnehmende Transaktionskosten →

Quelle: Nach Jochem/Siegel (2003:15).

Die nordischen Länder werden in der Literatur nahezu ausschließlich als in hohem Maße korporatistisch eingestuft (Kenworthy 2000, Siaroff 1999). Unter *Korporatismus* kann eine Form der politischen Steuerung verstanden werden, bei der im Dreigespann zwischen staatlichen Stellen, Arbeitgeberverbänden sowie Gewerkschaften zentrale politische Bereiche »im gütlichen Einvernehmen« (Gerhard Lehmbruch) in gesamtgesellschaftlicher Perspektive geregelt werden. Als Gegenbegriff zum Korporatismus kann eine pluralistische Interessenvermittlung angesehen werden, bei der die Interaktion zwischen Interessenverbänden und staatlichen Stellen nicht auf Dauer institutionalisiert ist, und bei welcher der Zugang der Verbände zu den staatlichen Entscheidungsgremien »zufällig« bzw. nach strategischen Gesichtspunkten der staatlichen Akteure geregelt wird. In Schaubild 3.3 wird gezeigt, dass auch korporatistische Interaktionen in zwei Formen vorkommen können. Zum einen handelt es sich dabei um Interaktionen, in welchen die Steuerung »im gütlichen Einvernehmen« lediglich für ein Politikfeld durchgeführt wird. In der anspruchsvollen – und politisch in höchstem Maße fragilen – Version der politikfeldübergreifenden Konzertierung werden tri- oder multipartistisch Lösungen politischer Problemlagen in unterschiedlichen Politikfeldern miteinander verknüpft. Die politischen Voraussetzungen für ein pluralistisches Regieren sind (aus der Perspektive der Regierungsakteure) am geringsten, sie steigen jedoch mit der Konzertierungsambition stetig an.

Allerdings ist zu bedenken, dass die klassischen Konzertierungsformen und -verfahren in den 1970er Jahren zu beobachten waren. Seither hat sich in Europa der Rahmen für politikfeldübergreifende Konzertierungen nachhaltig verändert. Die voranschreitende europäische Integration mit dem Projekt einer Wirtschafts- und Währungsunion haben die Leitlinien der wirtschafts- und sozialpolitischen Interaktion grundlegend verändert. In kurzer Form werden die Unterschiede zwischen »alter« und »neuer« Konzertierung in Tabelle 3.17 verdeutlicht.

In Tabelle 3.17 sind die zentralen Veränderungen im ökonomischen und politischen Umfeld der »neuen« Konzertierung bzw. der neuen sozialen Pakten synoptisch dargestellt. An dieser Stelle soll der Hinweis genügen, dass mit dem Schwenk hin zu einem »institutionalisierten Monetarismus« in der Europäischen Union (Wolfgang Streeck) eine Auszehrung des keynesianischen Nachkriegsmodells verknüpft ist. Für die in einer Konzertierung beteiligten Verbände verringern sich darauf hin die möglichen Kompensationsleistungen. Wenn Konzertierung eine – nicht unbedingt gleichzeitig erfolgende aber wechselseitig effektive – Befriedigung selektiver Interessen ist, dann kann unter diesen Umständen den Verbänden nur wenig an sozial- oder arbeitsmarktpolitischen Kompensationen seitens der Regierung in Aussicht gestellt werden. Hiervon sind nicht nur aber vor allem die Gewerkschaften betroffen. Insofern kann die Rolle der Regierungen unter den jetzigen Rahmenbedingungen auch nicht mehr darin gesehen werden, als kompensationsgeneigte Moderatorin von Interessenkonflikten aufzutreten. Vielmehr kann es für die Regierung nur darum gehen, in der Konzertierung den »Schatten der Hierarchie« für die Reformpolitik zu spenden (Fritz W. Scharpf). Konkret bedeutet dies, dass keine Kompensationen angeboten werden und die Regierung danach trachtet, die Konzertierungsprozesse zielgerichtet zu leiten – mit der steten und glaubhaft vermittelbaren Sanktionsdrohung, bei erfolgloser Konzertierung durch hierarchische Steuerung – also auf dem Gesetzgebungswege – die Reformpolitik voranzutreiben.

Die Literatur zu den Erfolgen der neuen sozialen Pakte in Europa ist umfangreich und keineswegs ohne Widersprüche (Ahlquist 2010, Hamann/Kelly 2011, Hassel 2007, Jochem 2009c, Jochem/Siegel 2003, Siegel 2005). An dieser Stelle soll eine genuin nordische Perspektive eingenommen werden. Wenn historisch betrachtet der Korporatismus im Norden besonders stark ausgeprägt war, wie konnten die Institutionen und Prozesse der politikfeldübergreifenden Konzertierung an die sich wandelnden Rahmenbedingungen angepasst werden?

Tabelle 3.17: Alte und Neue Konzertierung – eine Synopse

	Alte Konzertierung	Neue Konzertierung
Ökonomisches Umfeld	• Kapitalmarktrestriktionen vorhanden; Kapitalmarkttransaktionen von nachrangiger Bedeutung für staatliches Handeln • Bekämpfung der Inflation als vorrangiges Ziel der Regierungen • „keynesianische Koordination" (*Scharpf*) wird angestrebt	• Weitgehend deregulierte Kapitalmärkte: Wirtschaftsverflechtung und Kapitalmarkttransaktionen von zunehmender Bedeutung für Nationalstaaten • Freilegung der Beschäftigungsdynamik ist vorrangiges Ziel nationaler Regierungen • Nur „monetaristische Koordination" (*Scharpf*) möglich; „institutionalisierter Monetarismus" (*Streeck*)
Organisation / Macht der Verbände	• Zentralisierte, verpflichtungsfähige Gewerkschaften als wichtige Voraussetzung	• Effekt von Organisationsstrukturen im Verbändesystem fraglich; möglicherweise negative Folgen kontinuierlich großer Machtressourcen v.a. der zentralen Gewerkschaftsverbände (*Ebbinghaus/ Hassel*)
Lohnpolitik / Arbeitsmarktpolitik	• Allgemeine Lohnmoderation als Ziel, u.a. zum Zweck der Inflationseindämmung • Zunehmende Dekommodifizierung und Arbeitsmarktprotektion im Rahmen des neokorporatistischen Tausches	• allgemeine Lohnmoderation als Ziel, v.a. um Anstieg der Lohn(stück)kosten im Standortwettbewerb entgegen zu wirken; Entkoppelung der Tarifpolitik von öffentlichem und privatem Sektor • Deregulierung bzw. Flexibilisierung als Mittel zur Stärkung der Beschäftigungsdynamik (zunehmende Kommodifizierung)
Rolle der Regierung	• Moderatorin und „Brokerin" • Direkte, auch fiskalische Kompensationsleistungen	• Verhandlungsstarke Regierung • „Schatten der Hierarchie" (*Scharpf*) • Keine direkte Kompensation für Gewerkschaften
Strategische Handlungslogik / Tauschparadigma	• Positivsummenspiel durch sozialpolitische Tauschmasse zwischen den Beteiligten, Externalisierung von Kosten zu Lasten Dritter und künftiger Generationen ist (überwiegend nicht intendierte) mögliche Folge	• Zeitversetztes Positivsummenspiel? Aber: über welchen Zeitraum? • „Abgewertete" sozialpolitische Tauschmasse (*Molina/Rhodes, 2002*)?

Quelle: Jochem/Siegel (2003: 23).

Historisch betrachtet ruht die Konzertierung im Norden auf »historischen Kompromissen« zwischen Gewerkschaften und Arbeitgeberverbänden.[86] Der Auftakt hierzu erfolgte in Dänemark. Das sogenannte »Septemberabkommen« im Jahr 1899 wurde nach einem intensiven Arbeitskampf geschlossen. Darin erkannten sich beide Seiten als Verhandlungspartner explizit an; ein früher Erfolg für die dänische Gewerkschaftsbewegung. Die Arbeitgeber konnten aber für sich das Recht festschreiben, nach eigenen Gesichtspunkten über Entlassungen

---

[86]   Vgl. hierzu Armingeon (1994), Esping-Andersen (1985).

zu befinden.[87] Grundsätzlich wurde auch festgeschrieben, dass sich beide Seiten an einer friedlichen Entwicklung der Arbeitsbeziehungen ausrichten.

In Schweden schloss man bereits im Jahr 1906 den sogenannten »Dezemberkompromiss«, in welchem die Gewerkschaften grundsätzlich als Verhandlungspartner anerkannt wurden. Allerdings zerstörte der »Große Streik« im Jahre 1909 eine weitere sozialpartnerschaftliche Entwicklung. Mehr als vier Monate dauerte der Arbeitskonflikt, in welchem die Gewerkschaften stark geschwächt wurden. Die Arbeitgeber konnten sich mit Massenentlassungen und weitreichenden Lohnabsenkungen schließlich durchsetzen. Erst 1938 konnte dann in einem Badeort vor den Toren Stockholms das »Saltsjöbads-Abkommen« zwischen Gewerkschaften und Arbeitgebern abgeschlossen werden. Diese grundlegende Vereinbarung – nach vorhergehender Androhung von gesetzgeberischen Maßnahmen – regelte die Konfliktlösungsmechanismen auf dem Arbeitsmarkt, schränkte die Arbeitgeberrechte auf Entlassungen (etwas) ein und stärkte die Position der Gewerkschaften. Dieses Grundabkommen war für die gesamte Nachkriegszeit bis zum Ende der 1980er Jahre wegweisend für die sozialpartnerschaftliche Entwicklung in Schweden.

In Norwegen kam ein Grundabkommen im Jahre 1935 zustande. Wie in Dänemark wurden zwischen den Verbänden die Konfliktlösungsmechanismen auf dem Arbeitsmarkt vereinbart. Im Gegensatz zur dänischen Entwicklung konnten die norwegischen Gewerkschaften jedoch eine Einschränkung der Arbeitgeberrechte bei Entlassungen erwirken. Ähnlich wie in Schweden kam in Norwegen der Kompromiss erst nach mehreren und zum Teil langwierigen Arbeitskonflikten zustande. Und wie in Schweden war es auch die erstarkende Sozialdemokratie, die durch ihre zunehmende parlamentarische Macht dazu beitrug, dass die Arbeitgeberverbände einem Kompromiss mit den Gewerkschaften zustimmten.

Eine solche Entwicklung der Arbeitsbeziehungen war in Finnland aufgrund der politischen Turbulenzen schwer zu verwirklichen. Die Bürgerkriegswirren und die politische Sondersituation nach dem Zweiten Weltkrieg ließen in den finnischen Arbeitsbeziehungen kein solches Grundabkommen entstehen. Gleichwohl wurde erstmals Gegen Ende des Zweiten Weltkrieges eine sogenannte »Januar-Verlobung« zwischen den Tarifparteien geschlossen. Dies war eine Art Grundsatzverpflichtung zu friedlichen Konfliktlösungsmechanismen auf dem Arbeitsmarkt sowie der gegenseitigen Anerkennung als legitime Verhandlungspartner. Allerdings sollte es noch bis in die 1960er Jahre dauern, bis sich eine zentralisierte tripartistische Politikgestaltung in Finnland etablierte.

Die Arbeitgeberverbände und Gewerkschaften des Nordens reagieren auf unterschiedliche Weise auf die veränderten ökonomischen Rahmenbedingungen einer politikfeldübergreifenden Konzertierung.[88] Einzig in *Finnland* können mehrere erfolgreiche soziale Pakte in der jüngeren Vergangenheit ausgemacht werden. Dort kann bis in die jüngste Vergangenheit eine wohlfahrtsstaatliche Reformpolitik mit Aspekten der konzertierten Lohnpolitik in Einklang gebracht werden. Insbesondere nach der ökonomischen Krise in den frühen 1990er Jahren (»Stabilitätspaket« 1991, »Sozialpakt« 1995) und auch in der gegenwärtigen globalen Finanzkrise können die Sozialpartner mit staatlichen Akteuren verschiedene Politikfelder in

---

[87]   Dies kann als ein historischer Grund dafür angesehen werden, dass die Kündigungsschutzregelungen in Dänemark im internationalen Vergleich relativ schwach ausgeprägt sind (vgl. Kapitel 4 für weitere Details).

[88]   Vgl. zu den folgenden Ausführungen im Detail Dølvik (2008), Elvander (2002), Jochem (2009c) sowie die jeweiligen Länderberichte des European Industrial Relations Observatory (<http://www.eurofound.europa.eu/>).

einzelnen Reformpaketen verknüpfen. Zwar mehren sich die kritischen Stimmen einer solchen tripartistischen Konzertierung insbesondere im Arbeitgeberlager. Dort wird eine verstärkte Reformpolitik analog zum dänischen Modell der »flexicurity« eingefordert, was eine
deutliche Absenkung der Kündigungsschutzregeln implizieren würde. Ebenso fordern die
Arbeitgeber eine stärker nach wirtschaftlichen Sektoren differenzierte Lohnpolitik. Allerdings können trotz dieser Spannungen immer wieder tripartistische Pakte geschlossen werden. Nicht zuletzt die konkordante Form der Regierungsbildung kann als ein Grund hierfür
genannt werden.

Auch in *Norwegen* ist die Form tirpartistischer Konzertierungen noch weitgehend intakt. Nach der ökonomischen Krise der frühen 1990er Jahre wurde die sogenannte »solidari-
tetsalternativet«, also die Solidaritätsalternative tripartistisch vereinbart. Moderate Lohn-
zuwächse wurden mit sozialpolitischen Reformen verknüpft. Seither werden immer wieder
tripartistische Pakte mit Verweis auf diese Solidaritätsalternative beschlossen. Allerdings
mehren sich auch in Norwegen die Kritiker. Insbesondere im Verlauf der gegenwärtigen
Finanzkrise wird seitens einzelner Gewerkschaften kritisiert, dass eine weiterhin moderate
Lohnpolitik die Binnennachfrage ohne Not dämpfe. Zudem scheren verstärkt sektorale
Akteure aus dem Rahmen einer konzertierten – und auf die Exportwirtschaft ausgerichteten
Lohpolitik aus, so zum Beispiel jüngst die Akteure im Banken- und Versicherungsgewerbe.
Dass die tripartistische Konzertierung in Norwegen trotz dieser Spannungen weiterhin
erfolgreich ist, liegt zum einen an der »rot-rot-grünen« Regierung, zum anderen aber auch
an dem besonderen fiskalischen Handlungsspielraum norwegischer Regierungen, die deshalb auch unter den veränderten ökonomischen Rahmenbedingungen in Europa weiterhin
kompensatorische Sozialpolitik betreiben können.

In *Dänemark* kann hingegen ein signifikanter Wandel der Konzertierungsmuster ausgemacht werden (Dølvik 2008, Madsen 2006a,b). Während die tripartistische Konzertierung
in Dänemark bis in die 1980er Jahre Bestand hatte, wurde sie durch die Politik der bürgerlichen Regierungen in dieser Dekade schrittweise ausgehöhlt. Der letzte tripartistische Erfolg
auf zentralisierter Ebene kann in der Arbeitsmarktreform im Jahre 1994 gesehen werden.
Danach wurden die Konzertierungen auf lokale und sektorale Ebenen delegiert. Dies hing
zum einen mit der bewussten Strategie der Arbeitgeber zusammen, mehr sektorale Freiheiten in der Lohnpolitik zu erlangen. Zum anderen trug die Strategie der bürgerlichen Regierungen seit 2001 dazu bei, die gesamten politischen Strukturen in Dänemark zu regionalisie-
ren. Insofern prägt in Dänemark eine besondere Form der Konzertierung die politische
Dynamik: Auf zentralstaatlicher Ebene kommen kaum mehr tripartistische Pakte zustande.
Hingegen finden in den Kommunen und in den Regionen durchaus noch tripartistische
Kooperationen in den Bereichen der Lohn- und Sozialpolitik statt.

In *Schweden* ist eine tripartistische Konzertierung gänzlich erodiert. Das »Saltsjöbads-
Abkommen« dient als historische Richtschnur einer nationalen Konzertierung. Allerdings
kamen seit den 1980er Jahren immer wenige solche Reformen zustande. Die schwedischen
Arbeitgeberverbände versuchten explizit die Lohnpolitik zu dezentralisieren und die Rolle
der Verbände in der (formalisierten) Politikformulierung zu beschneiden (De Geer 1992,
Johansson 2000, Lewin 1994). Im Jahr 1999 scheiterte ein letzter Versuch einer tripartistischen Konzertierung auf zentralstaatlicher Ebene (»allians för tillväxt«). Lohnpolitisch er-
neuerten die Akteure der exportorientierten Industrie zwar ihre Konzertierungsregeln

(1997, »industriavtalet«). Aber dies kann lediglich als eine Form der Lohnkoordination ohne Beteiligung staatlicher Akteure gedeutet werden. Bis zum Ende des Jahres 2010 scheiterten alle Versuche, ein modernisiertes und den veränderten Rahmenbedingungen angepasstes tripartistisches Abkommen zu schließen, welches das »Saltsjöbads-Abkommen« ersetzen könnte (Jochem 2010b).

Tripartistische Pakte auf nationalstaatlicher Ebene finden also noch in Finnland und Norwegen statt, wohingegen sich die Konzertierung in Dänemark regionalisiert hat und sie in Schweden gänzlich blockiert zu sein scheint. Solche soziale Pakte sind singuläre Ereignisse, die von großem öffentlichem Interesse begleitet werden. Allerdings ist jenseits dieser Großereignisse die tagtägliche Integration der Verbände in den politischen Entscheidungsprozess in parlamentarischen bzw. außerparlamentarischen Kommissionen von Bedeutung. Die Entwicklung der nordischen Staatsstrukturen führte zu relativ kleinen Ministerialbehörden. Früh wurde daher als funktionales Äquivalent zu großen bürokratischen Stäben der Sachverstand der Interessengruppen systematisch in die Formulierung und Implementation von politischen Reformen integriert. Frühe Versuche der empirischen Erfassung der Intensität dieser Integrationsprozesse mussten noch auf eher vage und unzureichende Datenquellen zurück greifen (Lægreid/Pedersen 1994, Jochem 1998: 76-79). Diese Forschungsbemühungen kamen zu dem Ergebnis, dass die Integration der Interessenverbände in den politischen Reformprozess im Zeitraum von 1970 bis 1990 zum Teil tendenziell abnahm (so in Finnland und Norwegen), zum Teil jedoch sehr unregelmäßig erfolgte und ohne erkennbaren Trend war (so für Dänemark und Schweden).

Jüngere Forschungen können auf ein verbessertes Datenmaterial zurückgreifen. In der Studie von Christiansen et al. (2010) werden parlamentarische Kommissionen über alle Politikfelder im Zeitraum von Mitte der 1960er Jahre bis zum Jahre 2005 in Dänemark, Norwegen und Schweden analysiert. Die Autoren unterscheiden konzeptionell zwischen Kommissionen, die dezidiert eine politische Reform vorbereiten und Kommissionen, die zum Zwecke der Implementation von Reformen eingesetzt werden. Insbesondere für die eine Reform vorbereitenden Kommissionen kommen die Autoren zu dem Schluss, dass für alle drei Länder ein kontinuierlicher Niedergang festzustellen ist. Besonders stark sei dieser Niedergang in Dänemark und Norwegen ausgeprägt, in Schweden spiegele sich der Niedergang in nicht so deutlichen Werten wider. Dies führen die Autoren darauf zurück, dass nach ihrer Analyse auch in der »goldenen Zeit« des schwedischen Korporatismus die Interessenverbände keineswegs so intensiv in die Kommissionsarbeit integriert waren, wie in vielen Publikationen vermutet wird. Dennoch: Spätestens seit Mitte der 1980er Jahre ist in allen drei Ländern die Integration von Interessenverbänden in den Prozess der Fomulierung von politischen Reformen rückläufig.

Bei den Kommissionen zur Implementation politischer Reformen kommen die Autoren zu einem widersprüchlichen Ergebnis. Während auch hier für Norwegen ein deutlicher Rückgang des Einflusses von Interessengruppen ausgemacht wird, falle dieser in Schweden eher schwach aus. In Dänemark hingegen sei dieser Niedergang vor allem in den 1970er Jahren zu beobachten, seither steige jedoch die Integration von Interessengruppen wieder an. Bei allen fragwürdigen Details der empirischen Basis einer solchen Analyse steht auch aufgrund dieses neuen Datenmaterials fest, dass die korporatistische Vorbereitung und Implementation von politischen Reformen in diesen drei nordischen Ländern tendenziell rückläufig ist. Die Autoren der Studie vermuten, dass dieser Rückgang mit den veränderten Zielrichtungen der Reformpolitik seit den 1970er Jahren zusammen hänge. Die sich einengenden fiskalischen Spielräume hätten auch im Norden zu schmerzhaften Reformen geführt, bei denen die Integration von Interessenverbänden eher als Vetopunkt denn als willkommene Unterstützung im Reformprozess angesehen wird.

Die nordischen Demokratien können durchaus noch als organisierte Demokratien bezeichnet werden. Die Verbändelandschaft ist in Skandinavien sehr intensiv ausgeprägt. Vielfältige gesellschaftliche Interessen sind in vielfältigen Organisationen und Vereinen repräsentiert. Dies spiegelt sich sehr deutlich in den hohen Werten des nordischen Soziakapitals wider. Dennoch haben sich in der jüngsten Vergangenheit die Staat-Verbände Beziehungen in zentralen Bereichen verändert. Während Skandinavien als Hochburg des »alten« Neo-Korporatismus galt, können diese Länder – mit Ausnahme Finnlands und teilweise Norwegens – keine »neuen« sozialen Pakte erfolgreich initiieren. Vor allem im schwedischen Modell der klassischen Konzertierung ist eine solche Praxis gegenwärtig blockiert. Die Konzertierung der mächtigsten gesellschaftlichen Interessen erfolgt also nicht mehr überall in einem zentralisierten Modus. Zwar sind die Gewerkschaften des Nordens immer noch mächtige Akteure im politischen Prozess, allerdings werden sie auch von sozialdemokratisch geführten Regierungen nicht mehr automatisch in den Prozess der Politikformulierung, Entscheidung und Implementation integriert.

Die Interessenvermittlung zwischen zentralen politischen Verbänden und den nordischen Staaten diversifiziert sich zusehends. Als besonderes Beispiel sei hierbei auf Dänemark verwiesen, wo die Reformstrategie der jüngeren Vergangenheit darauf ausgerichtet war, viele wichtige Politikfelder der ehemals nationalen Konzertierung zu dezentralisieren. Die Staat-Verbände Beziehungen des Nordens sind dabei nicht so pluralistisch wie in den englischsprachigen Ländern. Aber sie sind auch nicht mehr so institutionalisiert und eingespielt, wie sie dies noch vor dreißig Jahren waren. In diesem Punkt sind also nicht nur Veränderungen für die nordische Staatenfamilie zu konstatieren, vielmehr ist von Bedeutung, dass die einzelnen nordischen Länder unterschiedlichen Entwicklungspfaden folgen.

3.6 Die nordischen Demokratien aus der Gender-Perspektive

Die nordischen Länder erscheinen auch in der Geschlechterfrage für viele vorbildlich. Die Gleichberechtigung zwischen Mann und Frau sei dort am weitreichendsten verwirklicht. Frauen würden dort nicht nur in hohem Ausmaße in den Arbeitsmarkt integriert (vgl. Kapitel 4) sondern auch in Wirtschaft und Politik leitende Funktionen übernehmen. Gleichberechtigung von Mann und Frau kann aus unterschiedlichsten Perspektiven wissenschaftlich erforscht werden. In diesem kurzen Kapitel kann kaum die ganze Bandbreite genderspezifischer Themen vor dem nordischen Hintergrund behandelt werden (vgl. hierzu u.a.: Borchorst, 2009, Lewis 2009, Sainsbury 1994, 1996).[89] Genderspezifische Fragen werden

---

[89]   Vgl. auch in schwedischer Sprache Niskanen/Nyberg (2010) sowie die (auch in Englischer Sprache erhältlichen) Informationen auf der Internetseite des norwegischen Institutes für Genderforschung NIKK (<http://www.nikk. no/Skandinavisk/>, letzter Zugriff am 10.02.2011).

zudem auch in den folgenden Kapiteln erörtert, wenn Wirtschafts- und Sozialpolitiken mit ihren Konsequenzen für die Gleichstellung der Geschlechter analysiert werden. Die leitende Fragestellung in diesem Unterkapitel soll vielmehr lauten, wie die Gleichberechtigung in den demokratischen Institutionen des Nordens ausgeprägt ist, und welche Gründe hierfür vorliegen.

Die Frage der Geschlechtergleichstellung kann durch unterschiedlichste empirische Verfahren eruiert werden. Das »World Economic Forum« bietet eine international vergleichende Einstufung von Gleichstellungspraktiken in unterschiedlichen Lebensbereichen in hoch aggregierter Form an (vgl. Tabelle 3.18). Auf den ersten Blick wird die Vermutung bestätigt, dass der Norden in Fragen der Geschlechtergleichstellung vorbildlich ist. Island, Norwegen, Finnland und Schweden belegen die ersten Plätze (von insgesamt 134 Ländern), Dänemark rangiert auf dem siebten Platz. Unter den deutschsprachigen Ländern führt die Schweiz auf dem 10. Platz die Liste an, die Bundesrepublik Deutschland nimmt den 13. Platz ein und etwas abgeschlagen landet Österreich auf dem 37 Platz.

Tabelle 3.18: Gleichstellung der Geschlechter im internationalen Vergleich 2010

	Ranking Gesamt	Ranking Ökonomie	Ranking Bildung	Ranking Gesundheit	Ranking Politik
Island	1	18	1	96	1
Norwegen	2	3	1	91	3
Finnland	3	16	28	1	2
Schweden	4	11	41	80	4
Neuseeland	5	9	1	91	8
Irland	6	25	1	89	7
Dänemark	7	23	1	68	10
Schweiz	10	30	71	74	13
Spanien	11	78	40	63	5
Deutschland	13	37	51	47	15
Belgien	14	39	62	44	16
UK	15	34	1	90	22
Niederlande	17	31	39	91	25
USA	19	6	1	38	40
Kanada	20	8	35	47	36
Australien	23	24	1	73	39
Luxemburg	26	22	1	67	49
Portugal	32	56	69	71	32
Österreich	37	92	75	44	26
Frankreich	46	60	1	1	47
Griechenland	58	79	54	84	42
Italien	74	97	49	95	54
Japan	94	101	82	1	101

Anmerkungen: Insgesamt werden 134 Länder der Erde analysiert. Aus Gründen der Übersichtlichkeit sind nur die Werte für die etablierten OECD Demokratien aufgeführt. Der Gesamtindikator umfasst ökonomische Aspekte, Bildungsgleichheit, Gleichheit in Gesundheitsfragen sowie Aspekte der politischen Gleichheit; zur besseren Interpretation werden diese Teilindikatoren ebenfalls aufgeführt.
Quelle: World Economic Forum, 2010: The Global Gender Gap Report 2010, Geneva: World Economic Forum, S. 10-11.

Die Gesamtrangplätze ergeben sich aus unterschiedlichen Lebensbereichen. Diese sind in Tabelle 3.18 ebenfalls aufgeführt. Die vorzüglichen Rangplätze der nordischen Länder lassen sich durch die weit vorangeschrittene Gleichstellung der Geschlechter in den Bereichen der Politik sowie der Bildung erklären. Im ersten Fall wird das Verhältnis von Männern und Frauen in den Parlamenten und Ministerien als empirische Kennzahl verwendet, im zweiten Fall das Geschlechterverhältnis bei Fragen der Bildungsbeteiligung und -kompetenz. Mit der Ausnahme Finnlands schneiden die nordischen Länder schlecht ab im Bereich der Gesundheit. Dort wird das Verhältnis der Geschlechter bei der Geburt sowie die unterschiedliche Lebenserwartung der Geschlechter erfasst. Die »schlechten« Werte für die nordische Staatenfamilie (mit der Ausnahme Finnlands) können dadurch erklärt werden, dass die nordischen Frauen länger leben als die nordischen Männer. Im internationalen Vergleich führend sind in dieser Kategorie Schwellen- und Entwicklungsländer wie Angola oder Argentinien. Insofern ließe sich über den Sinn dieser Kennzahl trefflich streiten. Auch im Bereich der Gendergleichstellung in der Ökonomie schneiden die nordischen Länder schlechter ab als erwartet. Dort werden als Kennzahlen die Integration in den Arbeitsmarkt, die Lohngleichheit, die Gleichstellung in ökonomischen Leitungsfunktionen sowie in technischen Berufszweigen zur Einstufung herangezogen. Eine historische Perspektive, die hier nicht dokumentiert wird, zeigt ferner, dass sich die nordischen Länder stabil in der Spitzengruppe seit Beginn des Jahrhunderts halten. Insofern scheinen die Gleichstellungsverhältnisse des Nordens auf einem soliden Fundament zu ruhen.

Dass der Norden bei der Gleichstellung der Geschlechter im Bereich der Politik Spitzenpositionen einnimmt, kann im Detail an der hohen Beteiligung der Frauen in den Parlamenten und Regierungen abgelesen werden (vgl. Tabelle 3.19). Die nordischen Länder sind die internationalen Vorreiter des Frauenwahlrechts (vgl. Kapitel 2). Gleichwohl konnten nordische Frauen erst zögerlich nach dem Zweiten Weltkrieg die Domäne der Politik erobern. Erst

Tabelle 3.19: Frauenanteile in nordischen Parlamenten und Regierungen (in Prozent)

	1950	1960	1970	1980	1990	2000	2005	2009
Dänemark								
Parlament	8	9	11	20	31	37	37	38
Regierung	7	6	8	17	16	45	26	42
Finnland								
Parlament	9	15	17	26	32	37	38	42
Regierung	6	8	11	13	26	45	44	60
Island								
Parlament	3	3	2	5	21	35	30	43
Regierung	0	0	7	0	10	33	25	42
Norwegen								
Parlament	5	7	9	24	36	36	38	36
Regierung	7	7	13	25	44	42	47	47
Schweden								
Parlament	10	13	15	25	38	43	45	47
Regierung	3	7	11	25	30	55	50	45

Quelle: Bergqvist (2011).

in den 1990er Jahren überschritten die in den Parlamenten vertretenen Frauen in den nordischen Ländern die 30 Prozentmarke aller Parlamentssitze. Gegenwärtig sind ungefähr 40 Prozent der Parlamentarier in den nordischen Ländern Frauen. Und Schweden kommt der 50 Prozentmarke einer vollkommenen arithmetischen Gleichstellung am nächsten.[90]

Es ist ferner zu betonen, dass der hohe Anteil der Frauen in den nordischen Ländern nicht durch gesetzliche Quotenregelungen befördert wird. Allerdings gibt es in einigen der nordischen Parteien spezifischen Genderquoten (Dahlrup/Freidenvall 2005). Diese sind vor allem in Schweden, Norwegen und Island weit verbreitet, allerdings kaum in Dänemark oder Finnland. Die hohen Partizipationsraten der nordischen Frauen in den Parlamenten können also kaum allein auf die Wirkung solcher Quotenregelungen zurückgeführt werden.[91]

Die Beteiligung der Frauen in den Regierungen ist im Norden noch stärker ausgeprägt als deren Beteiligung in den Parlamenten. In allen nordischen Ländern sind die Frauen (für die meisten Beobachtungspunkte) in den Regierungen stärker repräsentiert als in den Parlamenten. Gegenwärtig kommen viele Länder nahe an die 50 Prozentmarke. Der Wert für Finnland aus dem Jahr 2009 mit 60 Prozent Frauen in der nationalen Regierung sticht dabei besonders hervor. Die Vorreiterrolle in dieser Hinsicht ging historisch betrachtet von Dänemark und Finnland aus. Dort waren bereits im Jahr 1924 bzw. 1926 erste Ministerposten von Frauen besetzt worden. In Norwegen wurde mit Gro Harlem Brundtland 1981 die erste nordische Frau Ministerpräsidentin, wobei sowohl in Dänemark als auch in Schweden noch nie eine Frau die Regierungsgeschäfte leitete. In Island wurde bereits im Jahr 1980 Vigdís Finnbogadóttir erstmals als Präsidentin sowie im Jahr 2000 erstmals Tarja Halonen als finnische Präsidentin gewählt (Bergqvist 2011).

Die Erklärung dieser weit vorangeschrittenen Gleichberechtigung der Geschlechter in politischen Institutionen kann kaum auf die parteipolitische Färbung der Regierungen oder die Wirkungsweise legaler oder selbstverpflichtender Quotenregelungen zurückgeführt werden (Bergqvist 2011; Dahlrup/Freidenvall 2005, 2008; Raaum 2005). Vielmehr ist zu vermuten, dass die Gendergleichstellung im Bereich der Politik auch durch kulturelle Faktoren beeinflusst wird. Auf alle Fälle sind im Norden Frauen in den politischen Schaltzentralen prominent deutlich vertreten – und können so über politische Macht und rechtliche Gestaltung mitentscheiden.

In marktwirtschaftlichen verfassten Gesellschaften ist Macht auch stets ökonomisch bedingt. Die Gleichstellung der Geschlechter in diesem Bereich ist im Norden keineswegs so weit vorangeschritten wie im politischen Bereich. Aufsehen erregte die staatliche Vorschrift einer 40 Prozentquote für die Leitungsetagen aktiennotierter Unternehmen in Norwegen, die 2003 parlamentarisch verabschiedet wurde. Gegenwärtig kann diese Zielgröße nahezu ohne Ausnahme in den norwegischen Aktiengesellschaften erfüllt werden (Storvik/Teigen 2010). Für die jüngste Vergangenheit beträgt der Frauenanteil in den Vorstandsetagen nordischer Aktiengesellschaften für Dänemark lediglich 10 Prozent (2005), für Finnland 13 Prozent (2008), für Island 7 Prozent (2007) sowie für Schweden 19 Prozent. Norwegen er-

---

[90] Es sei nur am Rande angemerkt, dass der Einzug der rechtspopulistischen Schwedendemokraten ab 2010 den Frauenanteil absenkte, da nahezu ausschließlich Männer die 20 Parlamentssitze der SD einnehmen.

[91] Die Verbreitung unterschiedlicher Quotenregelungen im weltweiten Vergleich ist auf folgender Internetseite nachzulesen: <http://www.quotaproject.org/> (letzter Zugriff am 10.02.2011).

reichte aufgrund der Quotierung bereits im Jahr 2008 einen Frauenanteil von 36 Prozent. In staatlichen Betrieben sowie Behörden ist jedoch die Situation gänzlich anders. Dort beträgt der Frauenanteil in den Vorstandsetagen für Dänemark 26 Prozent (2009), für Finnland 35 Prozent (2008), für Island 49 Prozent (2008), für Norwegen 47 Prozent (2008) sowie schließlich für Schweden 46 Prozent (2008) (Niskanen/Nyberg 2010: 40).

Jenseits der vieldiskutierten Quotierungsregelung in Norwegen ist die Gleichstellung der Frauen in den nordischen Ländern also vor allem eine *staatlich forcierte* Gleichstellung. Der Norden steht hierbei auch für einen »state feminism«, durch den die Gleichstellung der Geschlechter vor allem in den politischen Institutionen und den staatlichen Einrichtungen vorangetrieben wird – gleich welcher politischer Färbung die Regierungsparteien sind.

3.7 Demokratisches Regieren im Norden – Trends und Qualitäten

Die nordischen Demokratien verändern sich in vielen Bereichen. In diesem Kapitel wurden einige Aspekte dieses Wandels vorgestellt und analysiert. Ausgehend von einer konzeptionellen Fassung der drei *»Gesichter der Verhandlungsdemokratie«* (vgl. oben Schaubild 3.2) können die jüngsten Entwicklungstendenzen in den nordischen Ländern lokalisiert und in ihren jeweiligen Konsequenzen evaluiert werden.

Im Bereich der institutionellen Verflechtungen, dem »ersten Gesicht der Verhandlungsdemokratie« lassen sich kaum gravierende Veränderungen ausmachen. Lediglich die verstärkte Einbettung der nordischen Länder in die institutionelle Verflechtung der EU sorgt dafür, dass die Autonomiegrade territorialstaatlicher Akteure im Norden tendenziell abgenommen haben. Eine solche These trifft mit Abstrichen auch für Norwegen und Island zu. Beide Länder adaptieren weite Teile des EU-Rechts und folgen damit – allerdings nicht ohne Ausnahmen – der Entwicklung der Europäischen Union (vgl. Kapitel 6 für weitere Details).

Eine nennenswerte Veränderung stellt die finnische Verfassungsreform dar. Sie hat einen Trend des zunehmenden Parlamentarismus seit den 1980er Jahren aufgenommen und in den Verfassungstext integriert. Dies bedeutet auch, dass die Anreize oder Zwänge für übergroße Koalitionen de facto nicht mehr so bestehen wie noch vor der Reform. Die Einschränkung präsidentieller Machtbefugnisse ist jedoch auch abhängig von der faktischen Ausfüllung der Präsidentenrolle. Hier zeigen sich immer wieder Spannungen zwischen Präsidialamt und dem Amt des Ministerpräsidenten, welche in naher Zukunft beigelegt und durch Verfassungsrevisionen geklärt werden sollen.

Veränderungen sind jedoch bei den weniger formalisierten Institutionen der nordischen Demokratien unübersehbar. Das »zweite Gesicht der Verhandlungsdemokratie« umschreibt die Form und Intensität des Parteienwettbewerbs. Für alle nordischen Länder kann die These formuliert werden, dass dort die sozialdemokratischen Hochburgen erodieren. Sowohl hinsichtlich des Wähleranteils als auch hinsichtlich der Regierungsbeteiligung erscheinen die sozialdemokratischen Parteien des Nordens geschwächt. Gleichzeitig fächern sich die nordischen Parteiensysteme zusehends auf. Unter diesen veränderten Rahmenbedingungen werden auch die in vielen Ländern des Nordens üblichen Minderheitsregierungen prekärer (Strøm 1990, Strøm et al. 2005). Es existiert keine hegemoniale Partei mehr, die nur wenige Stimmen für die parlamentarische Mehrheit »organisieren« muss. Die Verhandlungskonstellationen werden vielschichtiger, da meist mit mehreren Stützungsparteien verhandelt werden muss.

Die Reaktionen auf diesen Trend sozialdemokratischen Niedergangs unterscheiden sich in den einzelnen Ländern. Während die norwegische Sozialdemokratie erfolgreich Brücken zur bürgerlichen Zentrumspartei bauen konnte und mit einer »rot-rot-grünen« Regierung der rechstpopulistischen Herausforderung begegnet, kann (bislang) die dänische Sozialdemokratie die bürgerliche Dominanz nicht brechen. Der Einfluss der Rechtspopulisten auf die Gestaltung der Regierungstätigkeit ist aus der formalen Opposition heraus bedeutsam gewesen. Die Wahlen im Jahr 2011 werden zeigen, ob die dänische Sozialdemokratie mit einer Koalition über die politischen Lagergrenzen hinaus ihre Position wird festigen können. Im »sozialdemokratischen Modellland« Schweden hingegen hat sich eine Zäsur ereignet, die nicht hoch genug zu veranschlagen ist (Jochem 2006, 2011b). Die bürgerlichen Parteien haben erfolgreich die Sozialdemokratie in der Mitte des Parteienspektrums abgelöst – und die bürgerliche Allianz versucht (bislang) erfolgreich, strategische Kooperationen mit der Grünen Partei zu schließen. Die schwedische SAP befindet sich in einer Krise, die sozialdemokratische Hegemonie in Schweden ist Geschichte.

Unterschiedliche Entwicklungen lassen sich auch im »dritten Gesicht der Verhandlungsdemokratie« im Norden feststellen. Die Staat-Verbände Beziehungen entwickeln sich in den nordischen Ländern in unterschiedliche Richtungen. Während in Finnland und Norwegen eine tripartistische Konzertierung zwischen Arbeitgeberverbänden, Gewerkschaften und staatlichen Akteuren noch auf zentralstaatlicher Ebene intakt ist (wenn auch mit erheblichen Spannungen), so hat sich die Konzertierung in Dänemark auf die lokale und regionale Ebene verlagert. Und in Schweden schließlich scheint eine nationale Konzertierung nach historischem Muster gänzlich blockiert zu sein.

Das Konzept der Verhandlungsdemokratie ermöglicht differenzierte Urteile über Entwicklungsdynamiken.[92] Aus einer solchen Perspektive wird ersichtlich, dass trotz weitgehend stabiler formaler Institutionen der nordischen Demokratien zentrale faktische Spielregeln des demokratischen Prozesses sich verändern. Wichtig ist zudem die Beobachtung, dass die nordischen Länder hierbei unterschiedlichen Entwicklungspfaden folgen. Das Bild einer in sich homogenen Länderfamilie muss aus dieser Perspektive deutlich eingeschränkt werden.

Der beobachtbare Wandel demokratischer Spielregeln sagt jedoch noch wenig aus über die *Qualität* demokratischer Formen und Prozesse. In der skandinavischen Politik herrscht eine ambitionierte Selbstbeobachtung und Evaluation demokratischer Politik. Bereits in den 1970er Jahren initiierte das norwegische Parlament ambitionierte Studien über den Zustand und die Verwerfungen der Demokratie in Norwegen. Eine Entwicklung, die nur kurze Zeit später in Dänemark aufgegriffen und auf die dänische Demokratie angewandt wurde. Diese breit angelegten Studien stellen ambitionierte sozialwissenschaftliche Analysen zu den Veränderungen und Qualitäten der Demokratie dar (Micheletti 1984).

---

[92] Hierin liegt auch der Vorteil dieses Konzeptes gegenüber dem Konzept der Konsensusdemokratie nach Lijphart (1999). Dort werden die jeweiligen Entwicklungen in einer Form aggregiert, dass kaum mehr zu unterscheiden ist, ob sich die formalen Institutionen wandeln oder die faktischen Spielregeln des demokratischen Prozesses.

Diese Tradition der sozialwissenschaftlich-kritischen Demokratieforschung wurde gegen Ende des vorigen Jahrhunderts erneut in Dänemark, Norwegen und Schweden aufgenommen. Von staatlicher Seite wurde viel Geld investiert, um mehrjährige sozialwissenschaftliche Forschungsverbünde zu finanzieren, die zu Beginn des neuen Jahrhunderts ihre Schlussberichte vorlegten.[93] Grundsätzlich fokussieren diese Berichte Entwicklungen, die als Schwächung der Demokratie gedeutet werden können. Die zunehmende Entgrenzung der Gesellschaften, die steigende Bedeutung der neuen wie alten Medien in der Meinungsbildung oder auch Aspekte der europäischen Integration sowie der Verrechtlichung der Politik können als Beispiele genannt werden (vgl. Karvonen 2004). Diese vielschichtigen Studien erforschen allerdings eher diese Entwicklungen und deren Auswirkungen auf demokratische Prozesse, weniger sind sie als politikberatende Beiträge in einem engeren Sinne zu lesen.[94]

Es existiert eine Vielzahl von empirischen Demokratieindikatoren, die vorgeben, die Qualität demokratischen Regierens zu erfassen. So können die Einstufungen von »freedom house«, der Bertelsmann-Stiftung oder des Economist als erste Annäherungen einer Qualitätsmessung verstanden werden. Es zeigt sich bei all diesen empirischen Analysen – die mitunter ähnlich vorgehen, aber auch in einzelnen Details unterschiedliche Messkonzepte verfolgen –, dass die nordischen Länder meistens in der Spitzengruppe zu verorten sind. Beim Economist sind die fünf nordischen Länder unter den qualitativ besten sieben Demokratien von insgesamt 167 untersuchten Ländern eingereiht (Norwegen, Island, Dänemark und Schweden belegen die ersten vier Rangplätze) (Economist 2010). Die von der Bertelsmann-Stiftung erhobene Analyse von 30 entwickelten Demokratien sieht die nordischen Länder Norwegen, Finnland und Schweden auf den ersten drei Plätzen; Dänemark folgt auf Platz sechs, Island auf Rang neun.[95] Ein anderes Rankingverfahren sieht ebenfalls die nordischen Länder an der Spitze der Demokratien (Campbell/Pölzlbauer/Barth 2010).[96] Auch mit diesem Messverfahren landen von insgesamt 100 analysierten Ländern Norwegen, Schweden und Finnland auf den ersten drei Plätzen, Dänemark auf Rang 5 (Island ist leider nicht erfasst). Ein neuestes Projekt zur qualitativen Erfassung von Demokratien um den Berliner Sozialwissenschaftler Wolfgang Merkel hat jüngst Ergebnisse von sehr komplexen Analysen publiziert. Auch dieses ambitionierte Forschungsprojekt sieht die nordischen Länder in der Spitzengruppe der 30 analysierten Demokratien: Dänemark und Finnland belegen die bei-

---

[93]   Im Internet sind einige Dokumente erhältlich. Für Norwegen: <http://www.sv.uio.no/mutr/index.html> (letzter Zugriff am 10.02.2011), für Schweden: <http://www.sweden.gov.se/sb/d/3808/a/22272> (letzter Zugriff am 10.02.2011). In Schweden wurde in den vergangenen Jahren eine weitere Kommission eingesetzt, welche die Folgen der Globalisierung für die schwedische Ökonomie und Demokratie analysieren sollte, vgl. hierzu Ds (2009: 21) (weitere Informationen unter: <http://www.sweden.gov.se/sb/d/8616>, letzter Zugriff am 10.02.2011).

[94]   Die Literatur zu diesen Macht- und Demokratiekommissionen ist sehr vielschichtig. Für Dänemark sei exemplarisch verwiesen auf: Damgaard (2004), Goul Andersen (2006), Christiansen/Togeby (2006); für Norwegen auf: Narud/Strøm (2004), Selle/Østerud (2006); für Schweden auf Bergman (2004), Lindvall/Rothstein (2006). Analog zur Vorgehensweise dieser Macht- und Demokratiekommissionen liegen auch einzelne Beiträge zu Island und Finnland vor: Kristjansson (2004), Raunio (2004).

[95]   Die aktuellen Werte sowie das der Klassifizierung zugrunde liegende Datenmaterial ist online abrufbar unter: <http://www.sgi-network.org/index.php> (letzter Zugriff am 10.02.2011).

[96]   Im Internet abrufbar unter: <http://www.democracyranking.org/en/index.htm> (letzter Zugriff am 10.02.2011).

den ersten Rangplätze, Island, Schweden und Norwegen die Plätze vier bis sechs (Bühlmann et al. 2011).[97]

All diese Messverfahren berücksichtigen qualitative Aspekte demokratischer Institutionen sowie die Leistungsfähigkeit politischer Mechanismen. Es wird in der einschlägigen Literatur gestritten, mit welchen Messverfahren adäquat die Qualität demokratischer Formen und Prozesse zu messen sei. Dieser kursorische Überblick über eine Vielzahl unterschiedlicher Messverfahren und konzeptionelle Perspektiven zeigt jedoch eindeutig, dass nach dem jetzigen Forschungsstand die nordischen Demokratien in der Spitzengruppe des internationalen Vergleichs liegen. Insofern kann man mit Fug und Recht argumentieren, dass eine Analyse demokratischer Politik in Skandinavien »best practice« Vorbilder fokussiert.[98]

---

[97] Im Internet sind die Daten, Konzepte und erste Forschungsberichte abrufbar unter: <http://www.democracy barometer.org/baroapp/public/static/index> (letzter Zugriff am 20.03.2011).

[98] Ein weiteres Forschungsprojekt der Sozialwissenschaftler an der Universität Götheborg widmet sich in einem etwas engeren Fokus der Qualität des (demokratischen) Regierens. Daten und Forschungsbeiträge sind im Internet erhältlich unter: <http://www.qog.pol.gu.se/> (letzter Zugriff am 10.02.2011).

4 Wirtschaftlicher Wandel und Vollbeschäftigung

Die nordischen Länder werden gemeinhin mit starken Arbeiterbewegungen oder mit umfassend ausgebauten Sozialstaaten in Zusammenhang gebracht. Ebenfalls ein Kennzeichen des Nordens, wenngleich weitaus weniger in der öffentlichen Wahrnehmung verankert, ist jedoch die zumindest in der jüngeren Vergangenheit tendenziell überdurchschnittliche ökonomische Performanz dieser Länder.

Seit dem ausgehenden 19. Jahrhundert haben sich die nordischen Wirtschaftsräume rasant und grundlegend gewandelt. Von stark agrarisch geprägten Gesellschaften mit weit verbreiteter Armut veränderten sich die nordischen Länder rasch in wohlhabende Gesellschaften mit heute überwiegend dienstleistungsbasierten Wirtschaftsstrukturen. Dieser rasche Strukturwandel geht einher mit einer im europäischen Vergleich sehr weitreichenden Integration der Bevölkerung in den Arbeitsmarkt. Die protestantischen »Arbeitsgesellschaften« des Nordens erreichen nicht nur hohe Erwerbsbeteiligungsraten. Sie können zudem ein hohes Ausmaß an Einkommensgleichheit realisieren, sowohl zwischen den Geschlechtern als auch im regionalen Vergleich – wenngleich die ökonomische Ungleichheit in der jüngeren Vergangenheit auch im Norden stetig zunimmt. Die Dynamik der nordischen Wirtschaftsräume ist jedoch keineswegs problemlos. Jüngste Entwicklungen im Kielwasser der globalen Finanzkrise nach 2007 zeigen, wie verletzlich die skandinavischen Länder gegenüber internationalen Krisen sind. Und es mehren sich Anzeichen dafür, dass zumindest in einzelnen nordischen Ländern die Fähigkeit des ökonomischen Wandels an ihre Grenze zu stoßen scheint.

4.1 Nordische „Tiger" in Europa?

Die Dynamik einer Wirtschaft kann anhand unterschiedlichster Kennzahlen erfasst und vergleichbar gemacht werden. Das Wachstum des Bruttoinlandsproduktes stellt den gebräuchlichsten Indikator dar, der den im jeweiligen Land produzierten Wert der produzierten Güter und Dienstleistungen erfassen soll. Dieser Indikator steht jedoch seit geraumer Zeit in zunehmender Kritik.[99] Die ausschließlich monetäre Messung des gesellschaftlichen Wohlstandes ist zum einen blind gegenüber »Schäden«, die als scheinbare Wohlstandsteigerungen monetär eingerechnet werden – hier können als Beispiele die Autoreparaturen nach Unfällen genannt werden. Zum anderen können auf diesem Wege die »immateriellen« As-

---

[99] Die Kennzahl des Bruttoinlandsproduktes zur Messung gesellschaftlichen Wohlstands ist seit einigen Jahren umstritten. Auf Initiative des französischen Präsidenten Nicolas Sarkozy wurde 2008 eine Kommission eingerichtet, die alternative Wohlstandsmessungen erarbeiten soll. Die Kommission wird geleitet von den Nobelpreisträgern Joseph Stiglitz und Amartya Sen. Vgl. die Internetseite <http://www.beyond-gdp.eu> mit weiteren Informationen und Berichten.

pekte des Wohlstands nicht erfasst werden. Mit dem gängigen Indikator des monetären Wirtschaftswachstums werden weder die ökologische Bilanz des Wirtschaftens noch das subjektive Wohlbefinden der Menschen systematisch erfasst.

Trotz dieser berechtigten Einwände ist die Veränderung des Wirtschaftswachstums immer noch ein zentraler Indikator zur vergleichenden Erfassung ökonomischer Dynamik. Mit Blick auf das klassische Wirtschaftswachstum allein wird deutlich, dass die nordischen Länder keineswegs die beste aller möglichen Welten repräsentieren (vgl. Tabelle 4.1). Seit Mitte der 1980er Jahre liegt das nordische Wirtschaftswachstum allenfalls im Bereich des Durchschnittes für alle klassischen OECD Staaten. Einzig Island konnte in der jüngeren Vergangenheit Wachstumswerte erreichen, die über den Durchschnittswerten rangieren.

Tabelle 4.1: Durchschnittliches Wirtschaftswachstum OECD, 1985 - 2009

	1985-95	1996-00	2001-05	2006-09
Australien	3,0	4,1	3,3	2,7
Österreich	2,4	3,0	1,7	1,3
Belgien	2,3	2,8	1,6	0,9
Kanada	2,3	4,1	2,5	0,8
Dänemark	1,9	2,9	1,3	-0,2
Finnland	1,4	4,7	2,6	0,7
Frankreich	2,2	2,8	1,6	0,6
Deutschland	2,7	2,0	0,6	0,5
Griechenland	1,2	3,5	4,1	2,3
Island	1,7	4,9	4,3	1,3
Irland	4,7	9,6	5,5	0,3
Italien	2,2	1,9	0,9	-0,7
Japan	3,2	1,0	1,3	-0,5
Luxemburg	5,7	6,2	3,6	2,2
Niederlande	2,8	4,0	1,3	1,2
Neuseeland	1,9	3,0	3,7	1,1
Norwegen	2,7	3,7	2,2	1,3
Portugal	3,7	4,1	0,9	0,2
Spanien	3,0	4,1	3,3	1,2
Schweden	1,6	3,5	2,6	0,6
Schweiz	1,5	2,0	1,3	1,9
UK	2,5	3,4	2,5	0,3
USA	2,9	4,3	2,4	0,7
Durchschnitt	2,6	3,7	2,4	0,9
Standardabweichung	1,0	1,7	1,2	0,8

Quelle: OECD 2010c, Economic Outlook 87.

Es wird auch deutlich, dass alle nordischen Länder tendenziell schneller wachsen als dies zum Beispiel für Deutschland oder die Schweiz zu berichten ist. Nach 2006 verändert sich jedoch die nordische Wachstumsbilanz, seither ist vor allem für Dänemark eine schwache Wachstumsphase zu konstatieren. Hingegen liegen die Werte für Island oder Norwegen immer noch über dem Durchschnitt der OECD Länder.

Inwiefern die nordischen Länder – und insbesondere das fundamental in die Krise geratene Island – von den Turbulenzen der globalen Finanzkrise nach 2007 in ihrer Wachstums- und Wirtschaftsdynamik beeinträchtigt wurden, wird in Kapitel 4.5 eingehender erörtert. Hier soll nur der Hinweis genügen, dass die nordischen Länder unterschiedlich auf die globale Wirtschaftskrise reagierten. Insbesondere für Schweden werden bereits für das Jahr 2010 sehr hohe Wachstumsraten dokumentiert.

Die Analyse der wirtschaftlichen Dynamik kann neben der einschlägigen Kennzahl des Wirtschaftswachstums durch komplexere Kennzahlen ergänzt werden. In der Literatur werden unterschiedliche Vergleichsindikatoren konstruiert. Besonders häufig wird der *Human Development Index* (HDI) der Vereinten Nationen verwendet. Dort werden ökonomische Indikatoren (Bruttoinlandsprodukt pro Kopf) mit sozialen Indikatoren verknüpft, wie zum Beispiel die durchschnittliche Lebenserwartung oder spezifische Bildungsindikatoren. In dieser Perspektive zeigt sich, dass die nordischen Länder durchaus in den oberen Rangplätzen vertreten sind, Norwegen belegt von den 169 analysierten Ländern sogar den ersten Rangplatz. Die deutschsprachigen Länder sind in dieser Hinsicht auf einem ähnlich gut ausgebauten Niveau zu verorten wie die nordischen Länder (vgl. Tabelle 4.2).

Ein weiterer Indikator zur Erfassung ökonomischer Dynamiken ist der vom World Economic Forum herausgegebene *Global Competitive Index* (GCI). Darin werden unterschiedliche ökonomische als auch politische Indikatoren miteinander verknüpft. In letzterer Kategorie sind vor allem Aspekte der Gesundheitsversorgung sowie der Bildungspolitik von Relevanz. Auch in dieser Betrachtungsweise zeigen sich die nordischen Länder als durchaus leistungsstark. Von insgesamt 139 untersuchten Ländern rangiert Schweden hinter der Schweiz auf Platz zwei, Finnland nimmt Rang sieben ein und Dänemark schließlich Rang neun. Norwegen belegt den 14. Rangplatz, wohingegen Island »abgeschlagen« auf dem 31. Platz liegt. Die Bundesrepublik Deutschland wird in der Betrachtungsweise der wirtschaftlichen Wettbewerbsfähigkeit auf dem fünften Platz gelistet, Österreich auf dem 18. Rangplatz (World Economic Forum 2010b). Auch diese Perspektive zeigt, dass die nordischen Länder zum Teil in der Spitzengruppe vertreten sind, allerdings nicht alle fünf Länder als eine homogene Gruppe – und zudem werden für die deutschsprachigen Länder in dieser Wettbewerbsperspektive ebenfalls sehr gute Werte berichtet.

Ein weiterer Indikator wird in der Literatur zwar kontrovers diskutiert, allerdings strebt dieser sogenannte »*Fortschrittsindex*« (FI) explizit die Erfassung der ökologischen Qualität des Wirtschaftens an. Neben der Ermittlung des »ökologischen Fußabdruckes« fließen Kennzahlen des ökonomischen Wohlstandes sowie Aspekte der Gesundheitsversorgung sowie des Bildungsniveaus in die Berechnung dieses Gesamtindikators ein. Dieser Fortschrittsindex weist den nordischen Ländern Spitzenpositionen zu – wenngleich eingeräumt werden muss, dass mit diesem Indikator nur 22 Länder weltweit erfasst werden. Die jüngste Messung für das Referenzjahr 2008 sieht die nordische Troika bestehend aus Norwegen, Schweden sowie Finnland an der Spitze, Dänemark hingegen im unteren Drittel auf Rangplatz 19. Die deutschsprachigen Länder Schweiz, Österreich und Deutschland sind in der zweiten Hälfte der Rangliste zu finden, auf den Plätzen 10, 15 sowie 18. Die schlechte Positionierung Deutschlands wird von den Autoren der Studie explizit auf die Mängel der bundesdeutschen Bildungspolitik zurückgeführt (Zentrum für gesellschaftlichen Fortschritt 2010).

Tabelle 4.2: Komplexe Indikatoren zur Messung gesellschaftlichen Wohlstandes und
                ökonomischer Dynamik

	HDI	GCI	FI	GII
Australien	2	16	13	18
Österreich	25	18	15	21
Belgien	18	19	21	17
Kanada	8	10	17	12
Dänemark	19	9	19	5
Finnland	16	7	3	6
Frankreich	14	15	9	22
Deutschland	10	5	18	16
Griechenland	22	83	8	46
Island	17	31	--	1
Irland	5	29	14	19
Italien	23	48	11	38
Japan	11	6	4	13
Luxemburg	24	20	--	15
Niederlande	7	8	6	8
Neuseeland	3	23	5	9
Norwegen	1	14	1	10
Portugal	40	46	22	34
Spanien	20	42	12	30
Schweden	9	2	2	2
Schweiz	13	1	10	4
UK	26	12	16	14
USA	4	4	20	11
Gesamtzahl der Länder	169	139	22	132

Anmerkungen: In der Tabelle werden die nationalen Rangplätze für die einzelnen Indikatoren aufgeführt. Die Beobach-
tungszeiträume sind für den Human Development Index (HDI) das Jahr 2010, für den Global Competitiveness Indikator (GCI) der Zeitraum 2010/11, für den Fortschrittsindikator (FI) das Jahr 2008, sowie für den Global Innovation Index
(GII) der Zeitraum 2009/10. -- = Werte nicht verfügbar.
Quellen: UNDP (2010), World Economic Forum (2010b), Zentrum für gesellschaftlichen Fortschritt (2010), INSEAD
(2010).

Die nordischen Länder treten nur selten homogen als eine geschlossene Gruppe in den Statistiken zur wirtschaftlichen Dynamik auf. Allerdings rangieren stets einige nordische Länder in den Spitzenpositionen des internationalen Vergleichs. Bei einer stärkeren Betrachtung
des monetär messbaren Wohlstandes ist dies neben Norwegen meist Schweden. Bei einer
stärkeren Betrachtung des ökonomischen Wettbewerbsgrades sind hingegen Schweden und
Finnland stets in den Spitzenpositionen vertreten.

Eine besondere Bedeutung für die Dynamik des Wirtschaftslebens wird der Fähigkeit
von Volkswirtschaften gesehen, Innovationen hervorzubringen. International vergleichende
Studien zeigen, dass die nordischen Länder bei technologischen Innovationen weltweit
führend sind – und dies als nahezu geschlossene Gruppe. Der *Global Innovation Index* (GII)
(INSEAD 2010) (vgl. Tabelle 4.2) analysiert Aspekte des innovativen Inputs (wie zum Beispiel die Regulierung der Ökonomie, Offenheit der Märkte für Innovationen oder die Güte
des Humankapitals) sowie des innovativen Outputs, bei dem vor allem die Umsetzungen
der technologischen Innovationen erfasst werden sollen (insgesamt 60 Variablen werden
erhoben, die in einem Zusammenhang mit wirtschaftlichen Innovationen stehen). In diesem
Ranking belegt Island unter den 132 in das Sample aufgenommen Ländern den ersten Platz,
gefolgt von Schweden auf dem zweiten, Dänemark auf dem fünften, Finnland auf dem

sechsten und schließlich Norwegen auf dem zehnten Platz. Die Schweiz kann mit dem vierten Rangplatz als durchaus sehr innovative Volkswirtschaft eingestuft werden. Weniger stark scheint diese Fähigkeit in Deutschland (16. Platz) oder Österreich (21. Rangplatz) ausgeprägt zu sein. In der Perspektive ökonomischer Innovationen »dominieren« also nordische Volkswirtschaften durchaus den internationalen Vergleich. Mit der partiellen Ausnahme Norwegens können im Norden die innovativsten Wirtschaftsräume weltweit lokalisiert werden.

Die nordischen Ökonomien zeichnen sich in vergleichender Perspektive auch durch eine *starke Stellung des Staates* im Wirtschaftsleben aus. Ausgehend von den Ursprüngen der Industrialisierung über die Phasen der beiden Weltkriege bis hin zur Expansion der Wissensgesellschaften seit den 1960er Jahren setzten und setzen staatliche Akteure im Norden wichtige Akzente für die ökonomische Dynamik. Die Folgen dieser dominanten Stellung des Staates können an unterschiedlichen Indikatoren abgelesen werden (vgl. Tabelle 4.3). Zum einen sind die Staatsausgaben (in Relation zum Bruttoinlandsprodukt) in den nordischen Ländern tendenziell höher als in den restlichen OECD Staaten. Dies trifft vor allem für Schweden, Dänemark und Finnland zu; die beiden erstgenannten Länder überschreiten dabei die 50 Prozentmarke, Finnland liegt knapp darunter. In Norwegen und Island hingegen bewegen sich die Staatsausgaben eher auf einem durchschnittlichen Niveau – was zumindest für die norwegische Situation auf den ersten Blick überrascht. Denn just dort bieten die Einnahmen aus dem Erdölvorkommen beste fiskalische Möglichkeiten für einen ausgabeintensiven Staat. Warum dies nicht der Fall ist, wird im Verlaufe dieses Kapitels noch eingehend erörtert.

Ebenso »stark« greifen die nordischen Staaten auch mit der Steuerpolitik in das Wirtschaftsgeschehen ein. Im internationalen Vergleich sind die Steuerquoten in Relation zum Bruttoinlandsprodukt in den nordischen Ländern deutlich höher, als dies für die vergleichbaren restlichen OECD Länder der Fall ist. Zumindest gilt diese Aussage ohne Einschränkung für Dänemark und Schweden, deren Steuerquoten mit 48 bzw. 47 Prozent im internationalen Vergleich einzigartig hoch sind. Die Steuerextraktion in Finnland und Norwegen hingegen ist deutlich niedriger als in den nordischen Nachbarländern – aber immer noch über dem OECD Durchschnitt (und über dem Wert für Deutschland). In Island allerdings kann von einem »starken« Steuerstaat kaum die Rede sein. Die isländische Ökonomie stellt einen Sonderfall im nordischen Kontext dar. Dort führte die langjährige Dominanz liberalkonservativer und zentristischer Parteien zu einem anderen Mischungsverhältnis von Staat und Markt, als dies für Schweden oder Dänemark zu verzeichnen ist. Aus den international vergleichenden Daten wird auch die besondere Stellung der Schweiz ersichtlich, wo deutlich weniger Steuern als im internationalen Durchschnitt erhoben werden. Neben Irland ist dort das geringste Steueraufkommen in Europa zu beobachten (was allerdings auch mit einem unterdurchschnittlichen staatlichen Ausgabenniveau korreliert). Aus der Riege der deutschsprachigen Ökonomien nimmt in dieser Perspektive Deutschland nahezu perfekt eine durchschnittliche Rolle ein, wohingegen in Österreich die gesamtstaatliche Steuerquote durchaus nahe an die nordischen Werte heranreicht.

Tabelle 4.3:　Die Rolle des Staates im Wirtschaftsleben – einige Kernindikatoren

	Staatsausgaben (2006)	Steuereinnahmen (2007/2008)		Öffentliche Beschäftigung (2005)
	(% BIP)	Gesamt (%BIP)	%-Anteil lokaler Gebietskörper-schaften	% an der Gesamt-beschäftigung
Australien	34,9	30,8	2,9	13,6
Österreich	49,4	42,9	9,5	10,2
Belgien	48,4	44,3	5,2	17,1
Kanada	39,3	32,2	8,6	15,6
Dänemark	51,6	48,3	24,3	--
Finnland	48,9	42,8	21,3	21,3
Frankreich	52,7	43,1	12,1	21,9
Deutschland	45,3	36,4	8,4	10,4
Griechenland	42,2	31,3	0,7	14,1
Island	41,7	36,0	25,0	--
Irland	33,8	28,3	2,2	14,7
Italien	49,9	43,2	16,3	14,2
Japan	36,0	28,3	27,6	5,3
Luxemburg	38,6	38,3	4,5	--
Niederlande	45,6	37,5	0,6	12,8
Neuseeland	39,9	34,5	5,8	--
Norwegen	40,5	42,1	12,5	28,8
Portugal	46,3	36,5	6,1	13,4
Spanien	38,5	33,0	8,4	13,0
Schweden	54,3	47,1	32,4	28,3
Schweiz	33,7	29,4	16,7	7,1
UK	44,2	35,7	4,7	19,1
USA	36,4	26,9	14,0	14,1
Durchschnitt	43,1	36,9	11,7	15,5

Anmerkungen: -- = es liegen keine Daten vor. Beim prozentualen Anteil der Steuern, die auf den Zentralstaat entfallen, ist zu beachten, dass die OECD hier die Sozialversicherungsparafiski den zentralstaatlichen Steuern und Abgaben zuweist. Bei der Berechnung der gesamten Steuereinnahmen hingegen sind nur die reinen Steuern ohne Sozialversicherungsbeiträge erfasst..
Quellen: OECD 2009c: Government at a Glance (online-Version), OECD 2009d: Revenue Statistics, 1965-2008, Paris: OECD, S. 19, 21.

Im Norden übernehmen die regionalen und vor allem die lokalen Gebietskörperschaften eine wichtige Rolle im Wirtschaftsprozess. Wie aus den Daten in Tabelle 4.3 weiter zu ersehen ist, entfallen auf die lokalen Gebietskörperschaften des Nordens bis zu 30 Prozent der gesamtstaatlichen Steuereinnahmen (Schweden). Aber auch hier sind die Unterschiede zwischen den nordischen Ländern beachtlich. Am zentralisiertesten erscheint der norwegische Steuerstaat, mit einem Wert, der in der Nähe des internationalen Durchschnitts liegt. Trotz dieser Unterschiede zwischen den nordischen Ländern wird deutlich, wie wichtig und bedeutsam die lokale Ebene in den nordischen Steuer- und Wohlfahrtsstaaten ist. Eine direkte Folge dieser nordischen Arbeitsverschränkung von Zentralstaat und Gebietskörperschaften ist, dass in den nordischen Ländern (und vor allem in Schweden, Dänemark und Island) die Steuerquoten regional unterschiedlich stark ausgeprägt sein können.

Die starke Rolle der nordischen Staaten im Wirtschaftsleben kann des Weiteren an der hohen Beschäftigung im öffentlichen Sektor abgelesen werden.[100] Das Wachstum der öffentlichen Beschäftigung setzte mit dem Ausbau der sozialen Humandienstleistungen im öffentlichen Sektor ein und wird vor allem von den regionalen und lokalen Gebietskörperschaften getragen. Seit den 1960er Jahren investierten die nordischen Regierungen unisono – mit der tendenziellen Ausnahme Islands – bedeutende öffentliche Mittel in die Bereiche Bildung, Gesundheit und Pflege (Sipilä 1997) (vgl. Kapitel 5). Dieser Ausbau sozialer Humandienstleistungen in öffentlicher Trägerschaft bewirkte auch eine im Norden auffallend deutliche Segmentierung des Arbeitsmarktes. Während die nordischen Männer – tendenziell – in der Privatwirtschaft beschäftigt sind (und den Wettbewerbsbedingungen entgrenzter Ökonomien direkt ausgesetzt sind), dominieren die nordischen Frauen die staatlichen Arbeitsmarktsegmente.

Leider fehlen in der Auflistung der Daten in Tabelle 4.3 die Angaben für Dänemark und Island. Anhand anderer Kennzahlen kann jedoch vermutet werden, dass die beiden nordischen Länder ebenfalls einen sehr hohen Anteil der Beschäftigten im öffentlichen Sektor aufweisen. So zeigen andere Statistiken der OECD, dass in Dänemark die *Ausgaben* für die Beschäftigten im öffentlichen Sektor höher und in Island ähnlich hoch sind, als dies in Schweden der Fall ist (OECD 2008a: 13). Nationale Statistiken aus Dänemark belegen zudem, dass die absolute Anzahl der Beschäftigten im öffentlichen Sektor seit 2006 deutlich zunahm, allerdings seit dem zweiten Quartal 2010 auch eine ebenso deutliche Rückführung erfuhr. Kurz: Werden andere Kennzahlen zu Rate gezogen, dann kann davon ausgegangen werden, dass in Dänemark und Island die Rate der öffentlichen Beschäftigten auf einem ähnlich hohen Niveau wie zum Beispiel in Schweden anzusiedeln ist.

Eine weitere Besonderheit der nordischen Länder im Vergleich zu den anderen OECD Staaten kann in der Entwicklung der *öffentlichen Haushalte* gesehen werden. Seit den 1980er Jahren wurden weitreichende Veränderungen der nordischen Fiskalpolitik vollzogen. Internationale Organisationen wie die OECD oder auch die Europäische Union kalkulieren in jüngster Zeit vermehrt sogenannte »Nachhaltigkeitsindikatoren«. Mit diesen Indikatoren soll gemessen werden, welche Anstrengungen die jeweiligen Regierungen unternehmen müssen, um die öffentliche Verschuldung trotz der Einrechnung des spezifischen Problemdrucks – wie zum Beispiel des demographischen Wandels oder den Folgen der jüngsten Konjunkturpakete – wieder zu stabilisieren. Es zeigt sich, dass die berechneten Werte für diejenigen nordischen Länder, für die Daten vorliegen, durchaus positiv sind. Die Europäische Union bescheinigt sowohl Schweden als auch Dänemark eine äußerst nachhaltige Fiskalpolitik, die auch durch verschiedene Problemlagen kaum aus ihrer Balance zu bringen sei. Etwas abgeschlagen, allerdings immer noch in der europäischen Spitzenposition wird die finnische Fiskalpolitik eingestuft (EU 2009b, Finanspolitiska Rådet 2009: 61).

Die nordischen Länder ergänzen ihr wirtschafts- und fiskalpolitisches Profil durch eine im internationalen Vergleich besonders *gering ausgeprägte ökonomische Ungleichheit*. Unabhängig von den unterschiedlichsten Messmethoden relativer Armut oder relativer Un-

---

[100] Vergleichende Daten zur öffentlichen Beschäftigung sind problematisch, da in vielen Ländern die Grenzen zwischen öffentlichen und privaten Arbeitgebern nicht so eindeutig zu ziehen sind, wie dies gemeinhin angenommen wird. Zu den Problemen mit der statistisch validen Erfassung dieser Kennzahlen vgl. die Ausführungen in OECD (2008d) oder Derlien/Peters (2008).

gleichheit kann für die Länder des Nordens festgehalten werden, dass dort die relative Einkommensungleichheit sehr gering ausgeprägt ist (vgl. Schaubild 4.1). Dies trifft vor allem für Dänemark und Schweden zu, die Mitte der 2000er Jahre die geringsten Gini-Koeffizienten – also die geringste relative Einkommensungleichheit – im OECD Sample aufwiesen. Etwas mehr Ungleichheit, allerdings noch deutlich unter dem internationalen Durchschnitt, wird für Finnland, Norwegen und Island berichtet. Aus dieser Auflistung wird auch deutlich, dass in Österreich ebenfalls nur geringe Einkommensungleichheiten festzustellen sind. Deutschland rangiert hier in der Nähe des internationalen Durchschnitts.

Schaubild 4.1:   Gini-Koeffizienten und Einkommensungleichheiten in OECD Ländern
(ca. 2005)

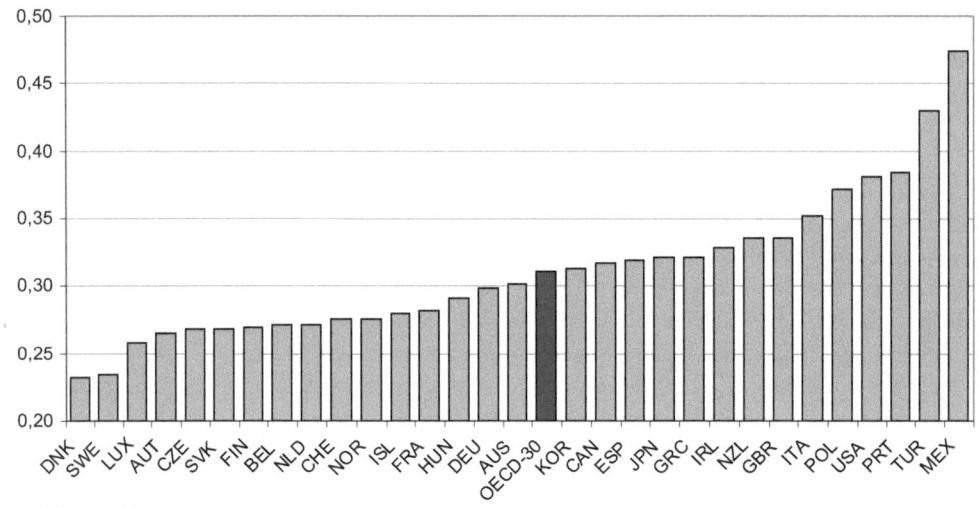

Quelle: OECD (2008e: 25)

Dieser kursorische Vergleich der wirtschaftspolitischen Performanz und zentraler wirtschaftspolitischer Strukturmerkmale macht Folgendes deutlich: Die nordischen Länder vereinen ökonomische Merkmale, die im »Mainstream« der Wirtschaftswissenschaften gemeinhin als kaum vereinbar angesehen werden. Der Norden ist eine Region, in welcher dynamische, innovative Volkswirtschaften einen beachtlichen Wohlstand erwirtschaften. Gleichzeitig sind dort die Volkswirtschaften in überdurchschnittlichem Ausmaße »gemischt«, d.h. die Rolle des Staates im Wirtschaftsleben ist in vergleichender Perspektive sehr stark ausgeprägt. Allein die hier präsentierte Bestandsaufnahme zeigt, weshalb die nordischen Länder als Untersuchungsfälle der Wirtschafts- und Finanzpolitik von großer Bedeutung sind. Sie verstoßen auf den ersten Blick gegen die »reine« volkswirtschaftliche Lehre, derzufolge dynamische Märkte vor allem durch eine zurückhaltende Staatlichkeit und ein gewisses Maß ökonomischer Ungleichheit ermöglicht bzw. befördert werden. Zwar sind die nordischen Länder kaum »europäische Tigerökonomien«, die sich in ihrer Performanz gravierend vom europäischen Durchschnitt abheben. Aber die relativ hohe ökonomische Wettbewerbsfähigkeit der meisten nordischen Länder, die weit reichende Egalität sowie die prominente Rolle des Staates im Wirtschaftsleben sind besondere Merkmale der meisten nordischen Länder.

4.2 Historische Spätstarter – von der Agrarwirtschaft zum High-Tech-Standort

Die Entwicklung der nordischen Ökonomien nimmt ihren Ursprung in genuin agrarisch geprägten Volkswirtschaften. Seit dem ausgehenden Mittelalter dominierten die Wirtschaftszweige, die mit den natürlichen Ressourcen des Nordens wuchern konnten: Holzverarbeitung, Fischfang und landwirtschaftliche Produkte in einer breiteren Vielfalt. In sehr engen Grenzen waren bereits die handwerklichen Produkte des Nordens, insbesondere die frühen metallenen Äxte aus Schweden, europaweit als führende Produkte gefragt. Allerdings waren die nordischen Länder lange Zeit ökonomisch periphere Regionen und entsprechend groß war die Armut, insbesondere auf dem Lande. Zudem waren die zahlreichen Kriege des Nordens in der frühen Neuzeit weder förderlich für das Wirtschaftsleben noch für die Entwicklung der Bevölkerung. Nach den letzten kriegerischen Aktivitäten in Skandinavien begann ab ca. 1850 auch im Norden die Ökonomie zu florieren – und die Bevölkerung zu wachsen.

Mit der voranschreitenden Industrialisierung, die ihre Zentren in Großbritannien und in Deutschland hatte, nahm auch im Norden der ökonomische Modernisierungsprozess seinen Anfang. Die Industrialisierung setzte allerdings später ein als in den meisten europäischen Ländern. Die ökonomischen und sozialen Umwälzungen kulminierten dann jedoch gegen Ende des 19. Jahrhunderts in zahlreichen und schnell voranschreitenden Veränderungen. Dies kann auch daran abgelesen werden, dass sich zwischen 1850 und 1900 in den nordischen Ländern die Bevölkerungszahlen nahezu verdoppelten, auch trotz der zahlreichen Emigranten, die von Skandinavien aus vor allem in die USA aber auch an andere Orte des Globus emigrierten.[101] Eine Folge dieser Entwicklung war auch im Norden die zunehmende Urbanisierung. In nur 100 Jahren nahmen die Einwohnerzahlen in den nordischen Hauptstädten rasant zu: So explodierte zum Beispiel die Einwohnerzahl Oslos von 10.000 im Jahr 1800 auf 250.000 im Jahr 1900 (Nordstrom 2000: 230-231).

Die zögerlichste ökonomische Entwicklung kann für *Finnland* festgestellt werden. Die auch dort wachsende Gesellschaft des 19. Jahrhunderts war zu einem sehr hohen Anteil in landwirtschaftlichen Sektoren tätig. Noch zu Beginn des 20. Jahrhunderts waren ca. 66 Prozent der Finnen im Agrarsektor beschäftigt. Erst mit den technischen Fortschritten in der holzverarbeitenden Industrie nahm die Industrialisierung auch dort rasch an Fahrt auf. Dies wurde durch die Ausrichtung des Exporthandels auf Großbritannien weiter befördert. Dennoch: Die agrarische Struktur der finnischen Gesellschaft zog sich noch etliche Dekaden ins 20. Jahrhundert hin. Gemessen am Bruttoinlandsprodukt pro Kopf lag der finnische Wohl-

---

[101] Nordstrom (2000: 231) schätzt, dass zwischen 1830 und 1930 insgesamt 3 Millionen Skandinavier emigrierten. Ungefähr so viele Personen lebten 1914 allein in Dänemark oder Finnland.

stand lange Zeit unter dem europäischen Durchschnitt; erst in den 1970er und 1980er Jahren erreichte Finnland einen durchschnittlichen Wohlstand in Europa.[102]

Im Gegensatz zur finnischen Entwicklung kann *Dänemark* als der »Frühstarter« unter den nordischen Industrialisierungsnachzüglern bezeichnet werden. Die dänische Wirtschaft war bereits im 19. Jahrhundert stark auf landwirtschaftliche Exporte (insbesondere nach Großbritannien) ausgerichtet. Um im zunehmenden internationalen Wettbewerb konkurrieren zu können, errichteten die dänischen (mittelständischen) Landwirte die ersten Genossenschaften in den 1880er Jahren. Weitere technische Innovationen beförderten den ökonomischen Erfolg der dänischen Landwirtschaft – mit der Konsequenz zunehmenden Wohlstands. Dänemark ist das einzige Land des Nordens, das am Vorabend des Ersten Weltkrieges ein im europäischen Vergleich durchschnittliches Pro-Kopf-Bruttosozialprodukt aufweisen konnte. Dieser Wohlstand wurde durch die genossenschaftlichen Organisationen und die eher »mittelständischen« Produktionsfirmen weit in der Gesellschaft gestreut: „Few got rich, but many did very well" (Nordstrom 2000: 238).

Norwegen war ähnlich wie Finnland stark agrarisch geprägt. Die geographischen Bedingungen einer nur schwer zugänglichen Natur führten zudem dazu, dass sich das Leben in Norwegen stark lokalisierte. Historisch betrachtet waren die Holzwirtschaft sowie die Fischerei die Standbeine der jungen norwegischen Ökonomie – und einzige Exportquellen. Ähnlich wie in Finnland lag der Wohlstand in Norwegen lange Jahre unter dem europäischen Durchschnitt, erst seit den 1970er Jahren konnte Norwegen aufholen – allerdings dann in einem sehr rasanten Tempo. Zu Beginn des 20. Jahrhunderts erfolgte eine erste nennenswerte Industrialisierung. In der ersten Dekade kam es zum Durchbruch der Wasserkraftwerke in Norwegen sowie der von der auf diese Weise produzierten Energie abhängigen Schwerindustrie (z.B. Aluminiumproduktion). Ebenso wurde der norwegische Schiffbau modernisiert. Eine Kehrseite dieser raschen Industrialisierung in einem »Armenhaus Europas« war der immense Kapitalbedarf, der vor allem aus dem westlichen Ausland (UK, Deutschland) aufgebracht wurde. In der Folge waren z.B. am Vorabend des Ersten Weltkrieges ca. 80 Prozent der norwegischen Minen in ausländischem Besitz. Diese Entwicklung wurde auf gesetzgeberischem Wege im Ersten Weltkrieg beendet.

Eine Besonderheit der norwegischen Wirtschaftsentwicklung liegt im rasanten Ausbau der Erdölökonomie. Nach und nach wurden die Erdölvorkommen auf norwegischem Herrschaftsgebiet erkundet und ausgebeutet. Im Gegensatz zu vielen anderen Erdölländern wurde die Ausbeutung jedoch nicht multinationalen Konzernen überlassen. Im Gegenteil wurde die staatliche Firma »Statoil« gegründet (1972). Der norwegische Ressourcenreichtum sollte in gesellschaftlichen Händen bleiben. Seit 1990 wird zudem ein Teil des erwirtschafteten Wohlstandes in staatliche »Ölfonds« geleitet, die mit diesem Kapital zur Zukunftssicherung Norwegens auf den internationalen Kapitalmärkten investieren (und spekulieren). Norwegen ist gegenwärtig einer der größten Exporteure von Erdöl und Erdgas weltweit. Eine Konsequenz dieser Entwicklung ist die Spaltung der norwegischen Ökonomie in eine Festlandswirtschaft sowie eine »off-shore« Ökonomie. Dass diese Teilung nicht ohne Probleme für die Wirtschafts- und Lohnpolitik ist, wird im folgenden Kapitel ausführlich erörtert. Gleichwohl hat dieses »manna from the North Sea« (Esping-Andersen) die

---

[102] Diese und die folgenden Angaben sind entnommen aus Fellmann et al. (2008).

norwegische Ökonomie krisenresistent werden lassen. Bereits bei den Erdölkrisen der 1970er und 1980er Jahre wurde dies deutlich – faktisch profitiert die norwegische Ökonomie von steigenden Preisen für Erdöl und Erdgas bis auf den heutigen Tag.[103]

In *Schweden* schließlich startete die Industrialisierung ähnlich spät wie in Norwegen oder Finnland, verlief anschließend jedoch in einem rasanten Tempo. Zum einen konnte der Agrarsektor – ähnlich wie in Dänemark – seit Mitte des 19. Jahrhunderts rasch diversifiziert werden und Exportnischen besetzen. Zum anderen kam es zu einer rapiden Industrialisierung im Bereich der Schwerindustrie. Die ursprünglich zahlreich vorhandenen Eisenhütten und Hochöfen wurden rasch zentralisiert. Spätere Weltkonzerne wie Sandviken oder Bofors nahmen hier ihren Anfang. Im Gegensatz zur norwegischen Entwicklung wurde diese rasche Industrialisierung begleitet von einem raschen Wachstum des inländischen Bankenwesens. Die von A. O. Wallenberg geründete Enskilda Bank (1856) war eine der ersten großen Banken auf nordischem Territorium – und Quelle des bis in die heutigen Tage in Schweden existierenden »Wallenberg Imperiums«. Bedeutende Erfindungen im Bereich der Stahlwirtschaft konnten auf schwedischem Boden gemacht werden. Dies und die solide Finanzierungsstruktur dieser kapitalintensiven Wirtschaftszweige legten den Grundstein für die erfolgreiche Industrialisierung und den rasant zunehmenden Wohlstand – der jedoch nicht so breit gestreut war wie in Dänemark. Bereits nach dem Zweiten Weltkrieg übertraf das schwedische Pro-Kopf-Bruttosozialprodukt den europäischen Durchschnitt. Zweifelsohne profitierte die schwedische Wirtschaft dabei von den beiden Weltkriegen – und von der besonderen Stellung Schwedens im Zweiten Weltkrieg: die schwedische Stahl- und Bergbauindustrie verdiente trotz (oder gerade aufgrund) offizieller Neutralität sehr gut an der expandierenden deutschen Rüstungsindustrie.

Flankiert wurde die rasch zunehmende Industrialisierung im Norden durch »rotgrüne« Kompromisse in den 1930er Jahren. Als Reaktion auf die Weltwirtschaftskrise kam es in Schweden, Dänemark und Norwegen zu Kooperationen zwischen den starken sozialdemokratischen Parteien und den eher schrumpfenden Bauernparteien (Esping-Andersen 1985). Diese Kompromisse sollten eine politische Grundlage für die Wirtschaftspolitik der Nachkriegszeit bereiten: Die Öffnung der Märkte für die Industriesektoren wurde kombiniert mit einem Schutzschild für die binnenwirtschaftlich ausgerichteten Agrarbetriebe. Gleichzeitig verpflichteten sich die Regierungen, aktiv zur Stabilisierung der Ökonomie in die Wirtschaftskreisläufe einzugreifen. Dies sollte aber nicht durch Verstaatlichungen angeschlagener Betriebe geschehen. Im Gegenteil wurde damals der Grundstein für die sogenannte »Arbeitslinie« gelegt: Die Arbeitslosen und von Arbeitslosigkeit bedrohten Erwerbspersonen sollten durch eine aktive Arbeitsmarktpolitik so qualifiziert werden, dass sie schnell wieder in den Arbeitsmarkt integriert werden können. Gleichzeitig waren die genannten nordischen Regierungen bestrebt, aktiv (und kreativ) mit der Währungspolitik die Interessen der Exportwirtschaft zu stärken. Bis in die 1970er Jahre hinein werteten wiederholt die nordischen Regierungen ihre nationale Währung ab, um so die Wettbewerbsfähigkeit der Exportgüter zu stärken. Damit wurde ein politischer Kompromiss erreicht, der die Interessen der Agrarwirtschaft sowie der industriellen Ökonomie befriedigte, dem Staat

---

[103] Vgl. zu diesem Aspekte die regelmäßig erscheinenden Länder-Surveys der OECD zu Norwegen sowie Mjøset (1989) und Olsen (1989).

allerdings eine sehr aktive (und kostenintensive) Rolle zuwies – die nicht zuletzt auch auf einer weitreichenden geld- und währungspolitischen Autonomie ruhte.

Die aktive Rolle nordischer Staaten im Wirtschaftsleben setzte sich nach dem Zweiten Weltkrieg fort, erfuhr jedoch bedeutsame Veränderungen. *Erstens* führten der zunehmende Wohlstand sowie die sozialdemokratische Mobilisierung zu einem Ausbau der nordischen Wohlfahrtsstaaten (mit den Ausnahmen Islands und teilweise Finnlands). Dieser Ausbau umfasste jedoch nicht nur den Ausbau monetärer Sicherungsprogramme. Die nordische Sozialpolitik expandierte vor allem im Bereich der staatlichen Sozialdienstleistungen (Sipilä 1997). Der Ausbau des Gesundheitssektors sowie des Bildungswesens wurde seit den 1960er Jahren forciert. Mit der Konsequenz einer zunehmenden öffentlichen Beschäftigung und – infolgedessen – zunehmenden Steuerquoten.

Zweitens unterminierten die europäische Integration und die sich verändernden internationalen Leitlinien der Wirtschaftspolitik das skandinavische Modell der Wirtschafts- und Finanzpolitik. So schränkte sich in den 1980er Jahren der Spielraum für eine autonome Währungspolitik zusehends ein. Der letzte große, strategisch begründete Abwertungsschritt der schwedischen Krone erfolgte 1982 – und führte vor allem unter den nordischen Ländern zu großen Irritationen (Jochem 1998, 2003a). Die Integration Dänemarks in die Europäische Gemeinschaft sowie die faktische Einbettung aller nordischen Ökonomien in den sich zusehends herauskristallisierenden europäischen Wirtschaftsraum, ließen solche Politikinstrumente zusehends obsolet werden.

Drittens konnten die nordischen Regierungen trotz veränderter Rahmenbedingungen weiterhin aktiv den ökonomischen Strukturwandel befördern. Viele Errungenschaften der ersten Phase nordischer Industrialisierung stellten nicht den Endpunkt der Entwicklung dar, sondern eher Durchgangsphasen. Seit Ende der 1970er Jahre kann im Norden – mit graduellen Differenzen in den einzelnen Ländern – die Förderung neuer Technologien festgestellt werden. Hierbei spielte die Bildungspolitik eine ebenso große Rolle wie die staatlich flankierten Einsätze im Bereich der Forschung sowie der Bereitstellung von Risikokapital. Dies alles führte zu einer Entwicklung der nordischen Ökonomien hin zu Hightech-Standorten in Europa. Sehr stark ausgeprägt ist diese »Digitalisierung« in Schweden zu beobachten. Neben Irland setzte es sich in jüngerer Vergangenheit als zentraler Standort der »IT« Industrie Europas durch.[104] Aber auch in Finnland kann mit Nokia, einem der weltweitführenden Unternehmen der IT-Branche, dieser Wandlungsprozess beobachtet werden. Dieser technologische Fortschritt beförderte neben dem Ausbau staatlicher Humandienstleistungen die rasante Veränderung der nordischen Ökonomien zu hoch spezialisierten Dienstleistungsökonomien.

Die Wirtschaftsgeschichte der nordischen Länder berichtet trotz der zum Teil unterschiedlichen Entwicklungspfade und gegenwärtig beobachtbaren Wirtschaftsstrukturen von einer besonderen Fähigkeit des strukturellen Wandels. Die nordischen Länder zehrten nie lange von historisch gewachsenen Standortvorteilen; und die nordischen Regierungen versuchten selten, diese Vorteile auf politischem Wege zu zementieren. Die Ermöglichung des wirtschaftlichen Wandels ist ein Kennzeichen nordischer Wirtschaftspolitik, deren politi-

---

[104]   Vgl. zum Beispiel: DER SPIEGEL, 2000: Digitales Volksheim, DER SPIEGEL 19/2000, 188-194, Söderström et al. (2001).

sche, gesellschaftliche und ökonomische Grundlagen allerdings noch nicht zureichend erforscht sind. Die folgenden Ausführungen sollen hierzu einen Beitrag liefern.

4.3 Wirtschafts- und Fiskalpolitik

Aus historischer Perspektive betrachtet stand der Norden lange Zeit abseits des wirtschaftspolitischen Mainstreams in Europa. Die Freiräume der nordischen Wirtschaftspolitik im Zeitalter noch weitgehend intakter Ländergrenzen lagen in einer autonomen Währungs-, Geld- sowie Zinspolitik, welche nach politischen Zielen der Regierungen und nicht nach unabhängigen, ökonomisch begründeten Urteilen der Zentralbanken ausgestaltet wurden. Mit der fortschreitenden europäischen Integration und den durchlässiger gewordenen Grenzen für Gesellschaft, Ökonomie und Politik sind heute diese Sonderwege für alle nordischen Länder weitgehend verschlossen.

In den 1980er Jahren erfolgten bedeutsame wirtschaftspolitische Kursänderungen im Norden. Dezidiert und zielstrebig unter den bürgerlichen Regierungen in Dänemark, kurzfristig und zum Teil von der Macht des Faktischen getrieben in Finnland, Norwegen und Schweden. Mit der finnischen und schwedischen Mitgliedschaft in der EU gelten nun auch de jure für diese Regierungen die Imperative einer europäischen, stabilitätsorientierten Wirtschafts-, Währungs- und Zinspolitik. Und auch die Nichtmitglieder Island und Norwegen können sich diesen Imperativen nur schwerlich entziehen – wenn sie nicht gar, wie jüngst in Island zu beobachten, in Zeiten ökonomischer Turbulenzen diesen festen Rahmen als »Rettungsanker« herbeisehnen.

Eine stabilitätsorientierte Haushaltspolitik wird heute im Norden zu weiten Teilen sehr erfolgreich umgesetzt. Dies lässt sich an den dortigen Konsolidierungserfolgen der öffentlichen Haushalte sowie der geschätzten Nachhaltigkeitsindikatoren für die nordischen Haushaltspolitiken ablesen. Diese Performanz wurde jedoch erst durch zum Teil schmerzhafte Lernprozesse seit den 1980er Jahren ermöglicht.[105]

In *Dänemark* strebten die bürgerlichen Koalitionen nach 1982 eine »bürgerliche« Revolution an. Ein zentraler Pfeiler dieser »Revolution« bestand in der Konsolidierung der öffentlichen Haushalte sowie dem Ankoppeln der dänischen Politik an den in Europa vorherrschenden – und vom deutschen Modell maßgeblich beeinflussten – fiskalpolitischen Mainstream. Die haushaltspolitische Kehre wurde mit einer währungspolitischen Reform eingeleitet. Die dänische Zins- und Währungspolitik wurde eng an die Vorgaben der deutschen Bundesbank gekoppelt. Damit wurde faktisch das autonome Abwertungsinstrument aus der Hand gegeben. Ein weiterer Schritt bestand in der rigorosen Deregulierung des inländischen Kapitalmarktes. Bis zum Ende der 1980er Jahre wurden viele Kapitalmarktrestriktionen beseitigt und enge Verflechtungen mit ausländischen Kapitalmärkten ermöglicht. Im Gegensatz zu Finnland und Schweden steuerten die bürgerlichen Regierungen ersten Anzeichen einer aus diesen Reformen resultierenden Überhitzung der Ökonomie

---

[105] Die historischen Ausführungen zur nordischen Haushalts-, Fiskal- und Steuerpolitik basieren auf den entsprechenden Teilen in Jochem (1998), vgl. zudem Becker/Schwartz (2005); Dølvik 82008), Hilson (2008), Jochem (2011a), Mjøset (1987, 1994, 1996), Svensson (2001, 2002).

beherzt entgegen; sie erhöhten die Zwangsrücklagen für die dänischen Geschäftsbanken und führten verstärkte Auflagen für die Kapitalmarktaufsicht ein. Dies war ein Grund dafür, dass die nordische Bankenkrise in den frühen 1990er Jahren in Dänemark kaum nennenswerte Probleme oder Zäsuren mit sich brachte.

Die dänische Haushaltskonsolidierung verlief in den 1980er Jahren noch eher schleppend. Allerdings konnten die sozialdemokratisch geführten Regierungen der 1990er Jahre – auch durch eine Erweiterung der Steuerquoten – eine schrittweise Konsolidierung erreichen. Die Haushaltssalden nahmen um die Jahrtausendwende positive Vorzeichen an (Zohlnhöfer 2009: 258). Seither ist die strikt an Regeln orientierte Fiskalpolitik und eine erfolgreiche Haushaltskonsolidierung ein Kernbestandteil dänischer Politik. Einzig die Auswirkungen der globalen Finanzkrise führten dazu, dass Dänemark im Jahr 2010 erstmals seit 1999 gegen finanzpolitische Regeln der EU verstieß.[106]

Die *finnische Fiskal- und Wirtschaftspolitik* war bereits in den 1980er Jahren sehr stabilitätsorientiert und haushaltspoltisch ausgeglichen. Nur durchschnittlich hohe Staatsausgaben in Kombination mit einer äußerst florierenden ökonomischen Dynamik führten zu geringer Staatsverschuldung und ausgeglichenen öffentlichen Haushalten. Eine Politik, die der Philosophie der dominanten Zentrumspartei zugeschrieben wurde. Gleichwohl fußte diese Politik auch auf einem rigorosen Einsatz des Abwertungsinstruments. Wie in wenigen OECD Ländern führten immer wiederkehrende Abwertungen der finnischen Markka dazu, dass die Wettbewerbsfähigkeit der Exportindustrien zwar gestärkt wurde, gleichzeitig aber die finnische Ökonomie als in höchstem Maße instabil wahrgenommen wurde. In den 1980er Jahren erfolgte zudem eine schrittweise Deregulierung des Finanz- und Kapitalmarktsektors. Da die Regierung erste Anzeichen einer überhitzenden Ökonomie nicht wahrnahm, kollabierte die finnische Wirtschaft in den frühen 1990er Jahren.[107] Die nordische Bankenkrise führte im Zusammenspiel mit dem Wegfall des Exports in die UdSSR dazu, dass die finnische Ökonomie stark kontrahierte – und die offene Arbeitslosigkeit von einem Zustand der Vollbeschäftigung auf über 18 Prozent »explodierte«.

Als die finnische Regierung gegen die ökonomischen Turbulenzen Maßnahmen ergriff, war es bereits zu spät. Erst 1989 reagierten Regierung und finnische Zentralbank. Die eher minimale Aufwertung der Währung in Kombination mit erhöhten Steuern konnte jedoch die Lage kaum beruhigen. Als die Regierung dann auf die Linie einer normbasierten Fiskal- und Währungspolitik umschwenkte, machte sie sich zum Objekt von Währungsspekulationen. Diesem Druck mussten die finnische Regierung und die finnische Zentralbank 1992 nachgeben. Die Währung wurde vom ECU abgekoppelt und sie verlor in den ersten sechs Monaten allein ca. 30 Prozent ihres Wertes (Söderström 1993: 151).

Diese Bankenkrise führte zu einer Radikalumkehr der finnischen Haushalts- und Finanzpolitik. Die 1990er Jahre waren geprägt vom Versuch, die kollabierte finnische Ökonomie wieder aufzurichten. Wichtiger »Anker« und Orientierungsrahmen war hierbei die Europäische Union. Durch den Beitritt Finnlands in die EU wurde Stabilität importiert. Und auch wenn die Beschäftigungskrise nach den ökonomischen Turbulenzen der frühen 1990er Jahre nicht rasch beseitigt werden konnte, in fiskalpolitischer Hinsicht verfolgten die finni-

---

[106]   Diese Einstufung basiert auf dem Forschungsbeitrag von Lars Calmfors und Simon Wren-Lewis (Calmfors/Wren-Lewis 2011: 5).

[107]   Vergleiche hierzu im Detail und in vergleichender Perspektive: Jonung/Kiander/Vartia (2008).

schen Regierungen spätestens seit 1994 eine normbasierte Haushalts- und Fiskalpolitik, die rasch zur Konsolidierung der öffentlichen Haushalte beitrug. Neben Dänemark ist Finnland ein Land, das zwischen 1999 und 2009 in keinem Jahr gegen die finanzpolitischen Regeln der EU verstieß (Calmfors/Wren-Lewis 2011).

Die *norwegische Wirtschafts- und Haushaltspolitik* ist geprägt von den Auswirkungen der Erdölökonomie des Landes. Nachdem die wirtschaftlichen Krisen der 1970er Jahre in Norwegen durch kontrazyklische Politik relativ gut gemeistert werden konnten, strebten die bürgerlichen Regierungen nach 1982 auch eine Kehrtwende hin zur europäischen Stabilitätspolitik an. Erstes Ziel war hierfür die Ausrichtung der Wirtschafts- und Geldpolitik einzig am Ziel einer stabilen Inflationsrate – wofür die bundesdeutsche Situation als vorbildlich angesehen wurde. Zum zweiten folgten auch diese Regierungen dem nordischen Trend einer forcierten Deregulierung des norwegischen Kapitalmarktes.

Das Ziel der Haushaltskonsolidierung ist in Norwegen abhängig von den auf den internationalen Märkten gehandelten Preisen für Erdöl und Erdgas. So waren die bürgerlichen Regierungen äußerst erfolgreich bei der Rückführung der Staatsverschuldung – allerdings bei nahezu gleich bleibendem Niveau der Staatsausgaben. Hier flossen die Einnahmen aus der verstaatlichten »off-shore« Ökonomie direkt in den Staatshaushalt. Eine ähnliche Entwicklung kennzeichnet auch die Haushaltspolitik der sozialdemokratischen Minderheitsregierungen nach 1990. Nur der norwegische Erdölreichtum in seiner verstaatlichten Form erlaubt die einzigartige Kombination von relativ hohen Staatsausgaben, einer moderaten gesamtwirtschaftlichen Steuerquote und gleichzeitig niedriger öffentlicher Verschuldung in Norwegen.

Wie in Finnland ignorierten die norwegischen Regierungen jedoch die Alarmsignale einer sich überhitzenden Ökonomie gegen Ende der 1980er Jahre. Die daraus resultierende norwegische Bankenkrise erforderte umfangreiche Stützungsleistungen der öffentlichen Hand für den Bankensektor, was in der Folge zu einer stark zunehmenden Staatsverschuldung führte. Ähnlich wie Finnland waren die sozialdemokratischen Minderheitsregierungen bestrebt, ökonomische Stabilität durch eine Integration in die EU zu erlangen. Allerdings scheiterte diese Strategie am (knappen) Veto der norwegischen Bürger (vgl. Kapitel 6). Eine Konsequenz dieser tiefen ökonomischen Krise war die Revitalisierung der tripartistischen Sozialpartnerschaft in Norwegen (mit der sogenannten »Solidaritätsalternative«). Eine weitere Konsequenz dieser Krise und des gescheiterten EU-Beitritts lag in der faktischen Orientierung norwegischer Wirtschafts- und Fiskalpolitik am europäischen Stabilitätsrahmen, auch wenn eine vollständige Integration Norwegens in den Stabilitätsrahmen der EU nicht realisiert werden konnte.

Im Verlauf der 1990er Jahre wurde der fiskalpolitische Rahmen neu justiert und eine normbasierte Währungs-, Geld- und Fiskalpolitik implementiert. Auch wenn der Erdölreichtum Norwegens ein stabilitätsorientiertes Wirtschaften erleichtern mag, steht hinter der soliden fiskalpolitischen Ausrichtung der (vorwiegend) sozialdemokratischen Regierungen auch die glaubhaft vermittelte Absicht, die Haushaltspolitik strikten Stabilitätsanforderungen zu unterwerfen. Dies ist ein beständiger Konfliktherd mit der rechtspopulistischen Fortschrittspartei, die den Erdölreichtum unmittelbarer an die (norwegische) Bevölkerung verteilen und die Staatstätigkeit markant ausweiten möchte.

Die *schwedische Wirtschafts- und Fiskalpolitik* begann sich unter dem Begriff einer Politik des »dritten Weges« eher zögerlich zu verändern. Auftakt dieser politischen Strategie zwischen erfolglosem Neo-Keynesianismus französischer Provenienz und marktradikalem Liberalismus wie in Großbritannien unter Margaret Thatcher war – wie bereits erwähnt – die äußerst umstrittene erneute Abwertungsstrategie der schwedischen Krone im Jahr 1982. Dieser Schritt führte – auch aufgrund zu Beginn zurückhaltender Lohnpolitik der Sozialpartner – zu einer raschen Erholung der schwedischen Ökonomie, allerdings konnten erste Konsolidierungserfolge der öffentlichen Haushalte erst gegen Ende der 1980er Jahre realisiert werden.

Die Deregulierung des schwedischen Kapitalmarktes in Kombination mit einer zusehends wieder stärker expansiv ausgerichteten Lohnpolitik entfachten zwar einen beachtlichen ökonomischen Aufschwung. Allerdings reagierte die schwedische Politik – ähnlich wie in Finnland und Norwegen – sehr spät auf die Anzeichen einer ökonomischen Überhitzung. Erst im Januar 1990 wurde eine restriktive Finanzpolitik kombiniert mit Steuererhöhungen sowie der Ankündigung, die Sozialhaushalte zurückzuführen. Als die sozialdemokratische Minderheitsregierung gar einen gesetzlich verordneten Lohnstopp ankündigte, stellte dies das Ende der schwedischen Politik des »dritten Weges« und den (vorübergehenden) Rücktritt der Regierung dar. Im Anschluss an diese Politik musste sich die schwedische Politik den internationalen Spekulationen gegen die schwedische Krone beugen, eine Abwertung der Währung wurde erzwungen und die bis dato schwerste Wirtschaftskrise seit den 1930er Jahren nahm ihren Anfang.

Als eine erste Reaktion auf die Krise verabschiedete die sozialdemokratische Minderheitsregierung eine umfassende Steuerreform, die deutliche Absenkungen der Spitzensteuersätze implizierte. Zum zweiten versuchte die schwedische Sozialdemokratie sich an den Stabilitätsrahmen der EU anzudocken und stellte ein Aufnahmegesuch an die EU. In der bürgerlichen Regierungszeit (1991-1994) kam es zu einer vehementen innenpolitischen Debatte über die schwedische EU-Mitgliedschaft. Nur knapp entschied sich das Volk für einen solchen Schritt. Die Konsolidierungserfolge der bürgerlichen Minderheitskoalition blieben stellten sich jedoch nicht unmittelbar ein. Zu schwach war deren parlamentarische Position und zu konträr waren die politischen Vorstellungen innerhalb der Koalition. Einige »Krisenpakete« wurden zur Stabilisierung der schwedischen Ökonomie mit der oppositionellen Sozialdemokratie verabschiedet. Aber die eigentlichen Konsolidierungserfolge zeitigten sich erst wieder unter sozialdemokratischer Regierungszeit. Dann allerdings wurde mit raschen Erfolgen eine stabilitätsorientierte Haushaltspolitik realisiert. Zentrum dieser Strategie war eine fiskalpolitische Vorgabe, dass alle Gebietskörperschaften – über den Wirtschaftszyklus – Haushaltsüberschüsse zu realisieren hätten. Die Zentralregierung war zudem befugt, die Transferleistungen an die lokalen und regionalen Gebietskörperschaften zu deckeln – und diese so zu soliden öffentlichen Finanzen zu zwingen.

Die schwedische Fiskalpolitik ist innerhalb der EU einzigartig erfolgreich. Auch während der globalen Finanzkrise konnte die solide Haushaltspolitik trotz beachtlicher Krisenprogramme (Jochem 2010c) so weitergeführt werden, dass bis ins Jahr 2010 kein Verstoß gegen die finanzpolitischen Richtlinien der EU zu verzeichnen ist.[108] Der explizite fiskalpolitische Rahmen wurde von der bürgerlichen Allianz nach 2006 noch durch die Einrichtung einer unabhängigen Expertenkommission ergänzt (»Finanspolitiska Rådet«), die regelmäßig die Fiskal- und Haushaltspolitik der schwedischen Regierung evaluiert.[109] Und obwohl die bürgerliche Allianz nach 2006 erhebliche Steuersenkungen auf den Weg brachte, das Ziel ausgeglichener öffentlicher Haushalte wurde stets – im Gegensatz zur letzten bürgerlichen Regierungszeit anfangs der 1990er Jahre – als oberstes Regierungsziel betont und verteidigt.

Die Finanz- und Wirtschaftspolitik der nordischen Länder veränderte sich also seit den 1980er Jahren deutlich. Während die skandinavischen Länder damals noch als eher instabile Volkswirtschaften mit defizitären Haushalten wahrgenommen wurden, folgten die nordischen Regierungen zum Teil freiwillig (Dänemark) oder aufgrund der nordischen Bankenkrise (Finnland, Norwegen, Schweden) dem stabilitätsorientierten Mainstream der EU. Die Bankenkrisen im Norden zeigten die Verletzlichkeit der nordischen (Kapital-)Märkte mit aller Deutlichkeit auf (Jonung/Kiander/Vartia 2008), allerdings dienten sie auch als Katalysator für politische Lernprozesse, die sich auf die Bereiche der Steuerpolitik sowie die Arbeitsverschränkung von Staat und Markt insgesamt im Norden auswirkten.

Steuerpolitisch betrachtet ist der Norden immer noch als eine Region außergewöhnlich höher Steuerextraktionen zu betrachten (vgl. oben Tabelle 4.3). Allerdings sind hier die graduellen Veränderungen nicht zu übersehen. Die Steuerpolitik und die hohe Steuerlast für die nordischen Bevölkerungen sind in Europa einzigartig (vgl. Ganghof 2006, 2007). Dies ist zum Teil darin begründet, als Steuern in den meisten nordischen Ländern die Hauptstützen der Wohlfahrtsstaaten darstellen. Allerdings ist der Norden auch eine Region mit dezidiert ausgeprägtem Steuerprotest – die erfolgreichen rechtspopulistischen Parteien in Dänemark, Norwegen (und in jüngster Zeit auch in Schweden und Finnland) sind Zeugnisse hierfür. Insofern überrascht es kaum, dass die Steuerpolitiken in vielen nordischen Ländern neu justiert wurden. Zum einen kam es in vielen Ländern zu einer Verbreiterung der Steuerbasis bei gleichzeitig abgesenkten Spitzensteuersätzen. Gemeinhin wurde im Norden der größte Anteil des Steueraufkommens über lohnbezogene Steuern erhoben, die Steuern auf Kapital und Vermögen nahmen hingegen einen geringen und zudem rückläufigen Anteil ein.[110] In jüngster Vergangenheit versuchen die nordischen Regierungen, diese Diskrepanz etwas abzuschwächen. Zwar existiert gegenwärtig nur noch in Norwegen und Schweden eine (großzügig bemessene) Vermögenssteuer. Aber vor allem in Norwegen werden Kapitaleinkünfte jüngst stärker besteuert. Ob dies allerdings kompatibel zu den Dynamiken entgrenzter Kapitalmärkte ist, wird abzuwarten sein.

Die schwedische Steuerpolitik beschreitet seit 2006 neue Wege. Die bürgerliche Allianz hat eine Form des »earned income tax credits« eingeführt. Damit soll die Steuerlast der geringen Einkommen spürbar vermindert werden. Diese Reform wurde explizit eingeführt, um die Arbeitsaufnahme in gering entlohnten Beschäftigungssegmenten zu stärken. Diese

---

[108] Es muss hinzugefügt werden: Auch in Luxemburg ist eine solche Performanz feststellbar, vgl. Calmfors/Wren-Lewis (2011).

[109] Die Internetpräsenz des Finanzpolitischen Rates biete zahlreiche Studien zur schwedischen Fiskal- und Haushaltspolitik auch in englischer Sprache an (<http://www.finanspolitiskaradet.se/>, letzter Zugriff am 15.03.2011). Zur Stellung dieser Kommission aus international vergleichender Perspektive vgl. Calmfors/Wren-Lewis (2011).

[110] Vgl. hierzu und zu den folgenden Ausführungen die Beiträge in: Påhlsson (2008).

Maßnahme ist in der Bevölkerung ebenso beliebt wie die jüngsten Steuerreduzierungen auf haushaltsbezogene Dienstleistungen (Jochem 2010b, c), die seither Beschäftigungsformen in Schweden fördern, die gemeinhin kaum im schwedischen Modell vorstellbar waren: Private Kinderbetreuung oder haushaltsbezogene privatwirtschaftlich erbrachte Hilfsdienstleistungen für Rentner. Die nordische Steuerpolitik ist also jenseits der ausgewiesenen Kennzahlen für die gesamte Steuerbelastung in jüngster Zeit vielfältiger geworden.

Auch die *Arbeitsverschränkung von Staat und Markt* ist im Norden insgesamt vielfältiger geworden. Zwar dominiert in Skandinavien immer noch die staatliche Sozialpolitik, und auch die Beschäftigung im öffentlichen Sektor ist unvermindert hoch. Gleichwohl kann für einzelne Länder berichtet werden, dass die Deregulierungs- und Privatisierungstendenzen auch vor dem Norden nicht Halt machen (vgl. Klitgaard 2007, Lindvall/Rothstein 2006, Svensson 2001). So waren es auch sozialdemokratische Regierungsparteien in Dänemark und Schweden, die Bereiche der öffentlichen Humandienstleistungen seit den 1990er Jahren schrittweise für den Markt öffneten. Nicht zuletzt im Bereich der öffentlichen Schulen können vermehrt private Anbieter in den genannten Ländern Fuß fassen – eine neue Verschränkung von Staat und Markt, die auch in anderen Bereichen der sozialen Dienstleistungen zu beobachten ist (vgl. Kapitel 5).

In Schweden kam es mit der Regierungsverantwortung der bürgerlichen Allianz zu einer forcierten Marktöffnung. Die Allianz machte von Beginn an deutlich, dass sie die Stellung des Staates im Wirtschaftsleben vehement einschränken will. Neben dem raschen Verkauf staatlicher Betriebe mit hohem öffentlichen Erkennungswert – wie zum Beispiel vin&sprit, dem Hersteller des Absolut Vodkas – privatisierte die Regierung zahlreiche andere Betriebe in verschiedenen Sektoren wie Telekommunikation, Finanzwirtschaft und Immobilienhandel. Besondere Aufmerksamkeit erlangte zudem die Privatisierung des gesamten ehemals staatlichen Apothekensystems. Im Jahr 2008 betrugen die schwedischen Privatisierungen nahezu 50 Prozent aller Privatisierungserlöse innerhalb der EU.[111] Also ist auch im Norden, der Heimat der »starken Staaten« die Staatlichkeit zögerlich aber unübersehbar auf dem Rückzug (Lindvall/Rothstein 2006).

Die nordische Finanz- und Wirtschaftspolitik durchlief in den vergangenen Dekaden einen beachtlichen Veränderungsprozess. Die »nordischen Sonderwege« gehören der Geschichte an. Zumindest haben die nordischen Länder einige Politikoptionen aufgeben müssen und andere Politikinstrumente adaptiert, die vom Stabilitätsparadigma der EU ausgehen. Just zu Beginn der globalen Finanzkrise ist der Norden (mit Ausnahme Islands) ein Hort fiskalischer Solidität und Nachhaltigkeit. Aber gleichzeitig ist der Norden kaum mehr nur eine Hochburg des starken Staates. Die Arbeitsverschränkungen von Staat und Markt verschieben sich auch in dieser europäischen Region langsam aber nachhaltig. Wie die nordischen Länder auf die globale Finanzkrise reagierten, wird im weiteren Verlauf des Kapitels gezeigt. Zuvor soll jedoch dargelegt werden, wie erfolgreich die nordischen Länder bei einer ihrer Kernerrungenschaften in der jüngsten Vergangenheit waren – der Herstellung von Vollbeschäftigung.

---

[111]   OECD (2008a: 127).

4.4 Vollbeschäftigung im Zeitalter der Wissensgesellschaft

Bereits in den 1980er Jahren dienten einige Länder des Nordens als beschäftigungspolitische Vorbilder. Einzig Dänemark galt damals als europäisches »Sorgenkind«, da dort sowohl Massenarbeitslosigkeit als auch hohe Inflationsraten und beachtliche Haushaltsdefizite herrschten. Mit den ökonomischen Krisen der frühen 1990er Jahre stieg auch in den anderen nordischen Ländern die Arbeitslosigkeit deutlich an (Jochem 1998, 2000). Im Jahr 1994, dem Höhepunkt der damaligen Beschäftigungskrise, lag die offene Arbeitslosigkeit in Dänemark bei 12 Prozent, in Schweden bei 8 Prozent und in Finnland gar bei 18 Prozent. Einzig in Norwegen und Island konnte die offene Arbeitslosigkeit in Grenzen gehalten werden, dort stiegen die entsprechenden Werte nicht wesentlich über die 5 Prozentmarke an. Dennoch, der Norden verlor im Zusammenhang mit der ökonomischen Krise der frühen 1990er Jahre an beschäftigungspolitischer Anziehungskraft. Es schien sich anzudeuten, dass der nordische Sonderweg mit seiner ihn auszeichnenden beschäftigungspolitischen Performanz an sein Ende gelangt sei – so wie es Kritiker seit langem prophezeit hatten.

Wie beschäftigungspolitische »Phönixe aus der Asche« erscheinen einem die nordischen Länder ein Jahrzehnt später in internationalen Vergleichen und Benchmarking-Berichten (vgl. Becker 2008; Becker/Schwartz 2005; Jochem 2011a,c; Merkel et al. 2006; Pontusson 2011). Im Norden folgte wider Erwarten auf die schwere ökonomische Krise der 1990er Jahre ein dynamisches Wirtschaftswachstum. Die Arbeitsmärkte erholten sich rasch und niedrige Arbeitslosenraten wurden in weiten Teilen des Nordens (erneut) kombiniert mit einer sehr hohen Integration der Bevölkerung im erwerbsfähigen Alten (d.h. im Alter von 15 bis 64 Jahren) in den Arbeitsmarkt. Diese hohe Arbeitsmarktintegration ist zudem durch eine hohe Gleichheit zwischen den Geschlechtern ausgezeichnet. Und Dänemark, das in der Nachkriegszeit stets im Schatten des schwedischen Modells stand, steht heute für ein viel bewundertes arbeitsmarktpolitisches Vorzeigemodell in Europa, das in der Literatur auf den Namen der »*Flexicurity*« gebracht wird (wenngleich der Begriff ursprünglich der niederländischen Reformdebatte der 1990er Jahre entstammt).

Wird der Norden in eine vergleichende Perspektive gesetzt, dann sticht vor allem die umfassende Integration der gesamten Bevölkerung im erwerbsfähigen Alter in den Arbeitsmarkt ins Auge. Wie aus den Daten in Tabelle 4.2 zu ersehen ist, zeichnet sich der Norden zum einen durch sehr hohe Beschäftigungsquoten aus – und der isländische Wert kann als einzigartig interpretiert werden.[112] Nur in Finnland ist die Beschäftigungsquote eher durchschnittlich. Einzig einige angelsächsische Länder wie zum Beispiel Großbritannien können dieses hohe nordische Niveau ungefähr erreichen. Ebenso fällt die relativ hohe Beschäftigung in der Schweiz sowie in Österreich auf. Die kontinentaleuropäischen Länder, und vor allem Deutschland und Frankreich, sind in dieser Hinsicht eher im Mittelfeld zu verorten. Italien steht schließlich als Schlusslicht mit extrem niedriger Beschäftigung in der Welt der OECD-Staaten da.

Betrachtet man die historische Dynamik, dann wiesen die nordischen Länder (mit partieller Ausnahme Finnlands) zum Höhepunkt der dortigen Beschäftigungskrise immer noch

---

[112] Hier gilt es zu betonen, dass die Auswirkungen der globalen Finanzkrise in diese Kennzahlen noch keinen Eingang gefunden haben.

sehr hohe Beschäftigungsquoten auf. Und sie konnten diese seit 1994 nochmals deutlich steigern. In den beschäftigungspolitisch erfolgreichsten Ländern des Nordens, in Dänemark und Norwegen konnte nach der Krise der 1990er Jahre die Beschäftigung auf bis zu 80 Prozent der erwerbsfähigen Bevölkerung angehoben werden. Eine Marke die lediglich von Island übertroffen wird.

Tabelle 4.4: Beschäftigungsprofile des Nordens

	Beschäftigungsquote		St. ALQ	Langzeitarbeitslosigkeit		Teilzeitbeschäftigung	
						% Anteil Gesamt	% Anteil Frauen
	1994	2008	2008	1994	2008	2008	2008
Australien	66,0	73,2	4,2	36,1	14,9	23,8	71,7
Österreich	68,4	72,1	3,8	18,4	24,2	17,6	80,4
Belgien	55,7	62,0	7,0	58,3	52,6	18,7	82,9
Kanada	67,0	73,7	6,1	17,9	7,1	18,4	67,8
Dänemark	72,4	78,4	3,4	32,1	16,1	18,0	61,7
Finnland	60,7	71,9	6,4	--	18,2	11,5	63,0
Frankreich	58,4	64,6	7,8	38,5	37,9	13,4	79,5
Deutschland	64,5	70,2	7,3	44,3	53,4	22,1	79,9
Griechenland	54,1	62,2	7,7	50,5	49,6	7,8	67,4
Island	78,5	84,2	3,0	15,1	4,1	15,1	71,2
Irland	51,9	68,1	6,3	64,3	29,4	21,0	79,0
Italien	51,5	58,7	6,8	61,5	47,5	16,3	75,8
Japan	69,3	70,7	4,0	17,5	33,3	19,6	70,4
Luxemburg	60,2	64,4	4,9	29,6	38,6	12,7	91,9
Niederlande	63,9	76,1	2,8	49,4	36,3	36,1	75,5
Neuseeland	68,0	74,9	4,2	32,7	4,4	22,4	72,3
Norwegen	72,2	78,1	2,5	28,8	6,0	20,3	71,7
Portugal	64,0	68,2	7,7	43,4	48,3	9,7	68,5
Spanien	47,4	65,3	11,4	56,2	23,8	11,1	80,6
Schweden	71,5	75,7	6,2	25,7	12,4	14,4	64,6
Schweiz	75,6	79,5	3,5	29,0	34,3	25,9	81,2
UK	68,7	72,7	5,6	45,4	25,5	22,9	76,1
USA	72,0	70,9	5,8	12,2	10,6	12,2	68,1
Arith.Mittel	64,4	71,1	5,6	36,7	27,3	17,9	74,0

Anmerkung: Beschäftigungsquote = Prozentualer Anteil der Beschäftigten an der Bevölkerung im erwerbsfähigen Alter (15-64 Jahre), St. ALQ = Standardisierte Arbeitslosenquote, Langzeitarbeitslosigkeit = Prozentualer Anteil der Langzeitarbeitslosen (12 Monate und länger) an der Gesamtzahl der Arbeitslosen, Teilzeitbeschäftigung: % Anteil Gesamt = Prozentualer Anteil der Teilzeitbeschäftigung an der Gesamtbeschäftigung, % Anteil Frauen = Prozentualer Anteil der Frauenteilzeitbeschäftigung an der gesamten Teilzeitbeschäftigung. -- = Wert liegt nicht vor.
Quelle: OECD Employment Outlook (2009b), Statistical Annex.

Werden diese Daten in Bezug gesetzt zur Verteilung der Teilzeitbeschäftigung, dann wird ferner deutlich, dass sich das beschäftigungspolitische »niederländische Wunder« (Visser/ Hemerijck 1998) vor allem auf den starken Anstieg und die breite Verteilung der Teilzeitbeschäftigung (insbesondere der niederländischen Frauen) zurückführen lässt. Hierzu stehen die nordischen Länder in einem deutlichen Gegensatz. Zwar ist auch dort die Teilzeitbeschäftigung tendenziell in den vergangenen Dekaden angestiegen. Allerdings nicht in einem solchen Ausmaße wie im so genannten »Poldermodell«. Und die Werte für die finnische

Teilzeitbeschäftigung zeigen ferner, dass relativ hohe Beschäftigungsquoten auch dann erreichbar sind, wenn sie nicht von einer massiven Teilzeitoffensive flankiert werden.

Neben dieser Ausrichtung der nordischen »work societies« auf die Förderung der Beschäftigung ist der Kampf gegen offene Arbeitslosigkeit ein gemeinsames Charakteristikum aller nordischer Länder, gleich welcher parteipolitischen Couleur die Regierungen sind. Die finnische Arbeitslosigkeit mit 6,4 Prozent im Jahr 2008 erscheint aus nordischer Perspektive relativ hoch, ebenso wie der ausgewiesene Wert für Schweden mit 6,2 Prozent. Vor dem Hintergrund der massivsten Beschäftigungskrise der Nachkriegsgeschichte, die Finnland (und eingeschränkt Schweden) nach 1990 meistern musste, ist der Rückgang von ca. 18 Prozent für Finnland auf den genannten Wert innerhalb von 15 Jahren allerdings ein beeindruckender Erfolg. Und in Schweden konnte die offene Arbeitslosigkeit in ca. 15 Jahren immerhin nahezu halbiert werden.

Klassische Vollbeschäftigung (und in einigen Wirtschaftssektoren Arbeitskräftemangel) herrschen in Norwegen, Island und zum Teil auch in Dänemark. In diesen Ländern liegt die offene Arbeitslosigkeit unter 4 Prozent. Diese Zahlen stehen in einem deutlichen Kontrast zur kontinentaleuropäischen Massenarbeitslosigkeit, wie sie in Frankreich sowie in (Ost-) Deutschland zu beobachten ist.

Ein Beleg für die ausgeprägte nordische Arbeitsmarkt*dynamik* liegt in der gering ausgeprägten Langzeitarbeitslosigkeit. Dieses Problem ist in Skandinavien lange nicht so dominant wie zum Beispiel in Deutschland, Italien oder Frankreich. Das lässt sich auf viele Ursachen zurückführen, allerdings scheinen im Norden die aktive Arbeitsmarktpolitik, das politische Instrumentarium der dänischen *»flexicurity«* sowie die allgemein im Norden stark ausgeprägte Bildungspolitik wichtige Ursachen für die dortige geringe Langzeitarbeitslosigkeit zu sein (vgl. die Erörterungen in den folgenden Abschnitten). Es ist zudem beeindruckend, wie in allen nordischen Ländern nach 1994 der Anteil der Langzeitarbeitslosen deutlich reduziert werden konnte, während der Trend in Deutschland eher für eine Ausweitung dieses Arbeitsmarktproblems spricht.

Die nordischen Beschäftigungserfolge sind institutionell und kulturell auf eine hohe Integration der Bevölkerung in den Arbeitsmarkt ausgerichtet. Ausgeprägte Frühverrentungsregime wie in Kontinentaleuropa und insbesondere in Deutschland sind dort nicht zu beobachten. Dies kann unter anderem an der hohen Integration der älteren Bevölkerung (55 bis 64 Jahre beiderlei Geschlechts) in den Arbeitsmarkt abgelesen werden (vgl. Tabelle 4.3). Eine Vielzahl unterschiedlicher Politikinstrumente lässt in Kontinentaleuropa die Brücke vom Arbeitsmarkt hin zur vorgezogenen Rente lukrativ erscheinen. Im Norden hingegen ist die Integration dieser Bevölkerungsgruppe immer noch stark ausgeprägt – mit dem erneut im internationalen Vergleich einzigartigen Spitzenwert für Island.

Charakteristisch für die nordischen Länder ist die große Bedeutung der *aktiven Arbeitsmarktpolitik*. Die nordischen Staaten – erneut unabhängig von der parteipolitischen Regierungsfärbung – setzten mit unterschiedlicher Gewichtung auf eine aktive Arbeitsmarktpolitik mit starker Betonung der Aus- und Weiterbildungsmaßnahmen. Dass dies keine symbolische Politik ist, wird deutlich, wenn die relativen Ausgaben für eine solche Politik in den Vergleich gesetzt werden. Trotz deutlich größerer Arbeitsmarktprobleme liegen die bundesdeutschen Ausgaben (gemessen als Anteil am Bruttoinlandsprodukt) hierfür wesentlich unter dem dänischen und schwedischen Niveau. Der finnische Einsatz für diese Politik ähnelt dem deutschen Niveau und Norwegen rangiert im unteren Mittelfeld der Verteilung (wobei die Arbeitsmarktprobleme in Norwegen bei Vollbeschäftigung nicht einen stärkeren Einsatz der aktiven Arbeitsmarktpolitik erforderlich machen). Arbeitsmarktdynamik unter den Bedingungen einer soliden sozialen Absicherung, ohne Armutsrisiko für breite Schichten der Erwerbsbevölkerung und soziale Verwerfungen ist nach den nordischen Erfahrungen und Vorbildern also nicht zum budgetären Nulltarif zu erreichen.

Tabelle 4.5: Arbeitsmarktprofile des Nordens

	BQ 55-64	AAMP	Reales durchschnittliches Lohnwachstum (%)			
	2008	2007	1990-1995	1995-2000	2000-2005	2006-2007
Australien	57,4	0,32	1,0	2,1	1,2	1,1
Österreich	41,0	0,68	1,2	0,6	0,9	-0,1
Belgien	32,8	1,30	2,1	1,3	0,3	-0,1
Kanada	57,5	0,29	-0,2	2,0	1,1	2,6
Dänemark	57,7	1,31	0,8	1,6	2,0	0,3
Finnland	56,4	0,86	-0,1	1,4	2,4	1,3
Frankreich	38,2	0,92	1,1	1,3	1,4	1,0
Deutschland	53,8	0,77	2,1	0,8	0,3	0,0
Griechenland	42,9	--	3,2	2,4	2,8	2,2
Island	83,3	--	--	--	--	--
Irland	53,9	0,62	2,5	2,2	2,7	3,2
Italien	34,4	0,46	-0,7	0,8	0,3	0,1
Japan	66,3	0,16	1,3	0,5	0,3	-0,4
Luxemburg	38,3	0,48	1,9	1,2	1,1	1,9
Niederlande	50,7	1,09	0,3	0,0	0,4	3,3
Neuseeland	71,9	0,35	--	--	--	--
Norwegen	69,3	0,56	1,2	2,2	3,2	6,0
Portugal	50,8	0,53	1,1	2,6	0,3	1,0
Spanien	45,6	0,80	1,9	-0,5	-0,1	0,2
Schweden	70,3	1,12	-0,3	3,3	1,4	3,7
Schweiz	68,4	0,60	1,0	0,9	1,1	0,3
UK	58,2	0,32	1,0	2,6	1,6	1,4
USA	62,1	0,13	1,0	2,9	0,4	1,0
Arith.Mittel	54,8	0,7	1,1	1,5	1,2	1,4

Anmerkung: BQ 55-64 = Beschäftigungsquote der älteren Arbeitnehmer von 55 bis 64 Jahren in Prozent der altersspezifischen Population, AAMP = Ausgaben für aktive Arbeitsmarktpolitik in Prozent des Bruttoinlandsprodukts. -- = Wert liegt nicht vor
Quelle: OECD Employment Outlook (2009b), Statistical Annex.

Aktive Arbeitsmarktpolitik ist historisch betrachtet ein schwedisches Erfolgsrezept. Seit den ökonomischen Krisen der 1970er Jahre setzten die schwedischen Regierungen auf die Aktivierung der Erwerbsbevölkerung zur Belebung der Arbeitsmarktdynamik. Diese durchaus kostspielige Politik war ein zentraler Pfeiler des so genannten Rehn-Meidner Modells, mit dem unter den Prämissen ökonomischer Stabilität und geringer Inflation die ökonomische Restrukturierung ohne Massenarbeitslosigkeit erreicht werden sollte (Milner/Wadensjö 2001). Insofern ist aktive Arbeitsmarktpolitik keine neue Erfindung des Nordens, deren historische Wurzeln reichen zurück bis in die 1960er/1970er Jahre.

Gegenwärtig stehen bei der nordischen Arbeitsmarktpolitik neue Ziele im Vordergrund. Während früher die Aktivierung vor allem darauf ausgerichtet war, die regionale Mobilität der Erwerbsbevölkerung zu steigern bzw. auf öffentliche Beschäftigungsmaßnahmen zu setzen, sind heutzutage vor allem Aus- und Weiterbildungsmaßnahmen Schwerpunkte einer arbeitsmarktpolitischen Aktivierungs- bzw. „human-investment" Strategie (Bonoli 2010). Zudem werden im Wechselspiel zwischen aktiver und passiver Arbeitmarktpolitik auch im Norden immer stärker Elemente der „Konditionierung" (Clasen/Clegg 2007) eingesetzt. Dies hat zur Folge, dass bürokratischer Druck den Arbeitslosen gegenüber aufgebaut wird, Beschäftigung auch zu verschlechterten Bedingungen anzunehmen. Am deutlichsten sind dieser Politikmix sowie die Akzentverschiebung der aktiven Arbeitsmarktpolitik am dänischen Beispiel der »flexicurity« zu beobachten.

Die *dänische* »*flexicurity*« knüpft an die schwedische „Arbeitslinie" in der Arbeitsmarktpolitik an, also der institutionell abgesicherten Priorität von Beschäftigung bzw. Weiterbildung anstatt passiven Bezuges von Lohnersatzleistung. Die »*flexicurity*« basiert jedoch auf typisch dänischen Besonderheiten der Arbeitsmarktpolitik. Als »*flexicurity*« wird in der Literatur die Verbindung dynamischer Arbeitsmärkte mit bedeutsamer sozialer Absicherung im Falle der Arbeitslosigkeit verbunden. In Dänemark – anders als in den anderen nordischen Ländern – war die staatliche Regulierung der Arbeitsverträge stets sehr gering ausgeprägt. Bereits im historischen „September-Kompromiss" zwischen Arbeitgeberverband und dem Dachverband der dänischen Gewerkschaften aus dem Jahre 1899 wurde das uneingeschränkte Recht der Arbeitgeber zur freien Einstellung und Kündigung von Arbeitskräften seitens der Gewerkschaften akzeptiert. Bis auf den heutigen Tag sticht die geringe Regulierung der dänischen Arbeitsverträge in internationalen Vergleichen hervor (vgl. Siegel/Jochem 2004).

Die dänische Arbeitsmarktpolitik wurde 1993/4 unter sozialdemokratisch geführten Minderheitsregierungen umfassend reformiert (Emmenegger 2010, Madsen 2006, Schwartz 2001, teknologisk institut 2009). Ausgehend von dieser Reform wurde schrittweise die Zeit des passiven Arbeitslosengeldbezuges, d.h. die Zeitspanne ohne Teilnahme an aktivierenden Maßnahmen, auf bis zu einem Jahr (von insgesamt vier Jahren), bzw. auf bis zu sechs Monate für unzureichend ausgebildete Jugendliche, reduziert. Gleichzeitig wurde die Arbeitsmarktpolitik regionalisiert sowie stärker auf die Bedürfnisse der einzelnen Personen ausgerichtet. Flankiert wird diese Aktivierung jedoch von einer hohen monetären Absicherung der Arbeitslosen. Nach der einjährigen Phase ohne Pflicht zur Teilnahme an aktivierenden Maßnahmen treten allerdings dann stetig zunehmende Anforderungen an die erwerbslosen Personen auf, Arbeits- bzw. Weiterbildungsangebote anzunehmen, soll nicht eine Reduktion des Arbeitslosengeldes in Kauf genommen werden. In diesem Punkt wurde die dänische Arbeitsmarktpolitik also durch das Aufstellen bestimmter Konditionen gegenüber den erwerbslosen Personen verschärft.

Die dänische »*flexicurity*« besitzt auch für die anderen nordischen Länder Vorbildcharakter. Insbesondere in Norwegen und Schweden ist der Arbeitsmarkt vergleichsweise hoch reguliert. Nicht nur die Arbeitgeberverbände sondern auch Politiker aus dem bürgerlichen sowie zunehmend auch linken Lager verweisen immer öfter auf das dänische Modell und die dort anzutreffende Arbeitsmarktdynamik. Die geringen Werte für die dänische Langzeitarbeitslosigkeit (vgl. erneut die Daten in Tabelle 4.2), die auf diese aktive Arbeitsmarktpolitik zurückgeführt werden können, sowie die hohe Zufriedenheit der Dänen mit ihrem System sind Gründe dafür, dass immer mehr nordische Regierungen vom dänischen Vorbild zu lernen bereit sind.[113]

Die aktive Rolle des Staates in der Arbeitsmarktpolitik lässt sich zudem an der gezielten Förderung von *Bildung und Forschung* im Norden ablesen. Nach Angaben der OECD sind die nordischen Länder stets in der Spitzengruppe vertreten, wenn die Ausgaben für Bildung sowie für Forschung und Entwicklung analysiert werden (OECD 2008b). So liegen die schwedischen und finnischen Ausgaben für Forschung und Entwicklung im Jahr 2005 bei ca. 3,5 Prozent des Bruttoinlandproduktes. Deutschland kommt hier lediglich auf einen Wert von ca. 2,5 Prozent. Deutlicher werden die Unterschiede noch im Bereich der Bildungspolitik. Werden hier die Ausgaben (in Relation zum Bruttoinlandprodukt) im Jahr 2004 analysiert, dann sind die nordischen Länder – mit dem isländischen Spitzenreiter – allesamt in der Spitzengruppe vertreten. Sie geben zu diesem Zweck zwischen 6 und 8 Prozent des Bruttoinlandsproduktes aus. Anders hingegen die Situation in Deutschland. Hier liegt der Wert für das Referenzjahr lediglich bei knapp über 5 Prozent (alle Daten aus OECD 2008b, vgl. Kapitel 5.4).

Die Regierungen des Nordens weiteten ihre Bildungssysteme gezielt seit den 1990er Jahren aus. Dies hat als »human investment strategy« (Bonoli 2010, Kangas/Palme 2009) zur Folge, dass der Anteil der geringqualifizierten Arbeitnehmer tendenziell geringer ist als in Kontinentaleuropa. Und gerade diese Gruppe hat auf dem Arbeitsmarkt die größten Beschäftigungsprobleme bzw. sieht sich der größten Gefahr konfrontiert, in Langzeitarbeitslosigkeit abzurutschen. Die Bildungspolitik des Nordens flankiert also dynamische Arbeitsmärkte und wirkt tendenziell gegen etwaige Langzeitarbeitslosigkeit. Durch die staatlichen Aktivitäten im Bereich der Forschung wird ferner direkt in Richtung Produktinnovation sowie Schaffung hoch qualifizierter Arbeitsplätze gewirkt. Nicht zuletzt die vor allem in Schweden und Finnland stark vertretene IT-Industrie ist ein Indikator einer solchen Bildungs- und Beschäftigungsstrategie.

Die ehemals nationalstaatlich fokussierte *Lohnpolitik* im Norden hat sich hingegen zusehends europäisiert (Traxler/Brandl 2009). Noch in den 1980er Jahren wurden lohnpolitische Sonderwege im Norden beschritten – oft mit der Hoffnung, mögliche negative Folgen für die Konkurrenzfähigkeit der exportorientierten Industrie durch strategische Abwertungen der nationalen Währungen korrigieren zu können. Durch den Entzug dieses strategischen Korrektivs steht die nordische Lohnpolitik vor der Aufgabe, sowohl die nationalen Verteilungsspielräume zu beobachten als auch die Auswirkungen auf die Konkurrenzkraft der Ökonomie nicht aus den Augen zu verlieren. Erneut waren es die dänischen Regierungen bürgerlicher Prägung in den 1980er Jahren, die mit politischem Druck die Sozialpartner

---

[113] Zur Verdeutlichung der Kostenintensität dient folgendes Rechenbeispiel: Die dänische Erwerbsbevölkerung umfasst ca. 2,9 Millionen Personen. Nach Vollzeitäquivalenten berechnet werden ca. 60.000 Personen (also ca. 2 Prozent der Erwerbsbevölkerung) jährlich von Maßnahmen der aktiven Arbeitsmarktpolitik erfasst. Die Kosten belaufen sich auf ca. 1,3% des dänischen BIP. In Dänemark wird der überwiegende Anteil der aktiven als auch der passiven Arbeitsmarktpolitik immer noch durch Steuern finanziert. Würde Deutschland eine solche arbeitsmarktpolitische Intensität anstreben (ausgehend von einem bisherigen Mitteleinsatz von ca. 0,7% des deutschen BIP), dann müsste die deutsche Bundesregierung ihre monetären Mittel fast verdoppeln. Dies würde jährliche Mehraufwendungen von ca. 14,5 Milliarden Euro implizieren, welche vor allem über steigende Steuern aufzubringen wären.

dazu bewegten, die internationale Perspektive verstärkt zu berücksichtigen. Nach niederländischem Vorbild wurden dort die ersten Standortpakte in Europa geschlossen, die neben sozialpolitischen Reformprojekten dezidiert eine Lohnmäßigung und Ankoppelung der dänischen Lohnentwicklung an die Vorgaben der Haupthandelsländer verfolgten (Siegel 2005, Hassel 2006, Jochem 2009c).

Insgesamt ist die aktuelle Lohnpolitik im Norden stärker dezentralisiert als in den 1970er und 1980er Jahren (Elvander 2002). Wie in vielen anderen Ländern Europas wurde die Lohnfindung zum Teil individualisiert und die Konkurrenz zwischen den Sektoren nahm deutlich zu. Trotzdem kann die Lohnentwicklung im Norden während der 1990er Jahre kaum als inflationär oder expansiv bezeichnet werden (vgl. die obigen Daten in Tabelle 4.3). Ganz im Gegenteil haben die (erzwungenen, nicht strategisch angestrebten) Abwertungen der nationalen Währungen in Schweden und Finnland anfangs der 1990er Jahre diese deutlichen Wettbewerbsvorteile durch eine gemäßigte Lohnpolitik konserviert. Nicht zuletzt darauf können die Erfolge beider Länder in der ökonomischen Rekonvaleszenz zurückgeführt werden. Zu Beginn des 21. Jahrhunderts schwächte sich die Lohnmäßigung im Norden jedoch deutlich ab. Die zur Verfügung stehenden Daten zeigen, dass im Norden, vor allem in Norwegen sowie in Finnland, die Lohnsteigerungen jüngst deutlich über dem OECD-Durchschnitt sowie über den Steigerungen in den jeweiligen Haupthandelsländern lagen. Dies kann als ein Indiz dafür interpretiert werden, dass die sich aufweichenden Institutionen des nordischen korporatistischen Lohnfindungsmodells gegenwärtig Lohnentwicklungen zulassen, die mittel- und langfristig die Wettbewerbsfähigkeit der exportorientierten Sektoren unterminieren könnten.

Die nordischen Beschäftigungserfolge sind im internationalen Vergleich einzigartig. Die Integration der Bevölkerung in den Arbeitsmarkt geht einher mit einer hohen Dynamik auf den Arbeitsmärkten. Diese Besonderheit kann auf politische Instrumente wie den intensiven Einsatz der aktiven Arbeitsmarktpolitik oder das institutionelle Zusammenspiel vieler Politikinstrumente – wie am dänischen Beispiel der *»flexicurity«* zu beobachten – zurückgeführt werden. Gleichwohl wird auch deutlich, dass einige Elemente des nordischen Erfolges erodieren, so zum Beispiel die ehemals konzertierte Lohnpolitik im Norden. Wie sich allerdings die nordischen Ökonomien und die nordischen Wirtschaftspolitiken in der Krise bewähren, das kann an einem realen »Stresstest« beobachtet werden: der globalen Finanzkrise nach 2007.

4.5 Skandinavien in der globalen Finanzkrise

Die globale Finanzkrise nach 2007 hatte sich zu einer zweiten Weltwirtschaftskrise entwickelt. Allerdings konnte durch politische Maßnahmen der verschiedensten Art ein ökonomischer Einbruch wie in den 1930er Jahren (bislang) vermieden werden. Wie alle anderen OECD Staaten ist auch der europäische Norden von den Turbulenzen auf den entgrenzten Finanzmärkten sowie den sich daran anschließenden Einbrüchen auf den Märkten der sogenannten Realwirtschaft nicht verschont geblieben. Nimmt man den Rückgang des Wirtschaftswachstums als ersten (groben) Indikator für die Tiefe der Rezession, dann bietet sich dem Betrachter ein für Skandinavien uneinheitliches Bild dar (vgl. Tabelle 4.6).

Tabelle 4.6:   Wirtschaftswachstum in der globalen Finanzkrise 2008/09

	2008	2009	Durchschnitt 2008/09
Irland	-3,0	-7,1	-5,1
Finnland	1,2	-7,8	-3,3
Italien	-1,3	-5,1	-3,2
Japan	-1,2	-5,2	-3,2
Schweden	-0,6	-5,1	-2,9
Dänemark	-0,9	-4,9	-2,9
Island	1,0	-6,5	-2,8
UK	0,5	-4,9	-2,2
Deutschland	1,0	-4,9	-2,0
Luxemburg	0,0	-3,4	-1,7
Spanien	0,9	-3,6	-1,4
Portugal	0,0	-2,7	-1,3
Kanada	0,4	-2,7	-1,1
Frankreich	0,3	-2,5	-1,1
Belgien	0,8	-3,0	-1,1
Niederlande	2,0	-4,0	-1,0
USA	0,4	-2,4	-1,0
Österreich	1,8	-3,4	-0,8
Neuseeland	-0,5	-0,5	-0,5
Griechenland	2,0	-2,0	0,0
Norwegen	1,8	-1,5	0,1
Schweiz	1,8	-1,5	0,2
Australien	2,2	1,4	1,8
Durchschnitt	0,5	-3,6	-1,6
Standardabweichung	1,3	2,1	1,5

Quelle: OECD Economic Outlook 87, Paris: OECD, 2010.

Der Einbruch im Wirtschaftswachstum war vor allem in Finnland abrupt und tief. Auch Island erlebte eine »harte Landung«; das Land mit der besten Wachstumsperformanz im Norden über die vergangenen Dekaden hinweg musste 2009 einen heftigen Einbruch der Wirtschaftsleistung verkraften. In Dänemark und Schweden hingegen machte sich der ökonomische Abschwung bereits im Jahr 2008 deutlich bemerkbar und setzte sich 2009 verstärkt fort. Damit sind diese vier nordischen Länder stärker betroffen von den Konsequenzen der globalen Finanzkrise als die durchschnittlichen OECD Länder und auch stärker als die deutschsprachigen Ökonomien. Ebenso wie in der Schweiz ist in Norwegen die globale Finanzkrise fast ohne Konsequenzen auf die Wachstumsperformanz geblieben. Das Wirtschaftswachstum wurde zwar gedämpft, allerdings wurde erst im Jahr 2009 ein moderat negatives Wirtschaftswachstum verbucht. Aus international vergleichender Perspektive sind vor allem Australien, die Schweiz und Norwegen glimpflich durch die zweite Weltwirtschaftskrise gekommen.[114]

Die gegenwärtigen Krisenpolitiken in Skandinavien profitieren von den Lehren aus den dortigen Bankenkrisen in den frühen 1990er Jahren. Nicht nur das resolute Eingreifen der Regierungen und Zentralbanken orientierte sich an den (vor allem schwedischen) Erfah-

---

[114]   Allerdings stellen die Daten eine vorübergehende und zudem selektive Betrachtungsweise dar. So kann der durchaus moderate Einbruch der Wirtschaftsleistung in Griechenland nicht die dort beobachtbare Krise des Staatshaushaltes angemessen widerspiegeln.

rungen vor zwanzig Jahren. Die nordischen Finanzsysteme waren auch besser vorbereitet für Verwerfungen auf den Märkten. Nach den Bankenkrisen der 1990er Jahre stabilisierten alle nordischen Länder – mit Ausnahme Islands – die Regeln für die inländischen Geschäftsbanken. Daher ist es zu verstehen, dass am Vorabend der globalen Finanzkrise die Sicherungsmechanismen auf dem Kapitalmarkt im Norden vergleichsweise gut ausgebaut waren (vgl. Schaubild 4.2).

Schaubild 4.2:   Größe der Sicherungsrücklagen nordischer Privatbanken in prozentualer Relation zum Gesamtumfang der Einlagen

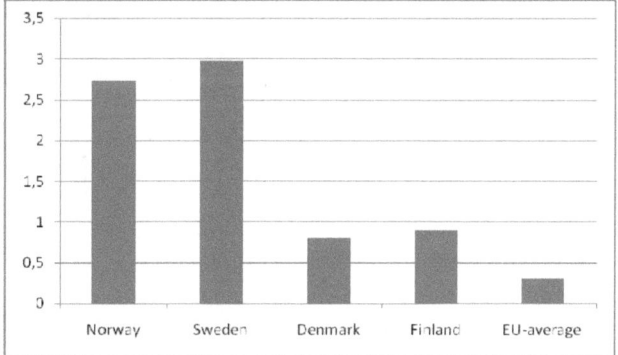

Quelle: OECD (2010b: 58), berechnet aus Angaben der Europäischen Kommission.

Die weiteren politischen Reaktionen der nordischen Länder folgten in weiten Teilen den Krisenpolitiken, die in der Mehrzahl der OECD Länder umgesetzt wurden. In einer ersten Phase wurden Maßnahmen ergriffen, um die nordischen Finanzsysteme zu stabilisieren. In einer zweiten Etappe zielten die nordischen Regierungen – in unterschiedlichem Ausmaße – darauf ab, die Binnenkonjunktur zu beleben. Parallel mit der Stabilisierung der Finanzsysteme wurde bereits über konjunkturelle Krisenpakete beraten. Am schnellsten reagierte die Obama-Administration in den USA und verabschiedete bereits im Februar 2008 ein konjunkturelles Stützungspaket in Höhe von ca. 150 Milliarden US-Dollar. Die europäischen Regierungen weigerten sich damals noch, über die Notwendigkeit ähnlicher Maßnahmen zu reden. Nach dem Zusammenbruch der Investmentbank Lehmann Brothers am 15. September 2008 schwenkten jedoch alle Regierungen der OECD Länder auf einen interventionistischen Kurs ein – und bereits am 10. Oktober 2008 debattierten die Finanzminister und Notenbankchefs der G7-Staaten einen gemeinsamen Aktionsplan zur Überwindung der weltweiten Finanz- und Konjunkturkrise. In der Reaktion auf die Krise lassen sich jedoch aus international vergleichender Perspektive im Detail beachtliche Differenzen ausmachen (vgl. Tabelle 4.7).

Tabelle 4.7:   Umfang und Zusammensetzung der Konjunkturpakete

	Nettoeffekte (in % des BIP)			Zeitliche Verteilung (in %)		
	Ausgaben	Steuern	Gesamt	2008	2009	2010
Südkorea	-3,2	-2,8	-6,1	17	62	21
USA	-2,4	-3,2	-5,6	21	37	42
Australien	-4,1	-1,3	-5,4	13	54	33
Japan	-4,2	-0,5	-4,7	2	74	25
Kanada	-1,7	-2,4	-4,1	12	41	47
Luxemburg	-1,6	-2,3	-3,9	0	65	35
Spanien	-2,2	-1,7	-3,9	32	44	23
Neuseeland	0,3	-4,1	-3,7	6	54	40
Dänemark	-2,6	-0,7	-3,3	0	33	67
Schweden	-1,7	-1,7	-3,3	0	43	57
Finnland	-0,5	-2,7	-3,2	0	47	53
Deutschland	-1,6	-1,6	-3,2	0	48	52
Tschech.Rep.	-0,3	-2,5	-2,8	0	56	44
Niederlande	-1,9	-1,6	-2,5	0	49	51
Großbritannien	-0,4	-1,5	-1,9	11	85	4
Belgien	-1,1	-0,3	-1,4	0	51	49
Slowakei	-0,7	-0,7	-1,3	0	41	59
Österreich	-0,4	-0,8	-1,2	0	79	21
Norwegen	-0,9	-0,3	-1,2	0	100	0
Polen	-0,8	-0,4	-1,2	0	70	30
Portugal	--	--	-0,8	0	100	0
Frankreich	-0,6	-0,2	-0,7	0	68	32
Schweiz	-0,3	-0,2	-0,5	0	68	32
Italien	-0,3	0,3	0,0	0	15	85
Griechenland	0,0	0,8	0,8	0	100	0
Island	1,6	5,7	7,3	0	28	72
Ungarn	7,5	0,2	7,7	0	51	49
Irland	2,2	6,0	8,3	6	39	55
Durchschnitt (ungewichtet)	-0,8	-0,8	-1,5	4,2	57,2	38,5

Anmerkungen: Die Angaben basieren auf dem Informationsstand zum 11. Juni 2009. Negative Vorzeichen implizieren ein großes Krisenpaket (und große haushaltspolitische Belastungen).
Quelle: OECD Economic Outlook 85 (2009a: 63), vgl. Wagschal/Jäkel (2010)

Hinter diesen hochaggregierten Kennzahlen[115] lassen sich folgende Trends erkennen: Die umfangreichsten Konjunkturpakete wurden in Südkorea, den USA, Australien und Japan implementiert. Allein vom Umfang her betrachtet nehmen die nordischen Länder eine Position im oberen Mittelfeld ein, Norwegen eher im unteren Mittelfeld. Während sich im Durchschnitt aller 28 OECD Länder die steuerlichen und angebotsseitigen Maßnahmen exakt die Waage halten, sind für die nordischen Länder große Unterschiede in der Zusammensetzung der Konjunkturpakete zu berichten. Während Schweden ebenfalls dem internationalen Trend folgte, und exakt gleichgewichtig die Maßnahmen der Konjunkturpakete ausbalancierte, setzte die dänische Mitte-Rechts Regierung vornehmlich auf angebotsseitige Maßnahmen, wohingegen die finnische Koalition insbesondere mit Instrumenten der Steu-

---

[115]   Es liegt in der Natur der Sache, dass diese hochaggregierten Daten auf Schätzungen beruhen. Mitunter weichen die hier angegebenen Angaben von anderen Datenquellen – zum Beispiel der EU – markant ab. Bei all diesen statistischen Unwägbarkeiten dienen diese geschätzten Kennziffern jedoch als eine erste Orientierungsmarke dafür, den Umfang und die Zusammensetzung der Krisenpakete international vergleichbar zu machen (vgl. hierzu Wagschal/Jäkel 2010).

erpolitik versuchte, den Wirtschaftskreislauf zu stimulieren. In Norwegen überwogen ähnlich wie in Dänemark die angebotsseitigen Maßnahmen, allerdings waren diese konzentriert auf das Jahr 2009. In Island schließlich kam es zu keinen konjunkturellen Ankurbelungsversuchen. Das positive Vorzeichen in der Tabelle signalisiert im Gegenteil einen strikten Sparkurs der isländischen Regierungen, der die Effekte der konjunkturellen Krisenpakete aufhebt – ebenso wie dies noch für Italien, Griechenland, Ungarn und Irland zu berichten ist. In Island konzentrieren sich die beobachtbaren konjunkturellen Stimulierungsversuche auf das Jahr 2010.

Allerdings sind diese Daten in einer wichtigen Hinsicht zu ergänzen. Diese in Tabelle 4.7 aufgeführten Daten spiegeln die zusätzlichen Anstrengungen der Regierungen zur Bekämpfung der Weltwirtschaftskrise wider. Was sie nicht anzeigen (können), sind die sogenannten *automatischen Stabilisatoren*«. Damit werden die wohlfahrts- und steuerpolitischen Instrumente bezeichnet, die automatisch auf einen Konjunktureinbruch belebend reagieren – also die Transferprogramme von Arbeitslosenversicherungen zum Beispiel – oder im Falle einer konjunkturellen Belebung oder Überhitzung dämpfend auf die Wirtschaftsentwicklung einwirken – also zum Beispiel invasive steuerpolitische Programme, welche Kaufkraft abschöpfen und zur Konsolidierung der öffentlichen Haushalte beitragen. In dieser Hinsicht verfügen die umfassenden Wohlfahrtsstaaten des Nordens über wirksame automatische Stabilisatoren. International vergleichende Schätzungen gehen davon aus, dass die fiskalische Nachhaltigkeit dadurch sehr gut ausgebaut ist in Dänemark und Schweden, wohingegen die anderen nordischen Länder im oberen Mittelfeld der OECD Staaten vertreten sind (European Commission 2009b, Finanspolitiska Rådet 2009, OECD 2009a).

Die Forschung zu den Auswirkungen der Krisenpolitiken befindet sich noch in einem Anfangsstadium (vgl. jedoch OECD 2009a, European Commission 2009a, ILO 2009, Bertelsmann Stiftung 2010a, Gylfason et al. 2010, Wagschal/Jäkel 2010). Während in allen OECD Ländern und auch im Norden die nationalen Regierungen schnell und umfassend Maßnahmen implementierten, welche die jeweiligen Finanzsysteme stabilisierten, unterschieden sich die nordischen Länder in anderen Aspekten vom Mainstream der Krisenpolitik. So waren geldpolitische Reaktionen auf die Krise für die Länder der Euro-Zone nicht möglich. Im Gegensatz dazu nutzten die Zentralbanken (und Regierungen) in Island und Schweden ihren währungspolitischen Spielraum und ließen die nationale Währungen deutlich abwerten. Inwiefern diese Maßnahmen jedoch effektiv die nationalen Industriezweige in ihrer Wettbewerbsfähigkeit stärkten, ist bislang nicht abzusehen und zudem in der ökonomischen Forschung umstritten (vgl. Gylfason et al. 2010: 167-196).

Während insbesondere in Deutschland die Regierung versuchte, offensiv bestimmte Industriezweige zu »stützen« bzw. zu subventionieren, kann eine solche Reaktion im Norden kaum beobachtet werden. Die schwedische Regierung lehnte explizit gezielte Maßnahmen für die nationale Automobilindustrie ab. Insbesondere die schwedischen Gewerkschaften forderten von der bürgerlichen Allianz eine »Abwrackprämie« nach deutschem Vorbild, was seitens der Regierung als »ungerecht« gegenüber anderen Industriezweigen zurückgewiesen wurde (Jochem 2010c). Ähnlich wie in Schweden reagierten auch die anderen nordischen Länder durch einen nochmals verstärkten Einsatz der aktiven Arbeitsmarktpolitik bzw. der Bildungspolitik. Da jedoch – mit der Ausnahme Norwegens – in Skandinavien keine staatlich subventionierte Förderung der Kurzarbeit existiert, schnellten die offiziellen

Angaben der Arbeitslosenquoten rasch in die Höhe – allerdings auf ein im internationalen Vergleich eher moderates Niveau. Die Arbeitslosenraten (nach nationalen Definitionen) betrugen im Jahr 2010 in Dänemark 4 Prozent, in Finnland 8,6 Prozent, in Island 8,2 Prozent, in Norwegen 3,5 Prozent und schließlich 8,4 Prozent in Schweden (Norden 2010a: 13). Diesen Angaben zufolge ist in keinem nordischen Land die offene Arbeitslosigkeit übermäßig stark angestiegen – mit der Ausnahme Islands, wo sich innerhalb von nur einem Jahr die Arbeitslosenquote in etwa vervierfachte.

Eine weitere Besonderheit der schwedischen Krisenpolitik liegt in der strategischen Stärkung staatlicher Einrichtungen. Während die bürgerliche Allianz in Schweden eine vehemente Privatisierungspolitik betrieb, schwenkte sie im Verlauf der Wirtschaftskrise um. Sie förderte durch direkte Transferzahlungen die lokalen und regionalen Gebietskörperschaften, die als Arbeitgeber der sozialen Humandienstleistungen fungieren. Damit sollte vermieden werden, dass Arbeitsplätze im öffentlichen Sektor aufgrund der rückläufigen Steuereinnahmen abgebaut werden mussten. Diese Maßnahme erwies sich als effektive Absicherung dieses Beschäftigungssegmentes. Eine ähnliche Politik wurde in Dänemark allerdings nicht durchgeführt, obschon die dänischen Gewerkschaften und Arbeitgeberverbände dies vehement gefordert hatten.

Die nordischen Länder haben allem Anschein nach die globale Finanzkrise gut überstanden. Jüngsten Prognosen zufolge sind für alle fünf nordischen Länder die Wachstumsaussichten positiv. Vor allem in Schweden rechnet man für 2010 und 2011 mit einem sehr guten Wachstum von über 4 Prozent. Einzig für Dänemark und Island verbleiben die Wachstumsprognosen unter der 2 Prozentmarke. Ebenso positiv sehen die Prognosen für die öffentlichen Haushalte aus. Die Haushaltsdefizite werden demnach in fast allen Ländern rasch ausgeglichen (in Norwegen wurden die hohen Überschüsse nur kurzfristig reduziert). Für Schweden wird für 2012 wieder ein Haushaltsüberschuss von 1 Prozent erwartet. Lediglich in Dänemark scheint sich die langsame konjunkturelle Erholung negativ auf die öffentlichen Haushalte niederzuschlagen. Für dieses Land erwarten die Ökonomen in naher Zukunft weiterhin hohe Defizite in den öffentlichen Haushalten (vgl. Norden 2010a). Die nordischen Länder scheinen die globale Finanzkrise mit ihren Auswirkungen schnell zu meistern – lediglich für Island und Dänemark fallen die ökonomischen Aussichten weniger positiv aus.

An dieser Stelle kann das isländische Drama im Verlauf der Wirtschaftskrise nicht detailliert beschrieben werden. Die isländische Wirtschaftspolitik der vergangenen Dekaden setzte auf eine forcierte Liberalisierung und Expansion des Kapitalmarktes. Allerdings erwies sich der Schein einer „coolen Goldinsel im Nordatlantik" (Rubart 2010: 600-610) als ein zeitlich befristetes Phänomen. Mit dem Kollaps der wichtigsten isländischen Geschäftsbanken kam es nicht nur zu wirtschaftlichen Verwerfungen (Gudmundsson/Gunnarsson 2009, Gylfason et al. 2010: 137-66, Schwartz 2010). Bedeutsam sind auch die politischen Konsequenzen. Als Ergebnis einer »friedlichen Revolution« mit Töpfen und Kannen (mit denen die isländischen Demonstraten lautstark ihren Unmut ausdrückten) wurde die Hegemonie konservativ-liberaler Regierungen gebrochen und das linke Parteienspektrum gestärkt. Auf lokaler Ebene, so in der Hauptstadt Reykjavik, konnte eine lose organisierte (und schrille) Bürgerbewegung die Macht übernehmen. Und schließlich führte die ökonomische Krise auch zu einer Hinwendung der isländischen Politik zur EU – eine politische Entwicklung, die wenige Monate vor der Wirtschaftskrise noch gänzlich unvorstellbar war.

Ebenso bedeutsam, wenngleich nicht so weitreichend, sind die Konsequenzen der globalen Finanzkrise für die Politik in den anderen nordischen Ländern. Während sich in keinem Land eine Revitalisierung der Konzertierung als Problemlösungsmechanismus feststellen lässt, konnte einige nordische Regierungen aufgrund ihres Krisenmanagements bei nationalen Wahlen durchaus von der Krise profitieren – und Wahlen *gewinnen*. So schien wenige Monate vor den Wahlen die Position der rot-rot-grünen Koalition in Norwegen ebenso aussichtslos wie die der bürgerlichen Allianz in Schweden. Durch ein effizientes und medienwirksam ausgeleuchtetes Krisenmanagement konnten beide Regierungskoalitionen die Gunst der Wähler wenden und sie für sich gewinnen. Im Effekt kam es zu Wahlsiegen der jeweiligen Koalitionen, die erst durch die Krise möglich gemacht wurden (für Schweden vgl. Jochem 2011b).

4.6 Vollbeschäftigung und Wachstum – trotz oder wegen Globalisierung?

Der Norden Europas ist ökonomisch keine homogene Gruppe. Zum einen sind die ökonomischen Standbeine des Nordens – auch in historischer Betrachtungsweise – höchst unterschiedlich ausgeprägt. Zum zweiten zeigt sich an den vielen in diesem Kapitel referierten Kennzahlen, dass nicht alle Länder »gleich gut« abschneiden. Dennoch besticht bis auf den heutigen Tag – wenngleich durch die globale Finanzkrise ein wenig eingeschränkt – die umfassende Integration der nordischen Erwerbsbevölkerung in den Arbeitsmarkt. Die skandinavischen »Arbeitsgesellschaften« sind in einem solchen Ausmaße kulturell und traditionell verankert, dass das Ziel der umfassenden Arbeitsmarktintegration auch von den parlamentarischen Parteien jenseits des sozialdemokratischen oder sozialistischen Spektrums als Ziel »an sich« verinnerlicht wird.

Diese besondere Leistungskraft des Nordens wird – bislang – nicht erkauft durch eine Politik sozialer Ungleichheit. Allerdings sind hier die Anzeichen einer Kurskorrektur ebenso deutlich zu vernehmen. Auch in Skandinavien nehmen ökonomische Ungleichheiten in jüngster Vergangenheit zu, Deregulierungen der Arbeitsmärkte und Privatisierungen staatlicher Domänen sind weit vorangeschritten. Dennoch – oder gerade deswegen – ist das dänische Modell der *»flexicurity«* für viele Beobachter von solch großer Anziehungskraft. Dort können deregulierte Arbeitsmärkte mit äußerst gering ausgeprägtem Kündigungsschutz auf eine Weise die Dynamik der Wirtschaft flankieren, dass die Erwerbssuchenden auf eine umfassende soziale Sicherung der passiven Arbeitsmarktpolitik sowie vor allem auf umfangreiche Maßnahmen des Staates im Bereich der aktiven Arbeitsmarkt- oder der Bildungspolitik setzen können.

Diese Erfolge der nordischen Länder sollten vor dem historischen und internationalen Kontext interpretiert werden. Als kleine Länder auf den europäischen und globalen Märkten sind die nordischen Ökonomien abhängig von internationalen Trends. Die positive Seite dieser Abhängigkeit kann darin gesehen werden, dass die nordischen Länder sehr stark in ihrer Wirtschaftskraft vom technologischen Fortschritt profitieren. Finnland ohne Nokia oder Schweden ohne ABB (oder Norwegen ohne Statoil) wären vollkommen andere Länder. Diese Firmen haben technologischen Fortschritt ermöglicht und den jeweiligen Ländern bzw. ihren Gesellschaften erhebliche Wohlfahrtsgewinne beschert. Zumindest vorerst kann der Norden auch auf seine weiterhin stark ausgeprägte Wettbewerbsfähigkeit und seine Innovationskraft bauen.

Die negative Seite der entgrenzten Einbettung der nordischen Volkswirtschaften in die europäischen und globalen Märkte liegt in einer zunehmenden Verletzlichkeit. Die globale Finanzkrise mit dem sich anschließenden Einbruch der sogenannten Realwirtschaft hat gezeigt, wie verletzlich auch die nordischen »Champions« der Wettbewerbsfähigkeit durch internationale Fluktuationen sind. Mehr noch als in Deutschland wird in den nordischen Ländern die Exportabhängigkeit der nationalen Ökonomien als Vorteil *und* Herausforderung gesehen. Im Gegensatz zu Deutschland oder Österreich haben die nordischen Länder früh auf strukturkonservierende Politiken verzichtet und auf eine andere Anpassungsstrategie des innovativen Wirtschaftens in entgrenzten Räumen gesetzt: Eine umfassende Bildungspolitik, die sich am Prinzip des lebenslangen Lernens orientiert, soll die Bürgerinnen und Bürger anpassungsfähig, kreativ und flexibel für sich rasch verändernde Märkte machen – dies macht den Kern einer »human investment« Strategie aus.

Die insbesondere in Europa extrem vorangeschrittene Entgrenzung der Wirtschaftsabläufe (gemeinhin unpräzise als »Globalisierung« bezeichnet) engt das politische Handlungsrepertoire erfolgreicher Wirtschafts- und Beschäftigungspolitik durchaus ein. Die nordischen Länder haben diesen Lernprozess durchlaufen. Sie büßten ihre autonome Geld- und Zinspolitik weitgehend ein, haben ihre Märkte geöffnet und dereguliert. Im Norden ist der Staat immer noch mächtig im Wirtschaftsleben, aber auch in dieser Perspektive beginnen die nordischen Länder immer mehr, sich dem kontinentaleuropäischen Mainstream anzunähern. Die »großen« Staaten des Nordens wurden dereguliert, privatisiert und in ihren Einflusssphären reduziert. Mit welcher Wucht dieser Lernprozess im Norden vonstatten ging, kann an der völligen Umkehr der haushalts- und fiskalpolitischen Ziele und Erfolge abgelesen werden. Dass es gerade die nordischen Länder – mit Ausnahme Islands – sind (und nicht etwa Deutschland oder Österreich), die in der globalen Finanzkrise auf die solidesten öffentlichen Haushalte verweisen konnten, dies entbehrt in historischer Betrachtungsweise nicht einer gewissen Ironie.

Einige nordische Länder zeigen, dass unter diesen veränderten ökonomischen Rahmenbedingungen auch (nahezu) Vollbeschäftigung zu erreichen ist. Der Weg durch die Moderne muss nicht zwangsläufig in einer Auszehrung der Arbeitsgesellschaften und voranschreitenden Segmentierung des Arbeitsmarktes enden. Gleichwohl zeigen die nordischen Länder aber auch, dass diese Wege nicht zum Nulltarif zu haben sind. Das nordische Steuermodell verlangt von der Bevölkerung ein gutes Maß an monetärer Solidarität. Just die steuerpolitische Solidarität, die steuerpolitische Umverteilungskraft der nordischen Staaten, wird in jüngster Vergangenheit rapide aufgezehrt. Hierfür sind nicht nur die erfolgreichen rechtspopulistischen »Steuerprotestparteien« in Dänemark, Norwegen sowie auch in Finnland oder Schweden ein Anzeichen. Die Steuerreformen der jüngsten Vergangenheit zeigen, dass im Norden eine Steuersenkungspolitik tendenziell die Reformdebatte dominiert. Die Leistungsindikatoren der nordischen Volkswirtschaften und der nordischen Sozialpolitik mögen also immer noch von einer besonderen Leistungskraft des Nordens zeugen, dies darf aber nicht darüber hinwegtäuschen, dass die politischen Grundlagen vergangener Erfolge zusehends prekärer werden – und sich teilweise auflösen.

5 Sozial- und Bildungspolitik

Im deutschsprachigen Raum wird die Analyse der Sozialpolitik in den meisten Fällen von der Analyse der Bildungspolitik getrennt. Die Sozialpolitikforschung widmet sich dann vorwiegend dem Kern der klassischen sozialen Sicherungssysteme, welche die Bürgerinnen und Bürger gegen die Risiken der Krankheit, des Unfalls, der Arbeitslosigkeit und der Pflegebedürftigkeit sowie gegen das Faktum des Alterns monetär und durch entsprechende Dienstleistungen absichern sollen. Dieser enge Begriff der Sozialpolitikforschung wird in diesem Kapitel erweitert um die Bereiche der Familien- oder Kinderpolitik sowie den jüngst in Wissenschaft und Öffentlichkeit sehr intensiv diskutierten Bereich der Bildungspolitik.

Just in den Bereichen der Sozial- und Bildungspolitik wird den nordischen Ländern eine einzigartige Ausnahmestellung zugesprochen. Nicht nur seien dort die sozialen Sicherungssysteme umfassender (und kostspieliger) ausgebaut als dies in Kontinentaleuropa der Fall sei. Auch in der Bildungspolitik seien die nordischen Länder eine Welt für sich; dies wird nicht zuletzt befördert durch die in jüngerer Vergangenheit regelmäßig durchgeführten PISA Studien, in welchen allerdings lediglich Finnland durchweg in den Spitzenpositionen aufzufinden ist (vgl. Jochem 2011a).

Ziel dieses Kapitels ist es, diese Sonderstellung der nordischen Länder im Bereich wohlfahrtsstaatlicher Politik[116] kritisch zu prüfen. Es wird gezeigt, dass viele Einstufungen der nordischen Länder als »einzigartig« dem nicht Stand halten; ebenso ist die Heterogenität der nordischen Länder im Bereich der Wohlfahrtspolitik durchaus beachtlich. Es wird ferner gezeigt, dass sich viele Merkmale der »alten« nordischen Wohlfahrtsmodelle in jüngster Zeit deutlich abgeschliffen haben. Hierfür sind nicht nur die erodierenden Machtgrundlagen der nordischen Arbeiterbewegungen und der auch im Norden beobachtbare Wertewandel ursächlich, auch die zunehmende »Europäisierung« der nordischen Länder sowie die allgemeine Entgrenzung von Wirtschaft und Gesellschaft zehren an den Grundpfeilern wohlfahrtsstaatlicher Politiken im Norden.

5.1 Die nordischen Sozialstaaten in vergleichender Perspektive

In keinem anderen Bereich der vergleichenden Politikwissenschaft wird der Norden so oft als Modell oder als vorbildlich genannt, wie im Bereich wohlfahrtsstaatlicher Politik (Palme 1999, Palme et al. 2009). Tatsächlich unterscheidet sich die wohlfahrtsstaatliche Politik der skandinavischen Länder je nach analytischem Blickwinkel (noch) deutlich von den kontinentaleuropäischen oder englischsprachigen Ländern. Diese Differenzen und nordischen

---

[116] Die Begriffe »Sozialpolitik« und »Wohlfahrtsstaat« werden im Folgenden synonym verwendet. Pejorative Konnotationen mit dem Begriff des Wohlfahrtsstaates, wie sie im deutschen Sprachraum oft mitschwingen, werden damit ausdrücklich *nicht* intendiert.

Eigenheiten wurden in der Studie des dänischen Soziologen Gøsta Esping-Andersen (1990, 1999) auf politische Machtverhältnisse zurückgeführt. Die Macht der Arbeiterbewegung könne demnach als basale Triebkraft für die spezifisch nordischen Entwicklungsprozesse ausgemacht werden. Esping-Andersen unterscheidet die sozialpolitische Welt der englischsprachigen Länderfamilie, die er als liberale Welt bezeichnet, von einer kontinentaleuropäischen Welt, in seinem Jargon die konservativ-korporatistische Welt; die skandinavischen Wohlfahrtsstaaten schließlich ordnet er einer sozialdemokratischen Welt des Wohlfahrtskapitalismus zu.

Diese Typologisierung beruht auf empirischen Analysen, allerdings kommen durchaus auch normative Intentionen in der Arbeit von Esping-Andersen zum Tragen. Philip Manow sieht zu Recht in dieser Trias – in Anspielung auf einen klassischen Westernfilm – folgende Rollenverteilung gegeben: „the good (Skandinavien), the bad (englischsprachige Länder) and the ugly (Kontinentaleuropa)" (Manow 2004). Gleichzeitig kritisiert Manow zu Recht, dass bei der Erklärung der wohlfahrtsstaatlichen Differenzen kaum allein die Macht der Arbeiterbewegung oder strategische Klassenallianzen zwischen linkem und zentristischem Lager ausschlaggebend gewesen seien. Vielmehr macht Manow zu Recht darauf aufmerksam, dass hinter den Differenzen wohlfahrtsstaatlicher Regime auch religiöse Faktoren wirken.

So zeigt Kees van Kersbergen (1995), dass vor allem die kontinentaleuropäischen Mischformen auf den Einfluss der katholischen Kirche mit ihrer spezifischen Soziallehre und christdemokratischen Regierungsparteien zurückgeführt werden können; dass diese »Mischformen« also eigenständige Entwicklungswege eines „social capitalism" darstellen. In jüngeren Publikationen haben Philipp Manow und Kees van Kersbergen weiter zu zeigen versucht, wie nicht nur die katholische Kirche früh auf die institutionelle Ausgestaltung der Sozialpolitik einwirkte, sondern wie auch die reformierten Kirchen des Nordens bzw. der lutherische Glauben die moralische Binnenlogik der nordischen Wohlfahrtsstaaten prägten (van Kersbergen/Manow 2009, vgl. zu Schweden Jochem 2011d). Auch wenn diese historisch entscheidenden Weichenstellungen der institutionellen Einführung sozialpolitischer Sicherungssysteme längst vergangen sind, so wirken doch nicht unerhebliche Teile dieses institutionellen Erbes bis in die heutigen Tage hinein.

Die Typologisierungsversuche von Gøsta Esping-Andersen sind in der Literatur umfassend kritisiert worden. Andere Sozialwissenschaftler haben stets darauf aufmerksam gemacht, dass diese »Drei-Welten Lehre« zu grob in ihrer Differenzierung sei. Insbesondere die südeuropäischen Nachzüglernationen könnten kaum ohne Verzerrungen in dieses Schema eingegliedert werden (Leibfried 1992). Andere wiederum, wie zum Beispiel die Sozialwissenschaftler Elmar Rieger und (erneut) Stephan Leibfried (2004), haben darauf aufmerksam gemacht, dass in Asien dieses (europäische) Schema kaum den Kern sozialpolitischer Anstrengungen angemessen erfassen könne. Und mit dem Zerfall des Ostblocks und der Transformation osteuropäischer Wohlfahrtsstaaten kam ein junger und spezifischer Wohlfahrtsstaatentypus hinzu, der nicht in die gängigen Einstufungen zu passen scheint (Fenger 2007, Castles/Obinger 2008).

Ebenso wird eingewendet, dass in Europa viele empirische Grenzfälle bestünden. Während Deutschland und Österreich mit zwei sehr ähnlichen sozialen Sicherungssystemen eindeutig dem konservativen oder vielleicht besser: dem christdemokratisch-zentristischen

Sozialversicherungsmodell zugeordnet werden können, erwies sich der schweizerische Wohlfahrtsstaat stets als ein sperriger Sonderfall, dessen Einteilung von Esping-Andersen zum liberalen Modell vielfältige Kritik in der sozialwissenschaftlichen Literatur auslöste (vgl. Schmidt et al. 2007). Und in der nordischen Länderfamilie war stets umstritten, inwiefern Finnland und Island zur sozialdemokratischen Welt zu zählen seien. Zum einen dominierte dort nicht die Sozialdemokratie sondern die agrarisch geprägte Zentrumspartei bzw. die konservativ-liberale Selbständigkeitspartei die Nachkriegspolitik. Und zum anderen unterscheiden sich einige sozialpolitische Institutionen in Finnland (und Island) deutlich von denjenigen in Schweden, dem sozialdemokratischen Wohlfahrtstypus *par excellence*.

Wenn man diese Detailfragen und die begründete Kritik an den Typologien Esping-Andersens außer Acht lässt, dann lassen sich – *cum grano salis* – die wichtigsten Differenzen zwischen den jeweiligen Ländergruppen an sieben Vergleichskriterien aufzeigen (vgl. Tabelle 5.1). Eine wichtige Unterscheidung betrifft den Rechtscharakter der sozialen Sicherungssysteme. Während in der liberalen Welt die Armenunterstützung oft überwiegt, also die möglichst zielgenaue Unterstützung der Bedürftigsten (mit entsprechenden administrativen Überprüfungsverfahren), weisen die sozialpolitischen Sicherungssysteme in den beiden anderen Welten einen starken Rechtscharakter auf, der einklagbare Ansprüche zusichert und umfassender ausgestaltet ist. Zu differenzieren ist hier jedoch in Kontinentaleuropa ein selektives Sozialrecht, welches stark nach Berufs- und Statusgruppen unterscheidet (man denke nur an die speziellen Sicherungssysteme für bundesdeutsche Beamte). In Skandinavien hingegen kennzeichnet das Prinzip des Universalismus das Sozialrecht, welches jeder Bürgerin und jedem Bürger eine gleiche Rechtsposition zuweist. Ebenso unterscheiden sich diese unterschiedlichen Welten anhand der Sozialausgaben und der Finanzierungsweise. Während die Ausgabenhöhe (und Dynamik) zwischen Kontinentaleuropa und dem Norden keine allzu großen Unterschiede aufweist, sind die Finanzierungsweisen jedoch unterschiedlich organisiert. In Mitteleuropa überwiegen die Sozialversicherungen und es werden große Teile der monetären Mittel über Sozialbeiträge erhoben (also von den sozialversicherungspflichtig Beschäftigten und Arbeitgebern). In Skandinavien ist hingegen der Steueranteil bei der Finanzierung größer und die Sozialbeiträge sind nicht so dominant. In der liberalen Welt herrscht eine geringe Ausgabenneigung mit weitgehender Steuerfinanzierung vor.

Zweifelsohne sind die präzisen Umverteilungsmechanismen in den entwickelten Sozialstaaten nur schwerlich exakt zu bestimmen. Hier müssten präziser die steuerpolitischen Besonderheiten in der Wohlfahrtspolitik berücksichtigt werden. Aber dennoch lässt sich unter Vorbehalt feststellen, dass die Umverteilung in Skandinavien am stärksten ausgeprägt ist, am schwächsten ist sie es in der liberalen Welt, und Kontinentaleuropa nimmt in dieser Perspektive eine Mitteposition ein. Während die liberale und sozialdemokratische Welt keine (oder nur geringe) Unterschiede in den Sicherungssystemen in Bezug auf bestimmte Berufsgruppen kennt, sind diese Besonderheiten in den kontinentaleuropäischen Ländern stark vorhanden. Und als letztes Unterscheidungskriterium dient die Frage, in wessen Händen sich die sozialen Dienstleistungen in den Bereichen Erziehung, Gesundheit, Pflege und Bildung befinden. Hier wird das starke Gewicht des Staates in Skandinavien besonders deutlich sichtbar, wohingegen in der liberalen Welt eher unterschiedliche private Anbieter dieser Dienstleistungen auf einem Markt konkurrieren. Die kontinentaleuropäische Situation ist, wie am deutschen Beispiel zu ersehen, durch die Dominanz subsidiärer Anbieter gekennzeichnet. Neben dem Staat existieren Sozialverbände – wie die Caritas, die Diakonie, die Arbeiterwohlfahrt und andere – bei der Erbringung sozialer Dienstleistungen; sie werden von staatlicher Seite durch Transferzahlungen und sonstige Regulierungen in einem Quasi-Oligopol abgesichert.

Tabelle 5.1:   Welten der Sozialpolitik – Vergleichskriterien

Indikator	Liberale Welt	Konservative Welt	Sozialdemokratische Welt
(1) Soziale Rechte oder Armenunterstützung	Armenunterstützung	Spezifizierte Sozialrechte	Universelle Sozialrechte
(2) Sozialausgaben	Niedrig	Mittel bis Hoch	Hoch
(3) Finanzierung	Steuern	Sozialbeiträge	Steuern
(4) Ausmaß individueller Finanzierung	Mittel	Groß	Mittel
(5) Umverteilungskapazität	Niedrig	Gemäßigt	Hoch
(6) Nach Berufsgruppen differenzierte Sicherungssysteme	Nein	Ja	Nein
(7) Soziale Dienstleistungen	Markt	Subsidiäre Organisationen	Staat
Eindeutigstes Beispiel	USA	Deutschland	Schweden

Quellen: Nach Esping-Andersen (1990, 1999), vgl. Schmidt (1998: 162).

Diese sieben Vergleichskriterien sind in der Lage, die grundlegenden Differenzen zwischen den unterschiedlichen wohlfahrtsstaatlichen Regimen zu umreißen. Wobei hier nicht auf die historische Dynamik in den jeweiligen Ländern eingegangen wird. Wichtig ist jedoch, dass die Sonderstellung des nordischen Wohlfahrtsmodells zu großen Teilen an den Ausgabedaten festgemacht wird. In wenigen Ländern dieser Welt werde so viel für Sozialpolitik (und Bildungspolitik) ausgegeben, wie eben in den skandinavischen Ländern.

Die Einschätzungen der »*ausgabenintensiven*« *Wohlfahrtsstaaten des Nordens* sind zu einem Teil statistische Artefakte. Der gebräuchlichste Indikator zur Messung der »Größe« des Wohlfahrtsstaates ist die Sozialausgabenquote, also der Anteil der Sozialausgaben in Relation zum Bruttoinlandsprodukt. Allerdings unterscheiden sich die Wohlfahrtsstaaten in der Besteuerungspraxis sozialpolitischer Transferzahlungen deutlich. So werden zum Beispiel die Rentenleistungen in Skandinavien besteuert – und bei den hohen Steuersätzen des Nordens ist dies für die Bezieher der Transferleistungen keineswegs unerheblich. Andere Länder hingegen betreiben Sozialpolitik durch Steuerpolitik, hier wären zum Beispiel die USA mit dem Programm eines »earned-income-tax credit« beispielhaft zu nennen. Dabei werden für Geringverdiener nach sozialen Kriterien Lohnzuschüsse über die Bundessteuerbehörde (auf Antrag) ausgezahlt. Diese Leistungen werden nicht in den Sozialbudgets verbucht, sondern im Budget des Finanzministeriums.

Solche Rahmenbedingungen sozialpolitischer Anstrengungen versuchen in jüngster Vergangenheit Statistiker der OECD in ihr Datenmaterial zu integrieren. In Tabelle 5.2 ist die Brutto-Sozialausgabenquote, die das reine Budget des Sozialstaates widerspiegelt, der Netto-Sozialausgabenquote für das Jahr 2005 gegenübergestellt, in welcher insbesondere steuerpolitische Maßnahmen mit eingerechnet sind. Bei aller möglichen Kritik an der statistischen Berechnungsweise für beide Kennziffern ergibt sich ein differenziertes Bild wohlfahrtsstaatlicher Intensität im Norden sowie im internationalen Vergleich.

Während die skandinavischen Länder tatsächlich in der Spitzengruppe der Brutto-Sozialausgabenquoten liegen, werden sie bei der Netto-Sozialausgabenquote von Ländern wie Frankreich oder Deutschland überflügelt. Zudem verringert sich die Differenz zwischen den Spitzenländern und den Nachzüglern zum Teil erheblich. Der dänische Wohlfahrtsstaat rangiert in dieser zweiten Vergleichsperspektive (also unter Einrechnung steuerpolitischer Effekte) deutlich hinter den ausgewiesenen Werten für die christdemokratisch-zentristischen Wohlfahrtsstaaten und fast auf Augenhöhe mit dem britischen Wohlfahrtsstaat, der eigentlich als ein Beispiel für einen »liberalen« Wohlfahrtsstaat steht. Diese Daten zeigen, wie wichtig die nationale Besteuerungspraxis für sozialpolitische Anstrengungen ist. Und es wird ferner deutlich, dass die Größe und Intensität der nordischen Wohlfahrtsstaaten in der wissenschaftlichen sowie medialen Berichterstattung zum Teil in nicht unerheblicher Weise überschätzt wird.

In Tabelle 5.2 sind zur weiteren Information Daten zur wohlfahrtsstaatlichen Dekommodifizierung ausgewiesen. Dieser statistische Wert geht auf die Studien von Esping-Andersen (1990, 1999) zurück und versucht empirisch zu ermitteln, wie stark sozialpolitische Transferleistungen den Warencharakter von Arbeit aufheben (oder mit anderen Worten, wie generös die wohlfahrtsstaatlichen Transferleistungen beschaffen sind). Lyle Scruggs hat in statistischer Kärrnerarbeit die Daten von Esping-Anderson aktualisiert und für 18 OECD Wohlfahrtstaaten für den Zeitraum von 1971 bis 2002 zur Verfügung gestellt. In dieser Perspektive ist der Sozialschutz im Norden am stärksten ausgebildet. Die kontinentaleuropäischen Länder folgen dicht auf und die liberalen Wohlfahrtsstaaten gemäß der Typologie von Esping-Andersen bilden die Länder mit dem geringsten Sozialschutz (Scruggs o.J., vgl. auch Bambra 2005, 2006).[117]

Letztlich ist in Tabelle 5.2 auch der Versuch einer aktualisierten Typologisierung aufgeführt. Die »Etiketten« sind komplexer formuliert als dies in den Studien von Esping-Andersen (1990, 1999) der Fall ist. Mit dem Zerfall des Ostblocks ist zudem ein weiterer Typus wohlfahrtsstaatlicher Politik in Europa hinzugekommen, der in Ermangelung eines besseren Begriffs als »postkommunistisch-europäisch« umschrieben wird.

---

[117]   Es sei betont, dass die Arbeiten von Lyle Scruggs zu dem Ergebnis kommen, dass sich im historischen Verlauf die nordischen Länder im Bereich der Dekommodifizierung deutlich den kontinentaleuropäischen (oder korporatistisch-zentristischen) Wohlfahrtsstaaten annähern. Vgl. Scruggs (2007).

Tabelle 5.2:   Sozialpolitische Kennziffern für 27 OECD Wohlfahrtsstaaten

	Sozialausgabenquote (OECD, 2005)		Dekommo-difizierung	Wohlfahrtsstaatlicher Typ
	Brutto	Netto	(ca. 2002)	
Australien	18,2	19,5	5,0	liberal/radikal-labouristisch
Belgien	26,4	26,2	10,1	korporatistisch-zentristisch
Dänemark	27,3	24,2	9,9	sozialdemokratisch
Deutschland	27,9	28,8	7,0	korporatistisch-zentristisch
Finnland	26,1	23,5	8,1	sozialdemokratisch/zentristisch
Frankreich	29,5	30,7	6,5	korporatistisch-zentristisch
Griechenland	20.5	--	--	Nachzügler
Großbritannien	22,1	23,7	6,0	liberal
Irland	16,7	17,2	9,0	liberal
Island	18,4	19,3	--	sozialdemokratisch/zentristisch
Italien	26,5	26,1	5,4	korporatistisch-zentristisch
Japan	19,1	20,3	5,0	Nachzügler
Kanada	16,5	18,7	7,1	liberal
Luxemburg	23,4	22,1	--	korporatistisch-zentristisch
Neuseeland	18,5	18,4	4,5	liberal/radikal-labouristisch
Niederlande	21,6	19,7	9,8	korporatistisch-zentristisch/sozialdemokratisch
Norwegen	22,9	20,7	10,3	sozialdemokratisch
Österreich	28,1	25,5	6,7	korporatistisch-zentristisch
Polen	21,0	19,7	--	postkommunistisch-europäisch
Portugal	23,5	24,3	--	Nachzügler
Schweden	29,8	27,5	9,3	Sozialdemokratisch
Schweiz	27,6	--	8,7	korporatistisch-zentristisch/liberal
Slowakei	16,8	16,9	--	postkommunistisch-europäisch
Spanien	21,2	21,2	--	Nachzügler
Tschechien	19,7	20,0	--	postkommunistisch-europäisch
Ungarn	22,5	--	--	postkommunistisch-europäisch
USA	16,3	18,8	7,9	liberal/fragmentiert
Durchschnitt	22,6	22,2	7,6	

Anmerkungen: Spalte 1: Ländername. Spalte 2: Brutto-Sozialausgaben (öffentliche sowie private Pflichtausgaben) in Prozent des Bruttoinlandsproduktes im Jahr 2005 nach OECD Kriterien (OECD ohne Jahr). Der Wert für Portugal ist aus dem Jahr 2004. Spalte 3: Netto-Sozialausgaben (öffentliche sowie private Pflichtausgaben) in Prozent des Bruttoinlandsproduktes im Jahr 2005 nach OECD Kriterien (Adema/Ladaique 2009: 48); bei den Netto-Sozialausgaben werden unter anderem die Effekte der Steuerpolitik mit eingerechnet. Spalte 4: Wohlfahrtsstaatliches Dekommodifizierungsniveau nach Esping-Andersen und aktualisiert durch Lyle Scruggs für 2002; bei dem Indexwert handelt es sich um einen Durchschnittswert für einzelne Sozialpolitikbereiche (Altersrenten, Arbeitslosenversicherung, Lohnfortzahlung im Krankheitsfall); je höhere Werte der Index annimmt, desto generöser sind die Sozialschutzsysteme gestaltet (Scruggs ohne Jahr). Spalte 5: Wohlfahrtsstaatliche Regimezugehörigkeit auf Basis von Esping-Andersen (1990), Jochem/Siegel (2000), Fenger (2007) sowie Castles/Obinger (2008). Vgl. auch Siegel/Jochem (2010: 330).

Der Berliner Sozialwissenschaftler Wolfgang Merkel knüpft an diese wohlfahrtsstaatlichen Typologien an und versucht, aufbauend auf die gerechtigkeitsphilosophischen Betrachtungen von John Rawls und Amartya Sen, das Ausmaß der »sozialen Gerechtigkeit« in diesen entwickelten Sozialstaaten empirisch zu messen. Bei diesem Versuch werden verschiedene Aspekte sozialer Gerechtigkeit differenziert. Von besonderer Bedeutung sei nach Wolfgang Merkel die Vermeidung von Armut, ein zweiter Aspekt umfasse die Bildungsanstrengungen, die für einen fairen Start aller in die Erwerbskarriere sorgen sollen. Weitere Kriterien sind das Ausmaß der Arbeitsmarktintegration, der sozialstaatlichen Anstrengungen insgesamt sowie der ökonomischen Gleichheit. Wolfgang Merkel gewichtet diese einzelnen Indikatoren in der genannten Reihenfolge und kommt insgesamt zu dem Ergebnis, dass die nordischen Wohlfahrtsstaaten als Länderfamilie geschlossen an der Spitze des Rankings der sozialen Gerechtigkeit stehen, wohingegen Deutschland im unteren Bereich der Verteilung rangiert (vgl. Tabelle 5.3).[118]

Tabelle 5.3:   Westliche Industrienationen im Ranking Sozialer Gerechtigkeit, 1990-2000

	Armut (5)	Bildung (4)	Arbeitsmarkt (3)	Sozialstaat (2)	Einkommensverteilung (1)	Gewichteter Durchschnitt
Dänemark	8.55	6.99	2.85	1.13	1.80	4.06
Norwegen	5.21	7.68	4.38	-0.06	0.80	3.60
Schweden	3.14	4.58	2.72	2.55	1.47	2.89
Finnland	7.60	1.58	0.41	1.51	1.52	2.52
Österreich	4.89	3.21	1.57	1.57	1.26	2.50
Frankreich	3.62	1.99	-1.72	2.09	0.24	1.24
Schweiz	-0.20	2.11	3.82	-1.22	0.47	0.99
Niederlande	3.46	-2.28	0.66	0.70	0.83	0.68
Belgien	4.10	-1.48	-2.74	0.42	0.39	0.14
Kanada	-3.54	1.79	1.78	-2.38	0.06	-0.46
Deutschland	-0.36	-3.12	-0.78	1.62	0.13	-0.50
Australien	1.07	-3.02	0.58	-2.84	-0.46	-0.95
Großbritannien	-2.91	-2.42	1.29	-0.70	-0.64	-1.08
Irland	1.55	-3.22	-3.75	-2.59	-0.94	-1.79
USA	-11.66	1.46	3.46	-2.36	-1.46	-2.11
Italien	-7.84	-1.79	-4.80	2.63	-1.48	-2.66
Portugal	-9.75	-1.21	0.09	-2.23	-1.76	-2.98
Griechenland	-2.43	-8.42	-3.49	0.33	-1.25	-3.05
Spanien	-4.50	-4.42	-6.26	-0.15	-0.97	-3.26

Quelle: Merkel (2006: 5)

Anmerkung: Die Werte in Klammern geben die Faktoren an, mit denen die jeweiligen Indikatoren gewichtet und multipliziert wurden. Die Multiplikatoren ergeben sich aus der Präferenzhierarchie der Gerechtigkeitsziele, wie sie nach den Ausführungen von Wolfgang Merkel vorliegen würden. Bei den Indikatoren handelt es sich um sogenannte »z-Werte«, welche die Bildung eines gewichteten Gesamtindikators ermöglichen.

So »schmeichelnd« dieser Versuch einer empirischen Vermessung sozialer Gerechtigkeit für die nordischen Länder auch sein mag, so klar sind jedoch auch die Einwände gegen eine solche Vorgehensweise. Zum einen handelt es sich bei den einzelnen Indikatoren teilweise um disaggregierte Bereiche der Sozialstaatsausgaben. Insofern kann die obige Kritik an den Brutto-Sozialausgabenanalysen auch hier in Anschlag gebracht werden: Die Daten nehmen keine Rücksicht auf steuerpolitische Rahmenbedingungen. Allerdings wird auch ersichtlich, wie deutlich sich die vier (in der Analyse eingeschlossenen) nordischen Länder in den Bereichen der Armutsbekämpfung sowie der Einkommensgleichheit von den restlichen Sozi-

---

[118]   Kurz vor Fertigstellung dieser Studie wurde von der Bertelsmann Stiftung eine aktualisierte Vermessung der sozialen Gerechtigkeit in den OECD Staaten vorgelegt. Dabei stützten sich die Autoren zu weiten Teilen auf die Vorarbeiten von Wolfgang Merkel. Die aktualisierten Daten und Analysen haben erneut die nordischen Länder als die sozial gerechtesten Wohlfahrtsstaaten in Europa bestätigt. Zudem wird in der Studie der Bertelsmann Stiftung auch Island in die Analyse integriert. Die kleine nordische Inselrepublik erlangt bei den Analysen der Bertelsmann Stiftung den ersten Rangplatz, vor Schweden, Dänemark, Norwegen und Finnland. Die Schweiz und Österreich rangieren auf den Plätzen 7 und 9, wohingegen Deutschland lediglich auf dem 15. Rangplatz von insgesamt 31 analysierten Ländern steht. Vgl. zu den Details: Berteslmann Stiftung (2010b).

alstaaten abheben. Ähnliches lässt sich zu den Ausgaben für die Bildungspolitik sagen, die im Norden überdurchschnittlich hoch sind – was allerdings noch keinen unmittelbaren Aufschluss über bildungspolitische Qualität zulässt.

Der Blick auf die zur Verfügung stehenden vergleichenden Daten zeigt ein ambivalentes wohlfahrtsstaatliches Profil der nordischen Länder. Gemeinhin werden die nordischen Länder als Vorreiter einer umfassenden und monetär bestens ausgestatteten Sozialpolitik wahrgenommen. Durch die Erfassung steuerpolitischer Praktiken wird dieser Eindruck in nicht unerheblichem Ausmaße korrigiert. Zwar sind die nordischen Wohlfahrtsstaaten durchaus umfassend ausgebaut. Allerdings ist die Generosität unter Einbeziehung der hohen Steuersätze keineswegs Spitzenklasse im internationalen Vergleich. Eine rein monetäre Perspektive auf wohlfahrtsstaatliche Politik greift vor allem dann zu kurz, wenn die institutionalisierten sozialen Sicherungsprogramme mit ihren gesellschaftlichen Effekten im Detail erfasst werden sollen. Es ist auch für die nordischen Länder die Frage entscheidend, was mit dem Geld im Sozialstaat konkret geschieht. Daher ist der präzise Blick auf die einzelnen Sicherungssysteme, deren programmatisches Profil und deren jüngste Dynamik bedeutsam. Bevor eine solche »Tiefenanalyse« wohlfahrtsstaatlicher Politik in Skandinavien unternommen wird, sollen jedoch zuvor die historischen Grundlagen der nordischen Wohlfahrtsstaaten erörtert werden.

5.2 Die historischen Grundlagen nordischer Sozialpolitik

Die historische Genese der nordischen Demokratien und Gesellschaften eröffnete spezifische Entwicklungskorridore für die nordischen Wohlfahrtsstaaten. In Kapitel 2 wurde diese historische Dynamik im Detail dargestellt. An dieser Stelle sollen daher nur die genuin wohlfahrtsstaatlichen Entwicklungsschritte erörtert werden. Es ist jedoch zu betonen, dass der »take-off« wohlfahrtsstaatlicher Politik *nach* der (weitgehenden) territorialen Arrondisierung und nach der Reformation des Nordens einsetzte. Das impliziert zum einen, dass die nordischen Territorialstaaten keine größeren Regimewechsel oder territoriale Spaltungen mehr erfuhren. Zum anderen ist die Durchsetzung des lutherischen Glaubens im Norden entscheidend gewesen. Letzeres prägte nicht nur die starke Rolle des Staates in der Sozialpolitik, sondern konnte über eine spezifisch nordische Mobilisierung in der Politik auch zentrale protestantische Wertvorstellungen in das institutionelle Gefüge der nordischen Wohlfahrtsstaaten einfügen.

Durch die mit der Reformation durchgeführte Ineinssetzung von Staat und Kirche erlangten die nordischen Staaten eine zentrale Verantwortung in sozialpolitischen Belangen. Allerdings war dies ein in die Verantwortung genommener Staat, welcher zwar zentralstaatlich organisiert war, der aber den lokalen staatlichen Einheiten organisatorische und mitunter auch steuerpolitische Freiräume einräumte. Dies traf schließlich zusammen mit einer »tripolaren« politischen Mobilisierung. Die Bauern des Nordens waren weitgehend Eigentümer ihrer Felder und führten kleine, familienbasierte Betriebe. Und im Laufe der Modernisierung entwickelten sich im Norden Bauernbewegungen, aus denen dann die Bauern- und späteren Zentrumsparteien hervorgingen. Neben dem städtischen Bürgertum existierte in Norden also ein ländliches »Bürgertum«, welches noch vor der Mobilisierung der Arbeiterbewegung politischen Einfluss – nicht zuletzt in den ländlichen Kommunen – erlangen konnte.

Die Bauernbewegungen des Nordens waren es, die genuin lutherische Glaubensgrundsätze in die frühen Formen der nordischen Sozialstaatlichkeit einfließen ließen. Auf dem Lande entwickelten sich in vielen nordischen Ländern »Grasswurzelbewegungen« lutherischer Frömmigkeit (mitunter in offener Opposition zu den lutherischen Staatskirchen). Es gab vielfältige Formen gemeinschaftlichen Lebens in den ländlichen Gemeinden, die vielfältigen Temperenzlerbewegungen oder religiöse Freikirchen wären als Beispiele zu nennen (für Schweden vgl. Jochem 2011d). Die Wertschätzung des »einfachen, guten Lebens« auf dem Lande, die hohe Wertschätzung von Arbeit sowie die relativ frühe Gleichstellung der Frauen (im landwirtschaftlich geprägten Arbeitsprozess) in solch agrarisch geprägten Gesellschaften kann auf die historischen Wurzeln einer spezifischen Form nordischer Modernisierung zurückgeführt werden. Diese frühen »Volksbewegungen« auf dem Lande beförderten nicht nur die lokale Bildungspolitik, insgesamt können diese Formen lokaler, gemeinschaftlicher Zusammenschlüsse durchaus auch als frühe »Schulen für die nordische Demokratie« angesehen werden. Diese historische Modernisierungssequenz wurde dann noch »angereichert« durch die rasch ansteigende Macht der nordischen Arbeiterbewegungen. Letztlich entscheidend für die Expansion nordischer Sozialstaaten waren schließlich die Klassenallianzen zwischen Bauern- und Arbeiterbewegungen, den sogenannten »rotgrünen« Kompromissen im Laufe der 1930er Jahre.[119]

Im Hinblick auf die Einführungssequenzen der sozialen Sicherungssysteme sind die nordischen Länder Nachzügler. Während das Deutsche Reich als Pionier mit den Bismarckschen Sozialgesetzen 1883 (Krankenversicherung), 1884 (Unfallversicherung) und 1889 (Rentenversicherung) die zentralen Pfeiler der Entwicklung sozialpolitischer Sicherungssysteme errichtete, wurden die landesweit wirksamen und insbesondere für alle Arbeiterinnen und Arbeiter verpflichtenden Sicherungssysteme im Norden erst später in das Sozialrecht integriert (vgl. Tabelle 5.4).

Die Einführung der *dänischen Rentenversicherung* im Jahr 1891 wird in der Literatur als eine Reform interpretiert, die noch stark im Armenrecht verankert war und kaum die heute gängigen Prinzipien einer nationalstaatlichen Sozialversicherung erfüllte. Mit dieser Form der Rentenpolitik waren noch zum Teil demütigende Bedürftigkeitsprüfungen verbunden. Was jedoch nicht übersehen werden darf: Diese dänische Reform ebnete den Weg hin zu einer *universellen* Absicherung der gesamten Bevölkerung, also nicht nur der in den industriellen Arbeitsprozess integrierten Teile. Anders als in Deutschland, wo das industrielle Arbeiterheer, bzw. die „working class aristocracy" (Kangas/Palme 2005: 22), Zielgruppe der Sozialgesetzgebung war, bewirkte die spätere Industrialisierung des Nordens und die Macht der Bauernbewegungen, dass die frühen und noch von den Prinzipien der Armenfürsorge geprägten Reformen diese gesellschaftlichen Grenzen überbrückten und *universelle Sicherungssysteme* für die gesamte Bevölkerung von Beginn an eingeführt wurden. Die ursprünglichen Leistungen waren auf niedrigem Niveau, aber es wurde das nordische Prinzip

---

[119]   Allgemein zur Frühgeschichte nordischer Sozialpolitik vgl. Alestalo/Kuhnle (1987), Esping-Andersen (1985), Esping-Andersen/Korpi (1987).

des sozialpolitischen Universalismus bereits in diesen frühen Weichenstellungen deutlich: „little, but for everybody" (Kangas/Palme 2005: 23).

Tabelle 5.4:   Einführungssequenzen der sozialen Sicherungssysteme im Norden

	Unfall- versicherung	Kranken- versicherung	Renten- versicherung	Arbeitslosen- versicherung	Kindergeld
Dänemark	1916	1933	1933		1952
	(1898)	(1892)	1921/22	(1907)	
			(1891)		
Finnland	1917	1963	1937		1948
	(1895)			(1917)	
Island	1925	1946	1946	1956	--
	(1917)	(1911)			
Norwegen	1921	1953	1936	1938	1946
	(1901)	(1909)		(1906)	
	(1894)				
Schweden	1916	1955	1913		1948
	(1901)			(1934)	

Anmerkung: Ohne Klammern: Jahr der Einführung von nationalen Pflichtgesetzen. Jahreszahl in Klammern: Einführung von staatlich anerkannten und subventionierten freiwilligen Versicherungen bzw. Einführung von Arbeitslosenhilfe oder Rentenversicherungen mit deutlich ausgeprägtem Fürsorgecharakter. -- = es liegen leider keine Informationen zum Einführungszeitpunkt des Kindergeldes in Island vor.
Quellen: Alestalo/Hort/Kuhnle (2009: 13), Schmidt (1988: 118).

Dieses Prinzip diente als Blaupause für die anderen nordischen Rentensysteme. Die schwedische Rentenreform aus dem Jahr 1913 folgte dem dänischen Beispiel, war jedoch nicht durch Steuern sondern durch Beiträge finanziert (mit Einkommensprüfungen der Rentenzahlungen). Die schwedische Vorgeschichte eines modernen Rentenversicherungssystems verdeutlicht präzise das gesellschaftliche Umfeld und den politischen Handlungsdruck der frühen Sozialgesetzgebung im Norden. Die nordischen Länder waren am Ende des 19. und zu Beginn des 20. Jahrhunderts die Armenhäuser Europas. Bis zu 20 Prozent der schwedischen Gesellschaft wanderte aus, vor allem in die USA. Zurück blieben die älteren und armen Schweden, die vor allem auf dem Lande lebten. Ende des 19. Jahrhunderts war Schweden das europäische Land mit dem höchsten Anteil der älteren Bevölkerung in Relation zur Gesamtbevölkerung (Edebalk 2000: 541). Diese Bevölkerungsentwicklung unterminierte die von den Kommunen getragene – repressive – Armutspolitik zusehends. Die ländlichen Kommunen konnten die Finanzierungslasten nicht mehr tragen, die Kommunen der Ballungszentren lehnten einen horizontalen Finanzausgleich ab – und der Zentralstaat sah sich vor allem den Prinzipien solider Finanzen und strenger Haushaltsführung verpflichtet. Die Arbeiterbewegung war damals in ihrer frühen Entwicklungsphase. Und zum Zeitpunkt der Verabschiedung der Rentenreform waren zwar einige sozialdemokratische Abgeordnete im Parlament vertreten, die Reform wurde jedoch von liberalen Politikern vorangetrieben, welche die Interessen der ländlichen Bevölkerungsschichten und der ländlichen Kommunen vertraten (Heclo 1974). Nach ähnlichen Gesichtspunkten erfolgen die Grundsteinlegungen der universellen Sicherungssysteme in den anderen nordischen Ländern, wobei nicht selten bewusste Anleihen an den politischen Reformen in den jeweils anderen skandinavischen Nachbarländern getätigt wurden.

Ein weiterer Aspekt der nordischen Sozialstaatsgeschichte kann als Entwicklungslogik von unten bezeichnet werden. Das augenscheinlichste Beispiel sind die Arbeitslosenversicherungen. Während in Großbritannien 1911 die erste nationale Pflichtversicherung gegen das Risiko der Arbeitslosigkeit implementiert wurde, folgte Norwegen diesem Beispiel erst im Jahre 1938, Island gar erst 1956. In Dänemark, Finnland und Schweden existieren hingegen bis auf den heutigen Tag keine verpflichtenden Arbeitslosenversicherungen. Dort dominiert das sogenannte »Ghenter-Modell«, in welchem die Gewerkschaften die administrativen Träger der Arbeitslosenversicherungen sind. Die Arbeitslosenversicherungen werden stark – allerdings in unterschiedlichem Ausmaße – von staatlicher Seiter mit Steuermitteln subventioniert. Diese Politik führt dazu, dass die Gewerkschaften in ihrer Machtposition institutionell abgesichert werden. Sie sind an prominenter Stelle bedeutsam in den Sozialstaat integriert – und sie können diese privilegierte Position auch dazu nutzen, Mitglieder zu gewinnen. Diese institutionelle Eigenheit führt zu den höchsten Organisationsgraden der dänischen, finnischen und schwedischen Gewerkschaften im internationalen Vergleich (vgl. Kapitel 3.5).

Weitere wichtige Weichenstellungen in der Genese der nordischen Wohlfahrtsstaaten erfolgten in den 1930er Jahren. Die erste Weltwirtschaftskrise (moderner Zeit) erfasste auch die nordischen Länder. Während der 1920er Jahre konnten die Sozialdemokraten – mit länderspezifischen Unterschieden – in den Parlamenten Fuß fassen. Erste nationale Regierungen wurden von Sozialdemokraten geleitet. In der Wirtschaftskrise fanden die Vertreter der Bauern- und Arbeiterbewegungen erstmals zusammen. Die wohlfahrtsstaatlichen Krisenpakte des Nordens umfassten unterschiedliche Einzelbestandteile (vgl. Esping-Andersen 1985). Die »historischen Kompromisse« oder »rot-grüne Kuhhandel« basierten aber auf folgenden Eckpfeilern: Eine aktive Wirtschafts- und vor allem Währungspolitik[120] sollte die Konsequenzen der Wirtschaftskrise dämpfen, gleichsam sollte eine aktive Arbeitsmarktpolitik das Heer der Arbeitslosen wieder in eine wachsende Wirtschaft integrieren. Grundkonsens zwischen dem linken und zentristischen Lager war dabei, das universelle Organisationsprinzip der nordischen Wohlfahrtsstaaten zu stärken. Soziale Sicherungsprogramme sollten keineswegs lediglich einer »Arbeiteraristokratie« zugute kommen, sondern allen Bürgerinnen und Bürgern (vgl. Castles 1978, Esping-Andersen 1985, Heclo 1974, Olsson 1991).

In dieser historisch entscheidenden Phase wurde die ideelle Absicherung nordischer Sozialpolitik verfestigt. Dies ist am augenscheinlichsten an der schwedischen Metapher des »Volksheims« abzulesen. Der damalige Vorsitzende der schwedischen Sozialdemokratie, Per Albin Hansson, prägte bereits im Jahr 1928 diesen Begriff. Sein Ziel war es, dass die staatliche (Sozial-)Politik zu einer Verfestigung der schwedischen Gemeinschaft führen müsse. Seiner Vorstellung nach werde ein gutes (frommes) Heim von einer Familie bewohnt, in welcher keine Privilegien herrschten und alle Mitglieder der Familie gleichwertig ihre individuellen Anlagen vervollkommnen sollten. Durch Arbeit gebe es keine Armut und das Erwirtschaftete werde solidarisch unter allen Familienmitgliedern verteilt. Sollten soziale Unglücksfälle eintreten, wie zum Beispiel Arbeitslosigkeit, dann würden in einer sol-

---

[120] Die Währungspolitik ist lange Zeit ein Instrument zur Bewältigung ökonomischer Krisen im Norden gewesen. Eine Verringerung der internationalen Nachfrage nach nordischen Gütern wurde oft durch eine politisch gezielte Abwertung der nationalen Währung gekontert. Eine solche politische Praxis wurde mit zunehmender europäischer Integration weitgehend obsolet (vgl. Kapitel 4).

chermaßen guten (und frommen) Familie alle solidarisch helfen. Gleichwohl ist zu betonen, dass die Metapher des »Volksheims« auch repressive Politiken ermöglichte bzw. legitimierte. Hier sei nur auf die eugenischen Maßnahmen zu verweisen, die seit Beginn des 20. Jahrhunderts in Schweden und in den anderen nordischen Ländern eingesetzt wurden, und die bis in die 1970er Jahre durchaus noch angewendet wurden (Broberg/Tydén 2005). Hinter der durchaus harmonischen Metapher des schwedischen »Volksheims« steht also auch ein beachtliches Potenzial von Unterdrückung und Einschränkungen individueller Rechte. Nichtsdestotrotz wird in der Gegenwart diese Metapher von Vertretern der schwedischen Sozialdemokratie weiterhin benutzt. Allerdings werden neue Schwerpunkte gesetzt. Der ehemalige schwedische Ministerpräsident (und Vorsitzender der SAP), Göran Persson, versuchte die Leitidee einer solidarischen Gemeinschaft ökologisch aufzuwerten und sprach von einem »grünen Volksheim«. Dieses neue Volksheim sollte ökologisch nachhaltig ausgerichtet sein und die Interessen auch der Menschen beachten, die in Entwicklungsländern leben und auf eine global gerechte Verteilung der Ressourcen und Lebenschancen hoffen (vgl. Persson 2000: 167-203).[121]

Nach dem Ende des Zweiten Weltkrieges kam es *erstens* zum weiteren Ausbau der sozialen Sicherungssysteme im Norden. Hierbei trugen noch einige Zeit die rot-grünen Bündnisse bei und sicherten so den Ausbau universeller Wohlfahrtsstaaten ab. Insbesondere nationale Systeme der Gesundheitspolitik und der Krankenversicherungen sowie die finanzielle Unterstützung von Kindern stellen die letzten Schritte in der institutionellen Genese der nordischen Wohlfahrtsstaaten dar (vgl. oben Tabelle 5.4). Diese Ausbauphase nordischer Sicherungssysteme wurde auch durch den rasch zunehmenden Wohlstand in den nordischen Ländern nach dem Zweiten Weltkrieg ermöglicht.

Zweitens erfolgte ab den späten 1950er Jahren der Ausbau der öffentlichen sozialen Dienstleistungen im Norden, der in den 1960er und 1970er Jahren seinen Höhepunkt erreichte. Die nordischen Länder wandelten sich nach dem Zweiten Weltkrieg sehr schnell von europäischen „Armenhäusern" zu entwickelten Sozialstaaten mit stetig wachsendem Wohlstand. Ein besonderes Charakteristikum des nordischen Weges ist der große Anteil staatlicher Humandienstleistungen in der Sozialpolitik (Sipilä 1997). Die genuine Staatsstruktur des Norden führte es mit sich, dass die Kommunen und regionalen Gebietskörperschaften verantwortliche Träger dieser sozialen Dienstleistungen wurden, wohingegen der Zentralstaat durch eine ambitionierte Steuerpolitik bestrebt ist, die monetären Mittel für eine solche Dienstleistungspolitik zur Verfügung zu stellen.

Die historischen Wurzeln der nordischen Sozialpolitik liegen also in der Reformation, der genuinen politischen Mobilisierung einer »tripolar« geprägten Gesellschaft mit in der Frühphase der sozialpolitischen Genese einflussreichen Bauernbewegungen sowie einem dezentral organisierten Staat, welcher den Kommunen und regionalen Gebietskörperschaften große Verantwortung und Freiheitsgrade überantwortet. Die Vorstellung eines universellen Sozialstaates mit umfassenden Absicherungen gegen nahezu alle Risikolagen des Lebens prägt die »goldene Phase« des nordischen Modells. Allerdings stehen – ebenso wie die anderen entwickelten Wohlfahrtsstaaten – auch die nordischen Sozialstaaten vor im-

---

[121] Einige Beobachter der schwedischen Wirtschaftsentwicklung sprechen vom »digitalen Volksheim«; dies soll den in den letzten Jahren rasant voranschreitenden Strukturwandel Schwedens zu einer IT Hochburg in Europa ausdrücken (DER SPIEGEL 2000).

mensen Herausforderungen: Die demographischen und ideellen Veränderungen prägen die Gegenwart nordischer Sozialpolitik ebenso wie die Entgrenzung der Ökonomie und das Primat einer »immerwährenden Austerität« öffentlicher Finanzen.

5.3 Sozialpolitik im Zeitalter immerwährender Austerität

Spätestens mit den ökonomischen Krisen der 1970er Jahre veränderten sich schrittweise die politischen Grundlagen für die Sozialpolitik in allen OECD Ländern. Zusätzlich angetrieben durch die veränderten politischen Leitvorstellungen eines sogenannten »Neo-Liberalismus«, die historische Zäsur des zerfallenden Ostblocks sowie eine voranschreitende Entgrenzung der Kapitalmärkte reagierten die Regierungen jedweder politischer Couleur auf diese veränderten Rahmenbedingungen mit einem Bestreben, die öffentlichen Finanzen im sich verschärfenden Standortwettbewerb zu konsolidieren – und in der Konsequenz in der Sozialpolitik Einsparungen auch vor dem Hintergrund sich anbahnender demographischer Veränderungen durchzusetzen. Damit eröffnete sich eine Periode umfangreicher Neujustierungen in der „facettenreichen Arbeitsverschränkung von Markt und Staat" (Siegel/Jochem 2004, vgl. Zohlnhöfer/Obinger 2005).

International vergleichende Analysen belegen, dass die jüngsten wohlfahrtsstaatlichen Reformen nicht nur abhängig sind vom ökonomischen, politischen oder gesellschaftlichen Problemdruck, sondern auch vom historischen Erbe der jeweiligen Sozialstaaten sowie den politischen Machtverhältnissen, Akteurskonstellationen und Interaktionsformen in den jeweiligen politischen Arenen (vgl. Jochem 2009a, Petring 2009, Siegel 2002). Wie reagierten die nordischen Akteure auf diese neuen Konstellationen und Herausforderungen? Und welche Neujustierungen in der Arbeitsverschränkung von Markt und Staat lassen sich feststellen?[122]

Schweden – das klassische Sozialstaatsmodell im Norden
Schweden ist unbestritten das Paradebeispiel für eine genuin nordische Sozialpolitik (vgl. Esping-Andersen 1985, Jochem 2010b). Die Prinzipien des Universalismus und staatlicher Sozialdienstleistungen sind dort am weitesten realisiert worden. Gleichwohl reagierten seit den 1990er Jahren die politischen Akteure Schwedens auf den erhöhten Reformdruck. Und in nicht wenigen Bereichen kamen Reformen zustande, die das klassische Sozialstaatsmodell des Nordens deutlich revidieren. Eine besondere Rahmenbedingung für Schweden – sowie für Norwegen und Finnland – ergab sich aus der schweren Finanzkrise anfangs der 1990er Jahre. Durch eine Überhitzung der Ökonomie und aufgrund einer in den 1980er Jahren rasant angestiegenen öffentlichen Verschuldung durchlebte Schweden die bis dato schwerste Wirtschaftskrise seit den 1930er Jahren. Während in den 1980er Jahren die sozialdemokratischen Minderheitsregierungen noch auf einen schwedischen »dritten Weg« hofften, zerbrach in der Wirtschaftskrise nicht zuletzt auch das Selbstverständnis schwedischer Politik, etwas Einzigartiges jenseits europäischer Integrationstendenzen erfolgreich umset-

---

[122] Eine umfassende Darstellung der zeitgenössischen Arbeits- und Sozialpolitik im Norden wird an anderer Stelle präsentiert (Jochem 2011a).

zen zu können. Insofern stellen die 1990er Jahre eine historische Zäsur der schwedischen Politik im Allgemeinen und der schwedischen Sozialpolitik im Besonderen dar.

Eine umfassende Rentenreform erfolgte vor diesem Hintergrund in den 1990er Jahren (Anderson 1998, Lundberg 2001). Das bis dato bestehende sogenannte »ATP-System« war unter politisch brisanten Bedingungen in den 1950er Jahren installiert worden und sah eine universelle Grundsicherung in Kombination mit einem einkommensbezogenen Renten- schema in rein staatlicher Verantwortung vor. Noch zu Beginn der 1990er Jahre und unmit- telbar vor dem Ausbruch der schwedischen Finanzkrise wurde die Leistungskraft des ATP- Systems als stabil und zukunftsfest eingestuft (SOU 1990: 76).

Mit der Finanzkrise und dem bürgerlichen Regierungswechsel 1991 veränderte sich die Lage allerdings abrupt. Unmittelbar nach Amtsantritt setzte die bürgerliche Minderheitsko- alition eine Kommission zur Vorbereitung einer umfassenden Rentenreform ein. Besonders der als zu schwach kritisierte Zusammenhang zwischen Beitragszahlung und Rentenleis- tung sollte enger gestaltet und somit das Versicherungsprinzip gestärkt werden. Allgemein wurde angestrebt, die finanzielle Grundlage der ATP »krisenfest« im Hinblick auf die sich anbahnenden demographischen Entwicklungen zu machen. In die Kommission berief die Regierung die Sozialpartner nicht ein, sondern forderte einzig die im Reichstag vertretenen Parteien zur Mitarbeit auf. Begründet wurde dies mit dem Austritt des schwedischen Ar- beitgeberverbandes aus den korporatistischen Gremien seit 1991 sowie mit dem Bestreben der Regierung, rasch gesetzliche Veränderungen zu implementieren. Hierfür schien der Koalition eine Einbeziehung der Verbände als nicht förderlich.

Die Reformkommission legte alsbald die allgemeine Stoßrichtung der Reform fest. Be- reits im August 1992 lagen die Umrisse des Reformprojekts vor (Ds 1992: 89), und im Januar 1994 wurde der Reformvorschlag publiziert (SOU 1994: 20). Die vier bürgerlichen Regie- rungsparteien und die SAP unterstützten die Reform, während die Linkspartei und die rechtspopulistische NyD unter Protest das Gremium verließen. Zum einen sahen sich beide Parteien durch das hohe Reformtempo unter Druck gesetzt, und zum anderen fanden die Inhalte bei ihnen keine Zustimmung.

Die Reform implizierte eine weit reichende Veränderung der bestehenden rentenpoliti- schen Regeln. *Erstens* wurden zur Berechnung der Rentenzahlungen nicht mehr die 15 ein- kommensstärksten Jahre einer mindestens dreißigjähriger Mitgliedschaft in der Gesetzli- chen Rentenversicherung zu Grunde gelegt, sondern die Beitragszahlungen der gesamten Erwerbskarriere bei mindestens vierzigjähriger Mitgliedschaft. *Zweitens* wurden die Beiträ- ge jeweils zur Hälfte auf Arbeitgeber und Arbeitnehmer aufgeteilt, die alleinige Finanzie- rung aus Arbeitgeberbeiträgen im alten System damit abgeschafft. *Drittens* wurden die Rentensteigerungen an das Wirtschaftswachstum angekoppelt, nicht mehr an die Entwick- lung der Löhne. *Viertens* können die erworbenen Rentenrechte zwischen Ehepartnern nun aufgeteilt werden. Zeiten des Wehrdienstes, der Kindererziehung sowie der Ausbildung werden rentenbegründend eingerechnet. *Fünftens* wurde ein kapitalgedeckter Zweig der Rentenversicherung eingeführt. Von den Rentenbeiträgen, die 18,5 Prozent des Erwerbsein- kommens betragen, sollen 2,5 Prozentpunkte in frei zu wählende Fonds eingezahlt werden. Allerdings verbleibt die Verwaltung dieses kapitalfundierten Zweiges innerhalb des staatli- chen Rentensystems. *Schließlich* wurde die Volksrente durch eine Grundrente ersetzt, die nicht automatisch an alle Wohnbürger ausgezahlt wird, sondern als Ersatz für zu geringe

Transferleistungen der reformierten ATP-Rente fungiert. Für die volle Grundrente müssen die Rentenempfänger seit vierzig Jahren einen Wohnsitz in Schweden besitzen.[123]

Die Kritik an dieser Reform war seit Bekanntwerden der ersten Reformdetails erheblich. Insbesondere seitens der schwedischen Gewerkschaften wurde die Aufgabe des nationalen Symbols, der klassischen ATP-Rente, vehement kritisiert (Lundberg 2001). Die Stärkung des individuellen Versicherungsprinzips widerspräche dem Gleichheitsgrundsatz, da insbesondere Frauen ihre Erwerbskarriere unterbrechen und durch die neue Regelung benachteiligt würden. Ebenso vehement kritisiert wurde der Einstieg in die (staatlich verwaltete) Kapitalfundierung. Wenig überraschend erhielt dieser Aspekt jedoch die breite Zustimmung der Versicherungswirtschaft, die insgesamt als treibende Kraft in diesem Punkt angesehen werden kann (Lundberg 2001: 34). Um das Gesetz noch vor der anstehenden Wahl verabschieden zu können, wurden die Fristen für die abschließende Anhörung der Verbände eng gesetzt, was von den meisten Verbänden als unzumutbarer Zeitdruck kritisiert wurde.

Auch als die Neuerungen nach der formalen Verabschiedung der Reform im Juni 1994 implementiert wurden, ebbte die Kritik nicht ab. Nach dem Regierungswechsel im Herbst desselben Jahres stand die SAP unter erheblichem Druck der Parteibasis sowie der Gewerkschaften, zentrale Positionen des Reformpakets zu korrigieren. Auf den Parteikongressen von 1996 wurden 80 und 1997 immer noch 28 Anträge eingebracht, die sozialdemokratische Zustimmung zur Rentenreform zu widerrufen (Lundberg 2001: 42). Die Parteiführung wehrte diese Forderungen mit der Begründung ab, dass damit die Regierungsfähigkeit der SAP unterminiert würde. Trotz der vehementen Kritik und trotz des Unmuts in der Wahlbevölkerung sowie den daraus resultierenden innerparteilichen Querelen, die sich die SAP auch durch die von ihr fortgeführte Konsolidierungspolitik der öffentlichen Haushalte (*»stålbadspolitiken«*) zuzog, stand die Partei zum rentenpolitischen Fünf-Parteien Kompromiss, der dann 1999 endgültig rechtsgültig wurde.

Diese Rentenreform zeigt blitzlichtartig, wie sich die schwedische Reformpolitik im Wohlfahrtsstaat auch unter sozialdemokratischen Regierungen verändert hat. Zum einen verwundert die politische Entscheidungsfindung ohne explizite Einbeziehung der Verbände. Zum anderen wurden wichtige Aspekte des universellen Systems – wie die Grundsicherung – beschnitten, das genuine Versicherungsprinzip gestärkt und eine begrenzte Kapitalfundierung in das staatliche Rentensystem integriert. All diese Aspekte stellen deutliche programmatische Neujustierungen im sozialdemokratischen Sicherungssystem dar (vgl. Anderson/Immergut 2007, Jochem 2007).

Im Bereich der Arbeitsmarktpolitik können seit den 1990er Jahren ebenfalls deutliche programmatische Veränderungen festgestellt werden. Die bürgerliche Minderheitsregierung löste kurz vor Ende der Legislaturperiode 1994 mit Unterstützung der rechtspopulistischen NyD das so genannte »Gent-System« auf und führte eine obligatorische Arbeitslosenversicherung ein. Zwar stellte die SAP Minderheitsregierung unmittelbar nach der Wahl 1994 den Status quo bei der Arbeitslosenversicherung wieder her. Allerdings führte die SAP auch Kürzungsmaßnahmen durch, die zum Bruch der politischen Zusammenarbeit mit der

---

[123] Die Abschaffung der Volksrente und die anspruchsvollen Kriterien der Grundrente können als Reflex auf die EU-Mitgliedschaft und deren Freizügigkeitsregeln gewertet werden: Man wollte so einen »Rententourismus« verhindern.

Linkspartei führten und von der Zentrumspartei im Reichstag mitgetragen wurden. So wurde die maximale Lohnersatzquote in der Arbeitslosenversicherung 1996 von 90 Prozent auf 75 Prozent abgesenkt, jedoch bereits 1997 nach intensiven Verhandlungen mit der LO wieder auf 80 Prozent angehoben. Gleichzeitig überführte die SAP-Regierung das System der staatlichen Arbeitslosenhilfe – erneut mit Zustimmung der Zentrumspartei – in den Bereich der gewerkschaftlichen Arbeitslosenkassen. Damit sollte eine Vereinheitlichung des Systems vollzogen werden. Wie Palme und Wennemo allerdings bemerken, ging es der SAP auch um eine Festigung der gewerkschaftlichen Machtposition (Palme/Wennemo 1998: 35). Flankiert wurde diese Reform durch zahlreiche Neujustierungen der Qualifikationskriterien im Bereich der aktiven Arbeitsmarktpolitik.

Im Vergleich zur gescheiterten bürgerlichen Reform der Arbeitslosenversicherung im Jahre 1994, mit der die freiwillige schwedische Arbeitslosenversicherung verstaatlicht und obligatorisch gemacht werden sollte, verändert die gegenwärtige bürgerliche Koalition ihre Reformstrategie. Unmittelbar nach Regierungsantritt beendete die Regierung die Steuerabzugsfähigkeit für die Beiträge zur Arbeitslosenversicherung. Zudem wurden die staatlichen Zuwendungen für die von den Gewerkschaften getragenen Kassen zurückgefahren. Sollten bis dato 10 Prozent der Gesamteinnahmen aus Arbeitnehmerbeiträgen bestehen, werden nun 50 Prozent angestrebt. Der Arbeitgeberbeitrag wurde zudem deutlich abgesenkt. Und schließlich sollen die Beiträge auch das sektorale Arbeitslosigkeitsrisiko widerspiegeln. So kommt es, dass die Arbeitnehmerbeiträge für die Arbeitslosenkassen rasant anstiegen und zudem heute von Kasse zu Kasse bzw. von Berufszweig zu Berufszweig variieren (Kuhlmann 2008).

Die Folgen dieser Reform sind zwiespältig. Einerseits machen immer mehr schwedische Arbeitnehmer von ihrem Recht Gebrauch und kündigen ihre Mitgliedschaft in den stark verteuerten Arbeitslosenversicherungen. Damit fallen immer mehr Arbeitslose auf das letzte Schutzsystem, nämlich die Grundsicherung im Falle der Arbeitslosigkeit zurück, was mit stark eingeschränkten Lohnersatzleistungen einhergeht. Dies führte bereits zu (erneuten) Überlegungen, ob man das Arbeitslosensystem verstaatlichen und eine Versicherungspflicht einführen soll. Andererseits schwächt diese Reform auch die Organisationsmacht der Gewerkschaften. Der Rückzug aus den Arbeitslosenversicherungen spiegelt sich auch im Rückzug schwedischer Arbeitnehmer aus den Gewerkschaften wider. Während im Jahr 2007 insgesamt 400.000 Arbeitnehmer die Arbeitslosenkassen verließen, traten im selben Zeitraum 130.000 Gewerkschaftsmitglieder aus den Gewerkschaften der LO aus (Kuhlmann 2008: 6). Die durch die Finanzkrise jüngst deutlich ansteigende Anzahl der Arbeitslosen führt dazu, dass immer eindringlicher eine obligatorische Arbeitslosenversicherung gefordert wird. Die bürgerliche Reformstrategie einer schleichenden Aushöhlung des »Gent-Systems« freiwilliger Arbeitslosenversicherungen könnte in naher Zukunft doch noch Erfolg haben (Finanspolitiska Rådet 2011).

Die bürgerliche Regierungskoalition von 1991 bis 1994 konnte auch im Bereich der staatlichen Sozialdienstleistungen einschneidende Veränderungen gegen den Widerstand der Gewerkschaften durchsetzen. Die bereits in den 1980er Jahren von der SAP angestoßene Dezentralisierung der politischen Verantwortung für Betriebsformen und Finanzierungsweisen im Bereich der sozialen Dienstleistungen fungierten dabei als „Sprungbrett für Privatisierungsbestrebungen" (Svensson 2001: 152, Übersetzung des Autors).

Ende der 1990er Jahre war die Mischung privater und öffentlicher Dienstleistungen bereits zu Gunsten der privatwirtschaftlichen Betreiber verschoben worden. Damit wurden die Schulen und Sonderschulen, die sozialen Pflegeeinrichtungen für Senioren und Behinderte, aber auch teilweise die Krankenhäuser in den Verantwortungsbereich der Kommunen überführt, welche nicht selten privatwirtschaftliche Betriebsformen wählten (Green-Pedersen 2002, Klitgaard 2007). Zwar besteht weiterhin eine nationale Aufsicht über die Qualität dieser Dienstleistungen sowie die Verpflichtung der Kommunen, die Dienstleistungen in ausreichender Anzahl zur Verfügung zu stellen. Allerdings nutzten die Kommunen ihre neu gewonnene Gestaltungsfreiheit im Laufe der 1990er Jahren so aus, sodass die lokalen Unterschiede im Dienstleistungssektor zunahmen (SOU 2000: 3, S. 178; Anderson/Blomqvist/Immergut 2008).

Der Regierungswechsel von 1994 brachte keine Umkehr der Privatisierungstendenzen mit sich. Die SAP nahm in diesem Bereich keine der Reformen der Vorgängerregierung zurück. Allerdings spezifizierten die sozialdemokratischen Regierungen vor dem Hintergrund des ökonomischen Aufschwungs und der verbesserten öffentlichen Finanzen ihre Zuschusspolitik. So gab es beispielsweise für die Schulen und die Krankenhäuser besondere Zuschüsse und es wurden insgesamt höhere finanzielle Ausgleichsbeträge ausgezahlt. Noch immer liegt gegenwärtig der Hauptanteil der sozialen Dienstleistungen in öffentlicher Hand, aber der beobachtbare Trend geht eindeutig in Richtung Privatisierung und einer pointierten Verschiebung im »public-private Mix«. Das heißt nicht, dass sich in diesem Bereich das Antlitz des schwedischen Wohlfahrtsstaates seit den frühen 1990er Jahren grundlegend gewandelt hätte, allerdings sind einschneidende Veränderungen nicht zu übersehen. Diese führen insbesondere auch dazu, dass sich neue Akteurskonstellationen im sozialen Dienstleistungsbereich mehr und mehr durchsetzen: „The welfare system is not disappearing, but it will certainly follow a new path with a new welfare coalition ready to defend their specific interests" (Svensson 2002: 224).

Die bürgerliche Regierungskoalition verstärkt diesen Trend seit 2006 mit Nachdruck. Seit Regierungsbeginn ist die Koalition bestrebt, staatliche Betriebe zu verkaufen bzw. staatliche Monopole zu deregulieren. International bekannte Firmen in Staatsbesitz wurden bereits verkauft, wie z.B. vin&sprit, der Hersteller des »Absolut Vodkas«, und die schwedische Regierung strebt auch die Privatisierung der nordischen Fluggesellschaft SAS an, was jedoch bislang noch am Widerstand der sozialdemokratisch geführten Koalitionsregierung in Norwegen scheiterte. Das staatliche System der Apotheken wurde bereits aufgelöst und auch die schwedische Eisenbahn soll vollständig privatisiert werden. Im Jahr 2008 betrugen allein die schwedischen Privatisierungserlöse nahezu 50 Prozent aller innerhalb der EU getätigten Privatisierungserlöse (OECD 2008). Einerseits können diese Entstaatlichungen auf Druck der europäischen Union zurück geführt werden. Andererseits stehen die Privatisierungen aber auch zugleich an der Spitze der bürgerlichen Reformagenda in Schweden.

Es wird abzuwarten sein, wie sich die gegenwärtige Finanzkrise auf die Mischung von öffentlichen und privaten sozialen Dienstleistungen – und den gesamten schwedischen Wohlfahrtsstaat – auswirken wird (vgl. dazu Jochem 2010c). Die bürgerliche Koalitionsregierung reagierte mit Sicherungsaktionen schnell auf die Krise der einheimischen Banken. Die konjunkturellen Stützungspakete vom Winter 2008 bzw. Frühling und Herbst 2009 waren darauf ausgerichtet, die Einbrüche vor allem im Automobilsektor und in der Bauwirtschaft abzufedern. Ebenso wurde stark in die aktive Arbeitsmarktpolitik investiert. Wie sich diese Maßnahmen auf die Beschäftigungslage und die Entwicklung der offenen Arbeitslosigkeit auswirken werden, muss abgewartet werden (vgl. auch Kapitel 4.5). Bedeutsam ist der teilweise Schwenk der bürgerlichen Koalition seit Frühling 2009, den lokalen und regionalen Gebietskörperschaften für die nächsten drei Jahre umfangreiche finanzielle Mittel zukommen zu lassen. Diese Mittel sollen ausdrücklich dazu dienen, einen drohenden Beschäftigungsabbau in den vor allem von diesen Gebietskörperschaften betriebenen sozialen Dienstleistungsbetrieben zu verhindern. Eine erste Folge der Finanzkrise liegt also darin, dass die bürgerliche Regierung seit Frühjahr 2009 die Beschäftigung im öffentlichen Sektor zu stabilisieren versucht.

Es lässt sich festhalten, dass der sozialdemokratische Charakter des schwedischen Wohlfahrtsstaates deutlich erodiert. Nicht erst die bürgerliche Koalition seit 2006 sondern auch die Sozialdemokraten in den 1990er Jahren haben mit ihren Reformen neue sozialpolitische Werte implementiert. Ein Ende des Universalismus im Rentensystem sowie die Einführung der Kapitaldeckung gehören ebenso hierzu wie die zunehmende Privatisierung im Bereich der sozialen Dienstleistungen. Bis auf die Ausnahme des Krisenmanagements seit Frühjahr 2009 verstärkt die jetzige bürgerliche Koalition diesen Reformweg. Die Privatisierungen und Deregulierungen im öffentlichen Sektor haben den Charakter eines starken schwedischen Sozial*staates* tendenziell unterminiert, und die Reformpolitik bei der Arbeitslosenversicherung macht deutlich, dass die bürgerlichen Parteien die Machtbasis der Gewerkschaften erfolgreich geschwächt haben. Aus historischer Sicht hat sich das schwedisch-sozialdemokratische Wohlfahrtsmodell also bereits signifikant verändert (Jochem 2010b).

Dänemark – Vorbild sozial- und arbeitsmarktpolitischer »flexicurity«
Der dänische Wohlfahrtsstaat stand lange Zeit im Schatten des schwedischen Modells. Weder war die Sozialdemokratie in Dänemark ähnlich dominant wie diejenige in Schweden, noch konnten die gleichen sozialpolitischen Institutionen wie im schwedischen Wohlfahrtsstaat errichtet werden. Als Mitte der 1960er Jahre die von der dänischen Sozialdemokratie forcierte Errichtung eines obligatorischen einkommensbezogenen Rentensystems – ähnlich dem schwedischen ATP-System – im Parlament scheiterte,[124] waren die Weichen für eine weniger staatlich fundierte Sozialpolitik gestellt. Im Vergleich zum schwedischen Wohlfahrtsstaat zeichnet sich der dänische Wohlfahrtsstaat daher durch seine »liberalere« Struktur und ein ausgewogeneres Mischungsverhältnis von Staat und Markt aus (Esping-Andersen 1985).

Die historische Niederlage der Arbeiterbewegung ermöglichte einen spezifisch dänischen Entwicklungsweg. Dies zeigt sich heute als quasi historischer Glücksfall (Schwartz 2001). Nachdem ein staatliches einkommensabhängiges Rentensystem scheiterte, verfolgten die sozialdemokratischen Regierungen vor allem das Ziel, die Lohnersatzleistungen der universellen »flat-rate« Rentenversicherung stetig anzuheben. Das Ergebnis ist heute im internationalen Vergleich eine „»Rolls Royce« version of flat rate universalism" im Bereich der Grundrente (Goul Andersen 2002: 133). Synchron zu dieser Entwicklung konnten die

---

[124]   Die Reform scheiterte nicht zur Gänze. Allerdings erlangte die minimale dänische ATP-Reform nie eine große Bedeutung für die Renteneinkommen der Erwerbstätigen (vgl. insgesamt Green-Pedersen 2006).

Gewerkschaften im öffentlichen Sektor freiwillig-betriebliche Zusatzsysteme in ihren Lohn-verhandlungen durchsetzen. Bis 1991 kritisierten die Gewerkschaften im privaten Sektore diese ungleiche Entwicklung, da ihnen solche Zusatzsysteme verwehrt blieben (oder nicht so generös von den Arbeitgebern ausgestattet wurden, wie im öffentlichen Sektor gesche-hen). Als 1991 erneut der Versuch in politischen Verhandlungen scheiterte, ein staatliches Zusatzsystem für alle Erwerbstätigen zu implementieren, schwenkten auch die Gewerk-schaften im privaten Sektor in ihrer Strategie um und legten ihr ganzes Gewicht auf eine Ausweitung dieser Rentensysteme über Kollektivvereinbarungen.

Seither verbreiteten sich die betrieblichen Zusatzversorgungssysteme in atemberauben-der Geschwindigkeit. Gegenwärtig sind über 93 Prozent aller Erwerbstätigen in Dänemark in solche Zusatzsysteme integriert. Diese Zusatzrentensysteme werden durch staatliche Steueranreize gefördert und sind »quasi-mandatory« (Green-Pedersen 2006: 469). Als End-resultat der rentenpolitischen Entwicklung konnte bedingt durch historische Weichenstel-lungen das Rentensystem früh diversifiziert werden. Alle drei rentenpolitischen Säulen sind in Dänemark gut besetzt – und die dänische Politik hat »nur« die Aufgabe, die erste Säule mit der dort angesiedelten Grundsicherung politisch aktiv zu reformieren – wenngleich die Politik auch die politischen Rahmenbedingungen für die zweite (und dritte) Säule des däni-schen Rentensystems vorgibt. Damit entstand aus historischen »Zufällen« und spezifisch dänischen Machtkonstellationen ein gemischtes Rentensystem, wie es anfangs der 1990er Jahre von der Weltbank als weltweites Politikziel empfohlen wurde (World Bank 1994).

Neben der Rentenpolitik wird Dänemark aufgrund seiner arbeitsmarktpolitischen Er-folge als vorbildlich eingestuft. Der besondere Mix der Arbeitsmarktpolitik, das Wechsel-spiel zwischen »Fördern und Fordern« kann im internationalen Vergleich als klarstes Vor-bild einer staatlichen Aktivierungsstrategie angesehen werden (Dingeldey 2007). Die bür-gerlichen Koalitionsregierungen bereiteten bereits seit Ende der 1980er Jahre eine grundle-gende arbeitsmarktpolitische Reform vor. Allerdings wurde sie erst von der Mitte-Links Regierung unter der Führung des Sozialdemokraten Poul Nyrup Rasmussen 1994 parla-mentarisch verabschiedet. Ein breiter parlamentarischer sowie außerparlamentarischer Konsens stand hinter dieser Reform – nach langen Jahren hoher Arbeitslosigkeit wollten die Akteure programmatisches Neuland betreten. Dabei sollte nicht vergessen werden, dass Dänemark (neben Großbritannien) in den 1970er Jahren als wirtschafts- und arbeitsmarkt-politisches »Sorgenkind« in Europa angesehen wurde.

Nach der umfassenden Arbeitsmarktreform aus dem Jahre 1994 wurde die dänische Arbeitsmarktpolitik weiterhin ständig revidiert und neu ausgerichtet (teknologisk institut 2009). Grundlegende politische Programme der dänischen aktiven Arbeitsmarktpolitik zielten anfangs noch auf umfassende »Sabbatical-Regelungen« ab. Diese wurden sukzessive eingeschränkt bzw. abgeschafft. In der vergangenen Dekade setzen sich folgende Trends der dänischen Arbeitsmarktpolitik durch: *Erstens* wurden Maßnahmen ergriffen, die Arbeits-zeitflexibilität zu erhöhen. *Zweitens* wurden Maßnahmen ergriffen, welche die Elternzeit in Dänemark ausweiteten. *Drittens* erfolgten verstärkte Einsätze zum Ausbau der Aus- und Fortbildungsmöglichkeiten. *Viertens* wurden jüngst die administrativen Verantwortlichkei-ten grundlegend reformiert, die aktive Arbeitsmarktpolitik vollständig dezentralisiert sowie die zentralstaatlichen Steuerungsinstrumente verschärft.[125] Alle diese politischen Reformen fußten auf einer Sozialpartnerschaft zwischen den staatlichen Akteuren, der hoch organisierten Gewerkschaftsbewegung sowie den Arbeitgeberverbänden. Allerdings entfaltet diese korporatistische Politik ihre Logik vor allem auf lokaler Ebene. Soziale Pakte auf nationaler Ebene sind eher selten, oder sie formulieren einen eher vagen Rahmen an Absichtserklärungen, welche dann auf lokaler Ebene mit Inhalt angefüllt werden.

Die Aktivierung der dänischen Arbeitsmarktpolitik besteht unter anderem in der bürokratischen und zeitlichen Trennung der Lohnersatzleistungen im Falle von Arbeitslosigkeit. Eine erste (passive) Phase berechtigt zum Bezug des Arbeitslosengeldes, die zweite (aktive) Phase ist für Aktivierungs-, Weiterbildungs- und sonstige Fördermaßnahmen vorgesehen und erstreckt sich auf 12 Monate. Während 1994 die erste (passive) Phase noch vier Jahre währte, wurde diese Zeit stetig eingeschränkt. Derzeit ist der passive Bezug von Arbeitslosengeld auf 12 Monate beschränkt. Die Aktivierung kann verschiedenen Formen annehmen – und hier finden immerzu politische Experimente statt. Wichtig ist jedoch, dass in der aktiven Phase die Verweigerungshaltungen von Arbeitslosen mit zum Teil deutlichen Reduktionen der Lohnersatzleistungen »bestraft« werden können (vgl. Madsen 2006). Diese Aktivierung der Arbeitsmarktpolitik wird in der Literatur als Kern des »dänischen Beschäftigungswunders« bezeichnet (Hinrichs 2002: 85).

Die dänische Sozialpolitik trug in den vergangenen Jahren auch zur Konsolidierung der öffentlichen Finanzen bei. In nicht wenigen Bereichen kam es – unter der Regierungsverantwortung von Mitte-Rechts Koalitionen aber auch sozialdemokratisch geführten Regierungen – zu Privatisierungen und Deregulierungen im sozialpolitischen Bereich. Hier können vor allem die Bereiche Schule und Gesundheitswesen genannt werden. Durch die herausragende arbeitsmarktpolitische Flexibilität und eine ausgewogene Arbeitsverschränkung von Staat und Markt kommt dem dänischen Sozialstaat immer mehr eine bislang unbekannte Rolle als »neues nordisches Modell« zu.

Gleichwohl hat die jüngste Vergangenheit bürgerlicher Minderheitskoalitionen mit parlamentarischer Unterstützung der rechtspopulistischen Dänischen Volkspartei zu einer umstrittenen Neujustierung des dänischen Sozialstaates geführt. Aus der Perspektive des genuinen skandinavischen Universalismus sind die Einschränkungen sozialpolitischer Transfers und Dienstleistungen für »Nicht-Dänen« gravierend – und für viele Beobachter besorgniserregend (Breidahl 2011). Insgesamt differenziert die dänische Politik verstärkt nach Herkunft der Bürgerinnen und Bürger. Insofern nimmt Dänemark in dieser Perspektive auch die Vorreiterrolle eines in jüngster Zeit auch in anderen nordischen Ländern zu beobachtenden Trends hin zum „welfare state chauvinism" ein (Alestalo/Hort/Kuhnle 2009: 34).

Finnland – der unbekannte Sozialstaat im Norden
Finnland hatte in den frühen 1990er Jahren eine sehr schwere Rezession zu meistern – den schwersten Wirtschaftseinbruch aller OECD Staaten seit den 1930er Jahren (Jutila 2011: 196). Zum einen kam es – wie in Schweden – aufgrund der überhitzten Ökonomie zum Platzen einer binnenwirtschaftlichen Finanzblase. Zum anderen traf diese Entwicklung zusammen

---

[125] Diese Reform war eingebettet in eine grundlegende Reform der staatlichen Strukturen. Die Anzahl der Kommunen wurde von 271 auf 98 reduziert, ebenso die Anzahl der Regionen von 14 auf 5.

mit dem Wegfall der besonderen finnischen Handelbeziehungen mit der UdSSR und anderen Ostblockstaaten. Beide Krisenquellen ebneten den Weg in eine tiefe Rezession, in deren Verlauf sich die öffentlichen Haushalte stark verschuldeten und eine Situation generierten, die als Antrieb für sozialpolitische Reformen diente.

Grundsätzlich ist festzuhalten, dass Finnland auf den ersten Blick in weiten Teilen dem schwedischen Wohlfahrtsmodell ähnelt (Niemelä/Salminen 2006). Dies ist deshalb zu betonen, da in Finnland die politischen Grundlagen sozialstaatlicher Entwicklung *nicht* durch die Hegemonie der Sozialdemokratie geprägt waren, sondern von der Hegemonie der agrarisch geprägten Zentrumspartei. Zudem ist bemerkenswert, dass der Ausbau des finnischen Sozialstaates zögerlich voranschritt und erst in den 1970er Jahren seine endgültige Form bekam – just zu dem Zeitpunkt, als die internationalen Wirtschaftskrisen erstmals zu einer Wachstums- und Finanzierungskrise der Sozialstaatlichkeit führten. Und letztlich ist von Bedeutung, dass Finnland kaum als sozialpolitisches Modell im engeren Sinn in der Literatur diskutiert wird. Finnland ist eher durch seine Erfolge in den international vergleichenden Bildungsstudien (wie z.B. in den PISA-Studien der OECD) ins Rampenlicht getreten, und insofern wird im Ausland vor allem die finnische Bildungspolitik als vorbildlich wahrgenommen (vgl. Kapitel 5.4).

Mit der schweren Rezession der frühen 1990er Jahre wurde die Sozialpolitik in Finnland auf den Prüfstand gestellt. Die darauffolgenden sozialpolitischen Veränderungen waren in Finnland eingebettet in dichte Verhandlungsnetzwerke mit den Sozialpartnern. Anders als in Schweden erfolgten daher auch keine großen Reformen, in welchen große Teile des sozialen Sicherungssystems in einem Schritt umgebaut wurden. Vielmehr zeichnet sich die jüngste sozialpolitische Geschichte Finnlands durch schrittweise Veränderungen aus, die weitgehend durch Verhandlungen mit den Sozialpartnern vorbereitet wurden (vgl. Kangas 2006, Jutila 2011).

Während der finnische Wohlfahrtsstaat bis zum Ende der 1980er Jahre erfolgreich Armut und Einkommensungleichheiten verhindern konnte, betonte die Reformpolitik seit den 1990er Jahren Kostensenkungen in sozialen Bereichen und eine allgemeine Politik der Beschäftigungsausweitung. Während diese Reformpolitik durchaus auch von der finnischen Sozialdemokratie mitgetragen, ja in weiten Teilen auch initiiert wurde, richteten die bürgerlichen Parteien in den ersten Jahren des neuen Jahrhunderts verstärkt ihren Reformeifer auf weitere Steuersenkungen, was in der Konsequenz zu einem weiteren Einsparzwang im Sozialwesen führt(e) (Saari 2001).

Auch die finnischen „Social Democrats came to sing the neo-liberal song" (Alestalo/Hort/Kuhnle 2009: 24). Einige wichtige Veränderungen des finnischen Sozialsystems wurden von den sozialdemokratisch geführten Regierungen nach 1996 vorangetrieben. Als Beispiele seien die erhöhten privaten Zuzahlungen im Gesundheitswesen zu nennen oder die Fokussierung der Transferleistungen auf die untere Mittelklasse, wohingegen die Ärmsten in Finnland mit stetigen Kürzungen zu kämpfen hatten. In der Konsequenz führte diese Politik vor dem Hintergrund des rapiden Wirtschaftsaufschwungs seit Mitte der 1990er Jahre zu einer rasch und rapide zunehmenden Einkommensungleichheit – vor allem bedingt durch die sprunghaft ansteigenden Einkommen der oberen Einkommensschichten (OECD 2010a: 105-122).

Ähnlich wie in Schweden wurde auch in Finnland das Prinzip der universellen Grundrente aufgeweicht. Aber anders als in Schweden erfolgte dies in mehreren Schritten, die für sich betrachtet kaum als gravierend bezeichnet werden können, in der Konsequenz nach mehreren Jahren stetiger Reformen allerdings das Grundsystem der finnischen Rentenpolitik nachhaltig veränderten (Kangas 2007). Und es waren kaum nur die finnischen Politiker, die diese Reformrichtung einschlugen, insbesondere die Sozialpartner flankierten und initiierten diese Reformschritte maßgeblich. Insofern ist der finnische Reformprozess im Bereich der Rentenpolitik eindeutig von den Reformprozessen der nordischen Nachbarländer zu unterscheiden (Kangas/Lundberg/Ploug 2006) – mit der gewissen Ausnahme des norwegischen Reformprozesses. Als Resultat konvergieren die nordischen Reformen jedoch auf eine Schwächung des rentenpolitischen Universalismus.

Eine ebenso beeindruckende Wende kann in der finnischen Politik sozialer Dienstleistungen ausgemacht werden. Seit den 1990er Jahren wurden sukzessive die ehemals staatlichen Dienstleistungen dereguliert und privatisiert. In jüngster Vergangenheit wurde die 25 Prozentmarke der privaten Dienstleister auf dem Markt der sozialen Humandienstleistungen überschritten (Jutila 2011: 201). Damit einhergehend wurden die Steuerbelastungen der finnischen Kommunen sukzessive abgesenkt. Und durch das System der variablen kommunalen Steuersätze kommt es zu einem nach und nach forcierten Wettbewerb der Kommunen über die Steuersätze. Zudem ist durch die Abschaffung der Vermögenssteuer im Jahr 2006 die fiskalische Basis des finnischen Wohlfahrtsstaates weiterhin geschmolzen.

Die finnische Sozialpolitik hat in den vergangenen Jahren einen beachtlichen Wandel hin zu mehr Liberalisierung und Privatisierung vollzogen. Mit dem Abschmelzen des finnischen Steuerstaates ist zudem die finanzielle Basis der Sozialpolitik enger und prekärer geworden. In der Konsequenz führte dies nicht nur zu institutionellen Veränderungen im Bereich der sozialen Sicherungssysteme und der sozialen Dienstleistungen, sondern auch zu rasch zunehmenden Einkommens- und Vermögensunterschieden. Diese sich rasant öffnende Schere – so lautet zumindest das Urteil der OECD – bewirkt, dass das finnische Sozialmodell sich selbst seiner Grundlagen zu berauben droht (OECD 2010a). Diese Politik ist allerdings, dies sollte nicht ausgeblendet werden, in Finnland eingebettet in tripartistische Reformprozesse, bei denen auch die Gewerkschaften maßgeblich an der Entscheidungsfindung beteiligt sind.

Norwegen – Sozialpolitik im Schatten des Erdölreichtums
Der norwegische Sozialstaat dient gegenwärtig noch am ehesten als Verkörperung des klassischen nordischen Wohlfahrtsmodells. Allerdings ist diese Politik kaum denkbar ohne den Wohlstand, der sich aus der norwegischen Erdölindustrie für das kleine und nur sehr dünn besiedelte Land im hohen Norden ergibt. Vieles, was in den anderen nordischen Ländern in den vergangenen Dekaden privatisiert und dereguliert wurde, verblieb in Norwegen in staatlicher Hand bzw. wurde nicht dereguliert. Neben diesem Wohlstand durch die Erdölindustrie kann die norwegische Kontinuität in der Sozialpolitik auch darauf zurückgeführt werden, dass Norwegen nicht unmittelbar in die politischen Verflechtungen der europäischen Integration eingebettet ist.

Der norwegische Erdölreichtum ermöglicht für den Sozialstaat eine einzigartige Kombination aus sehr hohen staatlichen (Sozial-)Ausgaben und eher durchschnittlicher Besteuerung. Durch die Entscheidung der norwegischen Politik, die Ausbeutung der norwegischen Erdöl- und Erdgasvorkommen durch staatliche Betriebe vorzunehmen (»Statoil«), flossen die Einnahmen zu einem großen Teil direkt in das staatliche Budget. Im Jahr 2009 entstammten 27 Prozent der gesamten staatlichen Einnahmen aus dem Erdöl- und Erdgasgeschäft.[126] Und nahezu die Hälfte der gesamten norwegischen Exporte stammt aus dieser Geschäftssparte. Die norwegische Ökonomie wird vom Erdölgeschäft dominiert.

Während der 1980er Jahre wurden bereits einige Veränderungen bei Statoil durchgeführt und im Jahr 2001 wurde Statoil gar teilprivatisiert. Dennoch ist der norwegische Staat Mehrheitseigner von Statoil und sichert sich einen steten Mittelzufluss durch die Erdöl- und Erdgasgeschäfte. Von diesen Mittelzuflüssen wurde ein Großteil allerdings in einen Fonds eingezahlt, ursprünglich »Staatlicher Petroleumfonds« genannt, der allerdings gegenwärtig als »Staatlicher Pensionsfonds« firmiert (»Statens pensjonsfond«) und ausschließlich ausländische Investitionen tätigen darf. Im Jahr 2009 überschritten die Vermögenswerte dieses Fonds 100 Prozent des gesamten Bruttoinlandsproduktes Norwegens.[127] Insbesondere in den vergangenen Jahren der globalen Finanzkrise konnte die norwegische Regierung durch die vermehrten Mittelzuflüsse des staatlichen Pensionsfonds in das staatliche Budget erreichen, dass trotz konjunkturell bedingter Mehrausgaben das Budget ausgeglichen blieb.[128]

Allerdings ist in Norwegen nicht alles beim Alten geblieben. Auch in Norwegen wurden z.B. einige Bereiche der sozialen Humandienstleistungen dereguliert und privatisiert – wenngleich nicht so rapide und rückhaltlos wie in Schweden, Dänemark oder Finnland (Helgøy 2006). Und in Norwegen sind die Bestrebungen erkennbar, die sozialen Budgets auszutarieren sowie die Effizienz der Sozialadministration insgesamt zu erhöhen.[129] Diese Reformen werden jedoch weiterhin getragen von einer funktionstüchtigen Sozialpartnerschaft. Entkorporatisierungsprozesse, wie sie in Schweden zu beobachten sind, finden in Norwegen nicht statt. Und auch in der Arbeitspolitik sind programmatische Neuorientierungen zu beobachten. So wird auch die norwegische Reformpolitik in diesem Bereich von Diskussionen über die dänische »flexicurity« zusehends beherrscht. Letztlich sollten diese Befunde aber nicht darüber hinweg täuschen, dass der norwegische Sozialstaat durch die Einkünfte aus dem Erdöl- und Erdgasgeschäft – dem »manna from the North Sea« (Gøsta Esping-Andersen) in seinem Bestand abgesichert ist. Gerade im Bereich des Gesundheitswesens kann Norwegen Fachpersonal aus anderen nordischen Ländern oder auch aus Kontinentaleuropa erfolgreich anwerben. Der norwegische Sozialstaat ist also nicht nur intakt, er expandiert zumindest im Bereich der sozialen Humandienstleistungen immer noch.

---

[126] Diese und weitere Informationen sind der Internetseite der norwegischen Erdölbehörde entnommen (»Oljedirektoratet«). Informationen in englischer Sprache sind abrufbar unter: <http://www.npd.no/en/Publications/Facts/Facts-2010/Chapter-1/> (letzter Zugriff am 15. März 2011).

[127] Vgl. <http://www.npd.no/no/Publikasjoner/Faktahefter/Fakta-2010/Kap-1/> (letzter Zugriff am 15. März 2011).

[128] Die Informationen hinsichtlich des norwegischen Budgets und der Verwendung der Mittel aus dem staatlichen Pensionsfonds entstammen der Internetseite der norwegischen Regierung zu den nationalen Haushalten, vgl.: <http://www.statsbudsjettet.no> (letzter Zugriff am 15.März 2011).

[129] Zu diesem Zwecke wird seit Beginn des Jahrhunderts eine umfassende Reform der Sozialverwaltung forciert. Ziel ist es, die Effektivität zu erhöhen, die Versorgung mit sozialen Dienstleistungen zu optimieren und insgesamt die Qualität der Sozialpolitik zu verbessern. Vgl. hierzu die einschlägige Internetseite des norwegischen Arbeitsministeriums (http://www.regjeringen.no/nb/dep/ad/tema/velferdspolitikk/NAV-reformen.html?id=604957, letzter Zugriff am 15. März 2011).

Sozialdienstleistungen im Norden

Das hervorstechende Merkmal der nordischen Sozialpolitik ist die umfassende Bereitstellung sozialer Dienstleistungen durch den Staat. Im Folgenden werden die Profile dieser sozialen Humandienstleistungen im nordischen Vergleich dargestellt und jüngere Entwicklungstendenzen innerhalb der Politikbereiche Familie, Alter, Gesundheit und Behinderung kurz erörtert (vgl. Jochem 2011a).

Die *Familienpolitik* bindet im europäischen Vergleich unterschiedlich viele monetäre Mittel. Die nordischen Länder verwendeten im Jahr 2006 von 2,5 Prozent des BIP (Island) bis hin zu 3,7 Prozent des BIP (Dänemark) für familienpolitische Maßnahmen, die Werte für die Schweiz betragen 1,3 Prozent, für Österreich 2,9 Prozent und für Deutschland 3,1 Prozent (Eurostat 2009). Einzig vom Ausgabenniveau her betrachtet lassen sich also zwischen den nordischen und den deutschsprachigen Ländern nur schwerlich gravierende Unterschiede ausmachen. Allerdings ist die Intensität der öffentlichen Kinderbetreuung im Norden höher als dies für die deutschsprachigen Länder festzustellen ist. Insbesondere die öffentliche bzw. öffentlich finanzierte Betreuung für Kinder bis zum Alter von 6 Jahren ist im Norden flächendeckend ausgebaut – und diese Betreuungsintensität hat in der vergangenen Dekade sogar noch leicht zugenommen (vgl. Tabelle 5.5).

Tabelle 5.5: Nordische Kinder bis 6 Jahren in öffentlichen und öffentlich finanzierten Betreuungseinrichtungen (in Prozent der jeweiligen Altersgruppe)

	Dänemark	Finnland	Island[1]	Norwegen	Schweden
2000					
< 1 Jahr	15	2	7	2	--
1-2 Jahre	77	35	59	37	60
3-5 Jahre	92	66	92	78	86
6 Jahre	90	67	--	--	77
0-6 Jahre	77	49	58	--	68
2005					
< 1 Jahr	15	1	6	3	--
1-2 Jahre	85	37	76	54	67
3-5 Jahre	95	69	94	91	95
6 Jahre	88	67	--	--	84
0-6 Jahre	80	50	63	--	73
2009					
< 1 Jahr	15	1	7	4	--
1-2 Jahre	90	40	81	77	70
3-5 Jahre	97	73	94	96	97
6 Jahre	91	69	--	--	85
0-6 Jahre	83	52	65	--	75

Anmerkungen: 1) Daten in der Spalte 2009 sind für Island bezogen auf das Jahr 2008. -- = Es liegen keine Daten vor.
Quelle: NOSOSCO (2010: 63).

Im Norden ist außerfamiliäre Betreuung kleiner Kinder in den meisten Fällen die Regel. Aber auch hier zeigt sich, dass der Eindruck vom homogenen Norden trügt. Während in Dänemark und Schweden ein großer Prozentanteil der Kinder, auch der zweijährigen Kinder, sich bereits in öffentlichen oder öffentlich finanzierten Betreuungseinrichtungen befindet, ist dieser Anteil in Finnland deutlich geringer. Die öffentliche Betreuung der Kinder wurde in der vergangenen Dekade in Island und Norwegen deutlich ausgeweitet. Die Kinderpolitik des Nordens führt also dazu, dass nahezu alle Kinder der Alterskohorte von 2 bis 6 Jahren sich in außerfamiliären Betreuungseinrichtungen aufhalten, wohingegen der Wert für Finnland deutlich geringer ist.

Bei der Finanzierung dieser ausgebauten Kinderbetreuungspolitik ist festzuhalten, dass mit der Ausnahme Islands die allgemeinen Regeln für die Kommunen von der Zentralregierung vorgegeben werden. Diese allgemeinen Richtlinien – hinsichtlich der Finanzierungsweise, der Betreuungsschlüssel sowie der Qualität – sind dann von den Kommunen als Träger dieser sozialen Humandienstleistungen mit Leben zu füllen. Die Höhe der Betreuungsbeiträge variiert im Norden erheblich. Fixe Obergrenzen existieren überall, und in den meisten Ländern kommen einkommensschwache oder kinderreiche Familien in den Genuss reduzierter Beiträge. Die staatliche Subventionierung dieser Betreuungsplätze ist sehr hoch, sie beträgt in Schweden ca. 90 Prozent, in Dänemark als dem Land mit der geringsten Subventionsquote im Norden noch 80 Prozent (NOSOSCO 2010: 75).

Der Norden sticht im internationalen Vergleich durch seine Regelungen der *Elternzeit* hervor. Aber auch hier sind die Unterschiede beachtlich (vgl. insgesamt hierzu Gíslason/ Eydal 2010). Die längste Zeit mit permanenter finanzieller Unterstützung während des Elternurlaubes, inklusive der spezifischen Väter- oder Müttermonate, ist in Schweden (mit ca. 60 Wochen) zu beobachten, am geringsten ist dies in Island institutionalisiert (mit 26 Wochen). Allerdings ist die Elternzeit speziell für die Mutter am längsten ausgerichtet in Finnland und Norwegen, wohingegen die Elternzeit speziell für Väter in Island am längsten dauert. Insgesamt wurde die entsprechende Gesetzgebung der Elternzeit im Norden vor allem in den 1970er und 1980er Jahren durchgeführt, also im europäischen Vergleich sehr früh. Eine gesetzliche Regelung der Elternzeit existiert seit 1974 in Schweden, als letztes nordisches Land folgte Finnland 1985 diesem Trend. Spezielle Väterquoten existieren in Norwegen seit 1993, in Schweden seit 1995, in Island seit 2001 und in Finnland schließlich seit 2003. In Dänemark wurde eine gesetzliche Regelung im Jahr 1997 erlassen, dann jedoch im Jahr 2002 wieder aufgehoben. Dort sind entsprechende Regeln in das Tarifvertragswesen eingebaut (mit der entsprechenden sektoralen Varianz) (Gíslason/Björk Eydal 2010: 31-43)

Die *Betreuungspolitik für Ältere* ist im Norden darauf ausgerichtet, dass die älteren Menschen solange wie möglich in ihren Wohnungen verbleiben können (vgl. NOSOSCO 2010: 159-166). In diesem Politikfeld sind die Überschneidungen zur Pflege- und Gesundheitspolitik groß. Dennoch verfügen die nordischen Länder über spezielle Einrichtungen, in welchen den älteren Menschen auf Wunsch Hilfe bei den täglichen Arbeiten (Einkaufen, Putzen, Gartenarbeit) etc. zuteil wird. Die Finanzierungsweisen und Selbtsbeteiligungsquoten unterscheiden sich jedoch von Land zu Land. Während diese Dienstleistungen in Dänemark kostenlos angeboten werden, sind die Beiträge in Finnland vom Einkommen abhängig (und dort tragen diese Beiträge 17 Prozent der allgemeinen Kosten). In Schweden werden die Finanzierungsmodalitäten nicht zentralstaatlich geregelt sondern in den Kommunen – mit entsprechenden landesweiten Variationen. Diese Form der sozialen Humandienstleistungen für Ältere erreichte im Jahr 2009 in Dänemark ca. 42 Prozent der über 80jährigen, hingegen nur ca. 15 Prozent der Finnen in der selben Alterskohorte.

Die stationären Pflegeeinrichtungen der älteren Menschen obliegen im Norden der Verwaltungshoheit der Kommunen und regionalen Gebietskörperschaften. Allgemein kann für den Norden festgestellt werden, dass die Beiträge bis zu einem Maximum der Einkommen gedeckelt sind. Am höchsten ist die Eigenbeteiligung in Norwegen, dort werden insgesamt ca. 10 Prozent der laufenden Kosten dadurch gedeckt. In den anderen nordischen Ländern ist die staatliche Subventionierung der stationären Betreuungseinrichtungen älterer Menschen stärker ausgeprägt.

Letztlich sind die nordischen Länder führend bei den sozialen Humandienstleistungen für *Menschen mit Behinderungen*. Bis zu 4,4 Prozent des schwedischen BIP wurde im Jahr 2006 für eine solche Politik verwendet (Eurostat 2009: 6); in Norwegen und Dänemark ist der Mittelaufwand ähnlich hoch, in Island und Finnland etwas niedriger (ca. 3,3 Prozent des BIP). Die Zahlen für die deutschsprachigen Länder sind deutlich niedriger: Deutschland 1,7 Prozent, Österreich 2,3 Prozent. Lediglich die Behindertenpolitik der Schweiz erreicht mit 3,3 Prozent des BIP im Jahr 2006 nordisches Niveau. Die Art der Dienstleistungen variiert zu einem sehr großen Anteil, nicht zuletzt da die Ausgestaltung dieser sozialen Humandienstleistungen im Norden gänzlich den Kommunen obliegt. Allgemein bieten die Kommunen unterschiedlichste Dienstleistungen für Menschen mit Behinderungen an. Die permanente persönliche Hilfe im Haushalt stellt allerdings nur für einen sehr geringen Personenkreis zur Verfügung (NOSOSCO 2010: 188-189). Bedeutsamer sind die zeitlich flexiblen Hilfestellungen sowie – in monetärer Hinsicht – die Erwerbsunfähigkeitsrenten. Vor allem in Norwegen – und bis 2006 in Schweden – nahm die Anzahl dieser »Brücken« vom Arbeitsmarkt in die Erwerbslosigkeit in jüngster Vergangenheit stark zu.

5.4 Das nordische Modell lebenslangen Lernens

Die Bildungspolitik wird nach den gängigen Klassifikationen nicht zum Kernbereich der Sozialpolitik gezählt, zumindest nicht in Europa. Aufgrund der veränderten ökonomischen Rahmenbedingungen aber auch aufgrund des sich stetig verschärfenden Wettbewerbs zwischen den europäischen Territorialstaaten gerät der Aspekt der Bildungspolitik allerdings immer stärker in den Fokus nationaler sowie internationaler Forschungsbemühungen (vgl. Busemeyer/Trampusch 2011). Und nicht nur im Bereich der Sozialpolitik, auch im Bereich der Bildungspolitik grenzen sich die nordischen Länder von den restlichen OECD Staaten ab. Offensichtlich wurde der bildungspolitische Erfolg erstmals mit den von der OECD durchgeführten systematischen Erhebungen zur Lernkompetenz der Schülerinnen und Schüler in den Mitgliedsländern, den sogenannten PISA-Studien. Gleich welche Lernkompetenzen von der OECD ermittelt wurden, es wurde stets ersichtlich, dass sich einige nordische Länder beständig in der Spitzengruppe wiederfanden. Dies trifft insbesondere auf Finnland zu.

Bildungspolitik und Sozialpolitik müssen in keinem Widerstreit zueinander stehen (Allmendinger 2009). In der bundesdeutschen Debatte wird oft angenommen, ein (dringend erforderlicher) Ausbau der bundesdeutschen Bildungspolitik könne nur auf Kosten der Sozialpolitik durchgeführt werden. Der konstruierte Gegensatz zwischen einem »alten« Sozialstaat der sozialen Sicherungssysteme und einem »neuen« Sozialstaat mit starken Ausrichtungen auf Bildung und die Förderung lebenslangen Lernens führt allerdings in die Irre. Just die nordischen Länder sind mit ihrer Politik Beleg dafür, dass beide Ziele zu vereinen sind, wie aus Schaubild 5.1 ersichtlich wird.

Schaubild 5.1: Die zwei Säulen der Sozialstaatlichkeit

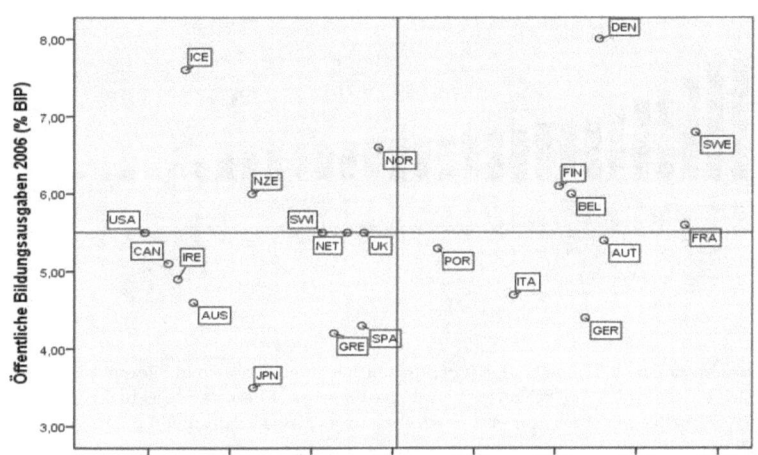

Quelle: Sozialausgaben: OECD Database, Bildungsausgaben: OECD Education at a Glance 2009. Sozialausgaben Portugal für das Jahr 2004 (Quelle: OECD Database), Bildungsausgaben Griechenland 2005 (OECD Education at a Glance 2008), Fehlend: Luxemburg, da Daten für Bildung nicht ausgewiesen. Die Referenzlinien markieren den jeweiligen arithmetischen Mittelwert.

Die Investitionen in Bildungspolitik – gemessen am Anteil der Bildungsausgaben am BIP – unterscheiden sich stark innerhalb der OECD. Während einige Länder nur sehr wenige ökonomische Ressourcen hierfür aufwenden – als Beispiele zu nennen wären neben Japan auch Griechenland, Spanien und vor allem die Bundesrepublik Deutschland –, investieren vor allem die nordischen Länder mehr in den Bereich der Bildungspolitik. Wie im Bereich der Sozialpolitik gilt es jedoch auch im Bereich der Bildungspolitik präzise zu eruieren, für welche Programme dieses Geld verwendet wird. Ein Aspekt wird dabei in der bundesdeutschen Reformdebatte selten wahrgenommen: Die nordischen Länder erreichen nicht nur eine umfassende Bildungspolitik für die Schülerinnen und Schüler. Im Gegenteil setzen sie erfolgreich das *Prinzip des lebenslangen Lernens* um (vgl. Schaubild 5.2).

Die fünf nordischen Territorialstaaten finden sich in dieser Rangfolge unter den ersten sieben Plätzen verteilt. Die Schweiz ist ebenfalls innerhalb dieser Spitzengruppe zu verorten, Österreich ist knapp über dem Durchschnitt für die 15 EU Länder. Und Deutschland belegt ein leicht unterdurchschnittliches Ergebnis. Der Wert für Deutschland ist nicht nennenswert höher als für die Mehrzahl der postkommunistischen Transformationsländer. Lebenslanges Lernen wird hierzulande dieser statistischen Erhebung zufolge fast vollständig vernachlässigt.

Schaubild 5.2:   Lebenslanges Lernen in Europa

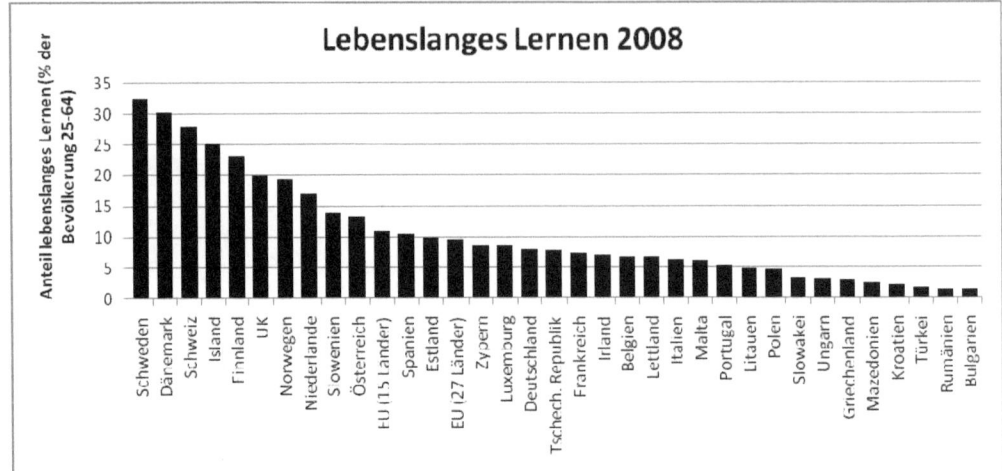

Anmerkung: Der Indikator versucht statistisch die Integration unterschiedlicher Alterskohorten in Bildungsprogramme zu messen. Hierbei stützten sich die Statistiker der EU auf repräsentative Angaben, Kompetenztests und anderes. Zu den Details der Erhebungen vgl.: http://epp.eurostat.ec.europa.eu/statistics_explained/index.php/Lifelong_learning_statistics, letzter Zugriff am 13. Juli 2010.
Quelle: Eurostat, Database, Angaben für Schweden: 2007.

Die nordische Bildungspolitik ist also mehr als Schulpolitik. Die umfangreichen Mittelverwendungen für Bildung in Skandinavien erstrecken sich auf die gesamte Bevölkerung. Diese umfassende »social-investment strategy« (vgl. Morel/Palier/Palme 2009) der nordischen Länder fußt auf einer Vielzahl von politischen Entscheidungen und politischen Maßnahmen. An dieser Stelle können nur die zentralen Weichenstellungen und bildungspolitischen Institutionen vorgestellt werden (vgl. Jochem 2011a).

Die institutionelle Struktur der nordischen Bildungspolitik – bei allen Differenzen zwischen den einzelnen Ländern – fußt auf folgenden Aspekten: Bildungspolitik wird seitens des Zentralstaates sowie der lokalen Gebietskörperschaften finanziert. Die lokalen Gebietskörperschaften sind verantwortlich für die organisatorische Ausstattung der Schulen (Lehrmittel, Gebäude etc.). Inhaltlich genießen die nordischen Schulen eine große Freiheit bei der Ausgestaltung der Lehrpläne (wobei seitens der zentralen Regierungen Rahmenvorgaben bestehen und die einzelnen Schulen stetig evaluiert werden). Flankiert werden diese schulischen Einrichtungen durch sogenannte »Volkshochschulen«, die mit den deutschen Varianten nur den Namen gemein haben. Eine weitere Spezialität des Nordens sind die ebenfalls auf erwachsene Zielpersonen ausgerichteten Bildungseinrichtungen, die zum Beispiel in Schweden unter der Bezeichnung »komvux« unterschiedlichste Bildungsangebote in kommunaler Verantwortung bereithalten.

Volkshochschulen in Skandinavien:
Der dänische Schriftsteller, Philosoph und Politiker Nikolai Frederik Severin Grundtvig vertrat bereits im frühen 19. Jahrhundert die Idee, dass eine verantwortungsvolle demokratische Partizipation auf einer umfassenden Bildung der Bevölkerung ruhen müsse. Nach

seinen Konzeptionen wurde 1844 die erste nordische Volkshochschule in Rødding errichtet. Träger der Volkshochschulen sind bis auf den heutigen Tag Ausläufer der nordischen Volksbewegungen, die sich der Verbesserung der Bildung (sowie der demokratischen Qualität) verschrieben haben. Die nordischen Volkshochschulen sind Internatsschulen. Sie bieten Kurse in unterschiedlichsten Fachrichtungen an, die eine Ausbildungsdauer von zwei bis zu zwölf Monaten aufweisen können.

Die Kosten für diese Ausbildung übernimmt zu großen Teilen der Staat bzw. die zuständige Kommune (ca. 60 Prozent der Gesamtkosten). Allerdings ist für Schweden zu beobachten, dass sich in der vergangenen Dekade die Kommunen immer stärker aus der Finanzierung zurückgezogen haben. Die Hauptlast der Finanzierung obliegt also zusehends der Zentralregierung (vgl. Folkbildningsrådet 2010). Die Studierendenbeiträge können somit allerdings gering gehalten werden. Teilweise übernehmen Arbeitgeber die Studiengebühren, im Falle von Arbeitslosen können die Arbeitsmarktbehörden die Studiengebühren übernehmen. Hauptsächliche Zielgruppe sind junge Erwachsene, die ihre schulischen Qualifikationen verbessern bzw. vertiefen möchten. Die Teilnehmer an den Kursen der nordischen Volkshochschulen »opfern« vor allem ihre Freizeit. Mitunter existieren bestimmte Vereinbarungen mit den jeweiligen Arbeitgebern, die längere Fortbildungszeiten ermöglichen. Die Leistungen der jeweiligen Volkshochschulen werden von der schwedischen Statistikbehörde erfasst. Zudem sind regelmäßige Evaluationen zwingend erforderlich. Diese werden von der staatlichen Schulbehörde überwacht.

»Komvux« in Schweden
Dieser Bildungsbereich richtet sich an Erwachsene, die Schulabschlüsse nachholen oder sich fortbilden möchten. Hierzu sollen vor allem schulische Qualifikationen nachgeholt werden können. Somit können Erwerbstätige ihre schulischen Qualifikationen so verbessern, dass ihnen die Möglichkeit zu universitären Studien offensteht. Leitende Behörde der Einrichtungen ist die staatliche Schulbehörde (»skolverket«). Die Teilnahme an den schulischen Maßnahmen ist nahezu kostenlos. Die Kommunen tragen den Hauptteil der anfallenden Kosten, wenngleich sie hierfür von der Zentralregierung Transferzahlungen erhalten. Aufgrund von Sparmaßnahmen der bürgerlichen Koalition und dem damit einhergehenden Sparzwang für die Kommunen sind die Teilnehmerzahlen seit 2007 zum Teil deutlich gesunken (Skolverket 2009a: 144-146). Der Unterricht im Rahmen von *komvux* kann zum Teil auch von den ordentlichen Schulen angeboten werden. In jüngster Zeit setzt sich die Tendenz in den Kommunen durch, spezielle Zentren für Erwachsenenbildung zu gründen (»*lärcentra*«), in welchen alle Programme der Erwachsenenbildung gebündelt angeboten werden (Skolverket 2009b: 8).

Dieses System der Erwachsenenbildung ist eng mit dem Bereich der aktiven Arbeitsmarktpolitik verknüpft. In jüngster Vergangenheit wurden verstärkt Arbeitslose (jugendlichen Alters) in Fortbildungsmaßnahmen der *komvux* überwiesen (»*Kunskapslyftet*«). Hierfür erhielten die Kommunen spezielle monetäre Transfers von der Zentralregierung. Diese Praxis wurde von der bürgerlichen Koalition beendet, mit einem in den Statistiken zu beobachtenden Rückgang der Schülerzahlen (Skolverket 2009a,b).[130] Innerhalb der komvux Einrichtungen dominieren Frauen, ca. 67 Prozent der Teilnehmer sind weiblich. Insbesondere für Migranten ist die komvux eine bevorzugt genutzte Bildungseinrichtung, um Zugänge zu den schwedischen Hochschulen zu erreichen. Im Jahr 2007/2008 waren 40 Prozent aller Teilnehmer nicht in Schweden geboren (Skolverket 2009a: 145).

Bildungspolitik für Häftlinge

Das Prinzip des lebenslangen Lernens findet im Norden auch an einem besonderen Ort seinen Niederschlag: In den Gefängnissen. Trotz der erschwerten Rahmenbedingungen haben sich alle nordischen Regierungen jüngst darüber verständigt, dass auch hier die Prinzipien des lebenslangen Lernens zu realisieren seien. Mit speziell ausgebildeten Pädagogen und einem an den spezifischen Bedürfnissen der Gefängnisinsassen ausgerichteten Bildungsangebot sollen die Häftlinge nach verbüßter Strafe wieder leichter in den Arbeitsmarkt integriert werden. In Schweden folgt einem intensiven Begutachtungsverfahren des Häftlings (in welchem alle Gefahrenaspekte sowie mögliche Ressourcen erfasst werden sollen) eine mit den Sozialbehörden kombinierte und nach individuellen Gesichtspunkten ausgerichtete Ausbildungsstrategie. In vielen Fällen werden diese Maßnahmen kombiniert mit Programmen der Drogenprävention. Ein großer Teil der gesamten staatlichen Maßnahmen zur Drogenprävention wird in den schwedischen Gefängnissen eingesetzt. Insgesamt ist der Tenor in der nordischen Debatte, dass zu wenige Ressourcen für diese Bildungspolitik ausgegeben werden, gleichwohl wird das politische Ziel postuliert, dass auch Gefängnisinsassen ein Recht auf lebenslanges Lernen hätten. Neben verstärktem Mitteleinsatz wird auch eine bessere Ausbildung der Gefängnislehrer und Gefängnissozialpädagogen eingefordert (vgl. Norden 2005a).

5.5 Nordische Sozial- und Bildungspolitik – Profile und Herausforderungen

Die nordischen Wohlfahrtsstaaten ermöglichen keineswegs paradiesische Zustände im wilden Getümmel eines entgrenzten Kapitalismus. Ganz im Gegenteil sind die nordischen Sozialstaaten darauf ausgerichtet, die Öffnung der Märkte mit all ihren Konsequenzen zu akzeptieren – aber auch den Menschen vielfältige Hilfestellungen anzubieten, mit diesen Herausforderungen umzugehen. Auch in Skandinavien gibt es (zunehmende) Armut – nur eben nicht so ausgeprägt wie in Deutschland. Auch in Skandinavien sind die Frauen mit dem Ausmaß der Gleichstellung zwischen den Geschlechtern nicht zufrieden – gleichwohl sind sie dort ihren kontinentaleuropäischen Schwestern weit voraus. Auch in Skandinavien sind die Klagen über die steigenden Kosten im Gesundheitswesen laut, ebenso laut wie die Klagen über die schlechte Qualität der medizinischen Versorgung. Wenn also ein Fazit zur nordischen Sozialpolitik gezogen werden soll, dann ist *erstens* festzuhalten, dass der Norden

---

[130] Gleichwohl hat die bürgerliche Koalition die berufsbezogene Aus- und Weiterbildung seit Januar 2009 in einer neuen Form gebündelt, der sogenannten »Yrkeshögskolan«. Mit den Auswirkungen der Finanzkrise versucht die Allianz wieder verstärkt ihr bildungspolitisches Profil zu stärken.

kaum als ein soziales Paradies verstanden werden sollte. Ähnliche Probleme wie sie in Deutschland, Österreich oder der Schweiz wahrgenommen und debattiert werden, prägen auch die nordischen Wohlfahrtsstaaten und die dortigen sozialpolitischen Debatten.

Dennoch unterscheiden sich *zweitens* die nordischen Wohlfahrtsstaaten (noch) von den anderen Wohlfahrtsstaaten der OECD Welt. Zwar sind diese Differenzen im Verlauf der Jahre kleiner geworden, aber sie existieren noch. Im Bereich der Renten- und Gesundheitspolitik lassen sich unüberschaubare Konvergenzprozesse ausmachen. Das staatliche Monopol im Norden ist geschliffen und es etablieren sich dort komplexe Mischungsverhältnisse zwischen Staat und Markt. Im Bereich der Rentenpolitik war es das dänische Modell, das für viele andere Länder – und internationale Organisationen – Vorbildcharakter besitzt. Gleiches ließe sich vom dänischen Model der Arbeitsmarktpolitik berichten, dem Prinzip der »*flexicurity*«. Zumindest vom Anspruch her wird es von der OECD und der EU als vorbildlich dargestellt, allerdings scheitern viele Regierungen daran, die zur Realisierung notwendigen Finanzmittel bereit zu stellen.

Die Kombination von armutsreduzierender Umverteilungspolitik, einer Lohnpolitik, die auf hochstehende Gütekriterien und faire Entlohnungen ausgerichtet ist, mit umfassenden sozialpolitischen Transferprogrammen und sozialen Humandienstleistungen machen *drittens* in ihrer Gesamtheit einen eigenständigen Typus wohlfahrtsstaatlicher Politik aus, der in seiner Gesamtheit eine hochwertige »social investment« Strategie darstellt (Morel/ Palier/Palme 2009, Bonoli 2010). Dies wird noch deutlicher, wenn der Bereich der Bildungspolitik mit ins Bild genommen wird. Eine umfassende soziale Sicherung ist im Norden eingebettet in ein institutionalisiertes Geflecht unterschiedlichster Programme des lebenslangen Lernens. Die Steigerung von Humankapital und die stetige Pflege des gesellschaftlichen Sozialkapitals sind die Resultate, die sich aus solch einem komplexen Zusammenspiel für die nordischen Gesellschaften ergeben. Diese institutionellen Grundlagen sind über Jahrzehnte historisch gewachsen – und binden nicht unerhebliche Mittel des gesellschaftlichen Wohlstandes.

Innerhalb der nordischen Länderfamilie haben sich die historisch gewachsenen Unterschiede teilweise abgeschliffen, teilweise sind sie aber auch verschärft worden. Es besteht immer noch ein Unterschied zwischen der Sozialpolitik Schwedens und derjenigen Finnlands. Allerdings sind auch hier die Konturen nicht mehr so deutlich voneinander abgrenzbar. Während sich der Norden noch in einigen Aspekten und in hoch aggregierten Vergleichsperspektiven deutlich vom Rest der OECD Welt unterscheidet, erodieren die Besonderheiten der nordischen Sozialstaaten stetig.

Letztlich bleibt zu betonen, dass auch die nordischen Länder vor zentralen wohlfahrtsstaatlichen Problemen stehen: die fiskalische Konsolidierung der Sozialhaushalte, die politische Verarbeitung des Steuerprotestes (mit dem starken Machtzugewinn rechtspopulistischer Parteien) sowie eine intensivere Integration sind als Beispiele zu nennen. Die nordischen Gesellschaften werden bunter. Dies ist zum Teil ein Effekt der Integrationspolitik, zum Teil ergibt sich dies aus der Mitgliedschaft in der Europäischen Union. Eine »erfolgreiche« Integrationspolitik kann für keines der nordischen Länder berichtet werden. Allerdings sind die selbstgestellten Ansprüche an die Integration der Migranten im Norden zum Teil sehr hoch. Segmentierte Gesellschaften, wie sie kennzeichnend sind für viele Länder Kontinentaleuropas, werden auch in Skandinavien als zentrale Herausforderungen zukünftiger

Politik wahrgenommen. Dass die nordischen Regierungen dieses Schicksal nicht akzeptieren, wird vielleicht auch an einem Beispiel deutlich: Die schwedische Mitte-Rechts Koalition hat jüngst ein eigenständiges Ministerium für Gleichstellung und Integration geschaffen – und die erste Ministerin mit Migrationshintergrund in die Regierung berufen. Zwar kann allein mit der administrativen Sichtbarmachung dieses gesellschaftliche Problem kaum gelöst werden. Aber dennoch kann dies zu einer stärkeren öffentlichen Nachdenklichkeit und zu einem höheren Bewusstsein für diese Problemlage in der Gesellschaft mit beitragen.

6 Außen-, Sicherheits- und Europapolitik

Die Zeiten expansiver Machtambitionen der nordischen Länder sind seit einigen Jahrhunderten vorbei. Mit den Kriegszügen der Wikinger und der gescheiterten Großmachtpolitik der dänischen und schwedischen Königreiche endeten die außenpolitischen Expansionsstrategien des Nordens. Die nordischen Länder stehen nicht zuletzt auch aus diesem Grunde für einen besonderen Weg in der Außenpolitik, der lange Zeit auf die Begriffe der Neutralität, Isolation sowie Handelsexpansion gebracht werden konnte.[131] Auch wenn die nordischen Länder zu klein sind, um ökonomische Macht (geschweige militärische Machtmittel) für außenpolitische Ziele mit Aussicht auf Erfolg einzusetzen, sind sie gegenwärtig doch nur noch bedingt neutral oder isoliert. Es fällt ins Auge, dass die nordischen Länder durch ideelle oder diplomatische Interventionen bestrebt sind, in der Vielschichtigkeit der außenpolitischen Verflechtungen ihren Einfluss geltend zu machen. Diese Bestrebungen stehen in jüngster Vergangenheit vor allem unter den Gesichtspunkten des Friedens, der (nachhaltigen) internationalen Entwicklung sowie des globalen Umweltschutzes.

Diese durchaus aktive Rolle in der Außen- und Sicherheitspolitik des Nordens kontrastiert mit einem ambivalenten Bild der Skandinavier im Bereich der Europäischen Integration. Dort sind sie eher »zögerliche Europäer«. Zumindest trifft diese Einschätzung für die europäischen Integrationsstrategien der Dänen, Schweden, Isländer und Norweger im Großen und Ganzen zu. Den Gegenpol hierzu stellt der finnische Integrationseifer dar. Mit dem Ende des Ost-West-Gegensatzes setzten die finnischen Regierungen schnell und mit Nachdruck auf eine intensive europäische Integration – und Finnland ist bis heute das einzige Land des Nordens in der Wirtschafts- und Währungsunion sowie mit dem Euro. Dieses Kapitel analysiert die Zäsuren der nordischen Außenpolitik und erörtert die Gründe für den zu beobachtenden Wandel.

6.1 Nordische Außen- und Sicherheitspolitiken: Neutralität und Intervention

Die nordische Außen- und Sicherheitspolitik hat in den vergangen Dekaden unterschiedliche Phasen durchlaufen. Die Anfänge nordischer Außenpolitik nach dem Ende des Zweiten Weltkriegs waren geprägt von der Bestrebung nordischer Regierungen, die Souveränität und Eigenständigkeit ihrer Staaten zu bewahren. Vor allem für Finnland mit seinem besonderen Verhältnis zur damaligen UdSSR war dies von existenzieller Bedeutung. Aber auch für die im Zweiten Weltkrieg besetzten Länder Dänemark, Norwegen und Island galt es

---

[131] Dieses Kapitel gründet sich insbesondere auf folgende Werke: Arter (2008), Hilson (2008), Ingebritsen (2006), Mahnert/Putensen (2002), Nordstrom (2000).

zuvörderst, die nationale Unabhängigkeit zu stabilisieren und ihre jeweiligen Plätze im Kräftefeld des Kalten Kriegs zu finden.

Die Frage der sicherheitspolitischen Neutralität erlangte hierbei eine besondere Brisanz im Norden. Während in Schweden die Neutralität im Zweiten Weltkrieg als Erfolg gedeutet wurde, grenzten sich die Positionen in den besetzten und von den Kriegswirren in Mitleidenschaft gezogenen Länder des Nordens hiervon deutlich ab. Auf Initiative des schwedischen Premierministers Tage Erlander sollte im Mai 1948 eine nordische Sicherheitsallianz errichtet werden. Allerdings scheiterte dies an unterschiedlichen außenpolitischen Zielsetzungen der Nachbarländer sowie innenpolitischen Konflikten um die Ausrichtung zukünftiger Sicherheitspolitik in den schwedischen Nachbarländern. Die sozialdemokratischen Regierungen in Dänemark und Norwegen sahen sich einer nicht unerheblichen Opposition gegen eine Neutralitätspolitik schwedischer Prägung gegenüber. Und die Lehren des Zweiten Weltkrieges (vor allem die schmerzhaften Erfahrungen mit der teilweise eher symbolisch verstandenen Solidarität Schwedens in den Zeiten der Besatzungen und Kriegswirren) führten dazu, dass vor allem die norwegische Regierung mehr Vertrauen in die Sicherheitskonzepte der USA aufbrachte als in eine nordische Sicherheitsallianz. Die nordische Sicherheitsinitiative scheiterte dann auch im Januar 1949, aber noch im März desselben Jahres unterzeichneten die dänische, norwegische und isländische Regierung als Gründungsmitglieder den NATO Vertrag.

Die isländische NATO Mitgliedschaft wurde im Jahr 1951 ergänzt durch einen bilateralen Sicherheitspakt mit den Vereinigten Staaten von Amerika. Darin wurde festgeschrieben, dass die Verteidigungsverantwortung in Island von den US-amerikanischen Streitkräften übernommen wird, wofür im Gegenzug die USA ihre Truppen auf der strategisch wichtigen Insel im Nordatlantik stationieren durften. Dieser Pakt war keineswegs innenpolitisch unumstritten – und widersprach auch tendenziell der isländischen Klausel des NATO Vertrages, keine ausländischen Truppen auf dem Hoheitsgebiet zu stationieren. Gleichwohl wurde die Opposition gegen diese isländische Sicherheitspolitik – insbesondere im linken politischen Lager – durch die Besetzung Ungarns durch Truppen der UdSSR geschwächt. Ökonomisch stärkten zudem die im Lande ansässigen US-Truppen Island zusätzlich, wozu auch nicht unerhebliche Mittel aus dem Marshall Plan beitrugen, die dem Aufbau des wirtschaftlich schwachen Inselstaates sehr förderlich waren.

Finnlands Sicherheitspolitik war nach dem Ende des Zweiten Weltkrieges geprägt von den besonderen Beziehungen des Landes mit der UdSSR – und der außenpolitischen Metapher der »Finnlandisierung«. Der finnisch-sowjetische „Vertrag über Freundschaft, Zusammenarbeit und gegenseitigen Beistand" wurde im April 1948 unterzeichnet und prägte die bilateralen Beziehungen sowie die sicherheitspolitische Verankerung Finnlands bis in das Jahr 1992. Dieser Vertrag, der von finnischer Seite seit 1945 vorbereitet wurde, sicherte Finnland eine neutrale Position im Kalten Krieg. Gleichwohl verpflichtete sich Finnland im Falle einer kriegerischen Auseinandersetzung der UdSSR beizustehen. Aufgrund dieser besonderen Position Finnlands zwischen den beiden Machtblöcken profitierte Finnland nicht von den Mitteln des Marshall Planes, gleichwohl sicherte sich das Land eine prominente Handelsbeziehung mit der UdSSR und den anderen Ländern des Ostblocks. Die Formulierung dieser Außen- und Sicherheitspolitik erfolgte keineswegs konsensual und ohne innenpolitische Konflikte. Allerdings gelang es den finnischen Nachkriegspräsidenten der Zentrumspartei, Paasikivi und Kekkonen, eine pragmatische sicherheitspolitische Positionierung zwischen den Machtblöcken geschickt mit einer Demokratisierung und kulturellen Öffnung des Landes zum Westen zu verbinden.

Gleichwohl bekam der Begriff der »Finnlandisierung« in den Debatten der 1960er und 1970er Jahre einen eindeutig abwertenden Unterton. Die Kritiker der Brandtschen Ostpolitik sahen zum Beispiel die Gefahr der »Finnlandisierung« Deutschlands durch die Ostpolitik gegeben (Hilson 2008: 126). Aber letztlich muss betont werden, dass Finnland nie Teil des Ostblocks war, stets den Kontakt mit beiden Machtblöcken im Kalten Krieg suchte und insbesondere in kultureller Hinsicht stark vom Westen geprägt wurde. Gleichwohl machen die besonderen Beziehungen Finnlands zur UdSSR einen wichtigen Baustein der finnischen Nachkriegsgeschichte aus, und stellen einen wichtigen Faktor zur Erklärung der politischen Hegemonie der Zentrumspartei in Finnland dar, die just mit einer solchen Politik in Verbindung gebracht wurde und davon auch innenpolitisch an den Wahlurnen profitierte.

Die konsequenteste Haltung einer expliziten Neutralität wurde von der schwedischen Außen- und Sicherheitspolitik formuliert. Ausgehend von den Erfahrungen des Zweiten Weltkrieges beinhaltete die schwedische Neutralität eine starke Betonung der eigenständigen Verteidigungsbereitschaft. Während zum Beispiel die schweizerische Neutralität eine starke Verankerung im internationalen Recht aufweist, war dies für die schwedische Neutralität nicht der Fall. Hier setzten die sozialdemokratischen Regierungen der unmittelbaren Nachkriegszeit auf ein schlagkräftiges Militär zur Sicherung der schwedischen Souveränität. In den 1980er Jahren kam es zu mehreren Verletzungen schwedischer Hoheitsgewässer durch U-Boote der UdSSR, wogegen die schwedischen Regierungen mit Nachdruck protestierten und die diplomatischen Beziehungen für 18 Monate auf Eis legten (Arter 2008: 273). Hinter dieser eigenständigen Sicherheitspolitik Schwedens standen aber auch inoffizielle und zum Teil intensive Kontakte der schwedischen Politik zur NATO. Insofern war es nie zweifelhaft, dass die schwedische Außen- und Sicherheitspolitik sich eindeutig an der NATO Politik ausrichtete, wenngleich die offizielle Neutralität des Landes eine solche Ausrichtung in den öffentlichen Dokumenten ausschloss. Daher war und ist es nicht überraschend, dass im Laufe der vergangenen Jahre die schwedische Sicherheitspolitik einen dezidierten Schwenk hin zur NATO Politik vollführte, ohne allerdings das offizielle Ziel der Neutralität gänzlich zu kippen.

Die nordische Sicherheitspolitik in der Hochphase des Kalten Krieges wird in der Literatur als »nordische Balance« bezeichnet (Arter 2008: 280-282). Mit dieser Metapher sollen die unterschiedlichen sicherheitspolitischen Wege des Nordens – NATO Mitgliedschaften von Dänemark, Island und Norwegen sowie explizite Neutralität Schwedens bzw. die Finnlandisierung – umschrieben werden. Die Metapher bezieht sich jedoch nicht auf die »alte« Machtbalance von vor 1989, sondern auf den Umstand, dass alle nordischen Länder in der Sicherheitspolitik auf die Bewahrung des Friedens und der nationalen Souveränität ausgerichtet waren, wenngleich sie hierzu unterschiedliche Wege einschlugen. Die nordischen Länder vertraten sicherheitspolitisch also durchaus eine gemeinschaftliche Position, sie bildeten deshalb eine nordische „security community" (Hilson 2008: 128). Intern differenzierte sich diese Sicherheitsgemeinschaft allerdings durch die unterschiedlichen Wege zum Erreichen dieses Zieles beträchtlich. Den Sinn der Metapher von der nordischen Balance bringt David Arter folgerichtig auf folgende (mathematische) Formel: „[A] balance of security interests + a recognition of differing security needs = regional stability" (Arter 2008: 281).

Grundlage dieser nordischen Balance war die Überzeugung innerhalb der politischen Eliten des Nordens, dass die nordischen Länder sicherheitspolitisch als auch ökonomisch zu klein und zu machtlos im Kalten Krieg sind, diese Position allerdings auch Freiräume für eine moralisch fundierte Außenpolitik eröffnen kann: Wenn diese Freiräume dann auch gesehen und beherzt ausgenützt würden, gelte: „[F]or small states, it is strategic to be virtuous in world politics" (Ingebritsen 2006: 15).

Diese nordische Kreativität in der Weltpolitik kann an herausragenden Persönlichkeiten, an einer stark moralischen Aufladung der Außenpolitik als auch an dezidierten innen- sowie außenpolitischen Handlungen abgelesen werden. Herausragende Persönlichkeiten der nordischen Außenpolitik sind zahlreich (vgl. Ingebritsen 2006: 29-35), allerdings wird die Liste der einschlägigen Namen stets von *Dag Hammarskjold* (1905-1961) angeführt. Hammarskjold war Generalsekretär der UNO (1953-1961). In dieser Zeit forcierte er die friedenspolitische Ausrichtung der UNO sowie deren globale sicherheitspolitische Verantwortung. Zudem trat er vehement für eine solidarische Außenpolitik der reichen Länder gegenüber den sogenannten Entwicklungsländern ein. Sein überraschender Tod durch einen Flugzeugabsturz in Südafrika gab Anlass zuzahlreichen Spekulationen über ein Attentat, die genauen Todesursachen sind bis auf den heutigen Tag nicht restlos geklärt. Auch wenn die Liste weiter ausgeführt werden könnte, soll es an dieser Stelle genügen, auf die Namen des schwedischen Premierministers *Olof Palme* (1927-1986) hinzuweisen, oder auf die norwegische Ministerpräsidentin *Gro Harlem Brundtland* (1939), den finnischen Präsidenten *Martti Ahtisaari* (1937) oder die Eheleute, Wissenschaftler und sozialdemokratischen Politiker *Gunnar* und *Alva Myrdal* (1898-1987, 1902-1986). Diese Persönlichkeiten verfolgten in unterschiedlichen Zeiten und unterschiedlichen Positionen außen- und sicherheitspolitische Ziele, die mit dazu beitrugen, dass der Norden Europas als eine aktive Region in der Weltpolitik wahrgenommen wurde und weiterhin wird.

Inhaltlich war diese Außenpolitik des Nordens stark an Werten des Friedens, der internationalen Solidarität sowie des globalen Umweltschutzes orientiert. Ob es sich um den Konflikt im Nahen Osten handelte, die Kritik an den USA im Vietnamkrieg oder um globale Aspekte der Nord-Süd-Beziehungen, stets formulierten prominente Persönlichkeiten des Nordens dezidierte Positionen des Ausgleichs sowie der Vermittlung auf der internationalen Bühne. Diese normbasierte Außenpolitik ist und war nie frei von moralischer Überhöhung des Nordens. Allerdings kann der nordischen Außenpolitik kaum nachgesagt werden, dass sie das Weltgeschehen zurückhaltend oder gar teilnahmslos verfolgt hätte. Im Gegenteil werden die nordischen Außenpolitikerinnen und Außenpolitiker als „norm entrepreneurs in world politics" (Ingebritsen 2006: 2) umschrieben, die, obschon machtlos im Getriebe der Weltpolitik, doch eine eigenständige Autorität entwickelt haben, moralische Werte in der internationalen Politik einzufordern.

Zudem wird die normbasierte Außenpolitik des Nordens ergänzt, vervollständigt und in der Konsequenz glaubhaft gemacht durch dezidierte innenpolitische Handlungen. So engagieren sich zum Beispiel die nordischen Länder stark in der internationalen Entwicklungszusammenarbeit. Während von den Vereinten Nationen eine Quote der Entwicklungshilfegelder in Relation zum nationalen BIP von 0,7 Prozent angestrebt und als Selbstverpflichtung der reichen Industrienationen gefordert wird, kann Deutschland dieses Ziel bei weitem nicht erreichen. Im Gegensatz hierzu profilieren sich einige nordische Länder durch eine Übererfüllung des Entwicklungszieles. So zeigen die Daten der OECD, dass zum Beispiel Schweden und Norwegen ca. 1 Prozent ihres BIP für die Entwicklungszusammenarbeit aufwenden, Dänemark immerhin ca. 0,9 Prozent und Finnland schließlich 0,5 Prozent (bezogen auf das Jahr 2009), die Werte für Deutschland liegen hingegen bei 0,35 Prozent, für Österreich nach einem rapiden Rückgang bei 0,3 Prozent und für die Schweiz bei 0,45 Prozent.[132] Allein dieses Beispiel zeigt, dass hinter den moralisierenden Reden der nordischen Außenpolitik durchaus handfeste Taten stehen, was insgesamt die Glaubwürdigkeit der nordischen Außenpolitik festigt. Ähnliche Beispiele ließen sich auch aus der globalen Umweltpolitik bzw. der Klimaschutzpolitik des Nordens anführen.

Mit dem Ende des Kalten Krieges und den politischen Veränderungen im sogenannten Ostblock veränderten sich nach 1991 auch die außen- und sicherheitspolitischen Orientierungsmarken für die nordischen Länder. Diese historische Zäsur wirkt sich auf alle europäischen Länder aus, die außen- und sicherheitspolitischen Positionen der nordischen Länder werden jedoch in einer besonderen Weise tangiert. *Erstens* führen die Veränderungen zu einer weiteren Welle der nordischen Integration in die EU (vgl. Kapitel 6.3). *Zweitens* stoßen die Veränderungen – und die seither voranschreitenden neuen Konfliktformen und vielschichtigen Konfliktherde – eine Neuausrichtung nordischer Sicherheitspolitik an, was an den teilweise veränderten Positionen einiger nordischer Staaten gegenüber der NATO augenscheinlich ist. *Drittens* befördern diese Veränderungen (nicht nur im Norden) eine Neuformulierung der sicherheitspolitischen Instrumente sowie einer veränderten Konzeption nationaler Streitkräfte. *Viertens* und letztens implizieren die geopolitische Lage des Nordens sowie die dortigen historischen Traditionen, dass sich die nordischen Länder an einer Grenze zwischen den »reichen« westeuropäischen und den »armen« osteuropäischen Ländern wiederfinden. Und der Norden empfindet sich dabei insbesondere den baltischen Ländern zu aktiver Hilfe verpflichtet. Dies äußert sich unter anderem in einer verstärkten internationalen Kooperation im Ostseeraum und der schrittweisen Einbeziehung der drei baltischen Staaten in die nordische Zusammenarbeit (vgl. Kapitel 6.2).

Für *Finnland* eröffnete die Zäsur nach 1991 einen forsch beschrittenen Weg in die Europäische Union. Dieser Integrationsschritt kann nicht nur durch die erhofften ökonomischen Vorteile des kleinen und exportorientierten Landes im hohen Norden erklärt werden. Vielmehr kam die finnische Politik mit dem Zusammenbruch der UdSSR, der damit einhergehenden schweren Wirtschaftskrise in Finnland sowie den allgemeinen Umwälzungen in Osteuropa zu der Einsicht, dass die finnische Souveränität und Sicherheit auch und vor allem unter einem europäischen Dach zu verwirklichen seien.

Die finnische Neutralität erodierte allerdings schrittweise. Angestoßen durch die NATO Mitgliedschaften von Litauen, Lettland und Estland im Jahr 2004 näherte sich die finnische Sicherheitspolitik stetig der NATO an. Während der ehemalige finnische Präsident, Martti Ahtisaari, stets neben einer Integration Finnlands in die EU auch eine Mitgliedschaft des Landes in der NATO befürwortete, waren in dieser Frage die maßgeblichen Par-

---

[132] Vergleiche mit weiterführenden Hinweisen die einschlägige Pressemitteilung der OECD vom Frühjahr 2011 (http://www.oecd.org/document/55/0,3746,de_34968570_35008930_44985335_1_1_1_1,00.html, letzter Zugriff am 10. Mai 2011).

teien sowie die Bevölkerung eher gespalten.[133] Die aus dieser Situation resultierende Lösung besteht in einer besonderen Annäherung Finnlands an die NATO in Form des Programmes »Partnership for Peace« seit 1994.[134] Seither beteiligen sich finnische Soldaten an vielfältigen Einsätzen der NATO. Unter anderem befanden sich ca. 400 finnische Truppenmitglieder im Rahmen des KFOR Einsatzes im Kosovo. Und das Thema einer vollen Mitgliedschaft des Landes in der NATO ist immer noch auf der politischen Agenda, auch wenn die Bevölkerung sehr zögerlich einem solchen Schritt zuzustimmen bereit ist.

Auch *Schweden* mit seiner sicherheitspolitischen Neutralitäts-Tradition wurde von den globalen Veränderungen betroffen. Ebenso wie die finnische Sicherheitspolitik kann sich die schwedische Politik nicht zu einer formalen Mitgliedschaft in der NATO durchringen. Und ebenso wie die finnische Politik versucht die schwedische Politik sich (zeitgleich) durch eine Beteiligung am NATO Programm »Partnership for Peace« an die NATO und ihre Einsätze anzunähern. Die schwedische Bevölkerung ist hierbei ebenso wie die finnische gespalten, eine Mehrzahl der Schweden ist einer vollen NATO Mitgliedschaft gegenüber sehr skeptisch eingestellt.

Die schwedische Politik hat im vergangenen Jahrzehnt die Sicherheits- und Verteidigungspolitik schrittweise neu ausgerichtet. Die hohen Militärausgaben der 1990er Jahre wurden deutlich gesenkt. Es war das erklärte Ziel der Politik, eine flexible Einsatztruppe mit hohem Qualifikationsniveau zu schaffen und mit hoch technisiertem Material auszustatten. Gipfel dieser Entwicklung war die Abschaffung der allgemeinen Wehrpflicht im Jahr 2010. Gegenwärtig steht weniger die Landesverteidigung im Mittelpunkt der schwedischen Militärstrategie – was von einigen Politikern über alle Parteigrenzen hinweg kritisch kommentiert wird –, als vielmehr die Kompatibilität des schwedischen Militärs mit den Auslandseinsätzen im Rahmen der NATO, der UNO oder auch der europäischen Sicherheitspolitik. So bewachen schwedische Soldaten im Rahmen der UNO die Grenze zwischen Nord- und Süd-Korea, sie nehmen an den maßgeblich von der NATO geleiteten Einsätzen im Kosovo sowie in Afghanistan teil und partizipieren auch am Einsatz gegen die Piraterie am Horn von Afrika, der vorwiegend innerhalb der Strukturen der europäischen Sicherheitspolitik durchgeführt wird. Im Frühjahr 2011 erlangte der Einsatz schwedischer Kampfflugzeuge in Libyen international als auch national besondere Aufmerksamkeit. Mit anderen Worten: Die Bündnisfreiheit kann faktisch kaum mehr postuliert werden, wenngleich sie wie die Neutralität im Allgemeinen immer noch obere Norm der schwedischen Sicherheitspolitik ist. Die Realität der schwedischen Außenpolitik ist faktisch auf die Strukturen und Prozesse der NATO ausgerichtet.

Für die traditionellen NATO Mitglieder des Nordens waren die sicherheitspolitischen Neujustierungen hingegen überschaubar. *Dänemark* war aus historischen Gründen sicherheitspolitisch eng mit den USA verbunden. Die gemeinsame Sicherheitsverantwortung für Grönland konnte faktisch nur von den USA gewährleistet werden, die auf der Insel auch eine wichtige Radarstation unterhalten. Insofern orientierte sich Dänemark bereits in den 1990er Jahren auf eine intensive Zusammenarbeit im sicherheitspolitischen Rahmen der

---

[133] David Arter (2008: 292) berichtet, dass sich in den jüngeren Meinungsumfragen zwischen 66 und 80 Prozent der Finnen *gegen* eine NATO Mitgliedschaft ihres Landes aussprechen.

[134] Die Mitgliedsländer dieses bilateralen Rahmenprogrammes sind auf der Homepage der NATO mit den jeweiligen Beitrittsdaten aufgeführt (http://www.nato.int/pfp/sig-cntr.htm, letzter Zugriff am 10. Mai 2011).

NATO. Dies wurde forciert durch einen rapiden Umbau der dänischen Streitkräfte, die in vielen Konflikten während der vergangenen zwei Dekaden weltweit eingesetzt wurden. Die besondere transatlantische Position Dänemarks wurde auch im Irakkrieg deutlich, als Dänemark sich aktiv an den kriegerischen Maßnahmen beteiligte. Und es ist nicht unerheblich, dass der ehemalige dänische Ministerpräsident Anders Fogh Rasmussen seit 1. August 2009 Generalsekretär der NATO ist.

In *Island* führten die Zäsuren nach 1991 über Umwege zu sicherheitspolitischen Neuausrichtungen. Die Insel im Nordatlantik konnte sich als »Sicherheitsnehmerin« in der NATO sowie durch bilaterale Verträge mit den USA auf auswärtige Garantien für die territorialstaatliche Sicherheit berufen. Gleichwohl veränderte sich diese sicherheitspolitische Situation schlagartig durch den sich um die Jahrhundertwende anbahnenden und im Herbst 2006 vollzogenen Abzug der US-Truppen von ihrem Stützpunkt in Keflavík. Das entmilitarisierte Island startete also in das neue Jahrhundert quasi ohne territorialstaatliche Streitkräfte.

Als Reaktion hierauf veränderte sich die isländische Sicherheitspolitik schrittweise. *Erstens* wurden die Investitionen in den Küstenschutz ausgeweitet. *Zweitens* versucht Island durch weitere bilaterale Verträge – insbesondere auch mit den nordischen Nachbarstaaten – seine Sicherheitspolitik zu festigen. *Drittens* streben isländische Regierungen seit der Jahrhundertwende schrittweise eine Annäherung an die europäische Sicherheitspolitik an. Nicht zuletzt an der Mitgliedschaft im Schengenabkommen ist diese strategische Neuausrichtung der isländischen Außenpolitik abzulesen. *Viertens* entsendet Island auch Fachleute für externe Friedensmissionen. Hierfür wurde eine spezielle polizeiliche Eingreiftruppe gegründet. Dabei handelt es sich explizit nicht um militärische Einsatztruppen, sondern um speziell ausgerüstete Sicherheitskräfte der isländischen Polizei, die zum Beispiel unter dem Oberbefehl der NATO im Kosovo-Konflikt die Sicherung des Flughafens in Pristina oder im Afghanistan-Konflikt die Sicherung des Flughafens in Kabul umfassten. *Letztlich* ist nach der Wirtschaftskrise und den veränderten Machtverhältnissen in Island die weitere sicherheitspolitische Ausrichtung offen. Während die politische Elite eine EU-Mitgliedschaft nicht nur aus wirtschaftlichen, sondern auch aus sicherheitspolitischen Gründen anstrebt, steht die Bevölkerung mehrheitlich dieser Frage ablehnend gegenüber. Die isländische Sicherheitspolitik ist in den vergangenen Jahren – gezwungenermaßen – selbstständiger geworden.

Die geringsten Veränderungen sicherheitspolitischer Natur ereigneten sich in *Norwegen*. Als NATO Mitglied war das Land stets an friedensstiftenden Missionen beteiligt, jüngst auch an den Einsätzen im Kosovo, in Afghanistan oder im Irak. Zudem ist Norwegen auch dem Schengenabkommen beigetreten. Weitergehende sicherheitspolitische Annäherungen an die EU finden jedoch eher zögerlich statt. Die sozialdemokratisch geführten Regierungen Norwegens setzen in der Sicherheitspolitik auf eine eigenständige Politik sowie eine dezidierte Aktivität im Rahmen der UNO sowie der NATO. Unter den nordischen Ländern ist die norwegische Sicherheitspolitik gegenwärtig noch am ehesten am Ziel einer eigenständigen territorialstaatlichen Sicherheitspolitik ausgerichtet.

Zusammenfassend ist die Unterschiedlichkeit der nordischen Außen- und Sicherheitspolitik zu betonen (vgl. Schaubild 6.1). In dieser Hinsicht kann kaum von einer einheitlichen nordischen Politik die Rede sein. Durch die historische Zäsur der frühen 1990er Jahre veränderten sich jedoch auch im Norden die sicherheitspolitischen Rahmenbedingungen. Für einige Länder des Nordens implizierte dies eine verstärkte Ausrichtung auf die europäischen oder globalen sicherheitspolitischen Foren der Zusammenarbeit. Vor allem für Norwegen ist jedoch eine eher zögerliche Annäherung an die europäische Sicherheitspolitik zu konstatieren.

Schaubild 6.1:   Muster sicherheitspolitischer Verflechtungen im Norden

	NATO		EU			
	Mitglied	*PfP[1]*	*Mitglied*	*Eurozone*	*EFTA/EWR[2]*	*Schengen*
Dänemark	X		X			X
Finnland		X	X	X		X
Island	X				X	X
Norwegen	X				X	X
Schweden		X	X			X

Anmerkungen: 1) Partnership for Peace, 2) EWR = Europäischer Wirtschaftsraum.
Quelle: Eigene Zusammenstellung; Stand Sommer 2011.

6.2 Nordische Zusammenarbeit

Die skandinavische Region kann auf eine eigene Integrationsgeschichte verweisen. Bereits zwischen den Weltkriegen strebten einige nordische Länder eine verstärkte inner-nordische Kooperation an, nicht zuletzt aus sicherheitspolitischen Gründen. Der Kalte Krieg und die besonderen Beziehungen Finnlands zur UdSSR setzten diesen Hoffnungen allerdings enge Grenzen. Nichtsdestotrotz konnten unmittelbar nach dem Zweiten Weltkrieg Schritte hin zu einer verbesserten nordischen Kooperation unternommen werden. So kooperierten die nationalen Fluggesellschaften Dänemarks, Norwegens und Schwedens seit 1947 und gründeten schließlich im Jahr 1951 die skandinavische Fluglinie SAS (Scandinavian Airlines Systems). Kurz danach, am 16. März 1952, wurde der Nordische Rat gegründet. Dies ist eine inter-parlamentarische Organisation, die sich der kulturellen, ökonomischen, sozialen und politischen Kooperation verschrieben hat – allerdings keine Integrationsschritte jenseits einer verbesserten Kooperation der jeweiligen nordischen Politiken anstrebt.

Der Nordische Rat hat keine dezidierten Beschluss- oder Gesetzgebungskompetenzen, sieht sich aber als ein Gremium, das die inner-nordische Kooperation flankiert, Ratschläge hierfür erarbeitet und eine im weiten Sinne kulturelle Einheit des Nordens als Ziel verfolgt. Gründungsmitglieder waren alle nordischen Länder mit Ausnahme Finnlands. Erst nachdem sowjetische Bedenken ausgeräumt werden konnten, trat Finnland 1954 dem Nordischen Rat bei. Neben den fünf Territorialstaaten des Nordens sind auch die autonomen Gebietskörperschaften der Färörer Inseln, Grönlands sowie Ålands Mitglied im nordischen Rat; 1970 traten die autonomen Gebietskörperschaften Färöer Inseln sowie Åland dem Nordischen Rat bei, erst im Jahr 1984 Grönland. Die Zusammensetzung des Nordischen Rates ist in Tabelle 6.1 aufgeführt. Das Symbol des nordischen Rates ist der stilisierte nordische Schwan mit acht Flügeln (vgl. Kapitel 2, Schaubild 2.5).

Tabelle 6.1:   Die Zusammensetzung des Nordischen Rates

Land / Autonome Region	Entsendende Versammlung	Delegierte
Dänemark	Folketing	16
Färöer Inseln	Lagting	2
Grönland	Landsting	2
Finnland	Eduskunta	18
Åland	Lagting	2
Island	Althing	7
Norwegen	Storting	20
Schweden	Riksdag	20
Summe		**87**

Quelle: Arter (2008: 9), vgl. <www.norden.org>.

Der Nordische Rat als inter-parlamentarisches Zusammenarbeitsgremium konnte rasch durchaus beachtliche Erfolge vorweisen. So wurden im Jahr 1952, also zeitgleich mit der Gründung, die Dokumente für eine nordische Passunion verabschiedet. Diese Entwicklung wurde komplementiert durch die Beschlüsse zum gemeinsamen nordischen Arbeitsmarkt im Jahr 1954[135] sowie einer nordischen Konvention zur sozialen Sicherung im Jahr 1955. Die nordische Kooperation auf der Ebene der Parlamentarier wurde 1971 zusätzlich durch die Einrichtung der nordischen Ministerräte aufgewertet. In diesen Gremien beraten und koordinieren die jeweiligen Fachminister der Mitgliedsländer und -gebietskörperschaften Themen der nordischen Zusammenarbeit.

Schon früh ergab sich somit für die nordischen Bevölkerungen ein *gemeinsamer Arbeitsmarkt*, mit weitgehender Freizügigkeit und umfassender sozialer Absicherung. Insofern ist die skandinavische Arbeitsmarktintegration *vor* den Freizügigkeiten der EU verabschiedet und realisiert worden. Allerdings erlangte diese nordische Integration nur einen geringen Stellenwert. Zum einen blieb die Anzahl der inner-nordischen Migranten durchaus überschaubar. Zudem zeigt sich, dass die Migrationsströme stark von ökonomischen Rahmenbedingungen abhängig sind (Fischer/Straubhaar 1994). In Zeiten ökonomischer Turbulenzen und hoher offener Arbeitslosigkeit im Heimatland steigt die Bereitschaft zur innernordischen Migration stets sprunghaft an. Dieses Muster ließ sich historisch an der bedeutsamen Migration der Finnen nach Schweden in den 1990er Jahren beobachten und charakterisiert die derzeitigen Wanderungsströme jugendlicher Schweden nach Norwegen. Zudem ist der gemeinsame nordische Markt stets zu klein gewesen, um ökonomische »spill-over« Prozesse generieren zu können. Insbesondere die multinationalen Firmen des Nordens richteten früh ihre Strategien auf die Weltmärkte aus, die nordischen Märkte boten für sie zu wenige Absatzmöglichkeiten. Insofern fehlte dem nordischen Integrationsprozess von Beginn an eine genuine ökonomische Relevanz, wie sie für die europäische Integration zu beobachten ist – insbesondere nach der Osterweiterung.

Auch auf anderen Gebieten konnten inner-nordische Kooperationserfolge verbucht werden. *Erstens* waren die einzelnen nordischen Länder in internationalen Gremien stets bemüht, auch die Interessen der anderen nordischen Nachbarländer wahrzunehmen. Im Vorfeld von wichtigen Entscheidungen konnten so die Strategien koordiniert werden. Dieser inner-nordische Konsultationsprozess dominierte lange Zeit vor allem die Handlungen

---

[135]   Island trat diesem Abkommen erst im Jahr 1983 bei (Hilson 2008: 133).

der nordischen Länder in der UNO – wenngleich in jüngerer Vergangenheit und aufgrund der unterschiedlichen Interessen der nordischen Länder im europäischen Integrationsprozess diese inner-nordische Kooperation stark eingeschränkt ist (vgl. Kapitel 6.3). *Zweitens* konnten weitere Kooperationsgremien im Norden erfolgreich institutionalisiert werden. Hier ist nicht nur eine nordische Investmentbank zu nennen (gegründet 1976)[136], sondern es kam zu weiteren Kooperationsgremien insbesondere im Bereich des Umweltschutzes sowie des kulturellen Austausches. *Drittens* ist die nordische Zusammenarbeit vor allem im kulturellen Bereich erfolgreich. Hierfür sind nicht nur staatlich geförderte Austauschprogramme verantwortlich (z.B. das »Nordplus« Programm zur Erhöhung der inner-nordischen Mobilität nordischer Studierender), sondern auch die Schaffung genuin nordischer Kulturpreise, die regelmäßig im Bereich der Kunst und Literatur medienwirksam vergeben werden.[137]

Jenseits dieser Erfolge einer »Mikro«-Integration im Norden kann allerdings kaum von einer reinen Erfolgsgeschichte nordischer Kooperation die Rede sein. Im Gegenteil traten in großen Fragen der nordischen Politik stets die unterschiedlichen Interessen, Präferenzen und Ziele der einzelnen Länder hervor. Dies spiegelt nicht nur die unterschiedlichen außen- und sicherheitspolitischen Verbindungen der nordischen Länder wider (vgl. Kapitel 6.1), sondern kann auch auf genuine Animositäten zwischen den einzelnen Ländern zurückgeführt werden. Während die »alten Imperialmächte« des Nordens, Dänemark und Schweden, meist sehr empathisch die nordische Kooperation vertiefen wollten, fühlten sich die anderen Länder von diesem Engagement rasch in ihrer Rolle als eigenständige Staaten beeinträchtigt. Insofern trifft die These der „reluctant Nordics" (Arter 2008: 298-313) zu, d.h. die Gemeinsamkeiten zwischen den nordischen Ländern und Gesellschaften tragen nur bis zu einer gewissen Grenze zu einer »Mikro«-Integration bei; weitergehende Integrationserfolge scheitern stets an der mangelnden Bereitschaft der nordischen Länder, Aspekte nationaler Souveränität und Identität aufzugeben.

Mit dem Ende des Kalten Krieges unterlag auch die nordische Zusammenarbeit Veränderungen. Sie bewirkten einen Wandel nordischer Kooperationsmuster, die nordische Koordination ist seither offener, vielschichtiger und »europäischer« geworden. *Erstens* weitete sich aus historischen, kulturellen und geopolitischen Gründen die nordische Zusammenarbeit rasch auf die baltischen Länder aus. Obwohl Estland, Lettland und Litauen mit dem Fall des Eisernen Vorhangs nicht offiziell in den Nordischen Rat integriert wurden, lag den nordischen Ländern sehr viel an einer Intensivierung der Beziehungen mit diesen Ländern. So unterstützten die nordischen Länder die Balten bei ihren Vorbereitungen auf eine EU-Mitgliedschaft aktiv; Finnland konzentrierte sich dabei auf Estland, Schweden auf Lettland und Dänemark auf Litauen. Eine Vielzahl von Kooperationsprojekten zwischen dem Nordischen Rat und den baltischen Ländern widmet sich seit 1990 der Modernisierung der Infrastruktur, der Anhebung des Gesundheitsstandes in der baltischen Bevölkerung sowie einer gezielten Förderung der Mobilität insbesondere baltischer Studierender. Gleichwohl

---

[136] Vgl. zu weiteren Informationen die Internetseite <http://www.nib.int> (Letzter Zugriff am 10. Mai 2011). Als eine der wenigen nordischen Kooperationsorgane nahm die nordische Investmentbank Estland, Lettland und Litauen als vollwertige Mitglieder auf.

[137] Eine Übersicht über die hohe Zahl der nordischen Kooperationsgremien ist im Internet abrufbar: <http://www.norden.org/en/about-nordic-co-operation/organisations-and-institutions/co-operation-bodies> (letzter Zugriff am 10. Mai 2011).

führt diese neue Rolle des Nordischen Rates auch zu einer Schaffung weiterer Kooperationsgremien. So wurde ein Rat der baltischen Länder gegründet, in welchem zwar die baltischen Länder sowie die Mitgliedsländer des Nordischen Rates integriert sind. Aber dieser baltische Rat umfasst als Mitglieder auch Deutschland, Polen, Russland und die EU.[138] An diesem Beispiel lässt sich deutlich ablesen, dass die neue Rolle des nordischen Rates auch zu neuen Kooperationsmechanismen führt. Insofern weitet sich die nordische Kooperation nicht nur aus, sie verändert auch ihren Charakter und wird deutlich europäischer.

Zweitens nimmt sich die nordische Koordination verstärkt globaler Themen an. Neben den umweltpolitischen Gesichtspunkten kommen dabei auch Aspekte der wirtschaftlichen und kulturellen Zusammenarbeit zum Tragen. Während für die nordischen Länder die Anbahnung von (auch ökonomischen) Kontakten mit Indien, China oder dem ostasiatischen Raum richtungsweisend sind, kommen diese außereuropäischen Länder verstärkt auf die sozialpolitischen Aspekte des nordischen Modells zu sprechen. Der Nordische Rat sieht sich auch verstärkt in der Pflicht, die globalen klimapolitischen Ziele im Norden voranzutreiben. Die Bedeutung globaler Themen wird im Nordischen Rat durch die Einsetzung eines »Globalisierungskommittees« betont, welches die Rolle und die Zukunftsaussichten der nordischen Länder in einer zunehmenden Globalisierung eruiert – und zu durchweg positiven Einschätzungen gelangt (Norden 2010c).

Diese sektoralen Ausweitungen nordischer Kooperation auf andere Staaten implizieren nicht automatisch, dass die inner-nordische Kooperation rückläufig ist. Im Gegenteil werden *drittens* trotz unterschiedlicher europäischer Integrationsdynamiken eine Vielzahl genuin inner-nordischer Probleme geregelt. Es sind aber trotz der früh abgeschlossenen Passunion sowie den sozialrechtlichen Anerkennungsverfahren immer noch nicht alle bürokratischen Hürden überwunden. David Arter (2008: 312) berichtet von Fällen, in denen ein isländischer Ausweis nicht als Legitimation in einer schwedischen Bank akzeptiert wurde, bzw. von finnischen Studenten, die in ihrem Studienort in Schweden nicht krankenversichert wurden. Solche Probleme des täglichen Lebens sind weiterhin Gegenstand von Koordinationsbemühungen des Nordischen Rates.

Viertens wird der Nordische Rat von der europäischen Integration in seiner Funktionsweise beeinflusst. Die europäische Integration stellt die nordische Zusammenarbeit mitunter vor harte Bewährungsproben. So informierte die sozialdemokratische schwedische Minderheitsregierung anfangs der 1990er Jahre ihre nordischen Kollegen nicht über den abrupten Stimmungswandel und das schwedische Beitrittsgesuch, was von den anderen nordischen Regierungen, insbesondere in Finnland, mit großer Verärgerung kommentiert wurde. Insgesamt ist eine »nordische Strategie« in der EU kaum zu beobachten. Ob es um Fragen der Erweiterung oder um Fragen der konstitutionellen Weiterentwicklung der EU geht, fast nie ist in solchen Fragen eine einheitliche nordische Strategie erkennbar. Während die dänischen und schwedischen Regierungen eher den Schulterschluss mit den integrationsskeptischen britischen Regierungen suchen, versuchen die finnischen Regierungen sich durch eine integrationsfreundliche Politik zu profilieren. Das Bild einer nordischen Region von »reluctant Europeans« wird im folgenden Kapitel eingehender analysiert.

---

[138] Für mehr Informationen vgl. die Internetpräsenz des baltischen Rates <http://www.cbss.org> (letzter Zugriff am 10. Mai 2011).

Die nordische Zusammenarbeit kann *zusammenfassend* als ein historisches Projekt nordischer Außenpolitik bezeichnet werden. Früh wurden die territorialstaatlichen Grenzen überwunden und außenpolitische Themen in einem kooperativen Modus bearbeitet. Dennoch ist diese nordische Zusammenarbeit nie so recht erfolgreich in wichtigen Themen der Außenpolitik gewesen. Trotz der Institutionalisierung von nordischen Kooperationsgremien kommt es lediglich zu einer »Mikro-Integration« von vor allem kulturellen Themen. Durch die unterschiedlichen nordischen Wege in der europäischen Integration, die Öffnung Osteuropas hin zur EU und globale Dynamiken der Sicherheitspolitik weitet sich die nordische Zusammenarbeit aus, wird jedoch auch insofern europäischer, als sie immer stärker von Aspekten der europäischen Integration überlagert wird.

6.3 Nordische Europapolitiken

Die nordischen Wege nach Europa waren selten gerade, oft gewunden und zudem kaum im inner-skandinavischen Vergleich einheitlich. Wenn die nordischen Länder aufgrund ihrer nur halbherzigen regionalen Integrationsschritte in der Literatur gar als »reluctant Nordics« (Arter 2008: 298-313) bezeichnet werden, dann trifft die Bezeichnung der nordischen Länder als »reluctant Europeans« mit noch größerem Nachdruck zu. Im Folgenden soll analysiert werden, welche europäischen Integrationsschritte im Norden aus welchen Gründen eingeschlagen wurden, ob die »zögerlichen Europäer« des Nordens nach der historischen Zäsur von 1990 noch zögerlicher wurden oder allgemein formuliert, aus welchen Gründen sie ihre jeweiligen »Wege nach Europa« in der jüngeren Vergangenheit beschritten.

Die Europäische Union ist eine Erfolgsgeschichte.[139] Von der Gründung der Europäischen Gemeinschaften im Jahr 1957 nahm der Teilnehmerkreis stetig zu (vgl. Tabelle 6.2). In der nordischen Länderfamilie ist lediglich Dänemark im Kreis der frühen Mitgliedsländer. Zumindest war das Land neben Irland und dem Vereinigten Königreich im Laufe der zweiten Erweiterungsrunde 1973 in die EU aufgenommen worden. Finnland und Schweden traten offiziell im Jahr 1994 der EU bei, nachdem bereits in den 1980er Jahren die südeuropäischen Länder Griechenland sowie Portugal und Spanien Mitglieder der EU wurden. Danach sind Erweiterungen durch die osteuropäischen Länder erfolgt. Bis auf den heutigen Tag konnte Norwegen aus innenpolitischen Gründen keinen Beitritt zur EU erreichen. Und Island ist nach der schweren Finanzkrise offiziell in Mitgliedsverhandlungen getreten (Thorhallsson/Rebhan 2011), allerdings steht die Mehrheit der isländischen Bevölkerung kurz nach den schweren Krisenerfahrungen der jüngeren Vergangenheit wieder einer EU Mitgliedschaft ablehnend gegenüber, wenngleich auch hier Schwankungen in den jeweiligen Meinungsumfragen zu verzeichnen sind.[140]

---

[139] Hier wie im Folgenden wird entgegen der historischen Korrektheit der Begriff »Europäische Union« nicht nur für die EU in ihren heutigen Zügen und aufbauend auf dem Maastrichter Vertrag von 1992 verwendet, sondern auch für die historischen Vorläufer europäischer Integrationsgeschichte.

[140] Vgl. die Übersicht über einschlägige Meinungsbefragungen in Island, die aufgelistet sind auf: < http://en.wiki pedia.org/wiki/Accession_of_Iceland_to_the_European_Union> (letzter Zugriff am 20. Juni 2011).

Tabelle 6.2: Erweiterungsrunden der Europäischen Union

1957	Frankreich
	Italien
	Bundesrepublik Deutschland
	Niederlande
	Belgien
	Luxemburg
1973	**Dänemark**
	Irland
	Vereinigtes Königreich
1981	Griechenland
1986	Spanien
	Portugal
1995	Österreich
	Schweden
	Finnland
2004	Estland
	Lettland
	Litauen
	Polen
	Tschechische Republik
	Slowakische Republik
	Ungarn
	Slowenien
	Malta
	Zypern
2007	Bulgarien
	Rumänien
[2013]	[geplanter Beitritt Kroatiens]

Quelle: Eigene Zusammenstellung.

Die Europäische Integrationsidee setzt auf Frieden durch Handel. Insofern war die Schaffung gemeinsamer Märkte stets eine Grundidee des europäischen Integrationsprozesses. Allerdings unterscheiden sich die politischen Präferenzen in der Frage, inwieweit gemeinsame Märkte durch gemeinsame politische Institutionen flankiert, also genuine politische Integrationsschritte umgesetzt werden sollen. Die politischen Eliten der nordischen Länder sprachen sich durchweg für eine Ausweitung der Märkte (und Absatzmöglichkeiten einheimischer Produkte) aus, aber sie waren und sind weiterhin tendenziell gespalten und mehrheitlich skeptisch hinsichtlich der Schaffung gemeinsamer politischer Institutionen in der EU – die offizielle Europapolitik Finnlands spricht sich in der nordischen Staatenfamilie (noch) am dezidiertesten für eine beherzte politische Integration Europas aus.

Die nordischen Kernländer Dänemark, Norwegen und Schweden reagierten 1959 auf die Gründung der Europäischen Gemeinschaften mit der Gründung der EFTA (Europäische Freihandelszone).[141] Ziel dieser »Konkurrenzorganisation« zur EU war es, die Zollbarrieren untereinander einzudämmen, ohne jedoch weitere Integrationsschritte anzuvisieren. So

---

[141] Die Gründungsmitglieder waren neben den drei erwähnten nordischen Ländern Großbritannien, Österreich, Portugal und die Schweiz. Lichtenstein war aufgrund der Zollunion mit der Schweiz von den zollpolitischen Vereinbarungen in der EFTA betroffen ohne jedoch ein Vollmitglied zu sein; der formale Beitritt Lichtensteins erfolgte erst im Jahr 1991.

sollten die nationalen Zölle weiterhin im Verantwortungsbereich der Mitgliedsländer verbleiben, eine genuin politische Integration wie in den Europäischen Gemeinschaften wurde explizit abgelehnt. Island trat im Jahr 1970 der EFTA bei. Finnland näherte sich der EFTA durch ein bilaterales Abkommen im Jahr 1961 an (FINEFTA), das Land wurde schließlich erst im Jahr 1986 vollwertiges Mitglied der EFTA, nachdem die UdSSR ihr bis dahin mit Nachdruck geäußertes Veto zurückzog.

Der wirtschaftliche Erfolg der EFTA war durchaus beachtlich. Innerhalb der Mitgliedsländer erhöhte sich das Handelsvolumen deutlich. Allein im Zeitraum von 1959 bis 1967 steigerte sich das Handelsvolumen zwischen den EFTA-Ländern um über 200 Prozent (Arter 2008: 315). Und stets wurde die EFTA auch als eine Organisation betrachtet, die auf dem Verhandlungsweg zwischen den EU- und den EFTA-Ländern Annäherungen in vielen Bereichen ökonomischer sowie technologischer Regulierungen verfolgen sollte.

Allerdings veränderten sich die integrationsstrategischen Kalküle schlagartig mit der Entscheidung Großbritanniens, der EU beizutreten.[142] Für Großbritannien waren die höhere wirtschaftliche Dynamik in der EU sowie die Gefahr, sich in Europa nicht nur ökonomisch sondern auch politisch zu isolieren, ausschlaggebend. Dänemark und Norwegen, die beide von ihrer Exportstruktur stark auf den westdeutschen sowie vor allem britischen Markt ausgerichtet waren (und auch heute noch zum Teil sind), folgten diesem Schritt vor allem aus ökonomischen Überlegungen heraus; beide Länder stellten im Schatten des britischen Beitrittsgesuches ebenfalls ihre Beitrittsanträge.[143] Diese unilateralen Schritte Dänemarks und Norwegens führten zu deutlichen Belastungen der Beziehungen dieser Länder insbesondere zu Schweden. Die schwedische Regierung sah sich von den Integrationsabsichten der Regierungen in Kopenhagen und Oslo sehr überrascht, und sie kritisierte öffentlich die nur mangelhafte Absprache solcher Entscheidungen in den nordischen Kooperationsgremien. Während die sozialdemokratische Regierung in Stockholm für Schweden eine Mitgliedschaft in der EU damals noch vehement ausschloss, da dies mit der sicherheitspolitischen Neutralität Schwedens nicht zu vereinbaren sei, strebte Stockholm verstärkt eine bilaterale Assoziation des Landes mit der EU an, um von den rasch zunehmenden wirtschaftlichen Freiheiten und den rasch wachsenden Märkten in der EU zu profitieren.

Allerdings waren sowohl die Bevölkerungen als auch die politisch relevanten Akteure in Dänemark und Norwegen keineswegs mehrheitlich für einen solchen Integrationsschritt zu gewinnen. Während die politischen Eliten die wirtschaftspolitischen Vorteile höher bewerteten als die Einbußen an nationaler Souveränität, sahen die Kalküle in der Wahlbevölkerung anders aus. In Norwegen waren nicht nur die Sozialdemokraten (und Gewerkschaftsbewegungen) gespalten, sondern insbesondere auch die Menschen in den ländlichen Regionen sprachen sich deutlich gegen eine Mitgliedschaft aus. In Dänemark hingegen war die Ausgangslage in einer bedeutenden Hinsicht anders. Auch dort verliefen die politischen Trennlinien durch die Parteien und insbesondere durch die sozialdemokratische Partei (sowie der Gewerkschaftsbewegung). Aber anders als in Norwegen sprach sich die Mehrheit der Dänen in den ländlichen Regionen explizit *für* eine EU-Mitgliedschaft aus. Dort wurde die Abhängigkeit des Landes von landwirtschaftlichen Exporten nach Großbritanni-

---

[142]   Die folgenden Ausführungen basieren vor allem auf den einschlägigen Beiträgen in Miles (1996), vgl. auch Jahn/Storsved (1995).

[143]   Auch der zeitgleich erfolgte irische Beitrittsgesuch kann auf solche ökonomischen Kalküle zurückgeführt werden.

en und Deutschland als sehr wichtig eingestuft. Die ländliche Bevölkerung Norwegens hingegen befürchtete, dass durch eine Mitgliedschaft die Landwirtschaft des Landes – und insbesondere die Fischereiwirtschaft – in ihrer Dynamik eingeschränkt würde, nicht zuletzt durch neue Wettbewerber auf diesen norwegischen Märkten. Diese unterschiedlichen Kalküle führten zu der deutlichen Ablehnung der EU-Mitgliedschaft im norwegischen Referendum mit 53,5 Prozent Nein-Stimmen (bei einer Abstimmungsbeteiligung von 77,6 Prozent), wohingegen sich die dänische Bevölkerung in ihrem Referendum bei einer sehr großen Abstimmungsbeteiligung von 90,1 Prozent mit 63,4 Prozent Ja-Stimmen deutlich für eine EU-Mitgliedschaft aussprach.

Damit war die nordische Staatenfamilie endgültig in der Europapolitik gespalten. Und das deutliche »Nein« im norwegischen Referendum wurde als schwere Hypothek für weitere Annäherungen der norwegischen Politik an die EU gedeutet. Gleichwohl sicherten sich die in der EFTA verbliebenen nordischen Länder rasch durch bilaterale Freihandelsverträge ihren Zugang zu den dynamischen Märkten der EU-Länder. Zudem wurde offensiv von der EFTA die Zusammenarbeit mit der EU auch in anderen Bereichen gesucht, wie zum Beispiel der Atomenergie sowie den vielfältigen Aspekten der technischen Normierung. Nichtsdestotrotz reduzierte sich die EFTA auf eine vorwiegende Sachwalterin von ökonomischen Freihandelsabkommen. Durch die Süderweiterung der EU in den 1980er Jahren sowie die verstärkten Integrationsbemühungen innerhalb der EU zur Schaffung eines gemeinsamen Binnenmarktes sowie einer gemeinsamen Währung drohten die in der EFTA verbliebenen Länder des Nordens sich ökonomisch aber vor allem auch politisch in Europa immer weiter zu isolieren.

Dänemark war von 1973 bis 1989 kaum ein sehr emphatisches Mitgliedsland der EU. Die innenpolitischen Konflikte über die Europapolitik schwelten weiter und fokussierten sich an dem erneuten Integrationsschritt einer Einheitlichen Europäischen Akte (EEA), verabschiedet 1985. Die damaligen bürgerlichen Minderheitsregierungen in Dänemark waren in dieser Frage abhängig von der Zustimmung der Oppositionsparteien. Und die sozialdemokratische Parteiführung entschied sich, gegen die EEA zu votieren. Die bedrängte Regierung Schlüter in Kopenhagen schritt in dieser Situation allerdings nicht zu Neuwahlen, sondern setzte überraschend ein nationales Referendum an. Bei diesem Referendum offenbarte sich (erneut) die europapolitische Spaltung der dänischen Sozialdemokratie. Nach einer erbitterten innenpolitischen Auseinandersetzung votierten 56,2 Prozent der Dänen für die Annahme der EEA – und fügten so der dänischen Sozialdemokratie eine bittere Niederlage zu. Die dänischen Sozialdemokraten revidierten in den Folgejahren in einem durchaus schmerzhaften Lernprozess ihre europapolitische Ausrichtung grundlegend.

Offenbar wurde diese neue europapolitische Strategie der dänischen Sozialdemokraten aber auch die allgemein sich verändernde innenpolitische Grundlage Dänemarks im Vorfeld des Vertrags von Maastricht, der im Jahre 1993 in Kraft trat. Die Sozialdemokraten des dänischen Folketing unterstützen nun einheitlich zusammen mit den Führungsorganen der großen bürgerlichen Parteien eine weitere politische Vertiefung der EU. Hintergrund dieser veränderten Strategie war nicht nur die schmerzhafte Niederlage bei der Volksabstimmung zur EEA, sondern die historisch bedeutsamen Veränderungsprozesse in Europa. *Erstens* signalisierte Österreich als EFTA Land bereits im Jahr 1989 seine Absicht, der EU beitreten zu wollen. *Zweitens* veränderten sich die politischen Grundlagen in Osteuropa. Und *drittens* führte die deutsche Einheit zur Einsicht, dass ein mächtigeres Deutschland in einer politischen vertieften EU am besten »aufgehoben« sei. Allerdings waren die für Dänemark weitreichenden Souveränitätsübertragungen Gegenstand eines nationalen Referendums.

Im Frühjahr 1992 entfachte eine intensive politische Auseinandersetzung über die dänische Europapolitik. Eine Bürgerbewegung gegen den Vertrag von Maastricht kollidierte mit der Mehrzahl der politischen Eliten in Parteien, Verwaltung und Verbänden. Mit einer sehr hohen Abstimmungsbeteiligung (83,1 Prozent) votierten 50,7 Prozent der Dänen gegen den Vertrag von Maastricht, wohingegen für den Vertrag 49,3 Prozent stimmten.[144] An der Abstimmungsurne offenbarte sich das gespaltene Verhältnis zwischen sozialdemokratischer Elite und Wahlvolk, da etwas weniger als 60 Prozent der sozialdemokratischen Wähler dem Vertrag zustimmten. Zudem waren die Däninnen deutlich europaskeptischer als die Dänen (Pedersen 1996).

Das Ergebnis des Referendums wurde von der bürgerlichen Minderheitsregierung unter Poul Schlüter als gravierendes Problem der dänischen Politik interpretiert. Daher setzte die dänische Politik alle Hoffnungen auf spezifische Klauseln, welche eine Zustimmung in einer weiteren Abstimmungsrunde absichern sollten. Tatsächlich gelang dies auf dem EU Gipfel in Edinburgh, als Dänemark vier spezielle »opting-out« Klauseln zugesichert wurden (monetäre Integration, sicherheitspolitische Integration, juristische und polizeiliche Integration sowie der Bereich der Bürgerrechte). Diese Klauseln ermöglichten tatsächlich eine klare Mehrheit bei der erneuten Volksabstimmung zu diesem Thema im Mai 1993 (56,8 Prozent Ja-Stimmen). Allerdings eröffnen diese Klauseln keine nennenswerten neuen integrationspolitischen Positionen Dänemarks, sieht man von der weiter bestehenden währungspolitischen Souveränität ab. So wird die Wirkung dieser Klauseln in der Literatur vor allem darin gesehen, dass weitere integrationspolitische Schritte in Dänemark einzig über Volksabstimmungen zu erfolgen haben (Pedersen 1996: 93).

Die historische Zäsur 1989/1990 veränderte schlagartig auch die integrationspolitischen Ausrichtungen in Finnland, Norwegen und Schweden. Der Zusammenbruch der UdSSR verschärfte zwar die ökonomische Krise in *Finnland*, eröffnete aber auch eine neue finnische Integrationsperspektive. Relativ schnell wurde die »Finnlandisierung« ad acta gelegt und eine forcierte Ausrichtung auf eine EU-Mitgliedschaft verfolgt. Neben vor allem ökonomischen Argumenten – welche die öffentliche Debatte dominierten – waren auch sicherheitspolitische Aspekte für diese Entscheidung relevant. Obschon die offizielle Politik eine solche Argumentation vor dem Hintergrund der finnischen Neutralität vermied, war für alle Beobachter ersichtlich, dass mit der EU-Mitgliedschaft der Status Finnlands als Land der westlichen Werte- und Verteidigungsgemeinschaft besiegelt werden sollte (Arter 2008: 321). Die Volksabstimmung zur EU-Mitgliedschaft wurde in Finnland als erstem der drei nordischen Länder im Oktober 1994 abgehalten und signalisierte mit 57 Prozent Ja-Stimmen einen deutlichen Rückhalt der Integrationspolitik in der Bevölkerung.

Die ökonomische Krise in *Schweden* war eine Rahmenbedingung für den europapolitischen Fundamentalschwenk der schwedischen Sozialdemokratie. Tatsächlich erfolgte dieser integrationspolitische Schwenk vor den beiden anderen nordischen Beitrittskandidaten.

---

[144] Werden die Stimmenthaltungen berücksichtigt, dann beläuft sich das Verhältnis zwischen reinen Nein und Ja Stimmen auf 41,7 Prozent zu 40,5 Prozent. Vgl. die Tabelle 3.6 in Kapitel 3.

Dieser unilaterale Kurswechsel überraschte nicht nur die schwedische Bevölkerung, sondern verärgerte auch die Regierungen der nordischen Nachbarländer, die sich diesmal von der wankelmütigen schwedischen Europapolitik überrumpelt fühlten. Dabei war eine weitere Integration Schwedens kaum ein in solchem Ausmaße historisches Projekt, wie es sich in Finnland darstellte. Schweden war bereits sehr intensiv in die europäischen Märkte verflochten. Tatsächlich waren es einerseits die sicherheitspolitische Neuinterpretation der schwedischen Sozialdemokraten sowie andererseits der politische Wettbewerb mit den großen Parteien des bürgerlichen Lagers, die dezidiert für eine EU Mitgliedschaft votierten, die zusammengenommen den Richtungswechsel der schwedischen Sozialdemokratie erklären können. Die politischen Mehrheiten waren prekärer als in Finnland. Neben einigen speziellen Fragen[145] wurde vor allem die Rolle der schwedischen Landwirtschaft sowie die Perspektive einer währungspolitischen Integration in Schweden äußerst kontrovers diskutiert. Tatsächlich offenbarten Umfragen im Vorfeld der Volksabstimmung eine fast paritätisch gespaltene Meinungslage in der Bevölkerung. Nur einen Monat nach der finnischen Volksabstimmung, im November 1994, stimmten schließlich 52 Prozent der Schweden für eine Mitgliedschaft.

Es bestand die Hoffnung, dass von den zuvor positiv ausgefallenen Volksumfragen eine Art »Domino-Effekt« auf die Abstimmungsergebnisse in *Norwegen* ausgehen würde. Das Trauma des missglückten Beitrittsversuches im Jahr 1972 beeinflusste die innenpolitische Auseinandersetzung. Während die sicherheitspolitischen Rahmenbedingungen kaum eine Hürde für einen EU-Beitritt darstellten – Norwegen war Gründungsmitglied der NATO –, waren es erneut innenpolitische Gründe, das im Vergleich zu Schweden fehlende ökonomische Krisengefühl sowie die weit verbreiteten Ängste vor Souveränitätsverlusten, welche die Volksabstimmung entschieden. Während sich der norwegische Storting mit einer Zweidrittelmehrheit für den Beitritt aussprach, stimmten nur 47,8 Prozent der Norweger für einen Beitritt, 52,2 Prozent der Norweger bei einer Abstimmungsbeteiligung von 88,9 Prozent votierten dagegen.

Erneut waren es die ländlichen Regionen, die den Ausschlag für das Endergebnis gaben. Je weiter entfernt von Oslo (dort stimmte eine deutliche Mehrheit für den Beitritt), desto größer wurde der Anteil an Nein-Stimmen. Es war also nicht nur der Konflikt zwischen poltischer Elite und der Bevölkerung entscheidend, es war vor allem der Konflikt zwischen Stadt und Land, der erneut ein norwegisches Beitrittsgesuch scheitern ließ. Während in den beiden anderen nordischen Ländern die Zentrumsparteien zwar gespalten waren, aber in der Mehrzahl für einen EU-Beitritt votierten, so war die norwegische Zentrumspartei nahezu geschlossen gegen einen EU-Beitritt. Auch dies spiegelt die scharfe europapolitische Trennlinie zwischen Stadt und Land in Norwegen wider. Gro Harlem Brundtland, die sozialdemokratische Ministerpräsidentin, hatte ihr politisches Schicksal nicht offiziell aber »zwischen den Zeilen« mit einem EU-Beitritt des Landes verknüpft. Insofern kam es

---

[145] So war es unter anderem das in der EU herrschende Herstellungs- und Konsumverbot des Kautabaks (»snus«), das in Schweden für eine ablehnende Haltung sorgte. Letztlich konnte in den Beitrittsverhandlungen – anders als in Finnland – ein schwedisches Sonderrecht für die Herstellung und den Konsum von Kautabak ausgehandelt werden. Die gegenwärtige Mitte-Rechts-Regierung in Schweden strebt in jüngerer Vergangenheit danach, diese Form des Tabakkonsums in der gesamten EU zu legalisieren.

nicht überraschend, dass sie sich kurze Zeit später für eine politische Karriere in der UNO entschied und die norwegische Innenpolitik hinter sich ließ.

Allerdings lassen die ökonomischen Entwicklungen Norwegens diese politische Entscheidung im Rückblick eher zweitrangig erscheinen. Mit dem historisch einzigartigen Boom der Ölindustrie (vgl. Kapitel 4.3) hat sich Norwegen in den vergangenen beiden Dekaden zu einer der reichsten Volkswirtschaften weltweit entwickelt. Der Zugang zu den Märkten in Europa ist auf vielfältige Weise gesichert, nicht nur aufgrund der Vereinbarungen zum Gemeinsamen Europäischen Wirtschaftsraum (EWR), der im Jahre 1992 zwischen der EU und der EFTA abgeschlossen wurde. Insofern kann die ökonomische Position Norwegens als vorzüglich eingestuft werden. Durch die offenen Arbeitsmärkte des Nordens zieht Norwegen in jüngster Vergangenheit verstärkt Erwerbspersonen aus vielen Ländern an. Gegenwärtig ist keine ernsthafte Beitrittsdebatte in Norwegen auszumachen; das Land fährt offensichtlich gut in der Rolle der europapolitischen Position einer »splendid isolation«, welche nicht zuletzt durch den Ölreichtum ermöglicht wird.

Mit der Erweiterungsrunde 1994 erhielt die EU schließlich eine nordische Dimension. Mit Dänemark, Schweden und Finnland könnten potenziell drei finanzstarke Territorialstaaten des Nordens in der EU eine genuin nordische Politik verfolgen. Allerdings zeigte sich rasch, dass eine homogene nordischer Strategie in der Europapolitik eher Wunsch als Realität ist. Sichtbar wurde diese Heterogenität bei dem markanten Integrationsschritt der EU hin zur Wirtschafts- und Währungsunion. Während Finnland rasch und mit Nachdruck den Euro als Zahlungsmittel einführte, optierte die damalige Regierung in Schweden für eine »Wait-and-See« Option, ohne sich an den europäischen Wechselkursmechanismus zu knüpfen, wohingegen in Dänemark in einer Volksabstimmung der Euro abgelehnt wurde, gleichwohl die dänische Krone in den europäischen Wechselkursmechanismus weiterhin eingebunden, also unmittelbar an die Entwicklung des Euro gebunden ist.

Die unterschiedlich zusammengesetzten Regierungen *Finnlands* stimmen seither darin überein, dass sich das Land aktiv an einer politischen Vertiefung der europäischen Integration beteiligen solle. Seit dem Beitritt des Landes versuchen finnische Politiker auf der europäischen Bühne zu reüssieren. So konnte sich Olli Rehn von der finnischen Zentrumspartei erst als EU-Erweiterungskommissar (2004-2010) sowie anschließend als Kommissar für Wirtschaft und Währung (seit März 2010) einer breiteren europäischen Öffentlichkeit als vehementer Verfechter des europäischen Integrationsgedanken präsentieren. Weiterhin verlief die Einführung des Euro in Finnland ohne große innenpolitische Konflikte, eine Volksabstimmung wurde nicht durchgeführt. Zudem versuchen finnische Regierungen unterschiedlichster Couleur sich streng an die europäischen Vorgaben der Wirtschaft- und Währungspolitik zu halten. Von den 17 Euroländern (und weiteren 6 Ländern, die der Eurozone zugerechnet werden können) besticht die finnische Haushaltspolitik durch eine sehr vorbildliche Einhaltung der europäischen Stabilitätskriterien (vgl. Kapitel 4).

Allerdings steht in jüngster Vergangenheit diese pro-europäische Haltung Finnlands vor einer bedeutsamen Herausforderung. Die erstarkenden »Wahren Finnen« sind eine klassisch rechtspopulistische Partei und insofern dezidiert gegen eine weitere Integration des Landes in die EU. Im Laufe der Regierungsbildung 2011 sollten die »Wahren Finnen« in die Regierungskoalition eingebunden werden, aber dies scheiterte an der Weigerung der finnischen Rechtspopulisten, die Krisenpakete für Portugal oder Griechenland weiter mitzutragen. Insofern ist Finnland zwar bislang in der nordischen Staatenfamilie das »Musterland« der europäischen Integration. Allerdings mehrt sich auch dort der vehemente Widerstand gegen eine europafreundliche Politik – im Parteiensystem sowie in der Bevölkerung.

In *Schweden* offenbarte die Streitfrage einer Wirtschafts- und Währungsunion die tiefen Gräben in der Europapolitik. Während der Beitritt Schwedens zur EU noch mit knapper Mehrheit gesichert werden konnte, umfasste die Opposition gegen den Euro diesmal breite Wählerschichten – und diese konnten sich im Referendum am 14. September 2003 mit 55,9 Prozent Nein-Stimmen klar durchsetzen. Grundsätzlich sprachen sich die ländlichen und ärmeren Regionen des Landes deutlicher gegen den Euro aus als die urbanen und reicheren. Und auch die Schwedinnen waren skeptischer gegenüber dem Euro eingestellt als die Schweden. Gleichwohl ist jenseits dieser wahlsoziologischen Analysen bedeutsam, dass nicht nur die schwedische Sozialdemokratie in dieser Frage gespalten war, sondern auch tiefe Risse im sonst eher pro-europäischen bürgerlichen Lager sichtbar wurden. Als die schwedische Außenministerin – und vehemente Euro-Verfechterin – Anna Lindh nur drei Tage vor dem Euro-Referendum in Stockholm einem Attentat zum Opfer fiel, prognostizierten nicht wenige Beobachter eine Stärkung der Euro-Befürworter. Dieses (erneute) traumatische Erlebnis für die schwedische Politik konnte allerdings die mehrheitliche Ablehnung der Wirtschafts- und Währungsunion in Schweden nicht entscheidend verändern.

Diese breite Opposition in Gesellschaft und Parteiensystem wurde zudem seitens einiger Ökonomen unterstützt, die vor einer frühzeitigen Aufgabe der geld- und währungspolitischen Autonomie warnten. Da die schwedische Wirtschaft und die öffentlichen Haushalte des Landes in einer sehr guten Position seien, könnte das Aufgehen der schwedischen Krone in einer Gemeinschaftswährung dafür sorgen, dass die Standortvorteile des Landes erodieren würden. Just diese Argumentation lief darauf hinaus, die Übernahme einer europäischen Gemeinschaftswährung nicht per se auszuschließen, sondern vielmehr die Entwicklungen dieses Gemeinschaftsprojektes mittelfristig zu verfolgen, um dann zu einem späteren Zeitpunkt erneut über eine Mitgliedschaft im gemeinsamen Währungsraum entscheiden zu können. Es entbehrt nicht einer gewissen Ironie, dass sich diese abwartende Haltung der schwedischen Politik durch die Turbulenzen auf den europäischen Kapitalmärkten nach 2007 durchaus als vorteilhaft herausstellen sollte (vgl. Kapitel 4.5).

Die größte Aufmerksamkeit in Europa erlangten die politischen Auseinandersetzungen über die Währungsunion in *Dänemark*. Während sich noch zur Abstimmung über den Amsterdamer Vertrag im Jahr 1998 eine deutliche Mehrheit in Dänemark für eine Vertiefung der EU aussprach, veränderten sich die Mehrheitsverhältnisse in nur zwei Jahren markant. Bei einer erneut sehr hohen Abstimmungsbeteiligung von 87,5 Prozent sprachen sich 53,1 Prozent aller Dänen gegen die Einführung des Euro aus. Und während in den vorangehenden Abstimmungen – anders als in Norwegen oder Schweden – die (ärmeren) ländlichen Regionen in Dänemark stets *für* eine weitere europäische Integration votierten, kehrte sich nun das Muster der Zustimmung bzw. Ablehnung um. Die Kritik an der Wirtschafts- und Währungsunion war über breite Bevölkerungsschichten verteilt und die Gräben verliefen quer durch alle maßgeblichen Parteien – mit den tendenziellen Ausnahmen der Rechtspopulisten sowie der Linkspartei, die geschlossen gegen eine weitere Integration Dänemarks votierten. Insofern kann seit diesem Zeitpunkt durchaus von einer »Nationalisierung« des Euroskeptizismus in Dänemark gesprochen werden (Arter 2006: 327).

Die nordischen Länder sind auf keinen eindeutigen gemeinsamen Nenner in der Europapolitik zu bringen. Während Norwegen und Island die Integrationsschritte bislang skeptisch von außen betrachteten, entschieden sich die Bürger in Dänemark früh sowie etwas später diejenigen in Schweden und Finnland für eine Integration der Länder in die EU. Allerdings ist gegenwärtig lediglich Finnland ein Mitglied im Euroraum, wohingegen Dänemark und Schweden der Gemeinschaftswährung fern blieben. Diese unterschiedlichen Positionen rechtfertigen – mit der tendenziellen Ausnahme Finnlands – durchaus das Etikett der »reluctant Europeans«.

Allerdings wird diese Einschätzung korrigiert, wenn die tagtägliche europäische Politik analysiert wird. Die europäische Integration lebt von der Bereitschaft der Mitgliedsländer, europäisches Recht und europäische Vorgaben in die nationalen Gesetze und Verordnungen zu übernehmen. Diese »compliance«, also diese Gefolgschaft nationaler Politik gegenüber der rechtlichen und tagtäglich wirksamen Europäisierung ist im internationalen Vergleich unterschiedlich stark ausgeprägt. So kommen empirische Studien zu dem Ergebnis, dass in einigen Ländern die Umsetzungen eher träge erfolgen, dort also eher eine »world of neglect« gegenüber Europa vorherrsche. In dieser Ländergruppe seien neben Frankreich auch Portugal oder Griechenland vertreten. Die restlichen EU-Mitgliedsländer würden deutlich besser europäische Vorgaben umsetzen. Während ein breites Mittelfeld – mit Deutschland, Österreich aber auch Großbritannien – zu konstatieren sei, macht eine Region durch eine besonders rasche und unkomplizierte Übernahme europäischer Vorgaben von sich Reden: Schweden, Finnland und Dänemark werden von manchen Sozialwissenschaftlern in dieser Hinsicht als eine europapolitische »world of law observance« eingestuft (Falkner/Harlapp/Treib 2007, Falkner/Treib 2008).[146]

Diese Perspektive korrigiert eindeutig die dominante These der europaskeptischen Politik im Norden, wie sie sich vor allem aus der systematischen Beobachtung der »großen Abstimmungen« ergibt. Während die Bevölkerung und weite Teile der Parteien im Norden durchaus skeptisch hinsichtlich einer weiteren Vertiefung der europäischen Integration sind, können Politik und Verwaltung effizient und rasch die Umsetzung europäischen Rechts in nationales Recht durchführen. In diesem Punkt zeugen die nordischen Mitgliedsländer der EU also eher von einer großen Gefolgschaft gegenüber der europäischen Politik, die durch ein effizientes System der Administration abgesichert wird.

Zusammenfassend kann festgehalten werden, dass die skandinavischen Länder in der Europapolitik unterschiedliche Wege beschreiten. Mit der Vertiefung der europäischen Integration wird in vielen Ländern des Nordens zunehmende Skepsis und Ablehnung offenbar. Und auch wenn sich gegenwärtig Island in offiziellen Beitrittsverhandlungen befindet, so bleibt doch abzuwarten, ob sich eine Mehrheit der Isländer für einen solchen Schritt aussprechen wird. In Norwegen können gegenwärtig keine Initiativen ausgemacht werden, die auf einen erneuten Schritt in Richtung der EU hindeuten. Die nordischen Mitgliedsländer in der EU hingegen sind entweder nicht Mitglied des Euroraumes (Dänemark, Schweden) oder sie erleben gegenwärtig eine fulminante anti-europäische Mobilisierung in Form der Rechtspopulisten, der »Wahren Finnen«. Diese skeptische Haltung gegenüber dem

---

[146] Zu den nicht unkomplizierten methodischen Problemen vgl. Harlapp/Falkner (2009). Dort nehmen anhand unterschiedlicher empirischer Beobachtungen weiterhin die nordischen Länder eine Spitzenposition ein, allerdings schließt die Niederlande jüngst zu dieser Spitzengruppe auf.

europäischen Integrationsprojekt gilt es jedoch in Bezug zu setzen mit den effizienten Umsetzungen europäischen Rechts in nationales Recht unter den nordischen EU Mitgliedern. Der Norden ist also im Bereich der Europapolitik in vielen Hinsichten gespalten und äußerst heterogen.

6.4 Das Ende nordischer Sonderwege?

Die Analyse skandinavischer Außen- und Sicherheitspolitik belegt die Heterogenität im Norden. In dieser Hinsicht ist also die Rede von einer homogenen nordischen Staatenfamilie am wenigsten zu rechtfertigen. Gleichwohl lassen sich durchaus Ähnlichkeiten und gemeinsame Tendenzen in der nordischen Außen- und Sicherheitspolitik ausmachen. *Erstens* nehmen sich viele nordische Länder trotz länderspezifischer Unterschiede und Fluktuationen über die Zeit hinweg durchaus als »moralische Supermächte« wahr (Ingebritsen 2006). Die skandinavischen Länder versuchen, mit den Mitteln der internationalen Diplomatie sowie einer eigenen, durchaus vorbildlichen Politik, normativ anspruchsvolle Politikziele auf dem internationalen Parkett zu thematisieren.

Darüber hinaus kann *zweitens* als gemeinsamer Trend der nordischen Außen- und Sicherheitspolitik eine gewisse Europäisierung konstatiert werden. Die EU hat in jüngster Vergangenheit deutlich an Anziehungskraft für den Norden gewonnen. Nicht zuletzt in Zeiten ökonomischer und politischer Krisen wurde die EU immer öfter als »sicherer Hafen« wahrgenommen – dies ist jüngst in Island mit aller Deutlichkeit zu beobachten. Allerdings verfolgen die nordischen Länder trotz dieser Europäisierung durchaus noch unterschiedliche Ziele und Strategien im europäischen Integrationsprozess. In der nordischen Staatenfamilie ist bislang vor allem Finnland durch eine beherzt pro-europäische Integrationspolitik aufgefallen. Die anderen nordischen Länder distanzieren sich von der EU – wie Norwegen und bis in die jüngste Vergangenheit Island –, oder sie sind Mitglieder der EU, verfolgen dort allerdings eine eher integrationsskeptische Politik – Dänemark und Schweden folgen diesem Muster. Die Rede von den »reluctant Europeans« ist allerdings dahingehend zu spezifizieren, als die nordischen Mitgliedsländer der EU bei der Umsetzung von europäischem Recht eher vorbildlich erscheinen. Dort werden Vorgaben aus Brüssel rasch und effizient umgesetzt, wodurch sich die Ländergruppe deutlich von Deutschland oder vor allem Frankreich unterscheidet. Trotzdem: Eine gemeinsame nordische Politikstrategie in der EU kann aufgrund dieser unterschiedlichen nationalen Präferenzen und Positionen allerdings *nicht* ausgemacht werden.

Die nordische Zusammenarbeit ist *drittens* ein historisches Erfolgsmodell, wenngleich mit deutlichen Erschöpfungszuständen in der Gegenwart. Im Rückblick betrachtet lag der Erfolg dieser internationalen (regionalen) Kooperation im Norden darin, dass in Skandinavien rasch nach dem Zweiten Weltkrieg ein gemeinsamer politischer (und kulturell-ökonomischer) Raum entstand. Allerdings scheiterten weitergehende Integrationsschritte nicht nur an fortbestehenden territorialstaatlichen Autonomiebestrebungen und intraskandinavischen Animositäten. Auch die parallel verlaufende europäische Integration verhinderte weitergehende nordische Integrationsfortschritte. Dies wurde mit dem frühen Beitritt Dänemarks zur EU offensichtlich und pflanzt sich bis auf den heutigen Tag mit der europaskeptischen Haltung Norwegens fort. Gegenwärtig ist die nordische Zusammenarbeit formal intakt, allerdings ohne bedeutsamen politischen Kern. Zum einen verflüchtigen sich die Regulierungstatbestände dahingehend, dass die nordische Koordination von einer immer intensiver werdenden europäischen Koordination überlagert wird. Zum anderen öffnet sich die nordische Kooperation nach Osten zu den baltischen Ländern. Die historischen, kulturellen sowie auch geographischen Bande zwischen dem Baltikum und dem Norden werden in die nordische Kooperation integriert, was gleichzeitig eine veränderte Funktionslogik der Zusammenarbeit impliziert. So ist die nordische Kooperation nicht nur durch die Europäisierung »dünner« geworden, durch die Öffnung nach Osten ist sie auch »weiter« geworden.

Im Bereich der genuinen Sicherheitspolitik unterscheiden sich *viertens und letztlich* die nordischen Länder (noch) sehr deutlich. Historisch betrachtet waren hier die Unterschiede zwischen den nordischen Ländern nach dem Zweiten Weltkrieg extrem groß. Der Bogen spannte sich von einer »Finnlandisierung« bis hin zu einer frühen und engagierten Mitgliedschaft Norwegens, Dänemarks oder Islands in der NATO. Das Ende des Kalten Krieges, die Osterweiterung der EU sowie die globalen Herausforderungen des Terrorismus haben sicherheitspolitisch neue Rahmenbedingungen geschaffen. Vor diesem Hintergrund haben die nordischen Länder in jüngster Vergangenheit ihre Positionen revidiert. Und die historisch gewachsenen unterschiedlichen Positionen beginnen sich nun schrittweise anzunähern. Sicherheitspolitische Kooperationen nordischer Länder mit der NATO oder den sicherheitspolitischen Einrichtungen der EU gehören gegenwärtig zum »normalen« Prozedere der Sicherheitspolitik im Norden. Auch in dieser Hinsicht haben also die nordischen Länder sich untereinander angenähert – und sie sind im europäischen Vergleich »normaler« geworden.

Insofern lässt sich die These belegen, dass die »nordischen Sonderwege« in der Außen- und Sicherheitspolitik an ihr Ende gelangt sind. Eine sicherheitspolitische Annäherung, eine Europäisierung der Außenpolitik sowie eine sich geographisch ausweitende und – vom Inhalt her betrachtet – verflüssigende nordische Kooperation sind allesamt Indizien dafür, dass der Norden kaum mehr als eine besondere außen- und sicherheitspolitische Region in Europa auszumachen ist. Die nordischen Sonderwege sind de facto am Ende – was allerdings die nordischen Politiker nicht davon abhält, immer wieder ihre Rolle als »moralische Supermächte« auszuspielen. Dies ist das Spannungsfeld, in welchem sich die nordische Außen- und Sicherheitspolitik – bei all den länderspezifischen Nuancen – befindet: Zwischen einer »Normalisierung« der Außen- und Sicherheitspolitik auf der einen Seite sowie einer moralisch anspruchsvollen globalen Außenpolitik auf der anderen Seite die Waage zu halten.

7 Nordische Wunderländer?

„Das nordische Modell bewahren zu wollen, gleicht der Aufgabe, Venedig vor dem Untergang zu retten. Die Aufgabe ist nobel und bewundernswert, jedoch ebenso unsichtbar und undankbar" (Lundberg 2009: 28).

Die vorliegende Analyse von Gesellschaft, Wirtschaft und Politik der skandinavischen Länder spannt einen weiten thematischen Bogen. Neben (kurzen) historischen Exkursen stehen die zentralen politischen Institutionen und Akteure gegenwärtiger nordischer Politik ebenso im Zentrum des Interesses wie wichtige Politikfelder oder »policies«. Die Ergebnisse der einzelnen Kapitel sollen in diesem abschließenden Fazit nicht nochmals wiederholt werden. Vielmehr soll in einem ersten Schritt die Frage aufgeworfen werden, ob wir tatsächlich mit guten Argumenten von einem »nordischen Modell« demokratischer Politik sprechen können. In einem zweiten Schritt schließlich soll die Frage erörtert werden, was an den nordischen Demokratien vorbildlich erscheint und inwiefern sie als »Wunderländer« bezeichnet werden können; und was die deutschsprachigen Länder – und insbesondere die Politik in Deutschland – von diesen nordischen Vorbildern lernen können.

Die Antwort auf die Frage nach einem in sich homogenen und deutlich von den anderen Demokratien abgrenzbaren »nordischen Modell« ist auf der Grundlage der vorherigen Kapitel weder mit einem klaren »Ja« noch mit einem klaren »Nein« zu beantworten. Zwei analytische Perspektiven sind hinsichtlich dieser Frage zu differenzieren: Zum einen problematisieren die einzelnen Kapitel auf einer Makroebene, inwiefern sich die nordischen Länder vom Rest der entwickelten und marktwirtschaftlich organisierten Demokratien der OECD Welt unterscheiden. Zum anderen hinterfragt ein tiefergehender Blick auf der Ebene eines Vergleichs innerhalb der Ländergruppe die inner-nordische Homogenität.

In der *ersten Perspektive*, der Perspektive des Nordens im internationalen Vergleich, erscheinen die Befunde auf den ersten Blick eindeutig. So nehmen die nordischen Länder als weitgehend geschlossene Gruppe in vielen Leistungsrankings sehr oft die oberen Plätze ein. Dies betrifft unter anderem die ökonomische Performanz und Wettbewerbsfähigkeit, die Herstellung von Vollbeschäftigung bzw. die weitreichende Integration der Bevölkerung in den Arbeitsmarkt, die ökonomische Gleichheit, das Erreichen »sozialer Gerechtigkeit«, die überdurchschnittliche Repräsentation von Frauen in den politischen Gremien und vieles mehr. Es ist zu betonen, dass diese Analysen meist anhand von hoch aggregierten Leistungsvariablen durchgeführt werden. Das so kreierte Bild von leistungsfähigen Ökonomien und egalitären, offenen Demokratien prägt also unser kontinentaleuropäisches Verständnis eines geschlossenen »nordischen Modells«. Und aus dieser Perspektive heraus betrachtet, lässt sich die Attraktivität der Rede von *einem* »nordischen Modell« bis heute nur schwerlich von der Hand weisen.

Doch selbst in dieser ersten Analyseperspektive fördert ein genauerer Blick auf die nordische Politik auch Zweifel an dieser Rede von einem »nordischen Modell« zu Tage, welches sich deutlich von den restlichen OECD Ländern abhebt. Es wurde durch eine empirische Tiefenanalyse mit geringerem Aggregationsgrad sowie vor allem durch diachrone Vergleiche der historischen Dynamiken im Norden gezeigt, dass sich die Unterschiede zwischen den nordischen Ländern und den restlichen OECD Ländern stetig verringern. Als Beispiel sei auf die Sozialpolitik des Nordens verwiesen. Während klassische Ausgabenanalysen immer noch zu dem Ergebnis kommen, dass der Aufwand an Sozialpolitik im Norden außergewöhnlich hoch sei, zeigen ergänzende Analysen unter Berücksichtigung der steuerpolitischen Regeln, dass die sozialpolitischen Ausgaben keineswegs so hoch sind und zudem die Ausgabenniveaus der nordischen Länder sich stetig dem Durchschnitt der OECD Länder annähern. Ähnliche Dynamiken lassen sich im Bereich der Arbeitsmarktpolitik, der Außen- und Sicherheitspolitik sowie der Lohnpolitik ausmachen. Kurz: Der Norden ist in vielen Vergleichsperspektiven eine Ländergruppe, die sich deutlich abgrenzt vom Rest der OECD Länder. So ist zwar der Norden immer noch für viele Beobachter eine Welt für sich, allerdings fußt diese These meist auf hoch aggregierten Vergleichsanalysen ohne historische Betrachtungsweise.

Die *zweite Perspektive* richtet sich auf die inner-nordische Homogenität. Die Ergebnisse der diesbezüglich angestellten Analysen zeigen, dass der Norden vielfältiger, bunter und zum Teil auch widersprüchlicher ist, als dies in Mitteleuropa gemeinhin wahrgenommen wird. Während die sozialdemokratischen Hochburgen in Norwegen und Schweden nicht nur Gemeinplätze der Literatur darstellen, sondern in diesen Ländern immer noch – trotz der nachlassenden elektoralen Performanz – die sozialdemokratischen Parteien die Politik prägen, dominierten in Finnland und Island lange Zeit Zentrumsparteien die politischen Geschicke. Und während in den beiden zuletzt genannten Ländern semi-präsidentielle Systeme existieren – und nur in Finnland wichtige Schritte hin zum Parlamentarismus erfolgten –, sind in den anderen nordischen Ländern parlamentarische Regierungssysteme historisch fest verankert.

Die Liste dieser inner-nordischen Differenzen und unterschiedlichen politischen und institutionellen Dynamiken in den fünf Ländern Skandinaviens ließe sich ohne Probleme verlängern. Die Übersicht in Schaubild 7.1 soll eine kursorische und verkürzte Darstellung über diese *Dynamiken im Norden* bieten. Hierbei ist zu betonen, dass es sich um qualitative Urteile handelt, die auf der Grundlage der ausgebreiteten Analysen erfolgen. Über die Nuancen der jeweiligen Einstufungen könnte trefflich gestritten werden. Dennoch: Neben den Veränderungen im Bereich der demokratischen Institutionen sind es vor allem die unterschiedlichen Dynamiken im Bereich des Parteienwettbewerbs sowie der Staat-Verbände Beziehungen, die mit Nachdruck Anlass zur These geben, dass der Norden *nur schwerlich als eine homogene Gruppe* zu klassifizieren ist.

Am ehesten erscheint heute noch Norwegen dem »klassischen nordischen Modell« zu entsprechen. Eine in Grenzen geschwächte Sozialdemokratie kann immer noch vom Zentrum des Parteienwettbewerbs aus die Regierungsgeschäfte dominieren. Und auch die Gewerkschaften sind weiterhin relativ mächtig und in Bezug auf ihre Mitglieder stabil; eine landesweite Konzertierung kann zumindest in einigen zentralen Bereichen in Norwegen immer noch festgestellt werden. Nur in diesem Land können wir gegenwärtig all diejenigen Ingredienzen beobachten, die gemeinhin mit der Vorstellung von sozialdemokratischen

Hochburgen und dem politischen Kern eines »nordischen Modells« in Europa assoziiert werden.

Eine andere Dynamik ist hingegen in Dänemark und Schweden zu beobachten. Dort erodierte nicht nur die sozialdemokratische Machtbasis deutlich. Auch können die dortigen Sozialdemokraten nicht verhindern, dass programmatisch relativ homogene bürgerliche Koalitionen die Regierungsgeschäfte über lange Zeit hinweg prägten bzw. noch prägen. Während dies in Dänemark durch eine »stille Zusammenarbeit« mit den Rechtspopulisten erfolgt, ist die bürgerliche Allianz Schwedens nach vier Jahren als Mehrheitskoalition gegenwärtig vor die Herausforderung gestellt, in der Minderheitsposition immer wieder aufs Neue parlamentarische Mehrheiten zu organisieren. Zur Überraschung vieler Beobachter konnte die Koalition in einigen wichtigen politischen Streitthemen eine Sachkoalition mit der Grünen Partei bewerkstelligen. Es gelang also der bürgerlichen Allianz – zumindest in Grenzen – die Opposition und das linke Lager zu spalten. In diesen beiden Ländern ist also die Hegemonie der Sozialdemokratie auf absehbare Zeit gebrochen.

Ein inner-nordisches Kontrastprogramm stellen die politischen Entwicklungen in Finnland und Island dar. Dort war die Sozialdemokratie nie so hegemonial wie in den drei anderen Ländern. Aber auch dort hat sich der Parteienwettbewerb gewandelt. Während sich in Finnland die Zentrumspartei lange Zeit mit der Sozialdemokratie ein Kopf-an-Kopf Rennen lieferte, veränderte die jüngste Reichstagswahl die politische Balance nachhaltig, indem die Rechtspopulisten schlagartig zu den großen Parlamentsfraktionen aufschlossen. In Island übernehmen die neu formierten Sozialdemokraten – auch als Folge der dortigen Wirtschaftskrise – die Regierungsverantwortung in einer Koalition linker Parteien. In beiden Ländern entsprach demnach die politische Dynamik nie der »sozialdemokratischen Metapher« des Nordens. Und während sich gegenwärtig in Finnland die politische Dynamik eher den dänischen Entwicklungen annähert – mit einer Dominanz bürgerlicher Parteien und erstarkenden Rechtspopulisten –, scheint (vorerst) in Island die Hegemonie der bürgerlichen Parteien gebrochen zu sein. Durch die ökonomischen und politischen Turbulenzen der Finanzkrise in dieser Inselrepublik wird allerdings noch abzuwarten sein, ob sich dieser Entwicklungstrend verstetigt.

Wenn eine *Gemeinsamkeit* des Nordens auszumachen ist, dann ist dies der beachtliche *Siegeszug rechtspopulistischer Parteien*. Mit der Ausnahme des isländischen Parlamentes sind gegenwärtig in allen nordischen Ländern rechtspopulistische Parteien in den Parlamenten vertreten. Während diese Parteien durch die Dynamik des Parteienwettbewerbs in Norwegen von der staatlichen Gestaltungsmacht (weitgehend) ausgeschlossen sind, sie auch in Schweden (bislang) nicht die Regierungspolitik der bürgerlichen Allianz mitbestimmen, und sie in Finnland freiwillig auf eine Regierungsverantwortung verzichten, ist die rechtspopulistische Dänische Volkspartei seit einer Dekade an der Gestaltung dänischer Politik maßgeblich beteiligt. Die Wirkungen einer solchen »inoffiziellen« Regierungsbeteiligung der rechtspopulistischen Dänischen Volkspartei lassen sich in der Immigrations-, Sozial- und Europapolitik des Landes deutlich erkennen.

Schaubild 7.1:   Metamorphosen des nordischen Modells

	Demokratische Kern-Institutionen	Parteien	Verbände	Wirtschaft	Wohlfahrt	Europa
Dänemark	Stabiler Parlamentarismus, Dezentralisierung, zunehmende Direktdemokratie	Ende sozialdemokratischer Dominanz, Blockwettbewerb, einflussreiche Rechtspopulisten	Ende des alten Korporatismus, regionale Konzertierung, Erosion gewerkschaftlicher Macht	Vom Sorgenkind Europas zum Modell der »Flexicurity«	Privatisierung, Lokalisierung, Steuersenkungen, »chauvinistic welfare state« [2]	Integration mit »opting-out«, breite Integrationsskepsis
Finnland	Vom »Semi-Präsidentialismus« zum Parlamentarismus	Ende konkordanter Großer Koalitionen, weiterhin blockübergreifende Koalitionen, Rechtspopulisten als neue Herausforderung	Weiterhin Konzertierung, aber instabil, Gewerkschaftsmacht relativ stabil	Ökonomische Dynamik, aber relativ hohe Arbeitslosigkeit	Privatisierung, prekäre Steuerbasis, stark zunehmende Ungleichheit, erodierender Universalismus	Vorbild umfassender Integration, Herausforderung rechtspopulistischer Europaskepsis
Island	Stabiler »Semi-Präsidentialismus«	Ende bürgerlich-konservativer Hegemonie, Neustrukturierung des Parteiensystems mit Sozialdemokratie im Zentrum	--	Von der „coolen Goldinsel"[1] zum Krisenfall	--	Integration als Anker in der Krise angestrebt
Norwegen	Stabiler Parlamentarismus	Ende sozialdemokratischer Hegemonie, blockübergreifende Koalitionen	Relativ stabile Konzertierung, Gewerkschaftsmacht relativ stabil	Ölreichtum, Ökonomische Dynamik, Vollbeschäftigung,	Moderate Privatisierungen, stabiles »nordisches Wohlfahrtsmodell«	Keine Integration aber faktische Adaption
Schweden	Stabiler Parlamentarismus	Ende sozialdemokratischer Hegemonie, fragiler Blockwettbewerb, Grüne Partei als »Zünglein an der Waage«(?)	Ende des alten Korporatismus, neo-pluralistische Interessenvermittlung, rapide Erosion gewerkschaftlicher Macht	Ökonomische Dynamik, moderate Arbeitslosigkeit, Wachstumsmotor im Norden	Privatisierungen, Steuersenkungen, erodierender Universalismus, zunehmende Ungleichheit	Integration mit »opting out«, moderate Europaskepsis

Anmerkungen: 1) Diese Bezeichnung Islands ist entlehnt von Rubart (2010). 2) Diese Einstufung bezieht sich auf Alestalo/Hort/Kuhnle (2009). -- = Es liegen keine verlässlichen Informationen vor.

Weitere Unterschiede werden innerhalb der nordischen Staatenfamilie in den Bereichen der Wirtschaft-, Sozial- sowie Europapolitik deutlich. Hier sind infolge von zum Teil historisch verschiedenen Ausgangspositionen unterschiedliche Dynamiken zu beobachten. Während im Bereich der Sozialpolitik Norwegen noch am ehesten unserem Verständnis des »nordischen Modells« aus seiner »goldenen Zeit« entspricht, fanden vor allem in Schweden, dem ehemaligen nordischen Vorzeigeland, programmatisch weitreichende Reformen statt. Ähnliches lässt sich für den Bereich der Wirtschafts-, Arbeitsmarkt- und Lohnpolitik feststellen.

In all diesen Bereichen entwickeln sich die nordischen Länder in unterschiedliche Richtungen, reagieren mit unterschiedlichen politischen Instrumenten auf die sonst gleichen Herausforderungen des demographischen Wandels oder der Entgrenzung von Ökonomie und Politik in Europa.

Im Bereich der Europapolitik – sowie der Außen- und Sicherheitspolitik im Allgemeinen – waren die historischen Ausgangsbedingungen im Norden nach dem Zweiten Weltkrieg höchst unterschiedlich. Just in diesem Politikbereich lassen sich in den vergangenen Dekaden Konvergenzprozesse im Norden ausmachen. Das Ende der »Finnlandisierung«, die zunehmende Europäisierung nordischer Außenpolitik sowie die sicherheitspolitischen Reaktionen auch offiziell neutraler Staaten wie Schweden führen insgesamt zu einer Einebnung von historisch unterschiedlich gewachsenen Politikstrategien. Der Norden hat hier nicht nur seinen »Sonderweg« in Europa beendet, er ist auch inner-skandinavisch betrachtet homogener geworden.

Die Frage nach einem »nordischen Modell« kann für beide Analyseperspektiven zusammenfassend so beantwortet werden: Eine nordische Ländergruppe, die sich von den restlichen OECD Ländern abhebt, dieses »nordische Modell« existiert vor allem in Analysen der politischen und ökonomischen Performanz, vorzugsweise gemessen an hoch aggregierten Variablen. Eine genauere Analyseperspektive und vor allem eine historische Betrachtungsweise fördern hingegen Belege für die These zutage, dass die Homogenität dieser nordischen Ländergruppe meist überschätzt wird. Der Norden ist bunter und vielschichtiger, als dies den meisten Beobachtern in Kontinentaleuropa bewusst ist.

Diese These impliziert ein ausgewogenes Verständnis der Rolle demokratischer Institutionen. Überdurchschnittliche Performanz der Wirtschaft kann in unterschiedlichen institutionellen Umfeldern erreicht werden. Die nordischen Länder zeugen davon, dass unterschiedliche Wege zum ökonomischen, arbeitsmarktpolitischen oder sozialpolitischen Erfolg möglich sind. Wenn dennoch die nordische Performanz in vielen Aspekten überdurchschnittlich ist, dann scheint dies eher auf kulturelle und historische Gründe zurückzuführen zu sein.

Diese These sollte vor allem auch dann bedacht werden, wenn die Frage beantwortet werden soll, was wir in Kontinentaleuropa und vor allem in der bundesdeutschen Politik vom Norden lernen können. *Erstens* ist zu betonen, dass sich das politische und gesellschaftliche Leben in Berlin, Wien oder Bern auf den ersten Blick kaum von dem in Stockholm, Kopenhagen oder Oslo unterscheiden mag. Allerdings sollte im Zeitalter einer kulturellen Angleichung und Europäisierung nicht übersehen werden, dass die skandinavische Politik auf einem besonderen kulturellen Fundament ruht. Zum einen führte die religiöse Prägung durch den Protestantismus zu einer besonders starken *Wertschätzung der Arbeit und Gleichheit*. Die hohe Integration der Bevölkerung in den Arbeitsmarkt kann kaum hinreichend erklärt und verstanden werden, wenn nicht dieser Aspekt mit in Betracht gezogen wird. Zudem haben diese Gesellschaften schon immer mit ihrer *Kleinheit und Offenheit* gelebt. Nicht nur ökonomisch, auch politisch und kulturell wurden die Skandinavier stets dadurch geprägt, dass sie auf der europäischen Landkarte nur einen sehr kleines Gebiet einnehmen. Die Offenheit der Gesellschaften und Ökonomien führte auf diesem Wege schnell dazu, dass pragmatische Wege gefunden wurden bzw. gefunden werden mussten, mit diesen *Notwendigkeiten der stetigen politischen und gesellschaftlichen Adaption* umzugehen.

Jenseits der unterschiedlichen kulturellen Grundlagen im Norden und in Deutschland zeichnet sich – *zweitens* – die bundesdeutsche Verhandlungsdemokratie durch eigentümliche Verwerfungen aus, die es eher unwahrscheinlich machen, dass sich die deutsche Reformpolitik einem nordischen Politikmuster annähern wird. Im Norden sind die politischen Institutionen der Demokratien zwar unterschiedlich ausgebaut, aber in einem Punkt sind sie sich doch ähnlich: Die politische Entscheidungsgewalt ist mit wenigen Vetopunkten konfrontiert. Politische Entscheidungen müssen zwar durchs Nadelöhr des nationalen Parteienwettbewerbs und der jeweiligen Machtverhältnisse, aber nach einer parlamentarischen Entscheidung sind die weiteren Entscheidungsschritte unproblematisch. Eine föderale Politikverflechtungsfalle schnappt anders als in Deutschland im Norden nicht zu. Insofern sind die Reformbarrieren in Deutschland wesentlich höher als dies im Norden der Fall ist. Durch die Struktur und Dynamik des deutschen Parteienwettbewerbs müssten beide Sozialstaatsparteien der Mitte, also die SPD und die Union, von einer Strategie politischer Reformen nach nordischem Vorbild überzeugt sein. Eine unter den gegenwärtigen Rahmenbedingungen höchst unwahrscheinliche Situation – wenngleich die nordischen Länder in der bundesdeutschen Familienpolitik jüngeren Datums durchaus als Vorbilder dienten.

Drittens sind »einfache« Anleihen aus dem Politikfundus anderer Länder im Reformprozess stets problematisch. Sicherlich können kontinentaleuropäische Länder von der dänischen Arbeitsmarktpolitik, der »*flexicurity*« lernen. Allerdings erscheint es fragwürdig, wenn nur einzelne Aspekte adaptiert werden, ohne die institutionelle Verankerung in ihrer Breite zu berücksichtigen. So ist die Aktivierung der Arbeitsmarktpolitik im Norden durchaus vorbildlich, aber bei einem Übertragungs- und Lernprozess sollten auch die ökonomischen Ressourcen bereitgestellt werden, damit das »Fordern« effizient mit dem »Fördern« kombiniert werden kann. Wenn also die nordische Arbeits- und Sozialpolitik als vorbildlich und erstrebenswert angesehen wird, dann bedarf es eines Umdenkens auch in der bundesdeutschen Steuerpolitik. Vieles, was im Norden vorbildlich ist, bedarf großer finanzieller Ressourcen. Eine fortwährende Steuersenkungspolitik in Deutschland ist also schlicht nicht kompatibel mit einer Orientierung an den nordischen Vorbildern.

Viertens und zuletzt erscheinen weniger einzelne Politikinstrumente als vorbildlich, sondern vielmehr die nordische Auffassung von Politik und Staat im Allgemeinen. Die kleinen Länder des Nordens haben über Jahrzehnte gelernt mit ihrer geringen Größe, ihrer ökonomischen und politischen Verletzbarkeit zu leben. Just diese Erfahrung hat historisch einen *aktiven Staat* entstehen lassen. Der von außen erzwungene Wandel wird im Norden von einem aktiven Staat flankiert, der Wandel für die Bevölkerung erleichtern soll. Der Staat versucht durch institutionelle Programme den Menschen in dieser unsicheren Lage zu »helfen«. Dies erschöpft sich nicht in monetären Transferprogrammen. Im Gegenteil ist der besondere Effekt des Nordens vor allem an den administrativen Hilfestellungen abzulesen. Für diese sind neben monetären Elementen häufiger Tätigkeiten der Vermittlung, der Beratung sowie der Aufklärung von Bedeutung. Die Exzellenz der nordischen Bildungspolitik kann zum Beispiel an den zur Verfügung stehenden monetären Mitteln abgelesen werden. Aber wichtiger sind die vielfältigen Hilfsprogramme, die es Menschen in den unterschiedlichsten Lebenslagen ermöglichen, wieder in den Bildungsbereich einzusteigen und so das Prinzip des lebenslangen Lernens, das Prinzip einer »*social investment strategy*« mit Leben zu füllen.

Kann und soll vom Norden gelernt werden? Diese Frage muss nicht nur die Politik beantworten. Letztlich ist sie von jedem einzelnen in der Gesellschaft zu beantworten. Im Zeitalter der europäischen Integration sowie der allgemeinen politischen und gesellschaftlichen Entgrenzung wird es immer wichtiger, bereit zu sein, sich von ausländischen Beispielen in der Reformpolitik inspirieren zu lassen. Unter diesen Rahmenbedingungen kann viel vom Norden gelernt werden, die Bereitschaft, Wandel zu akzeptieren, ihn nicht zu blockieren, sondern ihn vielmehr durch eine aktive Politik und einen aktiven Staat zu flankieren. Im Norden werden die Qualifikationen jedes einzelnen Bürgers als wahre Quelle des gesellschaftlichen Reichtums geschätzt – und entsprechend gehandelt. Es wäre schon viel vom Norden gelernt, wenn sich diese Erkenntnis nicht nur in bundesrepublikanischen Festtagsreden durchsetzen würde, sondern auch politisch Gestalt annehmen würde. Dann müsste allerdings auch vom Norden gelernt werden, dass eine solche Politik der »sozialen Investitionen« nicht zum Nulltarif zu haben ist.

Literaturverzeichnis

Aalberg, Toril, 2010: Norway, in: European Journal of Political Research 49, 1113–1121.

Adema, Willem/Ladaique, Maxime, 2009: Gross and Net Indicators in the OECD Social Expenditure Database (SOCX), OECD Social, Employment and Migration Working Papers No. 92. Paris.

Ahlquist, John S., 2010: Policy by Contract: Electoral Cycles, Parties and Social Pacts, 1974 – 2000, in: The Journal of Politics 78 (2), 1-16.

Alastair, Thomas H., 1996: The Concept of the Nordic Region and the Parameters of Nordic Cooperation, in: Miles, Lee (ed.), 1996: The European Union and the Nordic Countries, London: Routledge, 15-31.

Alber, Jens, 1982: Vom Armenhaus zum Wohlfahrtsstaat. Analysen zur Entwicklung der Sozialversicherung in Westeuropa. Frankfurt a.M.: Campus.

Alestalo, Matti/Kuhnle, Stein, 1987: The Scandinavian Route: Economic, Social, and Political Developments in Denmark, Finland, Norway, and Sweden, in: Erikson, Robert & Hansen, Erik Jørgen & Ringen, Stein & Uusitalo, Hannu (Hrsg.), 1987: The Scandinavian Model. Welfare States and Welfare Research, New York, 3-38.

Alestalo, Matti/Hort, Sven E.O./Kuhnle, Stein, 2009: The Nordic Model: Conditions, Origins, Outcomes, Lessons, Hertie School of Governance Working Papers No. 41, June 2009, Berlin: Hertie School of Governance.

Allern, Elin Haugsgjerd/Aylott, Nicholas/Christiansen, Flemming Juul, 2007: Social Democrats and Trade Unions in Scandinavia: The Decline and Persistence of Institutional Relationships, in: European Journal of Political Research 26: 607-635.

Allern, Elin Haugsgjerd/Aylott, Nicholas, 2009: Overcoming the Fear of Commitment: Pre-electoral Coalitions in Norway and Sweden, in: Acta Politica 44, 3, 259-285.

Allmendinger, Jutta, 2009: Der Sozialstaat braucht zwei Beine, in: Aus Politik und Zeitgeschichte 45/2009, 3-5.

Andersen, Jørgen Goul, 2006: Political Power and Democracy in Denmark: Decline of Democracy or Change in Democracy, in: Journal of European Public Policy 13:4, 569-586.

Andersen, Jørgen Goul, 2007: The Danish Welfare State as »Politics for Markets«: Combining Equality and Competitiveness in a Global Economy, in: New Political Economy 12 (1), 71-78.

Anderson, Karen M., 1998: The Welfare State in the Global Economy: The Politics of Social Insurance Retrenchment in Sweden 1990-1998, PhD, University of Washington.

Anderson, Karen M., 2009: The Church as Nation? The Role of Religion in the Development of the Swedisch Welfare State, in: Manow, Philip/Kersbergen, Kees van (Hg.), Religion, Class Coalitions, and Welfare States, Cambridge: Cambridge University Press, 210-235.

Anderson, Karen M./Immergut, Ellen M., 2007: Sweden: After Social Democratic Hegemony, in: Immergut, Ellen M./Anderson, Karen M./Schulze, Isabelle (ed.): The Handbook of West European Pension Politics, Oxford: Oxford University Press, S. 349-395.

Anderson, Karen M./Blomqvist, Paula/Immergut, Ellen M., 2008: Sweden: Markets within Politics, in: Daniel Béland, Brian Gran (Hg.), Public and Private Social Policy. Health and Pension Policies in a New Era, Houndmills: Palgrave Macmillan, S. 169-189.

Anttonen, Anneli, 2005: Empowering Social Policy: The Role of Social Care Services in Modern Welfare States, in: Kangas, Olli/Palme, Joakim (Hrsg): Social Policy and Economic Development in the Nordic Countries, Basingstoke: Palgrave Macmillan, 88-117.

Armingeon, Klaus, 1994: Staat und Arbeitsbeziehungen. Ein internationaler Vergleich, Opladen: West-
    deutscher Verlag.
Arter, David, 1987: Politics and Policy-Making in Finland, Sussex: Wheatsheaf Books / New York: St.
    Martin's Press.
Arter, David, 2004: Parliamentary Democacy in Scandinavia, in: Parliamentary Affairs 57, 3, 581-600.
Arter, David, 2006: Democracy in Scandinavia, Manchester: Manchester UP.
Arter, David, 2008: Scandinavian Politics, Second Edition, Manchester: Manchester UP.
Arter, David, 2009: From a Contingent Party System to Party System Convergence? Mapping Party
    System Change in Postwar Finland, in: Scandinavian Political Studies 32, 2, 221-239.
Auffermann, Burkhard, 2009: Das politische System Finnlands, in: Ismayr, Wolfgang (Hrsg.), 2009: Die
    politischen Systeme Westeuropas, 4. Aktualisierte und erweiterte Auflage, Wiesbaden: VS Verlag,
    219-263.
Aylott, Nicholas, 2003: After the Divorce: Social Democrats and Trade Unions in Sweden, in: Party
    Politics 9, No. 3, S. 369-390.
Bambra, Clare, 2005: Cash versus Services. »Worlds of Welfare« and the Decommodification of Cash
    Benefits and Health Care Services, in: Journal of Social Policy 34 (2), 195-213.
Bambra, Clare, 2006: Decommodification and the Worlds of Welfare Revisited, in: Journal of European
    Social Policy 16 (1), 73-80.
Bauer, Werner T., 2010: Willkommen in der Normalität? Anmerkungen zum Wahlerfolg der rechten
    Schwedendemokraten, Internationale Politikfeldanalyse, Friedrich-Ebert Stiftung.
Becker, Uwe, 2008: Was ist dran am skandinavischen Modell? Eine vergleichende Betrachtung, in:
    Leviathan 36, 229-248.
Becker, Uwe/Schwartz, Herman (eds.), 2005: Employment "Miracles". A Critical Comparison of Dutch,
    Scandinavian, Swiss, Australian and Irish Cases versus Germany and the US, Amsterdam: Am-
    sterdam University Press.
Bergh, Andreas/Erlingsson, Gissur Ó., 2009: Liberalization without Retrenchment: Understanding the
    Consensus on Swedish Welfare State Reforms, in: Scandinavian Political Studies 32, No. 1, 71-93.
Bergman, Torbjörn, 2004: Sweden: Democratic Reforms and Partisan Decline in an Emerging Separa-
    tion-of-Powers System, in: Scandinavian Political Studies 27, 2, 203-225.
Bergqvist, Christina, 2011: The Development of Women's Inclusion in the Nordic Executives. With a
    Focus on Norway and Sweden, Paper presented at the ECPG Conference 2011, Budapest, January
    13-15, 2011.
Bertelsmann Stiftung (ed.), 2009: Sustainable Governance Indicators. Policy Performance and Executive
    Capacity in the OECD, Gütersloh: Bertelsmann Stiftung.
Bertelsmann Stiftung ,2010a: Managing the Crisis. A Comparative Analysis of Economic Governance in
    14 Countries, Gütersloh: Bertelsmann Stiftung.
Bertelsmann Stiftung, 2010b: Soziale Gerechtigkeit in der OECD – Wo steht Deutschland?, Gütersloh:
    Bertelsmann Stiftung.
Betz, Hans Georg/Johnson, Carol, 2004: Against the Current – Stemming the Tide: The Nostalgic Ideol-
    ogy of the Contemporary Radical Populist Right, in: Journal of Political Ideology 9, 3, 311-327.
Beyer, Jürgen, 2005: Pfadabhängigkeit ist nicht gleich Pfadabhängigkeit! Wider den impliziten Konser-
    vatismus eines gängigen Konzepts, in: Zeitschrift für Soziologie 34, Heft 1, S. 5-21.
Blom-Hansen, Jens, 2001: Organized interests and the State: A Disintegrating Relationship? Evidence
    from Denmark, in: European Journal of Political Research 39, 391-416.
Bonoli, Guiliano, 2010: Varieties in Social Investment in Labor Market Policy, in: Morel, N./Bruno,
    P./Palme, J. (eds.): What Future for Social Investment?, Stockholm: Institute for Future Studies, 55-
    66.
Borchorst, Anette, 2006: Daddy Leave and Gender Equality – the Danish Case in a Scandinavian Per-
    spective, Paper 60, Aalborg: FREIA.

Borchorst, Anette, 2008: Scandinavian Welfare Policies, Gender Equality and Globalization, Paper presented at Third Sino-Nordic Women and Gender Studies Conference Kumning, China, November 2008.

Borchorst, Anette, 2009: Scandinavian Gender Equality: Competing Discourses and Paradoxes, Paper 69, Aalborg: FREIA.

Bredgaard, Thomas/Larsen, Flemming/Madsen, Per Kongshøj/Rasmussen, Stine, 2009: Flexicurity und atypische Beschäftigung in Dänemark, in: WSI Mitteilungen 1/2009: 31-38.

Breidahl, Karen N., 2010: Social Assistance Schemes in the Scandinavian Countries: Changing Target Groups – Similar or Different Reactions?, Paper presented at the 8th ESPAnet Conference, Budapest, 2-4 September 2010.

Breidahl, Karen N., 2011: Ethnic diversity, Social Policy and the Sandinavian Welfare States: Similar of Different Policy Responses?, Paper presented at the UK social Policy Association Annual Conference, University of Lincoln, 4-6 July 2011.

Broberg, Gunnar/Roll-Hansen, Nils (eds.), 2005: Eugenics and the Welfare State. Sterilization Policy in Denmark, Sweden, Norway, and Finland, East Lansing: Michigan State UP.

Broberg, Gunnar/Tydén, Mattias, 2005: Eugenics in Sweden: Efficient Care, in: Broberg, Gunnar/Roll-Hansen, Nils (eds.), 2005: Eugenics and the Welfare State. Sterilization Policy in Denmark, Sweden, Norway, and Finland, East Lansing: Michigan State UP, 77-150.

Bühlmann, Marc/Merkel, Wolfgang/Müller, Lisa/Giebler, Heiko/Weßels, Bernhard, 2011: Demokratiebarometer – ein neues Instrument zur Messung von Demokratiequalität, in: Zeitschrift für Vergleichende Politikwissenschaft (im Erscheinen).

Busemeyer, Marius R./Trampusch, Christine, 2011: Review Article: Comparative Political Science and the Study of Education, in: British Journal of Political Science 41, 413-443.

Calmfors, Lars, 2010: Fiscal Policy Coordination in Europe, ECON 2010, Brussels: European Parliament.

Calmfors, Lars/Wren-Lewis, Simon, 2011: What should fiscal councils do?, Stockholm: Finanspolitiska Rådet.

Campbell, David F. J./Pölzlbauer, Georg, 2009: The Democracy Ranking 2008/2009 of the Quality of Democracy: Method and Ranking Outcome. Vienna: Democracy Ranking (http://www.democracyranking.org/downloads/method_ranking_outcome_2008-09_A4.pdf, Zugriff am 11. Mai 2009).

Castles, Francis G., 1978: The Social Democratic Image of Society. A Study of the Achievements and Origins of Scandinavian Social Democracy in Comparative Perspective, London.

Castles, Francis G., 1993: Families of Nations. Patterns of Public Policy in Western Democracies, Aldershot: Darmouth.

Castles, Francis G./Obinger, Herbert, 2008: Worlds, Families, Regimes: Country Clusters in European and OECD Area Public Policy, in: West European Politics, Vol. 31 (1-2), 321-344.

Castles, Francis G./Leibfried, Stephan/Lewis, Jane/Obinger, Herbert/Pierson, Christopher (eds.), 2010: The Oxford Handook of the Welfare State, Oxford: Oxford UP.

Christiansen, Peter Munk/Togeby, Lise, 2006: Power and Democracy in Denmark: Still a Viable Democracy, in: Scandinavian Political Studies 29, 1, 1-24.

Christiansen, Peter Munk/Nørgaard, Asbjørn Sonne/Rommetvedt, Hilmar/Svensson, Torsten/Thesen, Gunnar/Öberg, PerOla, 2010: Varieties of Democracy: Interest Groups and Corporatist Committees in Scandinavian Policy Making, in: Voluntas 21, 22-40.

Christiansen, Flemming Juul/Damgaard, Erik, 2008: Parliamentary Opposition under Minority Parliamentarism: Scandinavia, in: The Journal of Legislative Studies 14, 1/2, 46-76.

Clasen, Jochen/Siegel, Nico A. (eds.), 2007: Investigation Welfare State Change. The „Dependent Variable Problem" in Comparative Analysis. Cheltenham: Edward Elgar.

Clasen, Jochen/Clegg, Daniel, 2007: Levels and Levers of Conditionality: Measuring Change Within Welfare States, in: Clasen, Jochen./Siegel, Nico A. (eds.): Investigating Welfare State Change. The 'Dependent Variable Problem' in Comparative Analysis, Cheltenham: Edward Elgar, 166-197.

Cronin, James/Ross, George/Shoch, James (eds.), 2011: Futures of the Left, Durham: Duke UP (in press).

Czada, Roland, 2003: Konzertierung in verhandlungsdemokratischen Politikstrukturen, in: Jochem, Sven/Siegel, Nico A. (Hrsg.): Konzertierung, Verhandlungsdemokratie und Reformpolitik im Wohlfahrtsstaat. Das Modell Deutschland im Vergleich, Opladen: Leske+Budrich, 35-69.

Dahlerup, Drude/Freidenvall, Lenita, 2005: Quotas as a 'Fast Track' to Equal Representation for Women. Why Scandinavia is no longer the Model, in: International Feminist Journal of Politics, 7 (1), 26-48.

Dahlerup, Drude/Freidenvall, Lenita, 2008: Electoral Gender Quota Systems and Their Implementation in Europe, Brussels: European Parliament.

Damgaard, Erik (ed.), 1992: Parliamentary Change in the Nordic Countries, Oslo: Scandinavian University Press.

Damgaard, Erik, 2004: Developments in Danish Parliamentary Democracy: Accountability, Parties and External Constraints, in: Scandinavian Political Studies 27, 2, 115-131.

De Geer, Hans, 1992: The Rise and Fall of the Swedish Model. The Swedish Employers' Confederation, SAF, and Industrial Relations over Ten Decades, Chichester: Carden.

Derlien, H.-J./Peters, B.G. (eds.), The State at Work, Volume 2. Comparative Public Service Systems, Cheltenham: Edward Elgar.

DER SPIEGEL, 2000: Digitales Volksheim, DER SPIEGEL 19/2000, 188-194.

Dingeldey, Irene, 2007: Between Workfare and Enablement – The Different Paths to Transformation of the Welfare State: A Comparative Analysis of Activation Labour Market Policies, in: European Journal of Political Research 46, 823-851.

Dollinger, Philippe, 1998: Die Hanse, Stuttgart: Kröner.

Ds 2009: 21: Bortom krisen. Om ett framgangsrikt Sverige i den nya globala ekonomin. Globaliseringsrådets slutrapport, Stockholm: Globaliseringsrådet.

Dølvik, Jon Erik, 2008: The Negotiated Nordic Labor Markets: From Bust to Boom, Center for European Studies Working Paper Series #162, Cambridge: Harvard University.

Dølvik, Jon Erik/Steen, Arild H. (eds.), 1997: Making Solidarity Work? The Norwegian Labour Market Model in Transition, Oslo: Scandinavian UP.

Economist, 2008: The Economist Intelligence Unit's Index of Democracy 2008 (http://a330.g.akamai.net/7/330/25828/20081021185552/graphics.eiu.com/PDF/Democracy%20Index%202008.pdf, Zugriff am 11. Juni 2009).

Edebalk, Per Gunnar, 2000: Emergence of a Welfare State – Social Insurance in Sweden, in: Journal of Social Policy 29 (2000), 537-551.

Eichhorst, Werner/Hemerijck, Anton, 2008: Welfare and Employment: A European Dilemma?, IZA Discussion Paper No. 3870, Bonn: IZA.

Einhorn, Eric S./Logue, John, 1989: Modern Welfare States. Politics and Policies in Social Democratic Scandinavia, New York.

EIRO, 2009: Trade Union Membership 2003-2008, Dublin: EIRO.

EIRO, 2010: Developments in Social Partner Organisations – Employer Organisations, Dublin: EIRO.

Elvander, Nils 2002: The Labour Market Regimes in the Nordic Countries: A Comparative Analysis, in: Scandinavian Political Studies, 25, 2002, 117-137.

Emmenegger, Patrick, 2010: The Long Road to Flexicurity: The Development of Job Security Regulations in Denmark and Sweden, in: Scandinavian Political Studies 33, 3, 271-294.

Erikson, Robert/Hansen, Erik Jørgen/Ringen, Stein & Uusitalo, Hannu (Hrsg.), 1987: The Scandinavian Model. Welfare States and Welfare Research, New York.

Ervasti, Heikki/Fridberg, Torben, Hjerm, Mikael/Ringdal, Kristen (eds.), 2008: Nordic Social Attitudes in a European Perspective, Cheltenham: Edward Elgar.

Esping-Andersen, Gøsta, 1985: Politics against Markets: The Social Democratic Road to Power, Princeton: Princeton University Press.

Esping-Andersen, Gøsta, 1990: The Three Worlds of Welfare Capitalism, Princeton: Princeton University Press.

Esping-Andersen 1999: Social Foundations of Postindustrial Economies, New York.

Esping-Andersen, 2005: Education and Equal Life-Chances: Investing in Children, in: Kangas, Olli/Palme, Joakim (Hrsg): Social Policy and Economic Development in the Nordic Countries, Basingstoke: Palgrave Macmillan, 147-163.

Esping-Andersen, Gøsta/Walter Korpi, 1987: From Poor Relief to Institutional Welfare States: The Development of Scandinavian Social Policy; in: Erikson, R. et al. (Hrsg.), 1987: 39 - 74.

European Commission, 2009a: Economic Crisis in Europe: Causes, Consequences and Responses, European Economy 7/2009, Luxembourg: European Commission.

European Commission, 2009b: Sustainability Report 2009, European Economy 9/2009, Luxembourg: European Commission.

European Commission, 2010: European Employment Observatory, Review Spring 2009, Luxembourg: Publications Office of the European Union.

Eurostat 2009: Population and Social Conditions. Statistics in Focus 40/2009, Luxemburg: Eurostat.

Eydal, Gudný Björk/Rostgaard, Tine, 2011: Gender Equality Revisited – Changes in Nordic Childcare Policies in the 2000s, in: Social Policy & Administration 45 (2), 161-179.

Eythórsson, Grétar Thór/Jahn, Detlef, 2009: Das politische System Islands, in: Ismayr, Wolfgang (Hrsg.), 2009: Die politischen Systeme Westeuropas, 4. Aktualisierte und erweiterte Auflage, Wiesbaden: VS Verlag, 195-218.

Eysell, Maria, 1996: Der dänische Minderheitsparlamentarismus der achtziger Jahre, in: Zeitschrift für Politikwissenschaft 6, 375-407.

Falkner, Gerda/Hartlapp, Miriam/Treib, Oliver, 2007: Worlds of Compliance: Why leading Approaches to European Union Implementation are only »sometimes true Theories«, in: European Journal of Political Research 46, 395-416.

Falkner, Gerda/Treib, Oliver, 2008: Three Worlds of Compliance or Four? The EU-15 Compared to New Member States, in: Journal of Common Market Studies 26 (2), 293-313.

Feldt, Kjell-Olof, 1991: Alla dessa dagar…, Stockholm: Norstedts.

Fellmann, Susanna/Iversen, Martin Jes/Sjögren, Hans/Thue, Lars (eds.), 2008: Creating Nordic Capitalism: The Business History of a Competitive Periphery, Basingstoke: Palgrave Macmillan.

Fenger, H.J. Menno, 2007: Welfare Regimes in Central and Eastern Europe: Incorporating Post-Communist Countries in a Welfare Regime Typology, in: Contemporary Issues and Ideas in Social Sciences, 1-30.

Finanspolitiska Rådet, 2009: Swedish Fiscal Policy. Report of the Fiscal Policy Council 2009, Stockholm: FinanspolitiskaRådet.

Finanspolitiska Rådet, 2011: Svensk finanspolitik. Finanspolitiska rådets rapport 2011, Stockholm: Finanspolitiska Rådet.

Fischer, Peter A./Straubhaar, Thomas, 1994: Ökonomische Integration und Migration in einem gemeinsamen Markt. 40 Jahre Erfahrung im Nordischen Arbeitsmarkt, Bern: Haupt.

Flora, Peter (Hrsg.),1986: Growth to Limits. The Western European Welfare States Since World War II, Vol 1: Denmark, Finland, Norway, Sweden, Berlin: de Gruyter.

Folkbildningsrådet 2010: Fakta om folkbildning, Stockholm: Folkbildningsrådet.

Freitag, Markus, 2006: Bowling the State Back in: Political Institutions and the Creation of Social Capital, in: European Journal of Political Research, 45: 123-152.

Fridberg, Torben/Kangas, Olli, 2008: Social Capital, in: Ervasti, Heikki/Fridberg, Torben, Hjerm, Mikael/Ringdal, Kristen (eds.), 2008: Nordic Social Attitudes in a European Perspective, Cheltenham: Edward Elgar, 65-85.

Ganghof, Steffen, 2006: The Politics of Income Taxation. A Comparative Analysis, ECPR Monographs Series, Colchester: ECPR Press.

Ganghof, Steffen, 2007: The Political Economy of High Income Taxation. Capital Taxation, Path Dependence and Political Institutions in Denmark, in: Comparative Political Studies 40(9): 1059-1084.

Ganghof, Steffen, 2010: Resiliente Demokratietypen. Eine vergleichende Analyse, in: Zeitschrift für Vergleichende Politikwissenschaft, 4, 5-27.

Giddens, Anthony, 1999: Der dritte Weg. Die Erneuerung der Sozialdemokratie, Frankfurt am Main: Suhrkamp.

Giddens, Anthony (ed.), 2001: The Global Third Way Debate, Cambridge: Polity Press.

Gíslason, Ingólfur V./Eydal, Guðný Björk (Hrsg), 2010: Föräldraledighet, omsorgspolitik och jämställdhet i Norden, Köpenhamn: Nordic Council.

Green-Pedersen, Christoffer, 2002: New Public Management Reforms of the Danish and Swedish Welfare States. The Role of Different Social Democratic Responses, in: Governance 15, No. 2, 271-294.

Greve, Bent, 2011: Editorial Introduction: The Nordic Welfare States – Revisited, in: Social Policy & Administration 45 (2), 111-113.

Groß, Hermann/Rothholz, Walter, 2009: Das politische System Norwegens, in: Ismayr, Wolfgang (Hrsg.), 2009: Die politischen Systeme Westeuropas, 4. Aktualisierte und erweiterte Auflage, Wiesbaden: VS Verlag, 151-193.

Gudmundsson, Halldór/Gunnarsson, Dagur, 2009: Wir sind alle Isländer. Von Lust und Frust, in der Krise zu sein, München: btb.

Gylfason, Thorvaldur/Holmström, Bengt/Korkman, Sixten/Söderström, Hans Tson/Vihriälä, Vesa, 2010: Nordics in Global Crisis. Vulnerability and Resilience, Helsinki: ETLA.

Hacker, Jacob S., 2004: Privatizing Risk without Privatizing the Welfare State. The Hidden Politics of Social Policy Retrenchment in the United States, in: American Political Science Review 98(2), 243-260.

Haidar, Knut (ed.), 2004: Nordic Politics. Comparative Perspectives, Oslo: Universitetsforlaget.

Hall, Peter A./Soskice, David (eds.), 2001: Varieties of Capitalism: The Institutional Foundations of Comparative Advantage. Oxford.

Hamann, Kerstin/Kelly, John, 2011: Parties, Elections and Policy Reforms in Western Europe. Voting for Social Pacts, Oxon: Routledge.

Hartlapp, Miriam/Falkner, Gerda, 2009: Problems of Operationalization and Data in EU Compliance Research, in: European Union Politics 10 (2), 281-304.

Hassel, Anke, 2007: Wage Setting, Social Pacts and the Euro. A New Role for the State, Amsterdam: Amsterdam University Press.

Heclo, Hugh, 1974: Modern Social Politics in Britain and Sweden. From Relief to Income Maintenance, New Haven.

Heclo, Hugh/Madsen, Henrik, 1987: Policy and Politics in Sweden. Principled Pragmatism, Philadelphia: Temple University Press.

Hedborg, Anna/Meidner, Rudolf, 1984: Modell Schweden. Erfahrungen einer Wohlstandsgesellschaft, Frankfurt a.M.

Helgør, Ingrid, 2006: Rhetoric and Action in Regulating the Public Schools in Norway and Sweden, in: Scandinavian Political Studies, Vol. 29 (2), 89-110.

Henningsen, Bernd, 1986: Der Wohlfahrtsstaat Schweden, Baden - Baden: Nomos.

Hiilamo, Heikki/Kangas, Olli, 2009: Trap for Women or Freedom to Choose? The Struggle over Cash for Child Care Schemes in Finland and Sweden, in: Journal of Social Policy 38 (3), 457-475.

Hilson, Mary, 2008: The Nordic Model. Scandinavia since 1945, London: Reaktion Books.

Höpner, Martin, 2008: Social Europe? The European Project after Viking and Laval, in: Die Mitbestimmung (English Online Issue) (http://www.boeckler.de/164_92434.html, Zugriff am 17.9.2009).

Höpner, Martin/Schäfer, Armin, 2010: A New Phase of European Integration: Organised Capitalisms in Post-RicardianEurope, in: West European Politics 33, 344-368.

Höpner, Martin/Leibfried, Stephan/Höreth, Marcus/Scharpf, Fritz W./Zürn, Michael, 2010: Kampf um Souveränität? Eine Kontroverse zur europäischen Integration nach dem Lissabon-Urteil des Bundesverfassungsgerichts, in: Politische Vierteljahresschrift 51, 2, 337-342.

Hinrichs, Karl/Merkel, Wolfgang, 1987: Der Wohlfahrtsstaat Schweden: Was bleibt vom Modell?; in: Aus Politik und Zeitgeschichte, B51/87, 23-38.

Huber, Evelyne/Stephens, John D., 1998: Internationalization and the Social Democratic Model. Crisis and Future, in: Comparative Political Studies, vol. 31, no. 3, 353-397.

ILO, 2009: World of Work Report 2009, Geneva: ILO.

Immergut, Ellen M., 1992: Health Politics. Interests and Institutions in Western Europe, Cambridge: Cambridge University Press.

Ingebritsen, Christine, 2006: Scandinavia in World Politics, Lanham u.a.: Rowman & Littlefield.

Inglehart, Ronald, 1990: Culture Shift in Advanced Industrial Society, Princeton: Princeton UP.

Inglehart, Ronald, 1998: Modernisierung und Postmodernisierung. Kultureller, wirtschaftlicher und politischer Wandel in 43 Gesellschaften, Frankfurt a. M./New York: Campus.

Inglehart, Ronald/Welzel, Christian, 2005: Modernization, Cultural Change, and Democracy. The Human Development Sequence. Cambridge: Cambridge University Press.

INSEAD, 2010: Global Innovation Index 2009-10, o.O.: INSEAD.

Ismayr, Wolfgang (Hrsg.), 2009: Die politischen Systeme Westeuropas, 4. Aktualisierte und erweiterte Auflage, Wiesbaden: VS Verlag.

Iversen, Torben/Wren, Anne, 1998: Equality, Employment, and Budgetary Restraint. The Trilemma of the Service Economy, in: World Politics 50, 507-546.

Jahn, Detlef, 2009: Das politische System Schwedens, in: Ismayr, Wolfgang (Hrsg.), 2009: Die politischen Systeme Westeuropas, 4. Aktualisierte und erweiterte Auflage, Wiesbaden: VS Verlag. 107-149.

Jahn, Detlef/Storsved, Ann - Sofie, 1995: Legitimacy through Referendum? The Nearly Successful Domino Strategy of the EU-Referendums in Austria, Finland, Sweden, and Norway, in: West European Politics 18, 18-37.

Jensen, Carsten Strøby (ed.), 2000: Arbejdsgivere i Norden. En sociologisk analyse af arbejdsgiverorganiseringen i Norge, Sverige, Finland og Danmark, København: NORD.

Jochem, Sven, 1998: Die skandinavischen Wege in die Arbeitslosigkeit. Kontinuität und Wandel der nordischen Beschäftigungspolitik im internationalen Vergleich, Opladen: Leske+Budrich.

Jochem, Sven, 2000: Nordic Labour Market Policies in Transition, in: West European Politics 23/2000, 115-138.

Jochem, Sven, 2003a: Konzertierung und Parteienwettbewerb: Das schwedische Modell im Wandel, in: Jochem, Sven/Siegel, Nico A. (Hg.): Konzertierung, Verhandlungsdemokratie und Reformpolitik im Wohlfahrtsstaat. Das Modell Deutschland im Vergleich, Opladen: Leske+Budrich, 271-310.

Jochem, Sven, 2003b: Nordic Corporatism and Welfare State Reforms: Denmark and Sweden Compared, in: Frans van Waarden and Gerhard Lehmbruch (eds.): Renegotiating the Welfare State. Flexible Adjustment through Corporatist Concertation, London/New York: Routledge, 114-141.

Jochem, Sven, 2003c: Vetoplayers or Vetopoints? The Politics of Welfare State Reforms in Europe, Paper presented at the Annual APSA Meeting 2003, Panel 14-10 "Veto Players and Welfare Reform", Philadelphia, USA.

Jochem, Sven. 2006. Die Reichstagswahl 2006 als Zäsur der schwedischen Parteiengeschichte, in: Nordeuropaforum 2006(2): 5-24.

Jochem, Sven, 2007: Pension Reform: Beyond Path Dependency?, in: Clasen, Jochen/Siegel, and Nico A. (eds.): Investigating Welfare State Change. The »Dependent Variable Problem« in Comparative Analysis", Cheltenham: Edward Elgar, 261-280.

Jochem, Sven, 2009a: Reformpolitik im Wohlfahrtsstaat. Deutschland im internationalen Vergleich, Münster: LITVerlag.

Jochem, Sven, 2009b: Skandinavische Beschäftigungspolitik – Stärken und Schwächen im internationalen Vergleich, in: WSI Mitteilungen 62, 1/2009, 3-9.

Jochem, Sven, 2009c: Soziale Pakte in Europa, in: Rehder, Britta/von Winter, Thomas/Willems, Ulrich (Hrsg.): „Interessenvermittlung in Politikfeldern. Vergleichende Befunde der Policy- und Verbändeforschung", Wiesbaden: VS Verlag, 210-229.

Jochem, Sven, 2010a: Jenseits ‚Dritter Wege': Die Sozialdemokratie im Parteienwettbewerb – ein europäischer Vergleich, in: der moderne staat 3, Heft 1/2010, 125-146.

Jochem, Sven, 2010b: Wandel und Zukunftsaussichten des schwedisch-sozialdemokratischen Modells, in: Leviathan 38, Heft 2/2010, 227-249.

Jochem, Sven, 2010c: Comparative Crisis Management. Country Report on Sweden, Bertelsmann Stiftung, Gütersloh: Bertelsmann Stiftung.

Jochem, Sven, 2011a: Skandinavische Arbeits- und Sozialpolitik, Berlin: Friedrich-Ebert Stiftung (im Erscheinen).

Jochem, Sven, 2011b: Die schwedische Reichstagswahl vom 19. September 2010 – Zur Logik einer sich auflösenden sozialdemokratischen Hochburg, in: Zeitschrift für Parlamentsfragen 1/2011, 98-111.

Jochem, Sven, 2011c: Nordic Employment Policies – Change and Continuity Before and During the Financial Crisis, in: Social Policy & Administration 45, 2, 131-145.

Jochem, Sven, 2011d: Religion und Wohlfahrtsstaat in Schweden – Der Einfluss lutherischen Glaubens jenseits der Staatskirche, in: Karl Gabriel und Hans-Richard Reuter (Hrsg.): Religion und Wohlfahrtsstaatlichkeit in Europa, (im Erscheinen).

Jochem, Sven/Siegel, Nico A., 2000: Wohlfahrtskapitalismen und Beschäftigungsperformanz – Das ‚Modell Deutschland' im Vergleich, in: Zeitschrift für Sozialreform 46 (1), 38-64.

Jochem, Sven/Siegel, Nico A. (Hrsg.), 2003: Konzertierung, Verhandlungsdemokratie und Reformpolitik im Wohlfahrtsstaat. Das Modell Deutschland im Vergleich, Opladen: Leske + Budrich.

Jochem, Sven/Siegel, Nico A., 2010: Sozialpolitik, in: Lauth, Hans-Joachim (Hrsg.): Vergleichende Regierungslehre, 3., erweiterte und aktualisierte Auflage, Wiesbaden: VS Verlag, 329-348.

Johansson, Joakim, 2000: SAF och den svenska modellen. En studie av uppbrottet från förvaltningskorporatismen 1982-91, Uppsala: Uppsala University Library.

Jonung, Lars, 2009: The Swedish Model for Resolving the Banking Crisis of 1991-93. Seven Reasons why it was Successful, European Economy, Economic Papers 360, Brussels: European Communities.

Jonung, Lars/Kiander, Jaakko/Vartia, Pentti, 2008: The great financial crisis in Finland and Sweden. The dynamics of boom, bust and recovery, 1985-2000, European Economy, Economic Papers 350, Brussels: European Communities.

Jutila, Merja, 2011: Narrowing of Public Responsibility in Finland, 1990-2010, in: Social Policy & Administration 45 (2), 194-205.

Jungar, Ann-Cathrine, 2002: A Case of a Surplus Majority Government: The Finnish Rainbow Coalition, in: : Scandinavian Political Studies 25, 1, 57-83.

Jørgensen, Henning/Schulze, Michaela, 2011: Leaving the Nordic Path? The Changing Role of Danish Trade Unions in the Welfare Reform Process, in: Social Policy & Adminstration 25 (2), 206-219.

Kangas, Olli, 1994: The Merging of Welfare State Models? Past and Present Trends in Finish and Swedish Social Policy, in: Journal of European Social Policy 4, No 2, 79-94.

Kangas, Olli, 2007: Finland: Labor Markets against Politics, in: Immergut, Ellen M./Anderson, Karen M./Schulze, Isabelle (eds.): The Handbook of West European Pension Systems, Oxford: Oxford UP, 248-296.

Kangas, Olli/Palme, Joakim (eds.), 2005a: Social Policy and Economic Development in the Nordic Countries, Basingstoke: Palgrave Macmillan.

Kangas, Olli/Palme, Joakim, 2005b: Coming Late – Catching Up: The Formation of a »Nordic Model", in: Kangas, Olli/Palme, Joakim (eds.): Social Policy and Economic Development in the Nordic Countries, Basingstoke: Palgrave Macmillan, 17-59.

Kangas, Olli/Palme, Joakim, 2005c: Does the Most Brilliant Future of the »Nordic Model« Have to be in the Past?, in: Kangas, Olli/Palme, Joakim (eds.): Social Policy and Economic Development in the Nordic Countries, Basingstoke: Palgrave Macmillan, 281-298.

Kangas, Olli/Palme, Joakim, 2009: Making Social Policy Work for Economic Development: The Nordic Experience, in: International Journal of Social Welfare, 18: 62-72.

Karvonen, Lauri, 2004. Review of Scandinavian Power Studies, in: Scandinavian Political Studies 27, 4, 423-427.

Karvonen, Lauri & Selle, Per (eds.), 1995: Women in Nordic Politics. Closing the Gap, Aldershot: Dartmouth.

Katzenstein, Peter J, 1985: Small States in World Markets. Industrial Policy in Europe, Ithaca & London: Cornell University Press.

Kautto, Mikko, 2010: The Nordic Countries, in: Castles, Francis G./Leibfried, Stephan/Lewis, Jane/Obinger, Herbert/Pierson, Christopher (eds.): The Oxford Handook of the Welfare State, Oxford: Oxford UP, 586-600.

Kenworthy, Lane, 2000: Quantitative Indicators of Corporatism: A Survey and Assesment, MPIfG Discussion Paper 00/4, Köln: Max-Planck-Institut für Gesellschaftsforschung.

Kersbergen, Kees van, 1995: Social Capitalism. A Study of Christian Democracy and the Welfare State. London. u.a.

Kersbergen, Kees van/Manow, Philip (eds.), 2009: Religion, Class Coalitions, and Welfare States, Cambridge: Cambridge UP.

Kettunen, Pauli, 2001: The Nordic Welfare State in Finland, in: Scandinavian Journal of History 26, 225-247

Kettunen, Pauli, 2009: The Agent Called »Society« in the Making and Challenging of the Nordic Welfare State, Paper presented at the 34th Annual Social Science History Association Meeting, Long Beach, 12-15 November 2009.

Kitschelt, Herbert, 1994: The Transformation of European Social Democracy, Cambridge: Cambridge University Press.

Kitschelt, Herbert, 1995: The Radical Right in Western Europe: A Comparative Analysis, Ann Arbor: The University of Michigan Press.

Kitschelt, Herbert, 2001: Partisan Competition and Welfare State Retrenchment: When Do Politicians Choose Unpopular Policies?, in: Pierson, Paul (ed.): The New Politics of the Welfare State, New York, 265-302.

Kjellberg, Anders, 2000: Arbetsgivarstrategier i Sverige under 100 år, in: Carsten Strøby Jensen (ed.), Arbejdgivere i Norden. En sociologisk analyse af arbejdsgiverorganiseringen i Norge, Sverige, Finland og Danmark, Nord 2000: 25, København: Nordiska Ministerrådet, 155-284.

Kjellberg, Anders, 2008: Union Density and Specialist/Professional Unions in Sweden, Paper presented at the International Workshop: European Trade Unionism in Transition? Wissenschaftszentrum Berlin für Sozialforschung, 9.-10. September 2008.

Kjellberg, Anders, 2010: Kollektivavtalens täckningsgrad samt organisationsgraden hos arbetsgivarförbund och fackförbund, Studies in Social Policy, Industrial Relations, Working Life and Mobility, Research Reports 2010: 1, Lund: Lund University.

Klitgaard, Michael Baggesen, 2007: Why are they doing it? Social Democracy and Market-Oriented Welfare State Reforms, in: West European Politics 30, No. 1, 172-194.

Korpi, Walter, 1978: The Working Class in Welfare Capitalism: Work, Unions and Politics in Sweden, London: Routledge.

Korpi, Walter, 1983: The Democratic Class Struggle, London: Routledge.

Kristijánsson, Svanur, 2004: Iceland: Searching for Democracy along Three Dimension of Citizen Control, in: Scandinavian Political Studies 27, 2, 153-174.

Kuhlmann, Andreas, 2008: Das schwedische Modell: Eine Säule bröckelt – Der Umbau der Arbeitslosenversicherung, Friedrich-Ebert Stiftung, Referat Westliche Industrieländer 2/2008, Berlin: FES.

Kuhnle, Stein, 2009: The Nordic Model: Ambiguous, but Useful Concept, in: Obinger, Herbert/Rieger,
Elmar (Hrsg.): Wohlfahrtsstaatlichkeit in entwickelten Demokratien. Herausforderungen, Reformen und Perspektiven, Festschrift für Stephan Leibfried, Frankfurt am Main/New York: Campus,
275-294.

Kuivalainen, Susan/Nelson, Kenneth, 2010: The Nordic Welfare Model in a European Perspective,
Arbetsrapport/Institutet för Framtidsstudier 2010:11, Stockholm: Institut för Framtidsstudier.

Kunkel, Christoph/Pontusson, Jonas, 1998: Corporatism versus Social Democracy: Divergent Fortunes
of the Austrian and Swedish Labour Movements, in: West European Politics, vol. 21, no. 2, 1-31.

Kvist, Jon/Greve, Bent, 2011: Has the Nordic Welfare Model Been Transformed?, in: Social Policy &
Administration 45 (2), 146-160.

Lane, Jan-Erik, 1993: The Twilight of the Scandinavian Model; in: Political Studies 41, No. 2, 315-324.

Lane, Jan-Erik, 1995: The Decline of the Swedish Model; in: Governance 8, No. 4, 579-590.

Lane, Jan-Erik/Martikainen, Tuomo/Svensson, Palle/Vogt, Gunnar/Valen, Henry, 1993: Scandinavian
Exceptionalism Reconsidered; in: Journal of Theoretical Politics 5, 195-230.

Larsen, Christian Albrekt/Andersen, Jørgen Goul, 2009: How New Economic Ideas Changed the Danish
Welfare State: The Case of Neoliberal Ideas and Highly Organized Social Democratic Interests, in:
Governance 22, 2, 239-261.

Leibfried, Stephan, 1992: Towards a European Welfare State: On Integrating Poverty Regimes in the
European Community, in: Ferge, Z./Kolberg, J.E. (eds.): Social Policy in a Changing Europe, Boul-
der: Westview Press, 245-280.

Lewin, Leif, 1988: Ideology and Stategy. A Century of Swedish Politics, Cambridge: Cambridge University Press.

Lewin, Leif, 1994: The Rise and Decline of Corporatism: The Case of Sweden, in: European Journal of
Political Research 26, 59-79.

Lewis, Jane, 2009: Work–Family Balance, Gender and Policy, Cheltenham: Edward Elgar.

Lindbeck, Assar, 1994: Turning Sweden Around, Cambridge: Cambridge University Press.

Lindbom, Anders, 2001: Dismantling the Social Democratic Welfare Model? Has the Swedish Welfare
State Lost Its Defining Characteristics?, in: Scandinavian Political Studies 24, No. 3, 171-193.

Lijphart, Arend, 1999: Patterns of Democracy. Government Forms and Performance in Thirty-Six Countries, New Haven and London: Yale University Press.

Lipset, Seymour Martin/Rokkan, Stein, 1967: Cleavage Structures, Party Systems and Voter Alignments.
An Introductio, in: dies. (eds.): Party Systems and Voter Alignments. Cross-National Perspectives,
New York: Free Press, 1-64

Lindvall, Johannes/Rothstein, Bo, 2006: Sweden: The Fall of the Strong State, in: : Scandinavian Political
Studies 29, 1, 47-63.

Lundberg, Urban, 2009: Das nordische Modell: Antrieb oder Bremse der politischen Entwicklung, in:
WSI Mitteilungen 1/2009: 25-30.

Lægreid, Per/Pedersen, Ove K., 1994: Forvaltningspolitik I Norden, o.O.: Jurist og Økonomforbundets
Forlag.

Madsen, Per Kongshøj, 2006a: Flexicurity – A new Perspective on Labour Markets and Welfare States in
Europe, CARMA Research Paper 2006:03, Aalborg: CARMA.

Madsen, Per. Kongshøj, 2006b: How Can It Possibly Fly? The Paradox of a Dynamic Labour Market in a
Scandinavian Welfare State, in: Campbell, J. L./Hall, J. A./Pedersen, O. K. (Hrsg.): National Identi-
ty and the Varieties of Capitalism. The Danish Experience, Montreal: McGill-Queens University
Press, 321-355.

Magnusson, Magnus, 2007: Die Wikinger. Geschichte und Legende, Leck: Patmos.

Mahnert, Heike/Putensen, Dörte, 2002: Der Norden auf dem Weg nach Europa. Skandinavien und die europäische Integration, Hamburg: Verlag Dr. Kovač.

Manow, Philip, 2002: »The Good, the Bad, and the Ugly«. Esping-Andersens Wohlfahrtsstaatstypologie und die konfessionellen Grundlagen des westlichen Sozialstaats, in: Kölner Zeitschrift für Soziologie und Sozialpsychologie 54, 203-225.

Manow, Philip, 2008: Religion und Sozialstaat. Die konfessionellen Grundlagen europäischer Wohlfahrtsregime, Frankfurt/New York: Campus.

Mattila, Mikko/Raunio, Tapio, 2002: Government Formation in the Nordic Countries: The Electoral Connection, in: Scandinavian Political Studies 25 (3), 259-280.

Merkel, Wolfgang, 2003: Soziale Gerechtigkeit und die drei Welten des Wohlfahrtskapitalismus, in: Berliner Journal für Soziologie 2/2003, 135-157.

Merkel, Wolfgang/Egle, Christoph/Henkes, Christian/Ostheim, Tobias/Petring, Alexander, 2006: Die Reformfähigkeit der Sozialdemokratie. Herausforderungen und Bilanz der Regierungspolitik in Westeuropa, Wiesbaden: VS Verlag.

Miles, Lee (ed.): 1996: The European Union and the Nordic Countries, London/New York: Routledge.

Micheletti, Michele, 1984: Democracy and Political Power in Denmark, Norway and Sweden: A Review-Essay, in: Western Political Quarterly, 324-342.

Milner, Henry, 1989: Sweden. Social Democracy in Practice, Oxford: Oxford University Press.

Milner, Henry, 1994: Social Democracy and Rational Choice. The Scandinavian Experience and Beyond, London & New York: Routledge.

Milner, Henry/Wadensjö, Eskil (eds.), 2001: Gösta Rehn, the Swedish Model and Labour Market Policies. International and National Perspectives, Aldershot u.a.: Ashgate.

Misgeld, Klaus/Molin, Karl/Åmark, Klas (eds.): 1992: Creating Social Democracy. A Century of the Social Democratic Labor Party in Sweden, revised edition, Pennsylvania: Pennsylvania State University Press.

Mjøset, Lars, 1987: Nordic Economic Policies in the 1970s and 1980s; in: International Organization 41, No. 3, 403-456.

Mjøset, Lars, 1989: Norway's Full-Employment Oil Economy - Flexible Adjustment or Paralaysing Rigidities?; in: Scandinavian Political Studies 12, No. 4, 313-341.

Mjøset, Lars, 1994: The Nordic Economies and their External Challenges; in: Brouwer, Frank/Cinter, Valerio & Newman, Michael (eds.): Economic Policy - Making and the European Union, London: The Federal Trust, 71-84.

Mjøset, Lars, 1996: Nordic Economic Policies in the 1980s and 1990s, Paper presented at the Tenth International Conference of Europeanists, Chicago, March 14-16.

Möller, Tommy, 1986: Borgerlig samverkan, Uppsala: Diskurs.

Molina, Oscar/Rhodes, Martin, 2002: Corporatism: The Past, Present, and Future of a Concept, in: Annual Review of Political Science 5, 305-331.

Morel, Nathalie/Palier, Bruno/Palme, Joakim (eds.), 2009: What Future for Social Investment? Stockholm: Institute for Future Studies.

Moschonas, Gerassimos, 2011: Historical Decline or Change of Scale? The Electoral Dynamics of European Social-Democratic parties (1950-2009), in: Cronin, James/Ross, George/Shoch, James (eds.): Futures of the Left, Durham: Duke UP (in press).

Nannestad, Peter, 2009: Das politische System Dänemarks, in: Ismayr, Wolfgang (Hrsg.), 2009: Die politischen Systeme Westeuropas, 4. Aktualisierte und erweiterte Auflage, Wiesbaden: VS Verlag, 65-106.

Narud, Hanne Marthe/Strøm, Kaare, 2004: Norway: Madisonianism Reborn, in: Scandinavian Political Studies 27, 2, 175-201.

Niskanen, Kirsti/Nyberg, Anita, 2010: Kön och makt i Norden. Del II Sammanfattande diskussion och analys, Köpenhamn: Nordiska Ministerrådet.

Norden 2005a: 625: Nordic Prison Education. A Lifelong Learning Perspective, Köpenhamn: Norden.

Norden 2005b: 575: Welfare and Health Services in the Nordic Countries. Consumer Choices, Köpenhamn: Norden.

Norden 2006: Nordic Statistical Yearbook, Köpenhamn: Norden.

Norden 2010a: 601: Ekonomiska utsikter i Norden 2011. Nordiska konjunkturgruppens redogörelse hösten 2010, Köpenhamn: Norden.

Norden 2010b: The Nordic Countries in Educational Key Figures, Köpenhamn: Norden.

Norden 2010c: Global Pressure – Nordic Solutions?, Nordic Globalization Barometer 2010, Köpenhamn: Norden.

Nordstrom, Byron J., 2000: Scandinavia since 1500, Minneapolis: University of Minnesota Press.

NOSOSCO, 2010: Social Protection in the Nordic Countries, 2008/2009, Köpenhamn: Nordic Council.

Nousiainen, Jaakko, 1971: The Finnish Political System, Cambridge: Harvard University Press.

Nousiainen, Jaakko, 2001: From Semi-presidentialism to Parliamentary Government: Political and Constitutional Developments in Finland, in: Scandinavian Political Studies 24, 2, 95-109.

Obinger, Herbert/Wagschal, Uwe, 1999: Drei Welten des Wohlfahrtsstaates? Das Stratifizierungskonzept in der clusteranalytischen Überprüfung, in: Stephan Lessenich/Ilona Ostner (Hrsg.): Welten des Wohlfahrtskapitalismus. Beiträge zur vergleichenden Wohlfahrtsstaatsforschung. Frankfurt a.M. u.a., 109-135.

Obinger, Herbert/Leibfried, Stephan/Castles, Francis G. (eds.), 2005: Federalism and the Welfare State. New World and European Experiences, Cambridge.

Öberg, PerOla/Svensson, Torsten, 2002: Labour Market Organisations Participation in Swedish Public Policy-Making, in: Scandinavian Political Studies 25, No. 4, 295-315.

OECD, 2008a: Economic Survey: Sweden, Paris: OECD.

OECD 2008b: Education at a Glance, Paris: OECD.

OECD 2008c: Revenue Statistics, 1965-2008, Paris: OECD.

OECD 2008d: Employment in Government in the Perspective of the Production Costs of Goods and Services in the Public Domain, Paris: OECD.

OECD 2008e: Growing Unequal? Income Distribution and Poverty in OECD Countries, Paris: OECD.

OECD, 2009a: Economic Outlook, Paris: OECD.

OECD 2009b: Employment Outlook, Paris: OECD.

OECD 2009c: Government at a Glance, Paris: OECD.

OECD 2009d: Revenue Statistics, 1965-2008, Paris: OECD.

OECD 2010a: Economic Survey Finland, Paris: OECD.

OECD 2010b: Economic Survey Norway, Paris: OECD.

OECD 2010c: Economic Outlook 87, Paris: OECD.

Olsen, Johan P., 1983: Organized Democracy: Political Institutions in a Welfare State. The Case of Norway, Bergen u.a.: Universitetsforlaget.

Olsen, Johan P., 1989: Petroleum og politikk, Oslo: Tano.

Olsen, Johan P., 2003: Citizens, Public Administration and the Search for Theoretical Foundations, ARENA Working Paper 20/03, Oslo: ARENA.

Olsson, Sven E., 1990: Social Policy and Welfare State in Sweden, Lund: Arkiv.

Østerud, Øyvind/Selle, Per, 2006: Power and Democracy in Norway: the Transformation of Norwegian Politics, in: Scandinavian Political Studies 29, 1, 25-46.

Palme, Joakim, 1999: The Nordic Model and the Modernisation of Social Protection in Europe, Köpenhamn: Norden.

Palme, Joakim/Wennemo, Irene, 1998: Swedish Social Security in the 1990s: Reform and Retrenchment, Stockholm: Välfärdsprojektet.

Palme, Joakim/Nelson, Kenneth/Sjöberg, Ola/Minas, Renate, 2009: European Social Models, Protection and Inclusion, Stockholm: Institute for Future Studies.

Pappi, Franz Urban/Schmitt, Hermann (Hrsg.), 1994: Parteien, Parlamente und Wahlen in Skandinavien, Frankfurt / New York: Campus.

Pedersen, Thomas, 1996: Denmark and the European Union, in: Miles, Lee (ed.): The European Union and the Nordic Countries, London/New York: Routledge, 81-101.

Persson, Göran, 2000: Tankar och tal, Stockholm: Hjalmarson & Högberg.

Petersson, Olof, 1989: Die politischen Systeme Nordeuropas: Eine Einführung, Baden-Baden: Nomos.

Petring, Alexander, 2010: Reformen in Wohlfahrtsstaaten. Akteure, Institutionen, Konstellationen, Wiesbaden: VS Verlag.

Phinnemore, David, 1996: The Nordic Countries, The European Community (EC) and the European Free Trade Association (EFTA), 1958-84, in: Miles, Lee (Hrsg.), 1996: The European Union and the Nordic Countries, London/New York: Routledge, 32-46.

Pierson, Paul, 1996: The New Politics of the Welfare State, in: World Politics 48, 143-179.

Pierson, Paul, 2004: Politics in Time. History, Institutions, and Social Analysis. Princeton: Princeton UP.

Pontusson, Jonas, 1992a: The Limits of Social Democracy. Investment Politics in Sweden, Ithaca / London: Cornell University Press.

Pontusson, Jonas, 1992b: At the End of the Third Road: Swedish Social Democracy in Crisis, in: Politics & Society 20, 305-332.

Pontusson, Jonas, 2011: Once Again a Model: Nordic Social Democracy in a Globalized World, forthcoming in: Cronin, James, Ross, George/Shoch, James (eds.): Futures of the Left, Durham: Duke University Press.

Putnam, Robert D. (Hrsg.), 2001: Gesellschaft und Gemeinsinn: Sozialkapital im internationalen Vergleich, Gütersloh: Bertelsmann Stiftung.

Påhlsson, Robert, 2008: Yearbook for Nordic Tax Research 2008. Taxation of Capital and Wage Income: Towards Separated or More Integrated Personal Tax Systems?, Copenhagen: DJØF Publishing.

Raaum, Nina C., 2005: Gender Equality and Political Representation: A Nordic Comparison, in: West European Politics 28 (4), 872-897.

Raunio, Tapio, 2004: The Changing Finnish Democracy: Stronger Parliamentary Accountability, Coalescing Political Parties and Weaker External Constraints, in: Scandinavian Political Studies, 27, 2, 133-152.

Rieger, Elmar/Leibfried, Stephan, 2004: Kultur versus Globalisierung. Sozialpolitische Theologie in Konfuzianismus und Christentum, Frankfurt a. M.: Suhrkamp.

Rokkan, Stein, 1999: State Formation, Nation Building and Mars Politics: The Theory of Stein Rokkan. Oxford: Oxford University Press.

Rothstein, Bo, 1988: State and Capital in Sweden: The Importance of Corporatist Arrangements; in: Scandinavian Political Studies 11, No. 3, 235-260.

Rothstein, Bo, 1993: The Crisis of the Swedish Social Democrats and the Future of the Universal Welfare State; in: Governance 6, 492-517.

Rothstein, Bo, 1996a: The Social Democratic State. The Swedish Model and the Bureaucratic Problem of Social Reforms, Pittsburgh & London: University of Pittsburgh Press.

Rothstein, Bo, 1998: Just Institutions Matter. The Moral and Political Logic of the Universal Welfare State, Cambridge: Cambridge University Press.

Rothstein, Bo, 2001: Social Capital in the Social Democratic Welfare State, in: Politics and Society 29, 2, 207-242.

Rothstein, Bo, 2006: Valet en triumf för socialdemokraterna. In: Dagens Nyheter, 20. September 2006 (www.dn.se).

Rothstein, Bo, 2010: Happiness and the Welfare State, in: Social Research 77, 1-28.

Rothstein, Bo/Stolle, Dietlind, 2003: Introduction: Social Capital in Scandinavia, in: Scandinavian Political Studies 26 (1), 1-26.

Rothstein, Bo/Samanni, Marcus/Teorell, Jan, 2010: Quality of Government, Political Power and the Welfare State, QoG Working Paper Series 2010:6, Gothenburg: The Quality of Government Institute.

Rubart, Frauke, 1979: Der Steuerprotest, in: Murphy, Detlef/Rubart, Frauke/Müller, Ferdinand/Raschke, Joachim: Protest. Grüne, Bunte und Steuerrebellen. Ursachen und Perspektiven, Hamburg: Rowohlt, 69-117.

Rubart, Frauke, 2004: Auf Stimmenfang im Nordatlantik: Parteiensystem und politische Macht in Island, CEuS Working Paper 2004-3, Bremen: Universität Bremen.

Rubart, Frauke, 2010: Politisches Engagement in Nordeuropa. Parteien und soziale Bewegungen in Skandinavien und Deutschland. Eine Anthologie politologischer Landeskunde von den 1970er Jahren bis zur Gegenwart, Norderstedt: Books on Demand.

Rydgren, Jens, 2008: Immigration Sceptics, Xenophobes, or Racists? Radical Right-Wing Voting in six West European Countries, in: European Journal of Political Research 47, 737-765.

Rydgren, Jens, 2009: Social Isolation? Social Capital and Radical Right-wing Voting in Western Europe, in: Journal of Civil Society, 5, 2, 129-150.

Rydgren, Jens, 2010: Radical Right-wing Populism in Denmark and Sweden: Explaining Party System Change and Stability, in: SAIS Review, 30, 1, 57-71.

Ryner, J. Magnus, 2007: The Nordic Model: Does it Exist? Can it Survive?, in: New Political Economy 12, 1, 61-70.

Sainsbury, Diane (ed.), 1994: Gendering the Welfare States, London: Sage.

Sainsbury, Diane, 1996: Gender, Equality, and Welfare States, Cambridge: Cambridge University Press.

SAP, 2011: Omstart för socialdemokratin. Socialdemokraternas kriskomission, Stockholm: SAP.

Schäfer, Armin, 2010: Die Folgen sozialer Ungleichheit für die Demokratie in Westeuropa, in: Zeitschrift für Vergleichende Politikwissenschaft 4, 131-156.

Scharpf, Fritz W., 1987: Sozialdemokratische Krisenpolitik in Europa, Frankfurt & New York: Campus.

Scheuer, Steen, 1992: Denmark: Return to Decentralization; in: Ferner, Anthony/Richard Hyman (Hrsg.): Industrial Relations in the New Europe, Oxford: Basil Blackwell, 168-197 .

Schmidt, Manfred, 1988: Sozialpolitik in Deutschland. Historische Entwicklung und internationaler Vergleich, Opladen: Leske+Budrich.

Schmidt, Manfred G., 2008: Demokratietheorien, 4., überarbeitete und erweiterte Auflage, Wiesbaden: VS Verlag.

Schmidt, Manfred/Ostheim, Tobias/Siegel, Nico A./Zohlnhöfer, Reimut, 2007: Der Wohlfahrtsstaat. Eine einführung in den historischen und internationalen Vergleich. Wiesbaden.

Schwartz, Herman, 1994: Small States in Big Trouble: State Reorganization in Australia, Denmark, New Zealand, and Sweden in the 1980s, in: West European Politics 46, 527-555.

Schwartz, Herman, 1998: Social Democracy Going Down or Down Under. Institutions, Internationalized Capital, and Indebted States, in: Comparative Politics, vol. 30, no. 3, 253-272.

Schwartz, Herman, 2001: The Danish »Miracle«. Luck, Pluck or Stuck?, in: Comparative Political Studies 34, 2, 131-155.

Schwartz, Herman, 2010: Iceland's Financial Iceberg: Why Leveraging up is a Titanic Mistake without a Reserve Currency, unpublished manuscript.

Scruggs, Lyle, ohne Jahr: Comparative Welfare Entitlement Dataset (http://sp.uconn.edu/~scruggs/wp.htm).

Scruggs, Lyle, 2007: Welfare State Generosity across Space and Time, in: Clasen, Jochen/Siegel, Nico A. (Hrsg.): Investigating Welfare State Change. The »Dependent Variable Problem« in Comparative Analysis, Cheltenhamn: Edward Elgar, 133-165.

Seifert, Hartmut/Tangian, Andranik, 2009: Index „Qualität der Arbeit": Nordische Länder und Deutschland im Vergleich, in: WSI Mitteilungen 1/2009, 52-56.

Selck, Torsten J./Kuipers, Sanneke, 2005: Shared Hesitance, Joint Success: Denmark, Finland, and Sweden in the European Union Policy Process, in: Journal of European Public Policy 12 (1), 157-176.

Selle, Per/ Østerud, Øyvind, 2006: The Eroding of Representative Democracy in Norway, in: Journal of European Public Policy 13:4, 551-568.

Siaroff, Alan, 1999a: Corporatism in 24 industrial democracies: Meaning and Measurement, in: European Journal of Political Research 36, 175-205.

Siaroff, Alan, 1999b: Democratic Breakdown and Democratic Stability: A Comparison of Interwar Estonia and Finland, in: Canadian Journal of Political Science / Revue canadienne de science politique 32 (1), 103-124.

Siaroff, Alan, 2000: Women's Representation in Legislatures and Cabinets in Industrial Democracies, in: International Political Science Review 21 (2), 197-215.

Siegel, Nico A., 2002: Baustelle Sozialpolitik. Konsolidierung und Rückbau im internationalen Vergleich, Frankfurt a. M./New York: Campus.

Siegel, Nico A., 2005: Social Pacts Revisited: »Competitive Concertation« and Complex Causality in Negotiated Welfare State Reforms, in: European Journal of Industrial Relations, Vol. 11, No. 1, 107-126.

Siegel, Nico A./Jochem, Sven, 2004: Staat und Markt im internationalen Vergleich, in: Reinhard Zintl und Roland Czada (Hrsg.): Politik und Markt, PVS Sonderheft 2003, Wiesbaden: Westdeutscher Verlag, 351-388.

Siegel, Nico A./Jochem, Sven, 2010: Sozialpolitik, in: Lauth, Hans-Joachim (Hrsg.): Vergleichende Regierungslehre, 3., erweiterte und aktualisierte Auflage, Wiesbaden: VS Verlag, 329-348.

Sipilä, Jorma (ed.), 1997: Social Care Services: The Key to the Scandinavian Welfare Model, Avebury: Aldershot.

Skolverket (2009a): Skolverkets lägesbedömning 2009, Stockholm: Skolverket.

Skolverket (2009b): Beskrivande data 2009, Stockholm: Skolverket.

Söderström, Hans Tson, 1993: Finlands Economic Crisis: Causes, Present Nature, and Policy Options, in: Bordes, Christian/Currie, David/Söderström, Hans Tson: Three Assessments of Finland's Economic Crisis and Economic Policy, Helsinki: Bank of Finland, 135-222.

Söderström, Hans Tson/Braunerhjelm, Pontus/Friberg, Richard/Norman, Victor/Sölvell, Örjan (Hrsg.), 2001: kluster.se, Sverige I den nya ekonomiska geografin, ekonomirådets rapport 2001, Stockholm: SNS Förlag.

SOU 1990: 76: Allmän pension. Huvudbetänkande av pensionsberedningen. Stockholm: Socialdepartement.

SOU, 1999: 121: Avkorporatisering och lobbyism – konturerna till en ny politisk model. En bok från PISA-projektet, Jörgen Hermansson, Anna Lund, Torsten Svensson, PerOla Öberg, Demokratiutredningens forskarvolym XIII, Stockholm: Socialdepartement.

SOU, 2000: 3: Välfärd vid vägskäl, Stockholm: Socialdepartement.

Steffani, Winfried, 1983: Zur Unterscheidung parlamentarischer und präsidentieller Regierungssysteme, in: Zeitschrift für Parlamentsfragen 14 (3), 390-401.

Stephens, J. D., 1996: The Scandinavian Welfare States: Achievements, Crisis, and Prospects, in: Esping-Andersen, G. (ed.), Welfare States in Transition. National Adaptations in Global Economies, London: Sage, 32-65.

Storvik, Aagoth/Teigen, Mari, 2010: Women on Board. The Norwegian Experience, in: International Policy Analysis, June 2010, Berlin: FES.

Streeck, Wolfgang/Thelen, Kathleen (eds.), 2005: Beyond Continuity. Institutional Change in Advanced Political Economies, Oxford: Oxford University Press.

Streeck, Wolfgang/Mertens, Daniel, 2010: Politik im Defizit. Austerität als fiskalpolitisches Regime, in: der moderne staat 1/2010, 7-29.

Strøm, Kaare, 1990: Minority Government and Majority Rule, Cambridge: Cambridge University Press.

Strøm, Kaare/Svåsand (eds.), 1997: Challenges to Political Parties. The Case of Norway, Ann Arbor: The University of Michigan Press.

Strøm, Kaare/Narud, Hanne Marthe/Valen, Henry, 2005: A More Fragile Chain of Governance in Norway, in: West European Politics 28 (4), 781-806.

Svensson, Torsten, 1994: Socialdemokratins dominans. En studie av den svenska socialdemokratins partistrategi, Uppsala: Acta Universitatis Upsaliensis 120.

Svensson, Torsten, 2001: Marknadsanpassningens politik. Den svenska modellens förändring 1980-2000, Uppsala: Acta Universitatis Upsaliensis 144.

Svensson, Torsten, 2002: Globalisation, Marketisation and Power – The Swedish Case of Institutional Change, in: Scandinavian Political Studies 25, No. 3, 197-229.

Swenson, Peter, 1991: Bringing Capital back in, or Social Democracy Reconsidered. Employer Power, Cross - Class Alliances, and Centralization of Industrial Relations in Denmark and Sweden; in: World Politics 43, 513-544.

Teknologisk institut, 2009: Succes med Flexicurity. Analyse og Erhvervsfremme, Köpenhamn: teknologisk institut.

Thorhallsson, Baldur/Rebhan, Christian, 2011: Iceland's Economic Crash and Integration Takeoff: An End to European Union Scepticism?, in: Scandinavian Political Studies 34 (1), 53-73.

Tilton, Timothy, 1990: The Political Theory of Swedish Social Democracy: Through the Welfare State to Socialism, Oxford: Clarendon Press.

Timonen, Virpi, 2003: Restructuring the Welfare State. Globalization and Social Policy Reform in Finland and Sweden, Cheltenham: Edward Elgar.

Traxler, Franz/Brandl, Bernd, 2009: Towards Europeanization of Wage Policy, in: European Union Politics 10 (2), 177-201.

UNDP 2010: Bericht über die menschliche Entwicklung 2010. Der wahre Wohlstand der Nationen: Wege zur menschlichen Entwicklung, Berlin: Deutsche Gesellschaft für die Vereinten Nationen.

Vanhanen, Tatu, 2000: A new Dataset for Measuring Democracy, 1810–1998, in: Journal of Peace Research 37, 251-265.

Vanhanen, Tatu, 2003: Democratization. A Comparative Analysis of 170 Countries, London: Routledge.

Veen, Hans - Joachim (Hrsg.), 1994: Christlich-demokratische und konservative Parteien in Westeuropa, Band 4: Schweden, Norwegen, Finnland, Dänemark, Paderborn: Schöningh.

Visser, Jelle, 2006: Union Membership Statistics in 24 Countries, in: Monthly Labour Review, Vol. 129, No. 1, 38-49.

Visser, Jelle/Hemerijck, Anton, 1998: Ein holländisches Wunder?: Reform des Sozialstaates und Beschäftigungswachstum in den Niederlanden, Schriften aus dem MPI für Gesellschaftsforschung, Frankfurt am Main/New York: Campus.

Wagschal, Uwe/Jäkel, Tim, 2010: Öffentliche Finanzen im Stresstest – Policy-Reaktionen auf die Finanz- und Wirtschaftskrise, in: der moderne staat 3, 295-320.

Widfeldt, Anders, 2010: A Fourth Phase of the Extreme Right? Nordic Immigration-Critical Parties in a Comparative Context, in: NORDEUROPAforum 2010:1-2, 7-31.

World Economic Forum, 2010b: The Global Competitiveness Report 2010/2011, Geneva: World Economic Forum.

Zentrum für gesellschaftlichen Fortschritt 2010: Fortschrittsindex. Den Fortschritt messen und vergleichen, Berlin: Zentrum für gesellschaftlichen Fortschritt.

Zohlnhöfer, Reimut, 2009: Globalisierung der Wirtschaft und finanzpolitische Anpassungsreaktionen in Westeuropa, Baden-Baden: Nomos.

Zohlnhöfer, Reimut/Obinger, Herbert, 2005: Ausverkauf des »Tafelsilbers«: Bestimmungsfaktoren der Privatisierungserlöse in EU- und OECD-Staaten 1990-2000, in: Politische Vierteljahresschrift 46, 602-628.

Neu im Programm
Politikwissenschaft

Ulrich von Alemann
Das Parteiensystem der Bundesrepublik Deutschland
Unter Mitarbeit von Philipp Erbentraut | Jens Walther
4., vollst. überarb. u. akt. Aufl. 2011. 274 S. (Grundwissen Politik) Br. EUR 24,95
ISBN 978-3-531-17665-9

In der parlamentarischen Demokratie nehmen Parteien eine zentrale Vermittlerrolle zwischen Staat und Gesellschaft ein. Deshalb ist es wichtig, ihre historische Entwicklung, die rechtlichen Rahmenbedingungen sowie ihre soziologischen Besonderheiten näher zu beleuchten. Über diese Grundfragen hinaus widmen sich die Autoren des Lehrbuchs auch aktuellen Herausforderungen, wie etwa der Parteienverdrossenheit oder der Diskussion um eine gerechte Parteienfinanzierung. Damit bietet dieses Standardwerk eine fundierte, aber zugleich kompakte und verständliche Einführung in das Parteiensystem der Bundesrepublik Deutschland.

Oliver W. Lembcke | Claudia Ritzi | Gary S. Schaal
Zeitgenössische Demokratietheorie
Band 1: Normative Demokratietheorien
ca. EUR 49,95
ISBN 978-3-531-19292-5

Das Buch diskutiert die zentralen Demokratietheorien der letzten Jahrzehnte nach einem einheitlichen Analyseschema. Die Einzeldarstellungen sind eingebettet in die Erörterung der größeren Entwicklungslinien innerhalb der vier zentralen demokratietheoretischen Paradigmen.

Udo Kempf | Jürgen Hartmann
Staatsoberhäupter in der Demokratie
2012. 329 S. mit 21 Tab. Br. EUR 24,95
ISBN 978-3-531-18290-2

Das Staatsoberhaupt zeichnet sich in den etablierten Demokratien durch den größten Variantenreichtum aus. Das konstitutionelle und das politische Format des Amtes klaffen teilweise weit auseinander. Dieses Buch schildert die Rolle des Staatsoberhauptes in Deutschland, Finnland, Frankreich, Italien, Österreich, Polen, den USA und in den europäischen Monarchien. Die an die Typologie demokratischer Regierungssysteme angelehnten Fallstudien erörtern unter anderem die historische Prägung des Staatsoberhauptes und sein Verhältnis zu Parlament und Regierung.

 Springer VS

Neu im Programm
Politikwissenschaft

Springer VS

Zeitfracht Medien GmbH
Ferdinand-Jühlke-Straße 7
99095 Erfurt, Deutschland
produktsicherheit@kolibri360.de